薛爱华作品
Edward H. Schafer

唐代的南方意象

［美］薛爱华 著
程章灿　叶蕾蕾 译

生活·讀書·新知 三联书店

Simplified Chinese Copyright © 2024 by SDX Joint Publishing Company.
All Rights Reserved.
本作品简体中文版权由生活·读书·新知三联书店所有。
未经许可，不得翻印。

图书在版编目（CIP）数据

朱雀：唐代的南方意象／（美）薛爱华著；程章灿，
叶蕾蕾译．—2版．—北京：生活·读书·新知三联书
店，2024.1
　　ISBN 978-7-108-07773-8

Ⅰ.①朱… Ⅱ.①薛… ②程… ③叶… Ⅲ.①岭南－
地方史－研究－唐代 Ⅳ.① K296

中国国家版本馆 CIP 数据核字（2023）第 247286 号

The Vermilion Bird: T'ang Images of the South
by Edward Hetzel Schafer
© Floating World Editions, by permission

本书翻译获得江苏高校优势学科建设工程项目、
南京大学中国文学与东亚文明协同创新中心项目资助。

责任编辑	冯金红　钟　韵	
装帧设计	薛　宇	
责任印制	卢　岳	
出版发行	生活·讀書·新知 三联书店	
	（北京市东城区美术馆东街 22 号 100010）	
网　　址	www.sdxjpc.com	
图　　字	01-2008-4006	
经　　销	新华书店	
印　　刷	河北鹏润印刷有限公司	
版　　次	2014 年 10 月北京第 1 版	
	2024 年 1 月北京第 2 版	
	2024 年 1 月北京第 1 次印刷	
开　　本	880 毫米 × 1230 毫米 1/32 印张 19	
字　　数	422 千字	
印　　数	0,001－5,000 册	
定　　价	89.00 元	

（印装查询：01064002715；邮购查询：01084010542）

献给卜弼德(Peter Alexis Boodberg)

目 录

代译序 四裔、名物、宗教与历史想象
　　　　美国汉学家薛爱华及其唐研究　程章灿　1

绪论　1
　　中古汉语的拼写—江南—南越—岭南和安南—
　　蛮人和华人—仙—灵—克里奥人
第一章　南越：前景与背景　17
　　现代民族—古代民族—古代占婆与高棉
第二章　华人　41
　　重新征服—道路与城市—士兵—官员—迁客逐臣—克里奥人
第三章　蛮人　95
　　獠人及其他—暴乱—背叛者—占婆人—其他外国人

第四章　女人　*157*

第五章　神灵与信神者　*173*
　　道教徒—佛教徒—鬼神—妖怪

第六章　世界　*229*
　　造物者—地气—自然观

第七章　天与气　*245*
　　星辰—季节—风暴—赤天—瘴气

第八章　陆地与海洋　*271*
　　陆地—海洋—山与洞穴—河与泉—描述与欣赏

第九章　矿物质　*303*

第十章　植物　*329*
　　热带森林—神奇植物与有毒植物—有用植物—
　　食用植物—芳香植物—观赏植物

第十一章　动物　*415*
　　无脊椎动物—鱼与蛙—爬行动物—龙及同类—哺乳动物—鸟类

第十二章　朱雀　*499*
　　南方的气味—南方的滋味—南方的声音—南方的色彩—朱雀

附录一　本书出现的州名　*533*

附录二　参考文献　*536*

译后记　*575*

修订说明　*580*

代译序

四裔、名物、宗教与历史想象
美国汉学家薛爱华及其唐研究

第一次接触到薛爱华汉学研究著作的英文本,是1995年在哈佛大学访学的时候,他的著作的第一部中译本《唐代的外来文明》,也恰好在那一年由北京的中国社会科学出版社出版。屈指算来,距今将近二十年了。初次接触,我便爱不释手,于是便着手搜集他的论著,并乐此不疲地向学术界和出版界的朋友推荐。今天,终于有机会向汉语读书界介绍他的另外两部汉学著作,亦即《神女》和《朱雀》,与大家分享我个人的偏爱,我在欣喜之余,得感谢三联书店的大力支持。为了帮助读者更好地了解薛爱华其人,阅读其书,我将前两年撰写的一篇论文略作修改,作为代译序。[1]

一 薛爱华的生平与学术经历

1991年2月9日,美国柏克莱加州大学教授、著名汉学家薛

---

[1] 此文原载《陕西师范大学学报》,2013年第1期。

爱华（Edward Hetzel Schafer, 1913—1991）因病去世，享年78岁。[1]在我看来，这位学者的去世，是美国汉学史上具有双重标志性意义的事件：它标志着以他为主要代表之一的柏克莱加州大学汉学研究鼎盛时代的结束；同时，它也标志着深受传统欧洲汉学影响、重视历史语言文献研究、学识渊博的那一代美国汉学的式微。

1913年，薛爱华出生于美国华盛顿州西雅图市，后随家庭迁往加拿大温哥华，在那里完成中学学业之后，又回到美国上大学。在1929—1933年美国经济大衰退（the Great Depression）中，他的父亲失业，家庭经济情况恶化，所以，在上大学之前，薛爱华曾有过几年打工的经历。他先进入洛杉矶加州大学，主修物理学与哲学，继而因为对人类学感兴趣，而转学柏克莱加州大学，师从著名人类学家亚弗列·克鲁伯（Alfred Kroeber）和罗伯特·罗维（Robert Lowie），并于1938年获得柏克莱加州大学学士学位。大学毕业之后，他远赴夏威夷大学深造，并于1940年获得夏威夷大学硕士学位。其间他对中文产生了浓厚的兴趣，并开始学习。其时，著名学者、语言学家赵元任和著名汉学家陈受颐正执教于夏威夷大学，他们曾经指导过薛爱华的中文学习。

硕士毕业之后，薛爱华进入哈佛大学继续攻读博士学位。1941年12月7日，珍珠港事件爆发，美国宣布对日宣战，薛爱华被征入伍。由于掌握日语，他被安排在美国海军情报局，负责

---

[1] Edward Hetzel Schafer 的汉名，吴玉贵先生在其所译《唐代的外来文明》中译作"谢弗"。据我向认识 Schafer 的诸位美国学者咨询，薛爱华本人及美国汉学界对"薛爱华"这一汉名是认可的。

破解日本海军密电码。二战结束后，他于1946年退伍，回到大学校园，在柏克莱加州大学卜弼德（Peter A. Boodberg）教授指导下继续学业，并在1947年以关于南汉研究的论文获得该校东方语言学博士学位。

从战后到1980年代，柏克莱的汉学研究十分活跃，成果可观，有一支实力雄厚、富有特色的研究队伍。这支队伍中，不仅有赵元任、陈世骧、卜弼德等享誉美国汉学界的响亮名字，而且涌现出一批美国汉学研究的后起之秀，薛爱华就是其中的佼佼者。博士毕业后，他即加入柏克莱加州大学，成为这一研究团队的新成员。自1958年起，他开始担任柏克莱加州大学东方语言学教授，1969年升为讲座教授，1983年到1984年间被授予柏克莱最高荣誉奖，1984年退休。退休之后，他依然焚膏继晷，笔耕不辍。他以层出不穷的新著和精湛的研究，为柏克莱的汉学学术史增添了新的荣光。

在教学和研究之外，薛爱华还积极参加美国东方学界与汉学研究界的学术组织活动，做出了突出的贡献。这主要体现在两个方面：一方面，他是美国东方学会的活跃会员，是学会事务积极的参与者和领导者。美国东方学会（the American Oriental Society）创立于1840年代，历史悠久，会员众多，涉及学科领域广阔，在学术上积累了丰富的资源和良好的声誉。其学术刊物《美国东方学会会刊》（*Journal of the American Oriental Society*，简称 *JAOS*），创刊于1842年，是美国东方学家发表研究成果、交流心得的最为重要的园地，享有崇高的学术声誉。薛爱华是这一刊物的积极撰稿者，他的单篇论文大部分都是在这份刊物上发表的。从1955年开始，他就担任这一学刊的东亚研究的编辑。从1958年到1964

年，薛爱华担任这一刊物的主编，为学刊的发展付出了诸多心力。他还被选为美国东方学会会长（1974—1975），这份荣誉正是对他的学术贡献与学术地位的肯定。1986年第1期的《美国东方学会会刊》，就是向薛爱华致敬的专号。此卷共收录17篇论文，均出自他的学界友人和弟子之手，旨在表彰他长久以来对学会以及相关学术领域的贡献。[1]

另一方面，1951年，他与卜弼德教授一起，创立了美国东方学会西部分会（the Western Branch of the American Oriental Society, 简称WBAOS）。严格地说，西部分会所聚集的学者，基本上只是美国中西部研究传统中国学问的学者，其范围有限，甚至可以说，有些名大于实。但是，六十年来，西部分会学者定期召开学术会议，以文会友，不仅继承了薛爱华所倡导的学术投入的热诚和激情，还有效地促进了美国汉学的学科发展和学术进步。此外，薛爱华对美国的《唐研究》（*T'ang Studies*）和《中古中国研究》（*Early Medieval China*）这两份汉学专业的学术刊物，也有着重要的影响。因此，柯睿教授在其所撰讣告中称薛爱华是"过去四十年美国中古中国研究的同义词"。[2]按我的理解，这意味着薛爱华的中古中国研究，不仅持续时间长，而且代表了这四十年

---

[1] *Journal of the American Oriental Society*（《美国东方学会会刊》），Vol. 106, No. 1（1986）.

[2] 以上关于薛爱华生平和学术经历的介绍，参考了两篇《薛爱华讣告》（*Obituary*），一篇是R. J. Z. Werblowsky所撰，刊于*Numen*（《元神》），Vol. 38, Fasc. 2.（Dec., 1991），pp. 283 - 284，另一篇出于薛爱华私淑弟子、著名汉学家柯睿（Paul W. Kroll），载*Journal of the American Oriental Society*, Vol. 111, No. 3.（Jul. -Spt., 1991），pp. 441 - 443. 本文此节所论，多据柯睿教授所撰讣告。

间美国汉学研究这一领域的最高水准。具体地说,薛爱华之中古中国研究,于唐代用力最勤,成就也最为突出。他不仅是 20 世纪下半叶美国唐代研究的领军人物,也是整个西方唐代研究的领军人物。这一点,看一看他的学术成果要目,便可不言而喻。

二 薛爱华的学术成果

与绝大多数同辈学者相比,薛爱华学术成果的数量是相当惊人的。下面分专著和论文两类介绍。

薛爱华的专著共有十种,大多数是有关唐代研究的,只有两种与唐代没有直接关系:

1. *Ancient China*(《古代中国》),New York:Time-Life Books,1967.

2. *Tu Wan's Stone Catalogue of Cloudy Forest:A Commentary and Synopsis*(《杜绾〈云林石谱〉评注》),Berkeley:University of California Press,Cambridge:Cambridge University Press,1961. Floating World Editions:2005.

第一种分若干专题介绍古代中国,涉及中国人对于战争、家庭、艺术以及生活等的态度,并配有彩图。这不是严格意义上的研究专著,而是面向一般读者的读物,但从专题的选择上,仍可以看出薛爱华的独特匠心,如其中有介绍唐代王室生活的专题,即从一个角度反映了薛爱华对古代中国的理解。第二种则是关于南宋杜绾所撰《云林石谱》一书的译注和评释。杜绾字季扬,号

"云林居士",山阴(今浙江绍兴)人,是宰相杜衍的孙子。此书成于南宋绍兴三年(1133),"汇载石品凡一百一十有六,各具出产之地,采取之法,详其形状、色泽,而第其高下。然如端溪之类,兼及砚材,浮光之类,兼及器用之材,不但谱假山清玩也。"[1]从内容来看,这是一部相当奇特的书,因为"此谱所品诸石,既非器用,又非珍宝,且自然而成,亦并非技艺,岂但四库中无可系属,即谱录一门,亦无类可从,以亦器物之材,附之器物之末焉"。[2]尽管四库馆臣最终将其列入子部谱录类,但他们同时也承认,很难对此书作出恰当的目录学分类。同时,作为一部古典文献,此书并不广为人知,甚至还有些生僻。薛爱华非但注意到此书,而且格外重视,还就此开展专题研究。这说明他独具慧眼,认识到该书有不可替代的价值,也说明他对中国古典文献涉猎相当广泛,对古代中国的名物研究早已情有独钟。

其余八种则与唐代研究直接相关。依其初版时间之先后,录列如下:

1. *The Empire of Min*(《闽帝国》), Rutland Vt: Charles E. Tuttle Company, 1954.

2. *The Golden Peaches of Samarkand: A Study of T'ang Exotics*(《撒马尔罕的金桃:唐代舶来品研究》), University of California Press, 1963.[3]

3. *The Vermilion Bird: T'ang Images of the South*(《朱雀:唐代

---

[1] 纪昀撰,《四库全书总目》,卷115,中华书局,1965年,页988。
[2] 同上。
[3] 此书及以下各书初版皆由加州大学出版社出版,为省篇幅,以下不一一标注。

的南方意象》），1967.

4. *Shore of Pearls*：*Hainan Island in Early Times*（《珠崖：早期的海南岛》），1970.

5. *The Divine Woman*：*Dragon Ladies and Rain Maidens in T'ang Literature*（《神女：唐代文学中的龙女与雨女》），1973.

6. *Pacing the Void*：*T'ang Approaches to the Stars*（《步虚：唐代对星空的探讨》），1977.

7. *Mao Shan in T'ang Times*（《唐代的茅山》），1980.

8. *Mirages on the Sea of Time*：*the Taoist Poetry of Ts'ao T'ang*（《时间之海上的幻景：曹唐的道教诗歌》），1985.

《闽帝国》或译作《闽王国》，是薛爱华最早出版的一部汉学专著。闽国（据有今福建省之地）与南汉（据有今广东广西，其国号初为越，后改为汉，史称南汉）一样，都是国史上所谓"五代十国"中的十国之一，其所据皆是唐人所谓的"边鄙"之地。对这十个独立王国作专题研究者历来不多，现代中外学者专力于此者亦少[1]，薛爱华此书可以说是现代学者第一部全面研究闽国史的专著，有开拓之功，至今在学术界仍有影响。从南汉到闽国，可以看出薛爱华对五代十国这一学术兴趣的延续。而五代十国介于唐、宋两代之间，完全可以看作是唐代的延续。换一个角度来看，薛爱华的学术兴趣也可以说是从五代十国上溯至唐代

---

[1] 有人将此书误译为《五代时期的唐闵帝》（见中国社会科学院文献情报中心编，孙越生、陈书梅主编《美国中国学手册》[增订本]，中国社会科学出版社，1993年，页385）。按：这一错误显然是因为译者误看 empire 为 emperor，而唐代没有闵帝，后唐则有闵帝李从厚，故译者加上"五代时期"以自圆其说。另一方面，产生这一错误也表明译者对"Min"（闽）的陌生。

的。在后来四十年的学术生涯中，唐代中国让他着迷，让他流连忘返、殚精竭虑，写出了其他七部唐代研究专著。

《撒马尔罕的金桃：唐代舶来品研究》今有中译本，题作《唐代的外来文明》。此书从名物入手，考察唐代的舶来品，着重从物质文化的角度，呈现外来文明对唐代社会文化的影响。原英文正标题中的"撒马尔罕"和"金桃"这两个意象，很能凸显"唐代舶来品"这一主题，而中译本改题"唐代的外来文明"，虽然概括性有所加强，但其文学形象性则明显减弱。不过，中译者吴玉贵先生凭借其于隋唐史以及中外交流史的深厚学术功底，对薛爱华原书中的材料与观点有所订补，很值得专业读者注意。此外，这部著作还奠定了薛爱华唐代研究系列作品的命名模式：以一个富有形象性的词语为正题，再加上一个说明性或限定性的副标题。以上所列著作中，从第三种到第六种都遵循了这一模式。

从命题格式上看，《朱雀：唐代的南方意象》与第二种尤其相似。朱雀本来就是象征南方的一个最具代表性的意象。书名中所谓"南方"，实际上指的是南越，包括岭南（广、桂、容、邕四管）和安南之地。所谓"意象"，则是指唐代人在诗文创作、生活习俗以及历史文献中，所体现出来的对于南方的人（尤其是土著）、宗教、风土、名物等的认识。全书分十二章，最后一章曲终奏雅，直接点明"朱雀"一题，从气味、风味、声音、颜色等角度展开论述。从所涉及的地理区域来看，薛爱华这部著作与其博士论文之选题南汉研究之间的关系，也是显而易见的。

《珠崖：早期的海南岛》是《朱雀：唐代的南方意象》一书的后续之作。在地理上，海南岛位于岭南之南，其南方、蛮越的色彩更为浓厚。与《朱雀：唐代的南方意象》一书不同的是，此书更着重海南岛的开发历史,是关于这一地理区域的专题研究。全书共分五章,分别从历史、自然、土著、交通及贬谪五个方面,探讨了宋代及宋以前海南岛的情况。苏轼的海南经历及其海南诗作是此书最主要的文献依据之一。

从书名来看,《神女:唐代文学中的龙女与雨女》一书是以唐代为论述对象,但实际上,书中也涉及唐以前的龙女与雨女形象。除了唐诗,尤其是李贺以及中晚唐诗人李群玉等人的诗歌备受关注之外,唐代民间传说与传奇故事,也是本书所依据的重要史料。龙女与雨女的形象,推而广之,就是与水相关的女性形象,这些形象在不同时代、不同文体、不同文献语境中如何有不同的发展和变形,是该书论述的重点。需要指出的是,薛爱华对这一问题的兴趣在此书出版后,仍然持续了很久。1979 年,他还发表了一篇文章,题为《南中国的三位神女》,讨论缑仙姑、卢眉娘和南溟夫人这三位中古女仙。[1]

《步虚:唐代对星空的探讨》当然与唐代的天文学有关,但与其说这是科学史或天文学史的研究,不如说是思想史与文化史的研究。与薛爱华其他作品一样,此书的视野也不是单一的,实际上,"星空"只不过是他的切入点之一,当他追随唐人的目光而仰望星空的时候,他重点关注的其实不是唐人眼中的星空体系及其样貌,而是唐人之所以有这种眼光的心理与文化依据。换句话说,他从唐代文人(尤其是诗歌和小说作者)和神秘主义者(尤其是道教人士)对于星空、天体以及天体运动的认知入手,

---

[1] Three Divine Women of South China, *Chinese Literature: Essays, Articles, Reviews* (*CLEAR*,《中国文学》), Vol. 1, (Jan., 1979), pp. 31–42.

探讨唐人对于星空世界的丰富想象,探讨隐藏于这些认知背后的文化意识形态。此书对于道教文献的发掘与利用,很值得道教研究者关注。

从《步虚》开始,薛爱华的学术跋涉,更进一步深入到道教研究的文献丛林之中。其第七种著作《唐代的茅山》和第八种著作《时间之海上的幻景:曹唐的道教诗歌》,都是关于道教的专题研究,与《步虚》一脉相承,前后联系至为明显。这三部书代表了薛爱华在道教研究领域的开拓,以及他所达到的学术高度。茅山原名句曲山,在今江苏西南部,是道教所谓"第一福地第八洞天"。相传西汉茅盈、茅固、茅衷三兄弟在此修道成仙,因名"三茅山",简称"茅山"。东晋许谧曾在此修道。齐梁之时,著名道士陶弘景于此筑馆,传授弟子,尊奉三茅真君为祖师,主修《上清经》,从而开创了道教茅山派,亦称"上清派"。唐代著名道士吴筠也曾修道于此。《唐代的茅山》一书就是研究这处道教圣地的。在《时间之海上的幻景》中,晚唐诗人曹唐的诗歌也只是作者的切入点、出发点,他真正的目标是这些诗歌中所体现出来的道教传说和道教想象。换句话说,曹唐诗歌只是道教诗歌的一个案例,作者更关心的不是这些诗歌的文学艺术属性,而是其作为思想文化史料的特殊意涵。

以上八部著作,构成了薛爱华的唐代研究系列。在主题、结构和风格等方面,这八部书体现了鲜明的一致性和整体性。这些著作的最初版本,绝大多数是由加州大学出版社出版的,从1950年代到1980年代,薛爱华每隔三四年就有一部新作产生。这是一位目标明确、矢志追求独特学术风格的学者,他在富有个性的学术道路上稳步前行,硕果累累。他的大多数著作后来都有重版,其中多种由 Floating World Editions 重版。除了《撒马尔罕的金桃》一书已有中译本之外[1]，他至少有两种著作被译为日文，日译本版本信息如下：

《神女：唐代文學における龍女と雨女》，西胁常记译，日本东海大学出版社，1978；

《サマルカンドの金の桃—唐代の異国文物の研究》，吉田真弓译，勉诚出版社，2007。

薛爱华的论文大多数是札记体，篇幅不长，但文笔活泼，话题也往往引人入胜。这些论文又可以分为两大类。一类已在刊物上发表，其中大多数发表在《美国东方学会会刊》上，约二十多篇，因为是札记体，故其题目中常见 note 或 notes。[2] 其论题包括唐代茉莉花的名称（素馨）、道教的月宫之旅、中国的洗浴习俗、祥鸟、食龟、扶桑、榕树、汉语词句结构、年号起源及其意义、合浦珍珠等，涵盖的领域相当广泛。另一类则是未刊稿，包括38篇札记，基本上是薛爱华晚年的作品。薛爱华退休之后，治学不辍，时有所得。最初，他只将这些治学心得寄送十位好友和以前的弟子，后来，这些文章被越来越多的学者传阅，并以《薛爱华汉学论文集》（Schafer Sinological Papers）的总名在美国汉学界逐渐传播开来。这一论集包括如下文章：

1. The Oriole and the Bush Warbler（《黄鹂与丛林鸣禽》）

---

[1] 中译本书名改为《唐代的外来文明》，有吴玉贵中译本，中国社会科学出版社，1995年。2005年，陕西师范大学出版社又出版了此书的彩色插图珍藏版本。
[2] 下文所引《薛爱华汉学论文集》中，即有多篇例证。

2. Notes on T'ang Geisha, 1: Typology (《唐妓札记之一：类型》)

3. Kiwi Fruit (《猕猴桃》)

4. Notes on T'ang Geisha, 2: The Masks and Arts of T'ang Courtesans (《唐妓札记之二：唐代妓女的化装与伎艺》)

5. Cosmic Metaphors: The Poetry of Space (《宇宙隐喻：太空诗歌》)

6. Notes on T'ang Geisha, 3: Yang-chou in T'ang Times (《唐妓札记之三：唐代的扬州》)

7. Notes on T'ang Geisha, 4: Pleasure Boats (《唐妓札记之四：妓船》)

8. The Anastrophe Catastrophe (《倒装句的灾难》)

9. Brightness and Iridescence in Chinese Color Words (《中文颜色词中的亮度与色变》)

10. The Fibrous Stars (《纤维状的星辰》)

11. The Other Peach Flower Font (《另一个桃花源》)

12. Table of Contents to Wang Hsuan-ho, San tung chu nang (Tao tsang 780-782 ［HY1131］) —A T'ang Taoist Anthology (《道教文集王悬河〈三洞珠囊〉(〈道藏〉卷780—782) 目录》)

13. Annex to Combined Supplements to Mathews' Part I (《马守真字典综补附录之一》)

14. Annex to Combined Supplements to Mathews' Part II (《马守真字典综补附录之二》)

15. Ts'ao T'ang and the Tropics (《曹唐与热带》)

16. Annex to Combined Supplements to Mathews' Part III (《马

守真字典综补附录之三》）

17. The Tourmaline Queen and the Forbidden City（《碧玺皇后与紫禁城》）

18. Annex to Combined Supplements to Mathews' Part IV（《马守真字典综补附录之四》）

19. An Early T'ang "Court Poem" on Snow（《一首咏雪的初唐宫廷诗》）

20. Annex to Combined Supplements to Mathews' Part V（《马守真字典综补附录之五》）

21. The Eight Daunters（《八威》）

22. Annex to Combined Supplements to Mathews' Part VI（《马守真字典综补附录之六》）

23. The Moon's Doubled Wheel（《月重轮》）

24. Annex to Combined Supplements to Mathews' Part VII（《马守真字典综补附录之七》）

25. Mildewed Apricots（《霉梅》）

26. Annex to Combined Supplements to Mathews' Part VIII（《马守真字典综补附录之八》）

27. Notes on Lord Lao in T'ang Times（《唐代的老君札记》）

28. The Moon Doubles its Wheel Once More（《再谈月重轮》）

29. Notes on Translating T'ang Poetry, Part One: Words（《唐诗翻译札记之一：词汇》）

30. Passionate Peonies（《多情的牡丹》）

31. Notes on Translating T'ang Poetry Part, Two: Poetry（《唐诗翻译札记之二：诗歌》）

32. The World Between:Ts'ao T'ang's Grotto Poems（《两界之间：曹唐的洞天诗》）

33. Notes on Translating T'ang Poetry, Part Three:Deponents（《唐诗翻译札记之三：作证者》）

34. The Moth and the Candle（《蛾与烛》）

35. A Vision of Shark People（《想象鲛人》）

36. Moon Cinnamons（《月桂》）

37. A Chinese Chough（《中国的乌鸦》）

38. The T'ang Osmanthus（《唐代的桂》）

从上列论文题目中可以看出，薛爱华晚年仍然保持着其早年的研究兴趣，因此，有些论文完全可以看作是对之前专著的补充，如《宇宙隐喻：太空诗歌》一篇可以看作是对《步虚》一书的补充，而《两界之间：曹唐的洞天诗》一文则应该看作是对《时间之海上的幻景》一书的补充。此其一。薛爱华对唐代研究情有独钟，终生不变，这38篇论文不少是关于唐代研究的，从名物到语言到诗歌，无不涉及。此其二。虽然这些文章多为札记体，但是，有不少札记已成系列。无论从其问题的重要性，还是从其讨论的深度，都可以看出作者态度之严肃、治学之严谨及立论之审慎。此其三。

三 薛爱华的治学特点及贡献

薛爱华对唐代中国专注而持久的研究，极大地拓展了西方汉学界唐研究的范围，提高了西方汉学界的学术水准，丰富了中国古代文史研究的视角与方法。对于西方汉学界的后学而言,他的研究既是样榜,也是标杆。作为20世纪美国汉学界的一流学者,薛爱华在四十多年的学术历程中,形成了鲜明的学术个性,他的治学方法不仅为其学术成就奠定了基础,也给后人带来了丰富的启迪。

第一,就其治学的时间范围来看,薛爱华的研究集中在中国中古时代,也就是通常所谓汉魏六朝隋唐这一时段,英美汉学界常以Medieval或者Middle Ages来指称这一时段。从薛爱华的学术经历来看,他最初的学术研究兴趣,集中在唐王朝覆亡以后的五代十国,特别是其中的南汉与闽王国。他早年对宋代也有兴趣,故不辞辛劳,对杜绾《云林石谱》进行注释解析。换句话说,他是由后往前,逐渐进入唐代研究这一领域的。但一旦接触唐代,唐代文化的多姿多彩就让他流连忘返,唐代文化这座富矿也给了他丰厚的回报。

第二,就其治学的空间范围来看,薛爱华着重的是所谓"华裔研究"。这里的"华裔"一词,是借用汉学史上著名的学术刊物《华裔学志》(Monumenta Serica) 的用法,指"中华及其四裔",也就是"中国及其周边"。注意中国及其与周边民族文化的关系,也就是注重中外文化来往与文明交流。作为东亚地区一个开放、强大的国家,唐朝与周边民族以及国家之间的文化往来极其活跃,而且形式多样。用今天学术界使用的术语来说,薛爱华早就具有了一种自觉的"从周边看中国"的视角。他研究南汉和闽国,关注的是五代十国时代的边疆。他研究唐代的舶来品,意在透过外来文物,观察唐代中国与周边世界的联系,尤其是与西域、南亚和东南亚的联系。在《撒马尔罕的金桃》一书出版之后,他又以《朱雀》和《珠崖》二书,深入探讨唐代中国的南部边疆,探讨中原汉族文化与四裔异族文化之间的互动。在《神女》和《步虚》二书中，他也经常涉及中原汉文化与周边异族文化的互动关系。由于自身文化立场和文化背景的关系，海外汉学家往往比中国学者更自觉、更主动地关注与中外关系、中西文化交流相关的课题，但是，环顾20世纪欧美汉学界，像薛爱华这样自觉而持久地关注这个研究方向，并且形成独特的研究思路和学术风格的人，则寥寥无几。另一方面，海外汉学家也倾向于将中国作为一个流动的、发展的、历史的概念，注意从中原汉文化与周边民族文化的融合过程中，观察中国的塑造与成形。无疑，唐朝为他们提供了一个进行这种历史观察的适宜的立足点，而薛爱华本人的语言功底及学术素养，又使他能够从这种观察视角中收获丰厚的回报。

  从学术传承上看，薛爱华深受欧陆传统汉学的影响。他在柏克莱加州大学的导师卜弼德教授，服膺欧陆汉学重视语文文献学（philology）训练的传统，并按照这种模式在柏克莱培养学生。他们相信，穿过语言，才能进入古典文献，才能进入古代历史丰富而生动的世界；通过周边各民族语言的比较、古今语言的比较，可以窥探历史文化的真相。从大学时代开始，薛爱华就在语言学习方面刻苦用功，除了法语、德语、意大利语、西班牙语之外，他还精通古埃及文、拉丁文、希腊文、古英文、阿拉伯语、日语、越南语等十几种古今语言，积累了深厚的语言学功底，展现了不凡的语言才华。他特别强调汉学家的语言能力，1982年，在一次题为"What and How is Sinology?"[1]的学术讲演中，薛爱华

---

[1] 1982年10月14日，薛爱华在科罗拉多大学东方语言及文学系做此演讲，原文载 *Tang Studies*（《唐研究》）第8—9辑（1990—1991）。有周发祥中译本，题为《汉学：历史与现状》，载《传统文化与现代化》，1993年第6期。

语重心长地对年青一代汉学家提出语言能力方面的要求。他的学术成就的取得，与他的语言能力是分不开的。

第三，就其治学方法而言，薛爱华既继承了欧洲汉学家的语文文献学传统，又注意吸收现代西方人文社会科学的发展成果。早在大学本科阶段，他就受到良好的人类学专业训练，因此，他的每种学术著作都或多或少地体现了他的这种学术背景。以人类学的方法为核心，他的著作既关注民族语言、民间习俗、宗教祭祀，尤其关注民族的迁徙、语言的变迁、习俗的源流以及信仰的传承，同时，又能注意到不同民族人群在这些文化节点上的互动关系。在某些图书馆的分类目录上，他的著作被标注为涉及文学、历史学、人类学、民族学、宗教研究、东南亚研究等多个学术领域，从上述角度来看，是不足为奇的。在他的笔下，诗文作品、小说传奇以及民间故事，都被当作人类学与历史学研究的材料。在正史和诗文文献之外，他特别重视民间传说、志怪小说等亚文化层面的文献资料，甚至还会参考现代东西方人类学者的田野调查成果。他的著作，往往展现出开阔视野与多样视角的融合。甚至他的道教研究，也不只是将道教当作一种宗教，而是作为某一人群的社会文化现象来解剖。

第四，就其研究视角而言，薛爱华特别爱好并且擅长从名物的角度切入。中国传统学术也十分重视名物。《周礼·天官·庖人》："庖人掌共六畜、六兽、六禽，辨其名物。"唐贾公彦疏云："此禽兽等皆有名号物色，故云'辨其名物'。"《周礼·地官·大司徒》："辨其山林、川泽、丘陵、坟衍、原隰之名物。"汉郑玄注云："名物者，十等之名与所生之物。"[1] 从某种角度来说，

---

[1] 清阮元校刻《十三经注疏》本，中华书局，1980年影印本，页661、702。

朱雀：唐代的南方意象

所谓名物研究，其实有些近似当今史学界所谓"物质文化研究"。《杜绾〈云林石谱〉评注》是最能体现其物质文化研究旨趣的著作。除此之外，薛爱华几乎在其所有著作中，都贯彻了名物研究的视角。最突出的是《撒马尔罕的金桃：唐代舶来品研究》一书。撒马尔罕的金桃是舶来品的象征，同时也是唐代外来文明的象征。唐代的外来文明不仅体现于唐朝的各色人等、各种宗教与书籍之上，而且烙刻于家畜、野兽、飞禽、毛皮和羽毛、植物、木材、食物、香料、药物、纺织品、颜料、宝石乃至各种金属制品、世俗器物等各类名物之中。当他研究一个时代、一个区域、一个主题的文化现象之时，名物成为他无往不利的切入点，《朱雀》、《珠崖》和《神女》等书，无不如此。从学术史的角度来看，薛爱华的名物研究至少有如下三方面的意义：首先，这种名物研究其来有自，在较早一辈的欧美汉学家的中外文化交流研究中，已有成功的范例，其中最值得一提的是劳费尔的《中国伊朗编》。[1] 薛爱华将这种研究方法发扬光大，运用于更多的研究领域，其角度也更为多样。其次，他的研究涉猎广博，有明显的博物学色彩，展现了学术大家的渊博学识和博雅情怀。再次，薛爱华的诸多研究，都令人信服地表明：表面上，名物似乎只关乎人类的日常生活，而且似乎是庸常生活中的琐碎细节，无足轻重，甚至不值一提。而实质上，在漫长的历史进程中，名物无声却又具体而微地说明着人类的生活方式，承载着诸多文化史、精神史

---

[1] Berthold Laufer. *Sino-Iranica*: *Chinese Contributions to the History of Civilization in Ancient Iran, with Special Reference to the History of Cultivated Plants and Products*. Chicago：1919. 中译本为：[美] 劳费尔著，林筠因译，《中国伊朗编》，商务印书馆，1964 年。

与制度史的意义。

第五，就其表达方式而言，薛爱华的论著注重文采，文笔生动，故其历史想象栩栩如生，其重构历史之叙述娓娓动听，优雅可读。具体来说，他常用的方法主要有三种：

其一，薛爱华精心选择书名，选用意象优美而富有吸引力的词汇，先声夺人，吸引读者。这是从《撒马尔罕的金桃》一书开始的，其后，《朱雀》、《珠崖》、《神女》、《步虚》、《时间之海上的幻景》诸书的标题都是如此。由于书名形象鲜明，富于暗示性和联想性，所以比较容易抓住读者的注意力。这些著作不仅吸引了专业读者，也吸引了不少诗人、艺术家、小说家、历史学家等等。[1]这固然与其研究对象及其专题选择有关，更与其精心构撰与叙述方式密不可分。

其二，薛爱华喜欢在每一章节之前引证西方诗歌作品，为西方读者营造一种文学的气氛，同时又通过引证诗歌和章节内容之间的类比与对照，在中西之间架设一座会通的桥梁。薛爱华本人热爱文学，博览群书，对西欧文学尤其是英国文学情有独钟，其著作中大量征引英国诗篇，从莎士比亚到当代诗人德·拉·梅尔（Walter John de la Mare, 1873—1956）。他甚至引用福楼拜（Gustave Flaubert, 1821—1880）的《圣安东尼的诱惑》（*The Temptation of Saint Anthony*，法文原书名作 *La Tentation de Saint Antoine*）[2]，足见其对西欧文学之谙熟。

---

[1] 参看柯睿撰，《薛爱华讣告》，*Journal of the American Oriental Society* Vol. 111, No. 3, (July-Sept. 1991), pp. 441–443。

[2] *Vermilion Bird*, p. 9, p. 18. 见《朱雀》中译本页16，页40。

其三，薛爱华用词雅洁，令人惊叹。特别值得一提的是，对于汉英翻译尤其是专有名词的翻译，他有一套独特的理论和方法。也许可以借用严复当年的"信、达、雅"三字，来概括他的翻译观点。在翻译中，他要求最大限度地忠于汉语原文，最大程度地表达原文的意涵，并且尽可能呈现原文的用字风格与意味。比如，他将华清宫译为"Floriate Clear Palace"，以"Floriate"对应"华"，就是出于古雅的考虑。为了达到这样的目的，就不免要调用大量词汇，包括某些较为生僻的词汇，所以，他的译诗偶尔会显得严谨过度，通俗不够；古雅有余，流畅不足。为了求"信"，他坚持直译，例如将"刺史"译为"Inciting Notary"。[1] 这种译法只是为了解释汉语中"刺史"二字的本义，其是否确切以及有否必要，是可以商榷的。作为一个汉学家，薛爱华这样做，或许有其不得已之处。实际上，这种翻译可能导致过度阐释，追根究底，还可能是沾染了所谓"东方主义"的影响。对薛爱华这套翻译方案，学术界并非没有异议[2]，但总体来看，他在翻译中所体现出来的对于"信"的痴迷，对于文本细读的执着，仍然令人肃然起敬。

柯睿在《薛爱华讣告》中认为，薛爱华的学术功底，直追欧洲老辈汉学家伯希和、劳费尔、马伯乐等人。其言信然。不仅如此，他的学术研究还能够与时俱进，将人类学、文化学、形象学

---

[1] *Vermilion Bird*, p. 7.
[2] 宇文所安（Stephen Owen）为薛爱华《时间之海上的幻景：曹唐的道教诗歌》一书撰写书评时，就曾提出这样的看法，文载 *Harvard Journal of Asiatic Studies*（《哈佛亚洲研究学报》），Vol. 46, No. 2 (Dec., 1986), pp. 654 - 657。

等多种研究方法与视角融入其中。他的学术影响了一批后学,其中最值得一提的,也许就是他的私淑弟子、科罗拉多大学教授柯睿。在道教研究和唐诗研究方面,柯睿直承薛爱华之衣钵,而道教研究也是柯睿唐研究的重要组成部分。[1]总之,可以说,薛爱华为20世纪美国汉学界开拓了唐代研究的新局面,然而,中国学术界对他的学术贡献的认识还严重不足,希望这次三联书店新推出的这两种译著,能够在一定程度上弥补这一缺憾。

程章灿

2014年1月15日,时客居台北

---

[1] [法]索安著,吕鹏志、陈平等译,《西方道教研究编年史》一书中有言:"在文学领域,薛爱华和他的几位弟子取得了重大成就。"中华书局,2002年,页83。

绪　论

众所周知，在很久以前，埃及和美索不达米亚干燥炎热的土地上可能存在过繁盛的文明，这部分是因为我们在那里发现了大量保存完好的博物馆标本。但我们这些温带地区的人，却不大会认为潮湿的热带地区有助于人类才能的最佳发挥。这种偏见现今正在被人摒弃。事实上，热带雨林和季风海岸，除了滋生衰弱、懒惰、淫荡和智力迟钝之外，也孕育了众多美好的事物。的确，一千年以前，有许多个伟大文明的中心，都位于亚洲和美洲的热带地区。[1]我们同样钦佩玛雅人、爪哇人、柬埔寨人、僧伽罗人以及其他许多民族；他们在欧洲文艺复兴之前好几个世纪，虽然身处潮湿的森林，却早已繁荣昌盛。当然，那些居住在多雨城市中的深色人种，并不是中世纪精神与物质能量的唯一重大源泉。撇开欧洲不谈，伊斯兰文明的发源地就以干旱地带为主，包括波斯、阿拉伯、叙利亚、非洲以及西班牙等地。最后，还有中国，其地理环境属于混合型，从长满山毛榉和云杉的森林，到风沙漫天的沙漠和遍

---

[1] 马斯顿·贝茨（Marston Bates）:《那里从无冬天：热带居民与自然之研究》，纽约：1952年，页79—80。

地青草的草原,从温带和亚热带的湖泊区域,再远到松散羁縻的边疆垦殖地,那里正是热带区域的起点。最后这片区域正是本书的主题。我尤其要考察其对于中古中国人的知识构成有何贡献,同时考察其对于中国人的感觉、情感以及想象力的影响——或者反过来说,考察中国精神这个大熔炉如何改变了这一片土地。

在《撒马尔罕的金桃》一书中,我经常提到,唐帝国最南端区域的物产,无论是有机物,还是结晶体,在中国人眼中,都带有"半异域色彩"。也就是说,这些物产并不像日本、爪哇以及漕矩咤国〔1〕的动植物那样奇异可怕。现在我打算密切关注这一看似矛盾的区域,中国人很久以前就声称这片土地属于他们,但在唐代,这个地方对中国人来说还是陌生的、奇异的。因此,本书是关于中古中国的热带地区,它以朱雀为其象征,至于朱雀是什么最终也还是个谜。这个区域同样可以用那个迷人的"越女"形象来作代表,这一点会渐渐地显得越发清晰。

无可否认的是,在某种意义上,这项研究呈现的是我自己心目中的过去,也就是说,这个过去之特殊化与具体化,在某种程度上,是我个人所特有的。或许所有对过去的再创造都是这种类型的,而我要说的是,在本书中我的目的不是让过去"概念化"(用近来很受追捧的这个抽象词语),而是以一种生动活泼而且感

---

〔1〕译注:漕矩咤国(梵文 Jāguda 之对音,意为郁金香。穆斯林作家记为 Zuplas-tan, Zawuli-stan,唐代译作谢飑。地名来自五世纪厌哒占领喀布尔至坎大哈地区,称为 Jawuda,穆斯林转音记作 Zabul,又作 Zabulistan;《新唐书·西域传》有载),周七千余里。

性的方式,去了解过去,而且不必牺牲其精确性。这意味着要尝试将唐代人的中世纪世界,既看作是一个实有的境界,又看作是一种想象的诠释。什么是"真实的"历史,也许言人人殊,我希望我讲述的史事,是诸种可能真实的历史中的一种,我的目的主要在于"实在的"历史。[1]简言之,如果这只"朱雀"最终并非博物馆抽屉里一只剥制好的标本,而是一次可信的复活,尽管它已距今一千年,却还带有某种勃勃生气,那么,我会真诚地欣幸不已。

我力图一概使用唐代人的史料,以避免因时代倒错而造成对某一特定时期的特征概括显得可笑,只有在注释与阐释时有所例外。由于某一习俗或传说在宋代已存在,进而推测其在唐代即已存在,这样做太过简单。比如,由于马援在十一世纪已成为南方伏波之神,就进而推断他在八世纪即已如此。由于民间传说中有如是之证据,就推测后来对其他信仰、习俗以及制度的记述亦同样如此。我尽可能避免这样做,因为这样做有可能神不知鬼不觉地引入某些态度、倾向及选择,它们对宋代人来说很是顺理成章,但对于唐人而言却格格不入,这样的做法十分危险。然而,我偶尔也会参考宋代(甚至元代)的史料,尤其是当它们能够清楚地表明某些先前的习俗或文献当时依然存在的时候。我希望,我这么做的时候已经足够小心谨慎。

---

[1] 译注:这里作者用了两个不同的词。"真实的"(true),是指与事实相符,与假相对应;"实在的"(real),是指客观存在的,与无相对应。

中古汉语的拼写

中古甚至上古汉语的词汇和名称,传承至二十世纪,在通常被称为"官话"的北京方言中,其语音形式早已蚀损不堪。根据这种语音来拼写中古甚至上古汉语,这一习惯源远流长,根深蒂固,却令人遗憾。作为一本有关唐代的著作,希望摒弃这一习惯,并最大限度地恢复中古汉语的实际读音,是有很多理由的。最重要的也许是如下四点:第一,使中古人名和地名读起来大致像那个时代人所听到的;尝试重现对那个失去的世界的感官体验,当然,这只是这种尝试的一部分而已。第二,通过唐代对外来词语(例如外国地名、外来观念与行为)的转写,可以查考到其梵语、占语或古爪哇语的源头,或者追寻到其出人意料的某些来源。第三,在中古语言中,许多单音词之间分别截然,到了现代"官话",其语音系统简单得多,这些词便降而为同音词,其区别隐而不彰,恢复古音可以昭显这种区别(例证后附)。第四,重现韵脚字、同声音、拟声字的实际效果,以及其他诉诸声音效果的修辞手法。诗人当年有此意图,而根据现代发音则看不出来。对本书来说,最后这一点相对不那么重要,因为我已经把唐诗都翻译成了英语。

对于中古汉语(Medieval Chinese,亦作 Middle Chinese,这两种写法都可以简略为 M. C.)语音所作的标准的、保守的重建,居开创之功的是高本汉(他称之为"古代汉语〔Ancient Chinese])",可惜的是,他的体系充满了发音符号和特殊标志,如超出专业语言学研究的范围来使用,就会显得很别扭,甚至令人望而生畏。一段本该读得流利通顺的文字,碰上这些假定的符号,读者的思路就会被绊住。将这一套拼写体系转换为简单得多的拉丁字母拼法,是人们盼望已久的。已故金守拙(George Kennedy)〔1〕在其出版的某些论著中用过一套拼法,但他并没有作为一套完整的体系来推广。我现在斗胆来设计一套方案。纯粹是出于方便,丝毫没有要改进高本汉构拟法的意思,也完全没有做出科学贡献的意思。这套方案只用一个发音符号,如果没有别的好处,那也至少会给人一种错觉,觉得这个音发得出来。〔2〕

这里有 11 个中古汉字,它们现在的读音都是 hsieh(按威妥玛拼法)〔3〕,而按照我"修正过的高本汉"拼法,则是:械

---

〔1〕 译注:George Kennedy(1901—1960),汉名金守拙,耶鲁大学教授,著名汉学家,主要研究汉语语言学以及《诗经》。

〔2〕 我仿照蒲立本(E. G. Pulleyblank)《古汉语辅音系统》(《大亚细亚》,9/1,1962 年,页 58—144;9/2,1963 年,页 206—265),作了一些调整,删去那些不必要的区分。例如,我把高本汉的-a-拼作-au-,就是依据蒲立本。此外,我还把越南语中常规的双字母辅音 tr 转成中古汉语中齿上塞擦音和摩擦音系统,拼作 dr-, sr-之类。我避免提出语音学上的技术问题:我的 ty-表示高本汉的 t-,不考虑这个音可能是舌头后塞音、卷舌塞音还是硬腭塞音,我也无意根据塞缪尔·E. 马丁(Samuel E. Martin)《中国汉语音位》(《美国东方学会会刊》卷 16,1953 年增刊)的格式,设计一套语音拼写体系。我将此事付俟高明。

译注:原书此注下薛爱华附有其与高本汉的两套汉语拼写体系语音对照表,又有一小段关于其与高本汉不同拼写法的说明。因较繁琐,又与本书内容关系不大,今删去。

〔3〕 译注:Wade-Giles romanization,又称 Wade-Giles system,是英国汉学家威妥玛(Thomas Wade)首创的一套用罗马字母拼写汉字读音的方案,后来翟理斯(H. A. Giles)编《华英辞典》即使用这套方案,此后并为欧美汉学界广泛使用。

(*ghai*)、蟹(*ghaai*)、协(*ghep*)、颉(*ghet*)、胁(*hyap*)、歇(*hyat*)、偲(*sep*)、屑(*set*)、些(*sya*)、泻(*syet*)、斜(*zya*)。同样，在官话中都读作 *ho*，在中古汉语中也有 *gha*、*ghak*、*ghak*、*ghat*、*ghap*、*ghek*、*ghwa*、*ghwet*、*ha*、*hak*、*hak* 等 11 个不同读音，并有同样多不同的意义。诸如此类，不一而足。如果我们按这种方法，用罗马字母拼写唐人的名字，有时我们得到的是虚假的官话读音，以卢延昌（Lu Yen-ch'ang）为例，这里的 ch-指代的是硬腭辅音，而不是威妥玛拼音中的舌尖后音。另一方面，某些人名的中古读音和现代语音完全不同，因此，Ngu Myu-lyeng 对应的是官话中的 Wu Wu-ling（吴武陵）。再注意一下，本书提到两个人，在官话中都读作 Li Po，可是，一个是诗人李白（中古读音是 Li Bak），另一个是太守兼工程师李渤（中古读音是 Li Bwet）。本书第十一章翻译的一首李珣的诗，按我的方案拼写下来是这样的：

> ngyo zhi san
>
> du jwen hei
>
> ywat nam ywen zhu mywang tyung mei
>
> ghang kak dai dyeu ten yok mu
>
> sung ch'win p'u
>
> dryou t'eng seng seng dei chang yu

而其相应的官话读音，按威妥玛拼法则是：

> yü shi san 渔市散，

tu ch'uan hsi 渡船稀，

yüeh nan yün shu wang chung wei 越南云树望中微。

hsing k'o tai ch'ao t'ien yü mu 行客待潮天欲暮，

sung ch'un p'u 送春浦，

ch'ou t'ing hsing hsing t'i chang yü 愁听猩猩啼瘴雨。

这首诗，就其中古语音的原貌来看，其声音结构要比现代普通话更加多姿多彩。例如，你会注意到，在现代语音版中，第一行、第四行以及最后一行按现代读音都有一个共同的 *yü* 音节，包含了原来 *ngyo*（渔）、*yok*（欲）、*yu*（雨）读音；而原来押韵的 *hei* 和 *mei*，*mu*，*p'u* 和 *yu* 等字，则被 *hsi* 和 *wei*，*mu*，*p'u* 和 *yü* 之类虚假韵脚取代了。普通话读音造成的语音单调，肯定会让诗人感到烦恼。比这个更富于戏剧性的例子，也是随处可见。

在本书中，我会在标准威妥玛汉语拼法之后，在括号中列出中古汉语（M. C.，亦即 Middle/Medieval Chinese，相当于高本汉的 Ancient Chinese）的拼法，只要这种真正音值的近似构拟对读者有益，尤其是对那些很在意语文学的读者有益。例如，对中国诗人孟郊，我只写出他的名字，但对于称王的土著人莫淳，我就拼作 Mo Hsun（Mak Zyem），他应该与说侗水语的现代莫家人有关系。同样，我将金橘拼作 *chin chü*（Kyem kywit），其他日常词汇亦如此。如果与现代普通话没有多少差别，我就不列中古语音的拼法。此外，人名、地名、官衔等，如果按照普通话读音拼写无法区分彼此，我也补充中古汉语拼法。例如，八世纪皇帝玄宗不能与九世纪君主宣宗混淆，中古时代的勤州与附近的钦州也不能相混。[1]

江　南

紧靠中国人的原乡黄河的分水岭之南，横亘着另一个大江流域，多个湖泊和人工水路在这一流域纵横交错，所有这些水系都经由扬子江口注入太平洋。在长江流域以南，是温和的亚热带地区，是介于古老的熟悉的北方与作为本书主题的真正热带之间的过渡地带。这里是辽阔的江南道，意为在长江以南。本书中的"江南"一词是最广义的，但有时候，我指的是其中一部分地区，通常就用现代的湖南、江西、福建等省份名称。

南　越

在富饶的江南大地之外，越过一片半圆形的低矮山峦，横亘着唐朝的一个道，大约有加利福尼亚州那么大，其一大部分是在北回归线以南。这个最南端的道，包括今天广东、广西，以及越南北部的许多地方，尤其是红河三角洲。这一大片地区不止有一

---

[1] 译注：玄宗和宣宗，按威妥玛拼法，都是 Hsuan Tsung，勤州和钦州则都是 Ch'in-chou，回译成中文后就没有这一问题，故译文不附此类名词的罗马拼音。

个名称，但我用中国最古老的名称来称呼它，并且使用为人熟悉的越南语的发音 Nam-Viet，在普通话中读作 Nan-Yüeh；中古汉语读作 Nam-Ywǎt。[1]"南越"这一名称出现于晚周时代的好几部书中，例如《庄子》，指的是上古中国人所了解的土著越人中最南方的那一部分。赵佗在公元前三世纪秦军最晚征服的这片土地上建立了其著名的王国，即以这个名称为其国之尊名。[2]在唐代，依然有人使用这一名称，使用时多少有些不太正式，且从未将其作为国家行政地理区划的正式尊名。它特别适合用于文学：所以我们看到，在八世纪的一首诗中，鹦鹉被称为"南越鸟"。[3]至于"越"这一名称本身，有人提出，既然其与"钺"（普通话读作 yüeh；中古汉语读作 ywǎt，意为一种斧头）为同源词，那么，古代越人实际上当为"石斧民族"。[4]

---

[1] 在当代人的用法中，"南越"近来亦用来指越南南部。关于此种用法，参看拉封（P. B. Lafont），《越南占族社会结构对研究的贡献》，《法国远东学院学报》，卷52（1964年），页157。

[2] 鄂卢梭（L. Aurousseau），《秦代初平南越考》，《法国远东学院学报》，Vol. 23（1923年），页259；罗香林，《唐代广州光孝寺与中印交通之关系》，香港：1960年，页7。
译注：鄂卢梭此书有冯承钧中译本，商务印书馆，1934年。

[3] 张祜，《鹦鹉》，《全唐诗》，卷510。

[4] 这种被用作地名的钺（斧头），可能是一种穿孔的圆斧，类似之物在广西新石器考古中已有发现，而在中国北方则未见。其形式与大洋洲很多地方的器物有关联，如新苏格兰的 nbonet，以及被称为 patu 的广布各地的仪式用的"棍棒"。参看凌纯声，《中国古代几种玉石兵器及其在太平洋区的来源》，《国立中央研究院民族学研究所集刊》，卷10（1960年），页24—25。凌氏认为，中国的如意，即是后来由其演变出来的。其他权威则认为钺是有段石锛。参看司礼义（P. L-M. Serruys），《〈方言〉五词研究》（第二部分），《华裔学志》，卷21（1962年），页279，注35。

岭南和安南

我要按照常规做法，把南越分为两大部分：东部称为"岭南"，意为"山岭之南"；西南部称为"安南"，意为"安定南方"，这与今天这些区域的最常用名称并不一致。岭南曾经是、现在还是耳熟能详的名称，指现在的广东和广西，但是在从前，它有时扩展到包括安南在内，在这种情况下，它与南越就是同义词。我更愿意遵循唐代大臣陆贽的用法，他在向其君主报告南越海外贸易情况时写道："岭南、安南，莫非王土。"[1]

岭南下辖四管，即广、桂、容、邕。其中广管最为重要，因为中国人对那里的控制最为稳固，特别是在大海港城市广州，这里既是广州府的治所，也是广管的治所。但是我们习惯上说"南越五管"。第五管就是安南，约略相当于现代的东京[2]，加上东京以南海岸的一小部分，其主要城市即是交州以及整个安南的治所，靠近今日河内。其行政区划如下：

---

[1]《资治通鉴》，卷234，页4b。汉代以后，指称整个南越地区的另一个名称是交、广，也指出它的两部分构成，而不是一体性。

[2] 译注：东京（Tonkin 或 Tongking），法属印度支那时代西方人用此词称代以河内为中心的越南北部地区。

绪　论

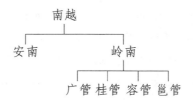

　　南方五管的统治者权力很大,其官衔中都带"使"字,前面再加上两个限定字,以描述其官位职责。"节度使"这一官衔,通常是驻扎广州的南越总督专用的。"使"这一重要的官衔与"节度"二字连用,意谓其有全权平定扰乱之地。"节度"是个古代词语,汉代即已使用,意思是指星球运行以及最终的形而上力量的作用[1],其后扩展到指皇帝派出的地方长官可望使扰乱不安的地区恢复井井有条的秩序,进而符合"天"及其人间代表"天子"的永恒节度。

　　桂管、容管、邕管都有大量土著人口,并不安定,事实上,其行政长官通常称为"经略使",前头加了另一个古典词语。有时候,我们读到的是"观察使"或"防御使"。有时候,我们看到一个官员同时兼带几个职衔。很多时候,第五管也就是最南边一管即安南的主要行政长官,称为"都督";一般情况下我只把它翻译成安南 Protector。

　　五管中任何一管之下,又再分为若干小一点的行政区,称之为"州",其字面意义是"洲岛",因为根据古代传说,英雄大禹驱退

---

[1] 译注:《史记·天官书》:"斗为帝车,运于中央,临制四乡。分阴阳,建四时,均五行,移节度,定诸纪,皆系于斗。"《论衡·明雩》:"日月之行,有常节度,肯为徙市,故离毕之阴乎?"

11

原始大水，使中国几大区域（九州）露出水面，因此各州之间以"天下"大河为界。我将这些州意译为 counties，可与英格兰的伊利郡（Isle of Ely）相比，因为就其面积和功能来看，它们约略相当于英格兰的郡和美国的县。有时候，我会把广州写成 Kuang-chou（举例），有时候，我写作 Kuang County，还有一些时候，我干脆写作 Kuang。〔1〕唐代南越各州州名，详见本书附表所列。〔2〕如果根据上下文语境，还不能确定其州名，我在列出唐代同音州名的普通话读音的同时，也列出其中古读音。例如白州与播州，岩州、严州与演州。还有两组中古时代的同音字（声调忽略不计）：宜州与义州，冈州与刚州，我则用字母 a\b 标示声调以示区别。〔3〕

我用现代地名 Canton（广州市）来指广州的治所，它也是岭南的首府城市，我用现代地名 Hanoi（河内）来指交州和安南（大部分位于今越南东京）的治所及首府城市。

---

〔1〕 译注：作者在这里译写唐代州名的三种方案，第一种是音译，第二种是意译，第三种是简称，回译为中文后，这些区别可忽略不计，故中译时不再作区别。
〔2〕 我依据《唐六典》卷3页24a—24b列出八世纪中叶的行政区划体系，并参考《元和郡县图志》卷34页1003、卷37页1037、卷38页1071、卷38页1081—1082作了若干修正。此表是混合型的、"正常情况下"的，意在简化区划之流动不居、经常变化。这一点也显示在我的地图上，这一地图参考了徐松石《粤江流域人民史》书中的地图。关于区划的重要调整，请参看本书页46注〔3〕。
译注：原书有 A、B、C 三个词汇表，A 表是书中出现的人名地名的中英文对照表，B 表是书中出现的物产及其他专有名词的中英文对照，C 表则是书中出现的州名的中英文对照。中译本只保留 C 表，并改题为"附录"。地图在原书封面，今删。
〔3〕 有必要将现在的贵州省与作为唐代州郡的桂州及贵州区分开来。
译注：此处所述都是有关汉语专名拼写的问题，中译本不作区别。

这些州的总督称为"刺史",也就是说,他们是天子派出的使者,其职责是刺激天子的臣民达到真正道德的目标。

州以有城墙的城市为中心,其下再分作若干县,从词源学上来说,"县"字的意义是"依傍的、附属的"。

蛮人和华人

这些南方省份居住的土著居民,被统称为"蛮"(Man),这不是英语单词man,而是汉语中表达类似"南方的野蛮人"意思的字眼。从训诂学范围来看,其同源词包括"曲折的、弯曲的、蜿蜒的、蛇状的"等意义。关于蛮族所具有的爬虫类的特征,我会有所阐述。

与蛮族相对的,是入侵的中国人,他们今天自称为汉人。在本书中,我用中古时代他们的自称来称呼他们:华人或夏人,两者实为同一古老民族名的一音之转。他们将自己在古代黄河流域的独特文明的中心称为"中华"或"中夏",并将这一地区与其他不那么幸运的地方相对比。中古时代,即使一个地道的汉族人,假如他不是出生于中夏,就有可能受到北方沙文主义者的蔑视。

有时候,我根据国名,称他们为"唐人",正如在更早一些时候,他们就是"隋人",再晚一些时候,他们就是"宋人"一样。无论哪一种情况,他们也都是文明的华人。

仙

读者会注意到,也许会略感沮丧,本书中经常出现的某些英文词汇,要么是日常语言中不常见的,要么其用法明显不同寻常。这些词对应的是某些在中古思想和语言中非常重要的中文词汇。"Transcendent"就是其中最值得注意的一个。它指代的汉字是"仙",其他人一般译为(Taoist) immortal。这个词实际上表示的是"有能力从物质世界的泥沼中超脱出来,进入精神世界,这种能力的象征是飞越尘世,进入天上宫殿或海中仙岛的旅行"。其语言学的同源词意为"高飞的、飞翔的、展翅飞翔"。在汉代,"仙"字通常被用作动词,以描述"羽人"的活动。"羽人"指新老道教徒,由人转化而来,图画中描绘其形象,是带翼的天使。正常情况下,我将这个词译为"transcendent"(很抱歉,我没能找到对等的英语词汇),不过在某些地方,我也使用 sylph 来指空中那些轻灵的、优雅的居民。

灵

Numinous 指的是中文字"灵"通常所代表的特质。这是一种精神力量或能量,散发自或潜在于任何有神力的物体,甚至像石头这样冥顽无知的物体，也可能有神力。神力充沛地放射出来，从帝王的陵墓之中，从强有效的药物之中，从神奇的动物身上，从鬼怪出没的树木里。死人的亡魂也称为"灵"。我偶尔也将"灵"译为 holy。

克里奥人（Creole）

我们早已习惯路易斯安那的法国克里奥人这个称呼，克里奥人是指在新世界野蛮人群中出生的法国人后裔，也包括西印度群岛的西班牙克里奥人，他们是古巴本地人，但不是土著。本书使用的"克里奥人"，其意义是"祖先是汉族而出生于南越土著之中的那些人"。

第一章　南越：前景与背景

我们人类是多么古老；
　我们的梦想就是传说
在昏暗的伊甸园中
　由夏娃的夜莺传唱。

　　　——瓦尔特·德·拉·梅尔，
　　　《那逝去的一切》

现代民族

如果我们今天看一看曾经臣服于古代大将军赵佗和马援、也曾由唐代知书能文的地方官吏管辖的那片土地，亦即广东、广西以及越南最北部，我们就会看到一块种族、语言和文化的不规则的马赛克图案。确实，整个印度支那半岛都属于这种令人困惑的类型。这是一个语言和文化层面上的巴尔干，相对晚到的与非常古老的族群混杂在一起。例如，缅甸人、暹罗人以及越南人，在中古晚期和现代早期，取代了孟族人、高棉人以及占婆人。汉族人本身也是相对晚来的。众多种族的飞地嵌入于这片现代民族的热土之上，其中一些民族是当地原住民的后代，其他民族则是早期移民的子孙。[1]这一整幅图画，使我们强烈地联想到西班牙人和美国人入侵之前的加利福尼亚。那个时候，加利福尼亚是美洲民族的死胡同（Cul-de-sac），佩纽蒂人（Penutian）、乌托—阿兹特克部落（Uto-Aztecan）、阿尔巩金（Algonkin）和阿萨巴斯卡村

---

[1] 本节有些句子，采自白保罗（P. K. Benedict），《印度支那的语言与文学》，《远东季刊》，卷6，1947年，页379。

落（Athabascan），以及其他各种各样的人，星罗棋布，他们说着各式各样的语言，习俗也各不相同，有种玉米的，有捕鲑鱼的，有采集橡果的，还有些从事其他活动。

我们可以做一个貌似合理的假定，在我们所说的这个地区，那些较为简单的文化，也正是该地区最古老的文化。越南和老挝高山上那些没有文化的山地居民，在越南语中被统称为"摩伊人"，其中一些讲的是孟—高棉语言，另一些人的语言与占婆语相关联，可能代表这种语言非常古老的历史沉淀。[1]这些高地森林中的非印度化土著，即上述的柬埔寨人与占婆人，也有与其类似、居于低地的亲缘民族，即住在东京地区和平市一带戴头巾的贵族孟族，他们的独木舟是由公鸡守护的。他们是红河盆地未汉化的土著，是一个很少受外来影响的原始越南民族的后裔。[2]海南岛高地的蛮族黎人，实行旱作农业，他们养牛，以竹管饮水，以鸡蛋占卜，似乎是另一个非常古老的族群。[3]他们的语言有泰语的特征，但与真正的泰语可能相去很远。它也许基

---

[1] 布洛德里克（A. H. Brodrick），《小中国：安南》，伦敦、纽约、多伦多：1942年，页110；白保罗，《印度支那的语言与文学》，页380。

[2] 布洛德里克，《小中国：安南》，页77、115。孟族人说的是一种古越南语，保留了 pr-、kr-和 bl-等词首辅音群。白保罗，《印度支那的语言与文学》，页380。对越南语本身的归属问题，还有争议。有些人认为它基本上与泰语有关系（史比奥克 [T. A. Sebeok]，《东南亚的语言》，《远东季刊》，卷2，1943年，页352，采用马伯乐的说法）。其他人则认为其基本上是孟—高棉语（白保罗，《印度支那的语言与文学》，页380；福雷斯特 [R. A. D. Forrest]，《中国语言》，伦敦：1948年，页91）。白保罗认为它是孟—高棉语与泰语的混合，词根有很多是孟—高棉语，而又有强烈的泰语的影响，包括有声调和单音节，这一观点是有说服力的。

[3] 这里选择列举的特征，只是艾伯华（W. Eberhard）《中国边疆民族的文化与移民》(《通报》卷36增刊 [1942年]，页221—229) 和维恩斯（H. J. Wiens）

本上属于马来亚—波利尼西亚语系,外加单音节和声调,是介于印度尼西亚语和泰语之间的过渡形态语言组群的一员,这一组群中也包括中国中南部的仡佬族语和东京边境的两种语言。白保罗称此一语族为"卡岱语系"。[1]此外,还有西南沿海和大河河口地区的疍人,他们戴耳环、项圈,善于捕鱼和潜水,崇拜蛇。[2]虽然他们现在说的是汉语,但有人认为,他们是南方海岸古代越人的后裔。[3]

泰语族是印度支那一个非常重要、分布很广的语族。它包括暹罗语、老挝语、缅甸掸族语、阿萨姆邦的阿洪语,也包括东京(土族、黑傣、白傣、侬族)[4]和岭南的很多民族语言,其典型

(接上页)《中国向热带进发》(汉登:1954年,页54)中所列长长一串特征的一部分。遗憾的是,所列这些特征,大多数都非其独有,也非南中国其他民族所独有。诸如文身、吊脚楼、铜鼓以及其他许多特征,在艾伯华和维恩斯的许多文化类型中都曾出现过,我们很难找到真正独特的特征。

[1] 参看史图伯尔(Hans Stübel)、梅里奇(P. Meriggi),《海南岛黎族:对华南民族学的贡献》,柏林:1937年,页297。戴闻达(J. J. L. Duyvendak),《评H. 史图伯尔〈海南岛黎族〉》,《通报》,卷35(1939年),页407;白保罗,《海南岛上的一个占婆聚居地》,《哈佛亚洲研究学报》,卷6(1941),页129;《泰语、卡岱语和印度尼西亚语:东南亚的一个新组合》,(《美国人类学家》,卷44,1942年,页576、580、582;《印度支那的语言与文学》,页384。福雷斯特,《中国语言》,页97。也请参看冯世安(Chester G. Fuson),《广东各民族之起源、迁移及其当前分布》,《岭南科学杂志》,卷6(1929年),页10—11。

[2] 冯世安,《广东各民族之起源、迁移及其当前分布》,页10—11;艾伯华,《中国边疆民族的文化与移民》,页326—330;维恩斯,《中国向热带进发》,页54。

[3] 丁文江认为他们是瑶人的一支,但接受了一种船上的生活。参看冯世安,《广东各民族之起源、迁移及其当前分布》,页39。

[4] 布洛德里克,《小中国:安南》,页110—113、169;白保罗,《印度支那的语言与文学》,页381;布里格斯(L. P. Briggs),《"泰"、"傣"、"暹罗"、"僚"等词语之出现及其历史用法》,《美国东方学会会刊》,卷69(1949年),页61。

代表称为壮语。[1]这些民族现在是开化的、在洪水退去的河谷和山脚种植水稻的农人,而且似乎一直是这样。[2]他们把母牛和水牛视为财富的具体象征,用蜡染和扎染装饰其纺织品,住在吊脚楼中。[3]尽管其分布如此广远,历史如此悠久,但"泰"(傣)这个名字在十三世纪以前并未在历史上出现过。[4]

除了越南这一部分以外,如今,汉人是从前的南越地区最主要的语言与种族群体——在南边是广东人,在北边是客家人,在东边以及海南是河洛人。[5]我们马上就会看到,这一格局并非古已有之。

比汉族人更晚到达最南方地区的,是那些其语言被统称为苗—瑶语族的民族,这一语言得名于中国两个非常古老的非汉族土著

---

[1] 李方桂,《莫话记略》,《国立中央研究院历史语言研究所集刊》,卷19(1948年),页2—3。这种语言今在海南也有发现,被称为贝语或翁贝话。白保罗,《海南岛上的一个占婆聚居地》,页129。李方桂将这种语言归为侗泰语族的一支,侗泰语族的另一支是侗水语支,莫话(详下文)为其中最突出的一种。白保罗认为泰语大体上近于印度尼西亚语,但为来自汉语的借用词所严重渗透,如单音节、有声调,它又将这种特征传给了越南语。白保罗,《印度支那的语言与文学》,页382。
译注:晚近研究指出,贝语或翁贝话应称为村语或昂贝话。
[2] 徐松石,《粤江流域人民史》,上海:中华书局,1939年,页78—87;布洛德里克,《小中国:安南》,页110—113。白保罗,《印度支那的语言与文学》,页381;维恩斯,《中国向热带进发》,页39。
[3] 艾伯华,《中国边疆民族的文化与移民》,页176—196;维恩斯,《中国向热带进发》,页53。吊脚楼并不是他们独有的。印度支那和印度尼西亚的很多民族都有吊脚楼,其中有土族、孟族以及苗族等,参看阮文玄(Nguyen Van Huyen),《东南亚吊脚楼民居研究导论》,《南亚语系:让·普祖鲁斯基指导的文献与工作专集》,卷4,巴黎:1934年,页20—39。
[4] 布里格斯,《"泰"、"傣"、"暹罗"、"僚"等词语之出现及其历史用法》,页65。
[5] 冯世安,《广东各民族之起源、迁移及其当前分布》,页10;白保罗,《海南岛上的一个占婆聚居地》,页129。

民族，现在使用这一名称，要比从前的意义狭窄一些。一般认为瑶族是宋元时代的移民[1]，现在在海南[2]，在东京，都能找得到瑶族人，只不过那时他们被称为"蛮"。东京有一个蛮族部落，被称为"高栏山仔"，其原来的语言似乎已经失落，现在说的是一种泰语方言。[3]他们有用汉语写的诗歌，例如，有一首绝句的最后一句，翻译过来就是："佛像不及吾欢美。"[4]这些"野蛮人崇拜自然"[5]，擅长巫术[6]，在比泰语部落居住处更高的山地上烧荒辟地，种植块茎植物。他们是神犬盘瓠的后代。[7]

与瑶蛮关系亲近的，是那些继承了"苗"这一古老名称的民

---

[1] 布洛德里克，《小中国：安南》，页110—113。白保罗，《印度支那的语言与文学》，页379；维恩斯，《中国向热带进发》，页96、106—107。但有人认为瑶族是南方沿海的原住民，参看徐松石，《粤江流域人民史》，页42；又上引维恩斯书，页96。顾炎武认为瑶人是从湖南南迁。徐松石在瑶人民歌中发现了瑶人在九世纪黄巢之乱时南迁岭南、在宋代给汉人带来麻烦的证据。苗—瑶语系曾经被中国学者认为只是汉藏语系的一支，现在则已广为人接受。但是，福雷斯特《中国语言》页91认为，苗—瑶语近于孟—高棉语，史比奥克《东南亚的语言》页353正确地指出，各家对东南亚语言的族系划分，其实都是尝试性的、有争议的。
[2] 白保罗，《海南岛上的一个占婆聚居地》，页129。
[3] 他们并不全说苗—瑶语。在博尼法西所研究的东京五个蛮族部落中，一个说古汉语，一个说泰语，三个说"真正"的蛮族方言即苗—瑶语。但他们所有的歌诗都是用汉语写的。博尼法西（A. L. M. Bonifacy），《东京蛮人歌谣及通俗诗歌研究》，《首届远东研究国际大会报告论文提要》，1903年，河内，页85—89。
[4] 博尼法西，《寻找蛮人之行：自1901年10月至1902年1月底》，《纪念法国远东学院二十五周年亚洲研究集》，卷1（1925年），页71—77。
译注：原书此句诗是法语，直译其意为"佛像也不及我爱人美丽。"原文不知如何，今姑意译为七言诗句。
[5] 冯世安，《广东各民族之起源、迁移及其当前分布》，页10—11。
[6] 布洛德里克，《小中国：安南》，页110—113。
[7] 同上；艾伯华，《中国边疆民族的文化与移民》，页196—221；维恩斯，《中国向热带进发》，页39、51—52。

族。像瑶人一样，他们散居在岭南（包括海南）和东京地区的山顶上，当地人称之为 Meo（苗），不过他们自称 Mhong（蒙）。[1]他们是比瑶人更晚近的移民，被认为在元明时期才来到这里，被挤压到最高、人们最不愿意去的地方。[2]他们从事原始农业，崇拜狗和老虎，大多数人住在吊脚楼里（瑶人住在平地上），独立，性观念开放，喜欢他们的小马。[3]

在越南南部平顺省的一些村子里，住着一度富裕而强大的占婆人的孑遗，他们与其从前的汉人邻居已不再有接触，现在，他们成了越南人包围之中微不足道的飞地，被轻蔑地称为 yuon，亦即耶盘那（Yavana，其梵文原文的写法），或者最终称为爱奥尼亚人（Ionians）[4]，这个词语指的是低能、魔鬼似的人。他们中有些人是穆斯林，自称为 Orang Bani；其异教兄弟、占婆 Djat，他们称为 Kaphir。[5]占婆穆斯林有一个传说，称他们的第一个国王是 Noursavan，也就是说，是萨珊王朝正义的阿奴细尔汪（Anushirvan）。他的大臣是本·阿里（Ban Ali）、布巴克（Bubaker）、奥马尔（Umar）、阿斯曼（Asman）；简言之，就是穆罕默德最早的四个继任者，只不过做了某种程度的改头换面

---

[1] 冯世安，《广东各民族之起源、迁移及其当前分布》，页 10—11；福雷斯特，《中国语言》，页 89；维恩斯，《中国向热带进发》，页 87—88。

[2] 维恩斯，《中国向热带进发》，页 87—88、96。

[3] 布洛德里克，《小中国：安南》，页 250—274；艾伯华，《中国边疆民族的文化与移民》，页 250—274；维恩斯，《中国向热带进发》，页 51。

[4] 艾莫涅（Etienne Aymonier）、卡巴东（Antoine Cabaton），《占法词典》，法国远东学院出版物，卷 7，巴黎：1906 年，页 401。

[5] 艾莫涅，《占婆及其宗教》，《历史与宗教杂志》，卷 24（1891 年），页 206。也有占婆穆斯林住在柬埔寨。

而已。但是他们有些人说，安拉是他们的第一位统治者。[1]异教的占婆人保留着一些较原始的古代信仰的痕迹，特别是对男性生殖器象征的湿婆神的崇拜。[2]

如果回顾唐代——我们即将就要这样回顾——其图景仍然是混乱不清的，但是，其形态各不相同。某些名称，例如黎、疍、侬等，表面上与当今相同，实则另有所指。还有一些则连名称也不一样：唐代人不称僮、苗或芒，我们看到的是（举例来说）黄、莫、宁；而且，占婆当时还是一个大国，抵挡着华人的南进。

但是，首先让我们回溯到更早，回到史前以及上古历史时代，那时候，汉人才第一次知道在南方有非汉人民族的存在。

古代民族

我们所谓的"中华文明"，有其令人瞩目的连续性，经历了最为复杂的历史变化，这个文明可以追溯到黄河流域的石器时

---

[1] 艾莫涅，《占婆历史传说》，《游览与勘察》，卷14（1890年），页153、183—184。宇宙论著作《阿奴细尔汪书》是占婆人的圣书，其英译见杜兰（E. M. Durand）《占婆考》，《法国远东学院学报》，卷7（1907年），页321—339。

译注：穆罕默德的四大继承者即四大哈里发，分别为阿布·伯克尔、欧麦尔·本·赫塔卜、奥斯曼·本·阿凡和阿里·本·阿比·塔利卜。

[2] 斐诺（L. Finot），《碑刻中所见占婆宗教》，《法国远东学院学报》，卷1（1901年），页13。

代。即使在那个遥远的时代，南方民族与汉民族也是截然不同的。这一巨大的文化分裂持续着，纵贯了新石器时代和青铜时代，尽管在这些世纪中，农业文化和青铜铸造技术都由北方的华人传到了南方。

人们认为，新石器时代的农田耕作者，漫游到富饶的亚热带土地上，同时为中石器时代以狩猎捕鱼为生者，带来了陶瓷生产和磨制粗糙石头的工艺。这些猎人和渔户中，至少有一些是黑人，用的工具是打制的卵石石器。[1]在这一新石器革命成功之后，中国南方可以分为三个主要文化区域。一个是长江流域的湖泊区，后来成了历史上的楚国，承受着来自北方真正的汉人的巨大压力；一个是沿海的航海文化区域，从淮河流域一直伸展到现在的广州地区，其代表性工具是有段石锛；一个是丛林文化区，从广西石灰岩山岭向西穿过四川和云南的山脉，往南到达越南，其主要工具是有肩石斧。[2]这三个文化区中的第二个，亦即东南沿海的文化，受"龙山"或者"黑陶"文化影响很大，然而，龙山文化是通过远在北方的考古发现才为我们所知。也有人提出这样一个看似合理的观点：这一区域是从亚洲大陆迁移至大洋洲的

---

[1] 张光直，《太平洋视野下的中国史前史》，《哈佛亚洲研究学报》，卷22（1959年），页124。"(1) 中石器时代，华南与北方是隔离的，没有制作小型石器的传统，从体质人类学上看，其人种也不同（一个是海洋黑种人，一个是蒙古人）；(2) 虽然从历史上看，华南的新石器文化与北方有关系，但是，为了适应广泛而独特的生态区域，并源自各种不同的历史经验，它展示出相当独特的特征；(3) 华南新石器时代的终结，是不同时期汉化的结果。"张光直，《华南史前民族文化史提纲》，《中央研究院民族学研究所集刊》，卷7（1959年），页76。

[2] 张光直，《华南史前民族文化史提纲》，页76—84。

马来亚—波利尼西亚人的故园。照此说来,这些移民,很可能包含不同的种族,在商代的时候到达密克罗尼西亚群岛,在汉代的时候到达波利尼西亚,而在一千年后,即差不多在宋帝国建立之时,他们定居于夏威夷。[1]

青铜铸造技术随着商朝的战车士卒从北方传播到南方,打磨石头的技术遂逐渐被淘汰,只在偏远的地方还有所残存。到了汉代,这促成了南越地区的艺术繁荣及其独特文明的出现,考古学家和历史学家称之为"东山文化"。[2] 东山文化的语言文字究竟如何,我们一无所知。

截至目前,我们一直在说的是史前时代的抽象语言。现在让我们以华人的视点,根据他们存留下来的最早的文字记载,来看一看历史拂晓时期的南方。

在南方边疆之外,古老的周朝(差不多即"孔子的时代")的中国人,划分出一片缓冲地带,叫做"外藩",这并非完全、纯粹地根据文化和种族来划分的。在外藩之外,或者与外藩犬牙交错的,是一大群各种各样的野蛮人,与野兽或林妖几乎没有分别。最后这批人中有一些称为"苗"——在中古后期,这一名称重新出现,指与瑶族有亲缘关系的民族,正如我们已经看到的,这种用法至今还在流行。传说在历史刚刚拂晓的时代,在黄河流域出现了一位开化的、半神半人的人物,他曾经与苗人作战。但我们对

---

[1] 张光直,《华南史前民族文化史提纲》,页97—98。
[2] 同上书,页84。
    译注:东山文化的典型体现是越南青铜文化,以越南清化省东山村遗址为代表。

古代苗人的语言、社会组织以及文化都一无所知。[1]从早期历史时代开始，人们就使用一个较为广义的术语，来指南方那些愚昧的野蛮人，这就是"蛮"。[2]有些学者认定苗和蛮这两个古代民族最终其实是同一民族，还有一系列同源词，如蒙（氓）、闽、毛等等。[3]广阔的南方大地上，星罗棋布着很多部落名和地名，这些字词都以辅音"m"开头，有的有鼻音结尾，有的没有。

这些古代族名、地名的字形中，都包含"虫"的偏旁（"闽"和"蛮"这两个字最为常见，即是例子）。在汉代，有人说这些民族与虫蛇有亲缘关系。[4]另有一个传统说法，说"蛮"字最初是描述虫蛇出没之地，后来才转而指这个地方的居民。[5]周朝人想象，他们那些令人憎厌的邻居，正在他们文明疆土的边缘，在黑影中爬行：

---

[1] 有关古代中国与南蛮关系的传说与传统看法，参看林耀华，《贵州苗民》，《哈佛亚洲研究学报》，卷5，第3-4期，1941年1月，页270以下的概述。芮逸夫指出，晚周时代，苗人占据了从四川到江西的扬子江流域的广大地区。芮逸夫，《苗人的起源及其南徙》，《国际亚洲史学家协会第二次双年会论文集》，台北：1962年，页181。

[2] 从宋代起，"苗"之名被用作泛称和蔑称，"蛮"之名从前也是这样。维恩斯，《中国向热带进发》，页68。芮逸夫认为，虽然苗这个名称在汉唐之间消失了，但是，苗人还是湖南西部和贵州东部的主要族群，只不过被"蛮"这一统称所掩盖。芮逸夫，《苗人的起源及其南徙》，页180、184。

[3] 徐松石，《粤江流域人民史》页27—28列举甚详。例如，他指出，有一部落名闽濮，又作蛮濮；现代贵州有一苗族部落自称为Mun；四川岷山又称蒙山等等。维恩斯，《中国向南方进发》页77提出蛮与孟（孟—高棉语族）有关联。

[4] 芮逸夫，《苗族的洪水故事与伏羲女娲的传说》，《（中央研究院历史语言研究所）人类学集刊》，卷1（1938年），页193引《说文解字》。

[5] 芮逸夫，《西南少数民族虫兽偏旁命名考略》，《（中央研究院历史语言研究所）人类学集刊》，卷2（1941年），各处。一些蛮夷也有"犬"的偏旁，如"獠"，宋元时代非常常见。

第一章 南越：前景与背景

蠢尔蛮荆，

大邦为仇。[1]

最早的音乐家和造物神伏羲及女娲，是一对兄妹、夫妻神，在汉代艺术中，他们的形象是蛇形躯干。这应该是南迁部落的祖先蛇图腾，尚未被汉朝官方崇拜所同化。在现代苗族和其他南方民族中，像这样乱伦成亲的祖先，依然是司空见惯之事。[2]

正如在美洲热带地区原住民中发展起来的、以悠闲和温文尔雅为特征的、发达而"野蛮的"文化一样，在中国人的祖先即真正的华人以南，在蛮族之中，也发展起一个独特而又实在的文化复合体。在今四川地区的巴人和蜀人（与虎相关，尽管中国人给这两个名字加上虫蛇的字符），在公元前四世纪末被中国人接纳为文明人，并逐步融为一体。[3]更为中国人接纳的，是四川东边潮湿低地上的楚国人。他们似乎大多数都种植水稻，说泰语，在晚周时代，由汉化的贵族阶级统治，到汉初已完全被同化。[4]南方沿海地区的国家，与这些居住在江湖沼泽之地的人们不同。在周代，这里主要是两个半文明的国家，一个是长江三角洲的吴国，它很早就失去其自身的特征；另一个是在其南边的越国，位于今天的浙江，可能是由一群部分汉化、说泰语的人，统治其他

---

[1] 《小雅·采芑》。理雅各将"蠢"译为"愚蠢的"，未得其原意。
[2] 芮逸夫，《苗族的洪水故事与伏羲女娲的传说》，页182。
[3] 李济，《中国民族的形成：一次人类学的探索》，坎布里奇：1928年，页241。芮逸夫将这些人与同一地区更原始的獠人区分开来。
[4] 维恩斯，《中国向热带进发》，页81。

一些民族身份无从猜测的臣民。[1]某些在后来的越南人身上观察到的习俗，如断发文身等，早已经在这些古代越人身上体现出来。[2]到公元前四世纪或三世纪，特别是到了秦汉帝国雄心勃勃地南侵并部分征服此地之时，中国人就注意到这些地方的人民可以分出更多的部族和国家，并将其上溯到从前的时代。东瓯在浙江及其邻近的部分地区最为突出，闽越居住于东瓯南面的福建，南越居住在今天的广东，而西瓯则在其西南，一直绵延到红河三角洲。[3]

有一位现代研究者，在古代这些沿海"部落"（如果他们是部落）中，区分出两种民族——文身民族和矮黑人。[4]另一位研究者提出，有一种越人生活在较为北方的地区，最初说的是泰语；还有一种越人生活在较为南方的地区，称为雒越（骆越），是孟-高棉语族的一支，与柬埔寨人有亲缘关系。[5]（如果我们承认现代越南语具有混合性特征，那么最后这种观点则颇具说服力。）但是，我们要如何理解瓯骆（按照一位权威学者的说法，这是在中国人征服以前，说孟-高棉语与说泰语的民族的融合体）[6]

---

[1] 维恩斯，《中国向热带进发》，页124。芮逸夫《僚人考》（《中央研究院历史语言研究所集刊》，卷28，1957年）页128—129批评艾伯华将中国最南方的僚人、瑶人、泰人及越人在公元前三千年就区别开来，但事实上最早的中文史料中只有"越"。

[2] 《庄子·逍遥游》。

[3] 鄂卢梭，《秦代初平南越考》，页234；李济，《中国民族的形成：一次人类学的探索》，页245。

[4] 李济，《中国民族的形成：一次人类学的探索》，页246。

[5] 戈岱司（G. Coedes），《印度支那半岛各民族——历史与文明》，巴黎，1962年，页45。马特罗列（C. Madrolle），《古代东京：汉代羸陵及中国领地、越裳人口》（《法国远东学院学报》，卷37，1937年）页311—312论及早期越南语言和文化中的苗族和芒族成分。

[6] 戈岱司，《印度支那半岛各民族——历史与文明》，页45。

和骆越（雒越，另一个与今越南北部有关的名词）这样的复合名词呢？"瓯"和"骆"这两个字，很早就用来指浙江和福建一带的原住民，但是，当中国人成功地南侵中部沿海地区，瓯、骆迁往更南的地区之后，我们才对他们有更深入的了解。不管怎么说，这两种类别究竟在文化和语言上有什么样的特性，仍然是谜。所有我们能说的，并且稍微有一点确定性的，只是：对黄河流域的华人来讲，"越"是泛指在长江口以南的沿海民族，而"瓯"和"骆"则是指越人的部落分支。历史上越南民族的形成，似乎始于晚周时期，伴随着越人逐步向南后撤，在南迁过程中，他们穿过由他们的亲缘民族占据的土地，即现在的广东、广西以及越南北部。[1]

那些处于最北边的、罕为人知的民族，以及那些靠近长江口的民族，到公元前二世纪，都已被北方的华人同化。[2]他们的亲缘民族住得较为靠南边，在由此往后的多个世纪中，也经常受到武装进攻和异族统治——这将是本书下文某章的主题。

纵观历史，黄河流域以南的那片土地，在中国人看来，是一处躲避草原游牧民族劫掠的避难地，同时也是一个肥沃而富饶的天堂。因此，南方逐渐成为北方安全的粮仓，先是食物供给北上，接着是中国移民南下。[3]向南方移民要容易得多，因为北方边境线以外游牧民族的畜牧文化，对于将经济基础建立在对土地精耕细作之上的中国人来说，是个难以逾越的心理障碍。虽然遥远的北方也有可能转变为一种较为粗放的农业形态，但这种转变

---

[1] 参看鄂卢梭，《秦代初平南越考》，页260—261。
[2] 李济，《中国民族的形成：一次人类学的探索》，页246。
[3] 维恩斯，《中国向热带进发》，页170—171、178。

所需的社会变革,远比定居于长江流域那些种植水稻、说泰语的人群及其邻居之间所需要的变革剧烈得多。[1]因而北方的边界是相对静态的,而南方的边界则是动态的、流动的,而且经常越退越远。[2]然而,显而易见的是,很少有先驱者足够大胆,敢于孤身深入到南方野蛮人群中。相反,华人都是成群结队地迁居到南方富饶的山谷中——一大群充满憧憬的人集聚在一起,背后有军队支持,土著中若有人胆敢反抗,军队便杀死他们,剩下来的都要接受中国人的教化,或者受中国官员及其土著合作者的剥削或奴役。即使现在,中国最南方的省份也并未真正属于汉族人。他们过去是非汉族人的"内部垦殖地",曾受汉族迁居者及北方政府派来的官员剥削和压迫长达两千多年。[3]最典型的例子就是广西,最近被确定为"广西壮族自治区"。

汉人向南迁移最早始于何时,还云遮雾罩,不得其详。[4]中国历代都有学者认为,"百越"之地远在治水英雄大禹所划定的"九

---

[1] 拉铁摩尔(Owen Lattimore),《边疆史研究论文集:1928—1958》,伦敦:1962年,页91。
[2] 拉铁摩尔,《历史上的边疆》,《第十届国际历史科学大会论文集》,1955年9月4日至11日在罗马召开,佛罗伦萨:1955年,卷1,页115—117;拉铁摩尔,《边疆史研究论文集:1928—1958》,页104。
[3] 斯宾塞(J. E. Spencer),《贵州:中国的内部垦殖地》,《太平洋事务》,卷13(1940年),页163—164;拉铁摩尔,《边疆史研究论文集:1928—1958》,页90。
[4] 关于中国向南扩张的早期历史,参看梅朋(C. B. Maybon),《中国统治安南(公元前111年至公元后939年)》,《新中国评论》,1919年,页238—244;鄂卢梭,《秦代初平南越考》,散见各处。马伯乐,《评鄂卢梭〈秦代初平南越考〉》,《通报》,卷23(1924年),散见各处;《中国向热带进发》,页130—141;戈岱司,《印度支那半岛各民族——历史与文明》,页43—53。马伯乐对鄂卢梭的某些操之过急的结论做了很好的核查。

州"最南端之外，但唐代学者们根本不同意这一观点。[1]当时有一位权威学者，讲到公元前七世纪末，楚国部分汉化的战士击败了蛮族和罗子，很可能将这些野蛮人驱赶到更南边的地方；[2]另一位唐代学者提出一个更大胆的观点，认为广西北部桂林地区的土著在晚周时代就已经臣服于楚国。[3]说实话，我们所知道的并不比他们多多少，哪怕古代楚国的军队曾经穿过湖南南部万分险恶的山林，进入南越的重峦叠嶂，到了现在，他们也早已成为幽灵般的幻影。

在公元前三世纪，新兴的秦帝国的士兵进入贵州，并在那里建立了黔中郡。他们从那里出发，向更靠近海岸的扰攘不定的季风地区进军。远在北方的官僚，为其汗流浃背、饱受蚊虫叮咬的部队所攫取的三个新郡命名：南海，大部分在广东；桂林，主要在广西；象郡，一部分在广西，一部分在贵州。[4]但是，对我们来说，秦人如同先于他们的楚人，差不多像影子一样朦胧，他们

---

[1] 《舆地纪胜》，散见各处，如钦州就被称为在古代已知九州之域外（卷119，页1a引《元和郡县图志》）。《舆地纪胜》卷89页1b提到，《新唐书》称岭南各州在古梁州之外。
    译注：《新唐书》卷43《地理志》上："岭南道，盖古扬州之南境。"《舆地纪胜》亦作"扬州"。原书作"梁州"误。
[2] 《通典》，卷187，页997a。
    译注：《通典》原文作："楚武王时，蛮与罗子共败楚师，杀其将屈瑕。楚师后振，遂属于楚。及吴起相悼王，南并蛮越，遂有洞庭、苍梧之地。"
[3] 《桂林风土记》，页1。
[4] 《通典》，卷187，页997a。马伯乐（《评鄂卢梭〈秦代初平南越考〉》，页389）否认象郡在东京地区，我采用他的观点。他指出，公元76年，象郡被分为牂牁和郁林，也就是说，象郡是在南海之东北，而不是其东南。
    译注：《汉书》卷7《昭帝纪》："（元凤五年）秋，罢象郡，分属郁林、牂牁。"时当公元前76年，原书作公元76年，误。

所占有的这几个大郡的轮廓，也都很模糊，说不清楚。

任嚣，秦朝在南部沿海广大垦殖地（Colony）的统治者，提名其副帅赵佗接任，成为这片未开化土地上的汉人官员，任嚣也由此留名青史。这个赵佗虽然是北方人，却娶了一位越女。他似乎是同情当地人的，但人们通常认为是他将汉语和汉语文学引入南越，因此，应该视他为华人文化与蛮族文化的伟大融合者。[1]公元前三世纪末，秦帝国分崩离析，赵佗自称"南越武王"，公元前196年，新王朝汉朝的创建者也被迫承认了这一称号。[2]十年后，赵佗征服了红河三角洲的瓯骆国，[3]结果这成了他留给汉朝皇帝的遗产。他卒于公元前137年，高寿93岁。[4]他神圣的个人经历，我们在下文还要给予关注。

公元前111年，大获全胜的汉朝确认了对南越的统治，并在那里设立了九郡。其中四个郡是在秦朝占领的旧地上重新设立的（南海、苍梧、郁林、合浦），三个郡是在赵佗新征服的领地上设立的，包括最南边占婆的某些领土在内（交趾、九真、日南），其余两郡设在中国人首次占领的海南岛（儋耳、珠崖）。[5]在汉朝初年，这些士兵戍守的疆土，似乎还是移民足迹罕至之处。但到

---

[1] 维恩斯，《中国向热带进发》，页134；戈岱司，《印度支那半岛各民族——历史与文明》，页49。
[2] 《汉书》，卷95，页0603d。
[3] 维恩斯，《中国向热带进发》，页135。
[4] 同上书，页136。
[5] 《汉书》，卷6，页0306b；《旧唐书》，卷41，页24a；《舆地纪胜》，卷89，页2a。

了公元一世纪,在七十多岁的英雄马援征服了这些地方之后[1],移居者及地方官们紧随士兵,带来了与官方文化相关的各种事物。南越部分地区开始初具州郡之形,这种改变虽然只是浮于表面,但却依然令人欣喜。[2]

事实上,这些"成果"从来不曾巩固过。历经了汉唐之间各次内战和政治分裂,这些可怜的蛮族已饱受骚扰和劫掠,与此同时,也受到几个汉人割据政权的引诱和奖赏,其中有的政权在湖南,有的在四川,还有的在南越。有时,他们从祖先居住的家园出发,在汉人"定居"区域的缝隙中,甚至远赴我们今天称为华中的地区,寻找新的定居地。在公元404到561年之间,在长江以北的湖北、陕西、河南、安徽地带,发生了四十多次原住民暴动,这足以使人震惊。[3]这种灭绝与同化的过程一直没有停止。也有一些例外:公元六世纪前半叶,汉族人不断攻伐四川和两湖地区的獠人"以自利",而当外来的(原始蒙古人?)北周王朝确立了对他们的统治之后,他们"自尔遂同华人"。[4]这表明,这个外来王朝的统治者比起先前那个纯汉族的梁朝统治者来,对其非汉族的新臣民有更大的同情心。显然,南越土著没这么幸运,因为北周的势力从来没有扩展到那么遥远的南方。

---

[1] 译注:马援(公元前14—公元49)只活到64岁,其征交趾时年五十几岁。此处称其七十多岁,误。
[2] 戈岱司,《印度支那半岛各民族——历史与文明》,页46—47。在东京地区,这属于汉式砖墓时代。对马援远征之完整叙述,参看马伯乐,《安南史研究:马援远征记》,《法国远东学院学报》,卷18,第3期(1918年),页11—28。
[3] 维恩斯,《中国向热带进发》,页85。关于这一时期的湖南,参看维恩斯书,页86;关于这一时期的岭南,参看维恩斯书,页141。
[4] 《通典》,卷187,页997a。

古代占婆与高棉

越过南越的南部边界,伟大的占婆帝国的勇士们严阵以待。占婆人说马来亚—波利尼西亚语,在公元一世纪,首先自柬埔寨地区开始了印度化进程:在占婆人的红砖寺院之外,矗立着高棉人的粉红砂岩小教堂。[1]中国文献中把这些遥远的南方人描写成黑皮肤、鬈发、住在山林之中的野蛮人——他们是鬼(意为鬼怪,或者魔鬼)。他们也就是昆仑人,与后来越南人称为山地野蛮人者有亲缘关系。他们是阿拉伯航海者所谓的Kamrun,也被称为Krom和Komr。[2]这些最早的高棉人(或许是他们的祖先)建立了东印度的第一个印度王国,即暹罗湾的扶南国(扶南,意为"山")。他们的君主Sailaraja("山帝")是柬埔寨公主与印度婆罗门的后代。这一事件大约发生在公元一世纪,并成为其民族融合传统的基础。[3]公元二世纪,一位伟大的柬埔寨国王将其帝国

---

[1] 在这个语境中使用"小教堂"(chapels),我受到西特韦尔《斑蒂丝蕾(女王宫)的红色小教堂;以及柬埔寨、印度、暹罗与尼泊尔的寺庙》(伦敦:1962年,页75)的启发。

[2] 石泰安(R. Stein),《林邑:其方位、对占婆形成的贡献及其与中国的关系》,《汉学》(北平中法汉学研究所学刊),II,北平:1947年,页217—218、229—230。石泰安提出,"金邻"与这些名称可能有近似关系。他也提请人们注意这些名称与现代克木人(Khmu)族名的相似性(页246)。

[3] 戈岱司,《印度支那半岛各民族——历史与文明》,页61。也许柬埔寨这个最早的国家,是孟族而不是高棉族。

向西扩展到了素万那普密（Suvannabhumi），亦即金地，中国人含糊地称之为"金邻"（可能与梵文中的 Suvarnakudya［意为"金城"］相同，一般认为其位于下缅甸）。[1]他的帝国向东扩展到了占婆国的芽庄。他在这里竖立石碑，以纪念其声威远被，并刻下其梵文名字室利摩罗（Sri Mara）。[2]这是东南亚最古老的梵文碑刻。[3]没过多久，占婆人就学会了印度的书写方式，于是，他们的历史就此开始。[4]传世的高棉王号 kurung 或者 krung，在中文中写作"古龙"[5]，如同占婆诸神与帝王称号中的尊称 klaung 一样（例如 Po Klaung Garai 婆克朗加莱，占婆一国王名），都提示柬埔寨人对初期的占婆王国做出了重大贡献。[6]

中国历史学家讲到公元二世纪最后一个十年本地区出现的一个王国，他们称之为"林邑"（森林中的城邑）。其首都靠近今天的顺化。不久以后，中国人与这个新的国家就有了直接联系。[7]

---

[1] 戈岱司，《印度支那半岛各民族——历史与文明》，页62。Suvannabhumi 是巴利文，Suvarnakudya 则见于梵文文献。

[2] 同上书，页61—62。
译注：在今越南芽庄福康村（Vocanch）出土古代林邑（占婆）的梵文碑铭，其上屡见室利摩罗之名，或作释利摩罗。中国古文献中或作区怜、区连。

[3] 艾莫涅，《占婆及其宗教》，页189。

[4] 关于占婆的早期历史，参看戈岱司，《印度支那半岛各民族——历史与文明》，页66—70。

[5] 此词与"昆仑"及其他名词有关联。

[6] 费琅（Gabriel Ferrand），《昆仑及南海古代航行考》，《亚洲学刊》，卷11，第13期（1919年），页313—314。
译注：此书今有冯承钧中译本，中华书局，2002年。

[7] 戈岱司，《印度支那和印度尼西亚的印度化国家》，页77；《印度支那半岛各民族——历史与文明》，页66。"占婆"之名直至七世纪初才出现于碑刻上。《印度支那和印度尼西亚的印度化国家》，页79。

它很可能已经在某种程度上印度化了。我们可以看到四世纪的梵文碑刻，记载了该地区的佛教信仰，最有意思的是，我们还能看到同样属于这一世纪的一篇占婆文文献，出自今茶峤村伟大的美山圣地。这是现存最古老的印度尼西亚语文献。[1]这些碑刻，以及美山圣地本身，都是献给拔陀罗拔摩的湿婆神的，这是阿摩罗波胝地区的统治者、国王拔陀罗拔摩虔诚的供奉，其首都就在附近。[2]从这个时代开始，印度文明在海云关以南牢固扎根，而海云关以北则是中国文化占据主导地位。[3]

公元五世纪是这两个文化影响区域冲突的时代，其标志是边境袭击、大规模入侵、洗劫和毁坏。有一次，中国人征伐占婆首都，一下子就带回10万磅黄金。[4]公元446年，有一位占婆国王甚至被中国人俘获并斩首。[5]这些战争并没有解决什么问题，只是把占婆人赶出东京三角洲而已，在这个世纪早期，占婆人一直

---

[1] 戈岱司，《印度支那和印度尼西亚的印度化国家》，页78、85；《印度支那半岛各民族——历史与文明》，页66。

[2] 戈岱司，《印度支那半岛各民族——历史与文明》，页67—68。中国史书中所载占婆早期国王名，与碑刻中的梵文名号不一致。石泰安解释道，中国人所知道的林邑国王，与梵文记录的更南边的国王名不同（阿摩罗波胝在今越南广南省），此地是后来才为林邑征服的。参看戈岱司，《印度支那和印度尼西亚的印度化国家》，页85。

译注：阿摩罗波胝在占婆北部。拔陀罗拔摩（Bhadravarman，中文史料称为范胡达，或范须达），占婆国王，约公元380年至413年在位。据美山圣地碑刻记载，拔陀罗拔摩国王为婆罗门教神祇湿婆神建立了一个神庙，神庙名称将国王的名字（Bhadravarman）和湿婆神名字（Shiva）合二为一，今译为拔陀罗拔摩的湿婆。

[3] 戈岱司，《印度支那半岛各民族——历史与文明》，页67。

[4] 同上书，页99。

[5] 艾莫涅，《占婆及其宗教》页190说在413年。

试图占领这片区域。在此以南，边界来回拉锯。[1]就在中国唐朝建立前夕，占婆人还遭受了一次巨大的羞辱。公元605年，隋朝皇帝觊觎林邑的财富，派遣刘方统率船队和军队攻打这座占婆的都城。中国弓弩手击败了占婆的象阵，废黜了其国王，带着丰厚的战利品与无数俘虏北还。中国君臣看着已故占婆国王的金质牌位、一队柬埔寨乐师和多部宝贵的佛教典籍，洋洋得意。[2]

---

[1] 艾莫涅，《占婆及其宗教》，页190；戈岱司，《印度支那和印度尼西亚的印度化国家》，页99。
[2] 艾莫涅，《占婆及其宗教》，页190—191；戈岱司，《印度支那和印度尼西亚的印度化国家》，页121。

第二章 华人

阿波罗尼乌斯："我们去南方，翻过山岭，越过大河，在香氛中寻找神秘的爱的涌泉。……繁星在眨眼；小瀑布像竖琴的乐调一样鸣响；绽放的花朵洋溢着奇怪的令人陶醉的气息；在那种空气中，你的心会变得更为广阔，你的心灵，甚至你的容颜都会改变。"

——福楼拜，《圣安东尼的诱惑》

重新征服

三到六世纪之间,中国中央集权统治的解体,使南方各州郡原住民获得一定程度的独立,甚至有可能向外扩张。当隋唐两朝在全国重建权威之时,就遭到了这些希望保卫其古老家园的原住民的有力抵抗。因此,当唐朝军队在七世纪初席卷中部各州郡,隋朝追随者闻风躲避之时,獠人不断发动"暴乱",特别是在四川以及贵州与云南的相邻地带。[1]但是,原住民逐渐向新政权屈服,有时候,他们一仗未打,就把唐朝人当作他们反抗隋朝压迫的天然盟友。西爨的一位首领就是这样:他的家人因为反抗杨隋而被没为官奴,他发现,接受李唐王朝的新君主并非难事,便于620年9月遣使进贡。[2]此后,唐朝军队遂有能力降服那些以前从未臣服于中国的蛮族。其中便有贵州的谢蛮,他们于630年1月和2月遣

---

[1]《资治通鉴》,卷188,页5a以及他处。这一文献史料记载了武德年间(618—626)对抗唐朝统治的许多例子,有些例子年代稍晚。

[2]《资治通鉴》,卷188,页9a。

使入贡。[1]附近的西赵蛮于648年1月20日正式降服[2]，其后，一批云南蛮族部落纷纷来降，672年2月21日，昆明蛮23000户来降，至此臻于高潮。[3]

在隋朝，东南方的土著与西南方的土著一样，都曾经让中国人头疼不已。其中，发生于六世纪下半叶、由东京黎氏部落领导的起义最为激烈。刘方，那位扫荡占婆的著名的隋朝将军，于603年恢复了那里的中国统治。[4]隋朝倾覆后，唐朝接管了隋朝控制的区域，这一过渡相对平和，因为隋朝官员牢牢掌控着其所开拓的边地的权力，直到顺从不可避免的天下大势——实际上，南越落入唐朝之手，不过是权力转移的问题，只是隋朝官员稍微有一些不乐意而已。隋朝在东京的太守丘和，在621年转而效忠唐朝[5]，而对从广州通往河内的西边道路的控制权，也在622年5月23日由隋朝"官员"宁长真（由姓名来看，其本来身份当是原住民）移交给唐朝的代表李靖。[6]实际上，对唐朝来说，622年是取得最后胜利的年份：在广州很有势力的土著叛军首领邓文进，连同在合浦的隋朝官员、很可能出自另一个很有势力的土著部落宁氏的宁宣，还有位于中国与占婆边界的日南的隋朝官

---

[1] 东谢和南谢的使者于本年1月29日来到唐朝宫廷；另一位也姓谢的牂牁酋首，则于2月16日遣使入贡。《资治通鉴》，卷193，页7a。参看《通志》，卷197，页3158a。

[2] 《资治通鉴》，卷198，页16a—16b。

[3] 《资治通鉴》，卷202，页2a。关于云南其他部族来降，参看《资治通鉴》，卷199，页13a；《资治通鉴》卷200，页3a。

[4] 戈岱司，《印度支那半岛各民族——历史与文明》，页51。

[5] 《新唐书》，卷90，页7b；裴光松（Bui Quang Tung），《安南大事年表》，《法国远东学院学报》，卷51（1963年），页30。

[6] 《资治通鉴》，卷190，页4a—4b。

员李晙,全都在这一年六月承认了唐朝君主的统治权。[1]不过,也有几次,隋朝将帅坚守本职,并付出了牺牲,他们被土著酋首及其徒众击败了。[2]最终,隋朝在南越的最后一名大员、混血出身的冯盎,在8月29日向李靖投降,同时交出了对一批蛮荒的大陆州郡的控制权,其中最重要的是对海南岛的统治权。[3]至此,对南越全境的有效控制权,全部落入新王朝手中。

622年,新的政权机构在东京建立,其地即名为交州,这一名称一直用到679年,那一年,交州升格为安南都护府。[4]在这个时期,河内(交州治所)控制着一大片区域,其范围从安南北部的沿海平原(爱州、骧州、演州和福禄州),到东京三角洲(交州、峰州和长洲)以及相邻的高地(陆州),而且沿着今天的广东海岸,将雷州半岛也包括在内。[5]

南越的治所在这个世纪一直保持着某种摇摆不定的状态。在这个世纪的最后一个十年,一种新的行政架构初步成形,到八世纪初,这一架构最终确立。这就是将南越全境划分为五个行政区,由广、桂、容、邕四管和安南都护统辖。驻在广州的广府节度使地位最高。[6]这就是唐代文学常见的南越"五管",或称"五府",

---

[1] 《资治通鉴》,卷190,页5a。
[2] 参看《资治通鉴》卷188页15a所记620年的历史事件。
[3] 《资治通鉴》,卷190,页6a。
[4] 《新唐书》,卷43上,页9b;《太平寰宇记》,卷170,页2b;戈岱司,《印度支那半岛各民族——历史与文明》,页51;裴光松,《安南大事年表》,页31。
[5] 马伯乐,《唐朝安南都护府疆域考》,《法国远东学院学报》,卷10(1910年),页550。
[6] 参看本书《绪论》。

这与将南越山岭分成五个部分的"五岭"恰好相映成趣。[1]在五府中,最富裕也最有声誉的是广州,尤其是在八世纪上半叶那段鼎盛岁月,它是平定獠人部落叛乱最大的中心武库。[2]这个大都市位于幅员广阔、相对来说治理有序的广管境内,而广管对中国人来说,大半是安全的,并且它位于比较小、也比较不安全的桂(在其西北)、容、邕以及安南(在其西边和西南)的东边。[3]

九世纪后期,黄巢起义造成广管一片混乱,其后,唐朝政权对这片地区以及其他地区的掌控逐渐松弛了,但有一点值得注意,当885年唐僖宗皇帝回到首都长安时,岭南(连同西北地区的三个州郡)是少数几个依然承认其权威的地区之一。[4]至九世纪末,岭南已是唯一还忠于唐朝的地区。[5]甚至迟至900年,岭南还是由睿宗的玄孙李知柔统治着。他的继任者徐彦若,是唐朝在那里的最后一任节度使。[6]群狼已将南方这片土地撕咬得四分五裂:897年,李克用的一

---

[1]《舆地纪胜》,卷89,页3b—4a。

[2]《元和郡县图志》,卷34,页1004;《舆地纪胜》卷89页8a引韩愈语。

[3] 此次行政架构调整颇多,其中比较重要的几点如下:自757年至768年,安南改名镇南(《太平寰宇记》,卷170,页2b—3a;《安南大事年表》,页32);820年,废邕管,其地并入容管;822年,复置邕管(《资治通鉴》,卷241,页10b;卷242,页13a;《太平寰宇记》,卷166,页3b);862年6月,废除传统的五管划分,代以两大道,(岭南)东道由驻广州的节度使统辖;(岭南)西道由驻邕州的节度使管辖(《资治通鉴》,卷250,页10a—10b;《舆地纪胜》,卷106,页4a—4b);866年,安南从南诏侵略者手中收复之后,都护府改名为静海军,由节度使统辖(《资治通鉴》,卷250,页19a)。

[4]《资治通鉴》,卷256,页6a。

[5] 薛爱华,《南汉帝国史:根据欧阳修〈新五代史〉卷65》,《(京大)人文科学研究所二十五周年纪念集》,京都:1954年,页351。

[6]《资治通鉴》,卷262,页3a。

个部将管辖容州;[1] 900 年,马殷派出一支湖南军队,攻占了桂、宜、严、柳、象等北边各州(此诸州皆隶属桂管);[2] 902 年,他们在东边夺取了韶州,包围了潮州;[3] 905 年,叛军大将朱全忠的哥哥、粗俗窝囊的朱全昱当上了安南节度使。[4] 913 年,南越全境被五个大军阀瓜分:曲颢统治安南;刘士政统治桂管;叶广略统治邕管;庞巨昭统治容管;刘岩(龑)统治广管。[5] 五人中最后这一位即刘龑,最终击败了除曲颢以外的其他所有对手,917 年,他自称为"大越国"皇帝,次年,改国名为"大汉"。[6] 一千多年来,岭南第一次成为一个独立的国家。至于安南,此后二十多年,彼此敌对的头领相互攻伐,使它饱受破坏,直到其中一位头领吴权胜出,于 939 年自称为"大瞿越"国王。[7] 越南作为一个独立国家的历史自此年开始。

现在,我们该像它的新主人一样,来看一看这片炎热的南方大地。

道路与城市

只要想象一下前往南越途中那坎坷艰险的长途跋涉,北方人

---

〔1〕《资治通鉴》,卷 261,页 4b。
〔2〕 同上书,卷 262,页 4b。
〔3〕 同上书,卷 263,页 12a。
〔4〕 同上书,卷 265,页 4b—5a。
译注:薛爱华此处理解有误。原文为:"戊戌,以安南节度使、同平章事朱全昱为太师,致仕。"
〔5〕 薛爱华,《南汉帝国史:根据欧阳修〈新五代史〉卷 65》,页 351。
〔6〕 同上书,页 352—353。
〔7〕 裴光松,《安南大事年表》,页 33—34。

心中就会激起一种复杂的情感。在他动身之前,朋友们通常都会为他饯行,在这个场合,他内心那种既激动又恐惧的感觉变得更加强烈。这一类快乐的聚会,经常是在郊外酒肆举行。人们往往望着行人即将出发的那个方向,联想起与行人途中以及目的地相关的各种风物以及想象,然后赋诗赠别,主题都是描述行人途中可能遭遇的各种物质艰难与精神困顿。抒写的具体内容,则取决于作者的现场发挥,有的勉励行客要愉快地面对即将去往的那个更温暖、更葱绿的南方,有的则描写自己送别行客时,行客心情沉落,双手颤抖,心里充满对蛮夷之人以及可怕的瘴疠的恐惧。我们可以想见,在张籍(约767—约830)所作送行诗《送南迁客》一篇中,他所送的客人正是这样一种情景:

> 去去远迁客,瘴中衰病身。
> 青山无限路,白首不归人。
> 海国战骑象,蛮州市用银。
> 一家分几处,谁见日南春。[1]

"日南"亦指今在越南的日南郡。诗的第二句说的是瘴疠之可怕。诸如此类的情景,罕有使行人振作者。行人一路向南,穿过水源充足的、广阔的长江南部流域,要么选择一条偏东的路线,穿过赣江(在今江西),要么选择一条偏西的道路,穿过湘江(在今湖南)流域。无论走哪一条道,他都会发现大地越来越绿,天气

---

[1] 张籍,《送南迁客》,《全唐诗》,卷384。
 译注:原书引《全唐诗》,标注函、册、页,今改标卷次,以便翻检复核。

第二章 华人

越来越热,土著越来越多。

下面让我们跟随行人进入南越,沿着几条他们可能走的路线,一路走,一路看看中国人在这片土地上的主要聚居地。遗憾的是,在大多数情况下,这些聚居地还不能称为真正的城市,真正的城市应该有城墙、街道、公园以及市场。由于资料匮乏,我们只能将其视为一个抽象的经济体,同时带有某些人文和历史的色彩。

最东边的那条道路可以称为虔州路,这条道路往南,从湖北的鄂州,沿赣江流域而上,抵达靠近南越边境的虔州。从这里开始,就需要从陆路翻越大庾岭。[1] 这是一条古老的道路,直到八世纪,依然崎岖难行。八世纪时,有鉴于以广州为中心的海外贸易有利可图,发展迅猛,自幼生长南越之地、同时也全力支持南方商人的宰相张九龄,于公元716年12月受命修筑一条翻越大庾岭、较为平坦的新路。[2] 幸运的是,我们今天还能看到张九龄本人对这项重要工程的记述。据他描述,旧时道路状况是,

> 初,岭东废路,人苦峻极,行径夤缘,数里重林之表,飞梁巢嵲,千丈层崖之半。……

---

[1] 关于这条道路沿途的地名,我参照青山定雄(Aoyama Sadao)《唐宋时代交通与地志地图研究》,东京:1963 年,页 8。有关进入岭南的大庾岭,参看鄂卢梭,《秦代初平南越考》,页 142—152。

[2] 参看薛爱华,《撒马尔罕的金桃:唐代舶来品研究》(以下简称《撒马尔罕的金桃》),柏克莱、洛杉矶:加州大学出版社,1963 年,页 17。

他也提到这条路的重要性：

> 而海外诸国，日以通商，齿革羽毛之殷，鱼盐蜃蛤之利。[1]

公元809年，哲学家李翱正是沿着这条道路去南越任职的。[2]他为后代留下一份行旅日程的概略描述。文章第一部分叙述他前往南越的行程，我将其摘要叙述如下，其中对地方风物的记述以及其他细节，则一概省略。

1月31日，离洛阳，携妻、子登船。

2月6日，由洛阳出发。因本人及妻子生病，故延误至此时。

2月11日，泛汴河，通河于淮。

2月12日，抵河阴。

2月16日，次汴州。疾又加。

2月18日，宿陈留。

2月20日，次宋州。

2月23日，至永城。

---

[1] 张九龄，《开大庾岭记》，《全唐文》，卷291，页1a—2a。
[2] 据李翱日记《来南录》，他是直接前往广州的。而据《旧唐书》卷160，页8b，810年他出任桂州刺史。可能他是先到首府广州拜谒其上司。
译注：薛爱华此说误。复检《旧唐书》，李翱出为桂州刺史在大和五年（831），薛爱华误作元和五年（810），然日记所记行程实为元和四年（809），与任职桂州刺史相去二十余年。且李翱于《来南录》中明言此行乃因"受岭南尚书公之命"，是入幕之行，与桂州之任亦不相干。

第二章 华人

2月25日，至埇口。

2月27日，次泗州。

3月3日，下汴渠，入淮河。

3月5日，至楚州。

3月10日，至扬州。

3月14日，济大江至润州。

3月21日，至常州。

3月25日，至苏州。

3月28日，济松江。

3月31日，至杭州。

4月5日，至富春。

4月8日，至睦州。

4月13日，至衢州，以妻疾止行，居于佛寺。

5月6日，女诞生。

5月28日，离衢州。

5月30日，自常山上岭，至玉山。

6月1日，抵信州。

6月12日，抵洪州。

6月23日，抵吉州。

7月3日，抵虔州。

由此往下，我对这份日记逐字翻译：

7月12日，上大庾岭。

7月13日，至浈昌。（浈昌是韶州属县，位于珠江支流之一的浈水之畔，就在大庾岭之下，通往重要城镇始兴和曲江的道路之上。)[1]

7月14日，上灵屯西岭，见韶石。

7月15日，宿灵鹫山居。(在曲江以北不远)[2]

7月16日，至韶州。(即在曲江的韶州府治)

7月17日，至始兴公室。(可能就在或者靠近曲江。韶州或称始兴郡，约7月14日，李翱一行行经始兴县。)

7月19日，入东荫山，看大竹笋，如婴儿。过浈阳峡。

7月20日，宿清远峡山。(在古浈水畔，今称北江，在曲江与广州之间。)

7月25日，至广州。[3]

在这份日记最后，李翱估算了此行各路段的里程，全程大多数是走水路。大致上，他的路线是从洛阳经过汴河到达扬州，然后穿过浙江，朝西南方向，进入江西赣江水系，再往南过大庾岭，抵达岭南边界。行程相当悠闲，全程花费差不多六个月时间，这与柳宗元815年的那次贬谪之旅恰成对照——那趟从长安到达岭南柳州的长途，柳宗元只花了三个月多一点。[4]

进入南越的门户是一道神奇的石门，即韶石关，韶州即由此得名。这是两块巨大的山岩，相向对峙，屹立在从大庾岭延伸至此的道路上，构成一个神奇的仪式性门户。这是进入南越

---

[1] 唐李吉甫撰，《元和郡县图志》，卷34，页1020。
[2] 《元和郡县图志》，卷34，页1019。
[3] 李翱，《来南录》，《全唐文》，卷638，页9b—11b。
[4] 吴文治，《柳宗元评传》，北京：1962年，页229。

的一系列门户之一,在广东省的另一端,有马援竖立的铜柱,标志着门户的另一端点。山岩呈灰蓝色,至少在宋代,部分韶石被沿着水路运走,用来制作假山,引人注目,收藏家皆欲得之而后快。[1]

韶州占据从北方进入南越的主要道路要冲,当地的中国传说、古迹以及汉语文学记述都格外丰富。当地遗存一段城墙,号称为赵佗所建,标志着南越国最北边界至此而止。这让州人颇感自豪。唐代州治所在的曲江城之城墙,是该州刺史邓文进在新址所建,地处浈水西岸。[2]八世纪初期,此州人口接近十七万人,毫无疑问,这些人口大部分聚集在曲江,或者靠近曲江的地方。此州主要土贡(或者至少是对北方贵族来说最珍贵的物产)是竹布、取自钟乳石的医用石灰粉、兰花(可能更多是药用所需,而不是花园装饰)。[3]这里最值得一提的地方是始兴和曲江,始兴在大庾岭新路之上,而曲江则与唐朝伟大的首都长安城中那座著名的、有曲水蜿蜒的水上公园同名,也是贵为宰相的张九龄的出生地。[4]路经此地的骚人墨客留下了很多记述,使这里的山丘岩石名闻遐迩。其东北有银山,北方有石,色备五彩,上多野山

---

[1] 参看薛爱华《杜绾〈云林石谱〉评注》,柏克莱、洛杉矶:加州大学出版社,1961年,页66。元稹在其《送崔侍御之岭南》诗中,亦提到韶石("韶石峻崭崭"),见《全唐诗》卷406。
[2] 《舆地纪胜》,卷90,页11a。直到宋代,赵佗城墙遗迹犹存。
[3] 《新唐书》,卷43上,页1b。
[4] 同上。在宋代,张九龄故居依然受人瞻仰。参看《舆地纪胜》卷90,页11a。
译注:《新唐书》卷43上《地理志》七上记,韶州始兴"有大庾岭新路,开元十七年,诏张九龄开"。

羊。还有昌山[1]，七世纪初，其地有星如银坠落，当地各色人等最喜于此休闲。山上有二层小楼，适于宴集，名曰"韶阳楼"，许浑诗中曾这样赞美其优雅恬适："玉杯瑶瑟近星河。"[2]此地有莲花山，在州治之西，号称有一座佛寺，又有一洞甚深，是古代道教的遗迹。灵鹫山（这么命名，是因其类似印度佛教圣地那座同名的山）有一座精美的佛寺，据称是岭南地区最富丽的寺庙。确实，此地堪称宗教建筑的仙境，更不用提在九世纪初建造的寺塔，以六祖惠能的名字命名，柳宗元一首诗中亦曾提及。[3]在曲江观光一两天之后，游客可以买舟南下，顺溱水抵达广州。

另外两处通往南越的门户，都是经由湖南和湘江流域。南来行客溯江而上，由潭州（或长沙）到衡州。由此开始，路分两条。其中一条由郴州抵达岭南北界，翻过骑田岭，然后顺溱水而下，这条路并不非常重要。

另一条是桂州路，则重要得多，它在三条道路中处于最西面。此路经衡州到永州（在湖南南部的郴州西边），翻过一座低岭，到达岭南的桂州。[4]

桂州与韶州东西相对，它也像韶州一样，位于北回归线以北、向南倾斜的山丘之上，但人口还不及韶州一半。尽管如此，它还是岭南西部众多小州郡中最大的一个。其主要特产是簟席、

---

[1] 译注：《舆地纪胜》卷90："昌山在（韶州）乐昌县。《九域志》云：'士庶嬉游之处。'唐武德中，夜有星如银坠于山顶，出有石，多奇体。人呼为'乐石'，取为悬磬者是也。"

[2] 《舆地纪胜》，卷90，页7a—7b，主要引自《元和郡县图志》。
译注：原文引许浑诗题《韶州韶阳楼夜宴》，见《全唐诗》卷534。

[3] 《舆地纪胜》，卷90，页8a—10b。

[4] 青山定雄，《唐宋时代交通与地志地图研究》，页8。

鹿皮靴、银器和铜器等。其精制铜镜尤其受人喜爱。[1]但是,桂州最大的优势是其位置,正好处于从华中的长江两湖流域通往南越的重要通道之上,这条通道穿过越城岭,也就是五岭中最西一岭,进入热带的南方。这里有炫人眼目的石灰岩洞之类的自然奇观[2],也有相传是赵佗为抵抗汉军而亲自所筑、位于山峰之上的古代城墙这样的人造奇观。[3]此外还有州治所在的城池临桂,堪比这座城市的宝石,韩愈有一首诗可作见证。诗人提到一座美丽的城市,远离著名的湘江源头,在传说中的八桂丛林之处。在诗的前四句,他把这座城市比喻成一个盛装的美丽女子,桂江缠绕着她,周遭的山峰是她的玉簪。在诗的后四句,这座城市仿佛道教的仙境,满是绿松石和黄金,掩藏在翠羽和黄柑的外表之下:

苍苍森八桂,兹地在湘南。
江作青罗带,山如碧玉篸。
户多输翠羽,家自种黄甘。
远胜登仙去,飞鸾不假骖。[4]

桂州是一处神圣之地,常有鬼神出现。附近的"驳鹿山",是以一种有白化现象的神鹿命名的,这种鹿曾经常常光顾那里的一座古代佛寺。[5]城市附近也有一座山,上面有一座舜祠,舜是

---

[1] 《新唐书》,卷43上,页6b;《元和郡县图志》,卷37,页1038。
[2] 《舆地纪胜》,卷103,页12b。
[3] 同上书,页13a引《元和郡县图志》。
[4] 韩愈,《送桂州严大夫同用南字》,《全唐诗》,卷344。
[5] 《舆地纪胜》,卷103,页11a。

原始的陶神。李商隐有一首诗中提到这座舜祠，一则宋代史料记载，八世纪时此地有一碑刻。[1]这个地点距离城北的、据传为舜之二妃亦即湘水女神的墓不远。[2]事实上，这片位于湘水与桂江之间的大地，处于文明开化世界的最南端，全都奉献给了两位可爱的妃子。下文还会看到她们，以及她们那位威严赫赫的配偶，还有南方很多有名的神灵。

李商隐在另一首诗中，展示了鬼神对这片他称之为"桂林"的美丽地区的影响。诗的前四句描写这座城市现实的一面；后四句描写这座城市精神的一面。诗的结尾有一点疏离：土著巫师们不停地吹箫击鼓，是献给神灵的演奏，那些北方来的华人不认识这些神灵，这些神灵也绝不会满足这些华人的祈求。

> 城窄山将压，江宽地共浮。
> 东南通绝域，西北有高楼。
> 神护青枫岸，龙移白石湫。
> 殊乡竟何祷，箫鼓不曾休。[3]

桂州特别引以为傲的是一项名为"灵渠"的工程，此渠将向北流的湘江与向南流的桂江连接起来。[4]它流经一处迷人的风景

---

[1] 《舆地纪胜》，卷103，页13b。此碑是否即这条史料页8a所指舜山上的那块碑刻，尚不能确定。
译注：《舆地纪胜》此处引李商隐《为桂州刺史荥阳公赛祠文》，非诗歌。
[2] 同上书，页14a。
[3] 李商隐，《桂林》，《玉谿生诗详注》，卷2，页3b—4a。
[4] 这里还有其他引人注目的工程成就，例如"回涛堤"，建于798年，以捍桂水。见《新唐书》，卷43上，页6b；《舆地纪胜》，卷103，页9a及12b引唐代文献史料。

名胜，有古代留存下来的石灰岩山岭点缀，现在称之为"湘桂运河"。[1]传说这条了不起的水道，是公元前三世纪一位叫做史禄的人，奉秦朝统治者之命而开凿的。几百年后，征服南越的马援又对其作了疏浚，以便利运输供给部队的粮草。但自此以后，这条运河就废弃不用了。[2]然而，桂江的一段，即漓江，仍然缓缓流经这条运河。它仍然是一条神圣的河流，尽管没有了商贸或战争的用途。它的主神是龙，其寺庙在江边，中唐时代，人们常向其祈雨。这位神灵的使者或者化身，会现作青蛇的模样，被人称为"龙驹"，它在寺庙附近蜿蜒爬行，不会伤人，还顽皮地盘在来人的手中或头上。[3]灵渠在唐代经过两次疏浚。825年，刺史李渤克服了物力维艰与蛮部侵袭的诸多困扰，使灵渠再次成为一条可以航行的水道。他雇用53000名工人，用巨石坚木修筑了一道巨大的防波堤，称为"铧堤"，将渠水一分为二，又修建了一系列斗门，以控制航道的水位。[4]但是，自863年安南陷于云南南诏人之后，人们发现，这条古老的运河不足以供给岭南地区的中国大军，遂建造专

---

[1] 斯宾塞，《亚洲东南：文化地理学》，纽约、伦敦：1954年，页32。关于这条运河的历史及其现在状况的描述，还有地图，参看拉皮奎（P. A. Lapicoue），《兴安（广西）运河考》，《法国远东学院学报》，卷11（1911年），页425—428。

[2] 《新唐书》，卷118，页14b。

[3] 莫休符，《桂林风土记》，页4。

[4] 《新唐书》，卷43上，页6b；卷118，页14b；《太平寰宇记》，卷162，页8b；罗伊（G. W. Roy），《隋唐运河系统对交通与交流之重要性》，《优秀大学生论文集》（柏克莱加州大学东方语言专业荣誉学生作品集），卷8（1963年），页42。

译注：据鱼孟威《桂州重修灵渠记》（《文苑英华》卷813），咸通九年（868），鱼孟威自黔南移镇桂州，重疏灵渠，"用五万三千余工，费钱五百三十余万"，薛爱华以此为李渤之事，又以所用工数为所雇人数，皆误。

走海路的运粮船,从福建出发,沿海岸运送粮草给养,全程历时大约不到一个月。[1]从868年到869年,新任刺史鱼孟威重修了灵渠的铧堤和斗门系统,"乃通巨舟"。[2]870年,他记述了这次修浚过程,这成为一篇重要的历史文献。[3]显然,纵观整个九世纪,这条运河一直在使用——在879年晚秋,黄巢军队有很多人死于热带疾病,他们因此乘上大筏,沿着这条运河暴涨的河水,从岭南进入湖南。[4]灵渠的遗迹,在十三世纪依然为游人所赞叹。[5]

不管是取道韶州(曲江),还是取道桂州(临桂),南去的行客,除了那些去往着实偏僻或令人生厌之地的,最终都要来到岭南唯一的大都市。这就是我们现在称为"广州"的那座城市,是辖境相当之大的唐代广州都督府的治所。有一段时间,广州还是整个南越的首府。虽然从法律说,这座城市被分为南海和番禺两县,但是唐人仍合称之为"广州城",或者干脆称作"广州",或者也经常称为"广府"。最后这个名称,表示这座城市是节度使府的治所[6],各地航海而来的人都沿用此称,尤其是阿拉伯人,他们称其为 Khan-fu。[7]但是,印度商人却称之为"支那(中国)"。他们对伟大首都长安的称呼更大气一些,叫做"摩诃支那(大中国)"。[8]

---

[1] 《资治通鉴》,卷250,页14a。
[2] 《新唐书》,卷45上,页6b。
[3] 鱼孟威,《桂州重修灵渠记》,《全唐文》,卷104,页10a—12b。
[4] 《资治通鉴》,卷253,页14a。
[5] 《舆地纪胜》,卷103,页8b。
[6] 《旧唐书》卷41页24a谓此是建置于624年的广州都督府的简称。
[7] 伯希和(Paul Pelliot),《马可波罗行纪诠释》卷1(巴黎:1959年),页275。
[8] 中村久四郎(Nakamura Kushiro),《唐代的广州》,《史学杂志》,卷28(1917年),页247。

第二章 华人

广州虽然位于遥远的边疆地区，且大多数居民都是晚近定居下来的，但它却是一座古老的城市。其始于何时尚不可知，但有一段古老的传说，说此城最早位于南海县城，以五位道教神仙为标志，五位仙人骑着五彩的山羊，手执美丽的谷穗，从空中降临。这座城市因此俗称"五羊城"——事实上，这是这座城市作为物质实体、而不是作为广府治所时的专名。古代英雄赵佗在建国之时，在这里修筑了城墙。三世纪时，步骘将南越政府从河内移置广州之后，在这里修筑了新的城墙。[1]据说，当879年黄巢劫掠这座城市的时候，就是这道城墙（它经过多次修复和扩充）被付之一炬。[2]

八世纪时，广州约有二十万人口。[3]它是一座国际性大都市，商贾云集，主要有印度支那人、印度尼西亚人、印度人、僧伽罗人、波斯人和阿拉伯人。[4]这个富裕的商品集散地，会遇到各种不同的、具有地方特色的灾难。其中一种就是火灾，它一而再、再而三地吞噬用木头、竹子和茅草搭成的住宅区，直到806年，一位刺史下令当地居民用瓦为屋顶为止。[5]另一种灾难是海盗：758年，阿拉伯和波斯海盗可能从海南的巢穴出发，袭击了

---

〔1〕《太平寰宇记》卷157页8b引《续南越志》；《舆地纪胜》卷89页9b引《元和郡县图志》。未知《续南越志》撰于何时，可能是在晚唐或十世纪。
〔2〕《太平寰宇记》卷157页8b引《续南越志》。
〔3〕白乐日（Stefan Balazs），《唐代经济史论稿》，《东方语言讨论班通讯》卷35（1932年），页23、56。白乐日引证阿布·扎伊德的描述，认为在878年，亦即史家认为黄巢暴动那一年，有12万外国人住在广州。这些外来人口可能不在官方统计之内。《新唐书》卷43页1a记载全州十三县在册人口为221500人。
〔4〕中村久四郎，《唐代的广州》，页487—488。
〔5〕《唐代经济史论稿》，页55。

广州,来势凶猛,毁掉了这座城市的贸易。但到了九世纪初,广州恢复了元气,并且一直相当繁荣,直到农民英雄黄巢洗劫了这座城市,他企图就此切断唐朝帝国宫廷重要的财政来源。[1]这座城市的第三种灾难,就是官僚阶层的腐败。腐败的出现一成不变,但其间隔多长,又无法预料。尽管有以上种种灾难,但这座城市似乎总是能够复兴。[2]但是,虽然它极为富饶,地位重要,可似乎直到917年刘䶮建立大越国(后来改名南汉),广州才具有了高度发展的国际大都市的某些样子。在这位国王统治之下,贸易复兴,印度的财富再次滚滚而来,这使得他有能力建造与其新获尊位相称的宫殿和官署。例如,我们获知,他的一座宫殿"以银为饰,水流其下,二高楼上,以水晶琥珀,制成日月之像"。[3]考古学家若要在这里寻找十世纪的遗迹,将会大有作为。

广州始终是一座商人的城市,北方客人注意到的主要是"蛮声喧夜市",这句话出自诗人张籍。[4]但是,这座城市的财富,并不仅限于巨商大贾的珠宝、香料和象牙等等。乡间也蕴藏着诸多财富:远方的宫廷每年征收土贡,包括银、藤簟、竹席、荔枝、鼉皮、鳖甲、蚺蛇胆、石斛、沉香、甲香、詹糖香[5]——也就是说,包括日用家具、餐桌珍馐、药物和香料。

这些奢侈品是通过政府官员向土著们征收来的(可能有一部

---

[1] 中村久四郎,《唐代的广州》,页558;王赓武,《南海贸易:南中国海华人早期贸易史研究》,《皇家亚洲学会马来亚分会学报》,卷31,第2期(1958年),页82—84。

[2] 《唐代的广州》,页560。

[3] 《南汉帝国史:根据欧阳修〈新五代史〉卷65》,页352。

[4] 张籍,《送郑尚书出镇南海》,《全唐诗》,卷384。

[5] 《新唐书》,卷43上,页1a。

分是向汉人定居者征收来的)。这些官员如果不是全然一心想着自肥腰包，倒也有可能偶尔探访城里的风景名胜，以排遣无聊、炎热以及对土著暴乱的担心。归根到底，这些名胜都是过往英雄们建功立业之地，这一点对中国人有永恒的魅力。那里有古城墙的断壁残垣，相传由常年筑城的南越王赵佗修筑，还有其他一些与著名的赵佗统治时期相关的古迹，例如离城不远的"越王台"。这处建筑颇为神秘，"越王"曾被认为是其他统治南方的半神半人的统治者，拥有神圣权力，特别值得注意的是，他被认作另一个曾经在周朝统治浙江地区的越王勾践。[1]那些被迫来到广州的唐代旅人，经常在诗中提到这处赵佗的越王台。这里是踏青野餐和情乡望远的好地方。众所周知，登上越王台遗址，应当像赵佗当年那样，恭敬地遥望文明的北方，潸然泪下。其他与这个国王大名相关联的名胜中，最值得一提的，也许是他在南海县的陵墓。此墓应当是一座颇有特色的王陵，但在此前差不多一千年，它就被盗发过，因为早在226年的那次挖掘，就发现墓室已空——与此同时，却从这位国王儿子的墓中发掘出了宝藏，有玉衾一，金印三十六颗。[2]唐代游客到此，已无多少东西可看，但毫无疑问，有一位思虑周详的县令在这里建了一个亭子，人们可以在亭中一边乘凉，一边啜酒。这是常有的事。其他几处位于或靠近越城的宜人风景，都与历任刺史（诸如某段城墙为某人所

---

[1] 这个土丘曾与另一个土丘相混，那个土丘有时称为朝汉台，在城西，据说赵佗在这里遥拜北方的汉朝皇帝。但无疑，有一系列建筑传说都与这个著名的名字有关。参看《太平寰宇记》卷157页6b引《广州记》。《舆地纪胜》卷89页16b确定越王台即在宋代佛寺悟性寺之地。

[2] 《舆地纪胜》，卷89，页17a—17b。

建）或者道教高士又或佛教高僧的名字相关联。例如，有一口"达摩井"，还有旧传安期生宅，安期生可能是神话传说中的道教神仙。[1]对信仰虔诚的人来说，还有规模可观的"儒家"的南海神祠，在南海县；更不用提有许多佛教建筑。对比较现实的人来说，这里的化蒙县有铅矿，产量甚丰[2]，更不必说银作坊、渔场以及码头了。

近来，我们倾向于将古代城市分类。但是，要给广州找到一张恰当的标签，实非易事。它究竟只是一座商业城市呢，还是一座真正的国际大都市？或者是此二者的某种混合体？换一种说法（并且使用某些社会科学家的语言），它究竟是定向性生成的城市，还是异质性生成的城市？

前一种类型的城市，由于社会阶层森严，天命权力以神——王为媒介，从上贯串到下。正是在这种类型的城市中，商人通常（虽然不是一成不变）是贱民，但他们的地位似乎与异质性生成的城市迥然不同，尤其在那些又被这些作者进一步分为"企业家的城市"的地方，在那些地方，人们主要只关心买家和卖家之间权宜性的规范和关系，并且逐渐形成了一套适用于技术秩序而不是道德秩序的共识。[3]

---

[1] 关于这些以及其他一些古迹，参看《舆地纪胜》卷89，页15b—17b，其书引《元和郡县图志》甚多。在宋代，这两处遗址之上都建起了佛寺。
[2] 《新唐书》，卷43上，页1a。
[3] 鲍威里（Paul Wheatley），《城市伟大在哪里》，《太平洋视点》，卷4，第2期（1963年），页178。

在唐代，长安当然具有一座定向性生成的国际大都会所要求的所有特征，但是，它有巨大的市场，也有外国人口。可以认为，由于以张九龄这样的人为代表的、受过教育的中产阶层介入城市管理及其精神生活，它的特质已被破坏。而就广州而言，它不止是一座纯粹的商业城市。很久以前，在赵佗统治的那个黄金时代，它在某种程度上曾经是一座圣城——917年，当南汉刘龑攫取了绝对权力，它重新获得了这种地位。同时，它有城墙，有神庙，有遗址，有神圣的过去留下的令人崇敬的古迹。实际上，它是（唐代所有城市也都是这样）天命力量的第二级源头，帝国派出的县令，作为住在长安的天子的代理人，宣示着这样一种力量，特别是当他祭祀南海之神的时候。简言之，这座城市具有双重角色和左右逢源的特质，但是在唐代，其异质性生成的特征也许应更加明显。

大多数离开广州去处理常规事务的人，不管是经商还是从政，都是去往西南方向的安南。在追踪他们的线路之前，让我们先从广州以东、靠近福建的地区开始，来看一看南越的其他地区。

循州就在广州东边，虽然当地人从事的是采集本地动物身上的蚺蛇胆、鲛革、甲煎以及采集一些草药等简单的营生，但是，循州也发展了一些工业，并且将布、五色藤盘以及"镜匣"（我们应当称之为小梳妆盒）等运给北方城市中那些家道殷实的居民。[1]

潮州在最东边，更靠近福建省界，城里乡间约有六七千汉族

---

[1] 《新唐书》，卷43上，页1b。

居民，其人口约为循州的一半。它出产香蕉，其居民收集鲛革来做剑鞘，有蚺蛇胆和海马可入药，以甲香为香料，还有银石（也许是白云母片岩，大概可作装饰用）以及乌龟。[1]这一偏远之州，还因其为鳄鱼的栖息地而恶名远播。潮州人主要靠海盐为生，但一个重要的港口也没有——现今的汕头，连在他们的梦中也不曾出现过。

在广东省另外一端，与相对凉爽的北方山丘相对的，是一座狭长的伸向热带岛屿海南的半岛——现代地图标示其为雷州。它处于唐代雷州的管辖范围之内。尽管其气候炎热潮湿，这个地区却号称有两万多人，其主要城市向朝廷进贡丝电、斑竹、孔雀。[2]关于州城的样子，我们一无所知，它不会吸引多少游客。至于常绿的海南岛本身，其五个州中，人口最多的是儋州和万安，分别位于该岛西北和东南：儋州出口金和糖香，万安出产金银，这是一座未为人知的黄金半岛。[3]另外，尽管很多人因政治原因贬谪来此并死于此地，但他们却没有给我们留下任何对这一可恨岛屿的描写。

唐人与安南（交州）的交流主要是通过陆路，并且主要表现为军事征服和汉人移民。大多数商业贸易，似乎掌握在航海而来的外国人手中，特别是阿拉伯人与波斯人。这些人在印度支那这一地区的文化互渗中发挥的作用不大，这是相对于印度支那半岛南部、更印度化的地区而言的，在那个地区，航海而来的商人在修正当地文化的过程中，发挥了重要作用。[4]而且，这些路上也

---

[1] 《新唐书》，卷43上，页2a。
[2] 同上书，页3b。
[3] 同上书，页4a。
[4] 戈岱司，《印度支那半岛各民族——历史与文明》，页52。

第二章 华人

绝不是没有中国商人。也许，他们大多数是贩卖奴隶的商人。他们与士兵、官员、移民一起，从广州向西，穿过矿藏（银、丹砂、水银）丰富然而危险的邕州。[1]其治所在郁水沿岸，今天径称之为"西江"。住在这里的人常为狂怒的江水所苦，直到710年至711年，司马吕仁引水分流为止。[2]这条危险的道路通向越南（那时还没有这样划分）境内，在其北方，则是通往藏缅语系的南诏。其时，南诏与唐王朝势同水火，双方为争夺对西南的控制权而互不相让。许多由北方来的行人都会觉得，穿越"鬼门关"是一段恐怖的旅程。[3]在郁林州，有两石相对而立，中有峡谷，宽仅三十步，与岭南北部的韶石关颇为相类。在唐代，这个地方还有一块古碑，因传为马援所立而著称，据称他当日南征过此，平定天涯海角的蛮族。这一门户之地，便是致命的瘴疠之乡。八世纪有一首谣谚唱道：

鬼门关，十人去，九人还。[4]

622年，原先控扼这条沿海通道的宁氏部族降服于唐朝，其首领宁纯和宁长真接受唐朝委任，统管具有战略意义的廉、钦二州，

---

[1]《新唐书》，卷43上，页8a。
[2]同上书，页4a—4b。
[3]《新唐书》，卷43上，页8a；《太平寰宇记》，卷167，页4a。
　译注：据《新唐书》，司马是吕仁之官职，薛爱华原文以司马为吕仁之姓，误。又据两《唐书·地理志》，鬼门关在北流县。
[4]《太平御览》卷172页9b引《十道志》，《舆地纪胜》卷121页6a引《郡国志》。
　译注：《太平御览》原文引谚云："鬼门关，十人去，九不还。"《舆地纪胜》引谚作："若度鬼门关，十去九不还。"薛爱华英译引文有误。

于是，这条道路首次向唐人开放了。[1]

不过，从自然条件上说，这条从岭南到安南的路线颇为顺畅。关口穿过低矮的山岭，根本不能与岭南东部的高地相比，更不用说岭南北部阻碍汉族农民进入贵州的那些崎岖难行的重峦叠嶂了。[2]

但是某些交通要走水路。九世纪后期的征服者、安南都护高骈，曾经征募人工，顺着白州沿岸，疏浚了江道之中的岩石和浅滩。白州隶属于容管，紧靠在廉州之东，雷州半岛之西。[3]这一工程可能隶属于一项更宏伟的计划，旨在开通一条通向红河河口和安南首府的沿海水路通道。一篇上奏中曾提到这一计划，称867年春天，高骈下令凿除广州至安南海路上的潜石[4]，使舟船安行，免受涨海之惊。此举效法马援所为，据说马援曾在靠近占婆边境的地方修筑了一道防波堤。[5]

交州在东京红河河谷地区，中国人驻交州首府之确切地点在哪里，一直是历史学家争论的问题。在公元后最初几世纪，它似乎是在龙编港。六世纪，黎族首领领导当地土著发动暴乱，隋朝大将刘方于603年恢复了中国对这一地区的统治，其治所置于宋平，在红河南岸。在那个时代，红河三角洲居民近十万人。[6]唐

---

[1] 《新唐书》，卷222下，页16b；《资治通鉴》，卷190，页4a—4b。
[2] 斯宾塞，《亚洲东南：文化地理学》，页32；维恩斯，《中国向热带进发》，页11。
[3] 《新唐书》，卷43上，页8b。这一工程竣工于咸通年间（860—873）。
[4] 《资治通鉴》，卷250，页19b；童振藻，《越南唐代古城考》，《禹贡》，卷6，第11期（1937年），页12。
[5] 《南越志》，卷下，页33a。
[6] 马伯乐，《唐朝安南都护府疆域考》，页552—554；戈岱司，《印度支那半岛各民族——历史与文明》，页51，《新唐书》卷43上页9b记其人口数为99652人。

朝曾经一度确认这两座古城的历史，621年，唐朝在其行政区划中，曾一度近乎儿戏地在宋平附近设立了宋州，在龙编附近设立了龙州。但这两个州昙花一现，短短几年后就被废除了。[1]

龙编这个旧名意为"龙交织缠绕"，据说，这个地方之得名缘于一只蛟龙，但不清楚是在过去哪个时代，它盘踞在靠近这座新建城市的江水之中。[2]唐代诗人常常使用这个名字，比如陆龟蒙就在其描写这片蛮荒之地的一副诗联中，以"龙编"对"虎踞"。有时候，这座古城也被称为"龙湾"。[3]

保护交州（"交"可能等同于蛟龙之"蛟"）的堡垒，通常以其外城之名为称，这就是著名的"罗城"。关于这座堡垒，不管是围绕古代龙编城的那个罗城原型，还是环绕宋平城的那座较为晚近的城，其历史都说不清楚。但后者的外城，似乎是在767年由中国的安南都护张伯仪修筑的。[4]在866/867年的那个冬天，高骈击败了南诏入侵者，大获全胜，并修筑了一座规模巨大的新城，周长三千步。[5]他下令大兴土木，要让这座古代要塞城市成为一座真正的大都市。[6]

交州的土产是香蕉、槟榔、鲛革、蚺蛇胆以及翠羽[7]，但

---

[1] 《新唐书》，卷43上，页9b。
[2] 童振藻，《越南唐代古城考》，页11。
[3] 陆龟蒙，《奉和袭美吴中言怀寄南海二同年》，《全唐诗》，卷625。
　　译注：陆诗有句云："城连虎踞山图丽，路入龙编海舶遥。"
[4] 童振藻，《越南唐代古城考》，页12。童振藻称其为龙编城之城墙，显然有时代误差。参看马伯乐《唐朝安南都护府疆域考》页556—559关于这一地区唐代城墙修筑史的叙述。
[5] 童振藻，《越南唐代古城考》页12 称其周长19805丈零5尺。
[6] 《资治通鉴》，卷250，页19b。
[7] 《新唐书》，卷43上，页9b。

在发达的南海贸易方面，罗城及其港口也与广州竞争，有时候，其外贸总量甚至超过其北面的对手。八世纪后期，由于受"近日船舶多往安南市易"的困扰，大臣陆贽提议设置一个特别机构，其主要职责就是促进广州的贸易发展。[1]

对于前往更南边从事贸易的人来说，有一条大路是从东京三角洲出发，沿着湿热的占婆和柬埔寨沿岸，取道难以置信的边州即演州和骥州。[2]我们可以想象，这条大路上的行客不如另一条更著名的海路那么多。另一条路，由交州往北，穿过红河和明江上游的峰州，进入云南，但是它经常中断。866年，高骈击溃入侵的南诏军队之后，这条路才重又向唐人长期开放。[3]

士　兵

南越居民臣服于中国的统治，与此同时，华人也逐步在他们之中定居下来。很容易做出这样的推想：这些中国士兵作为北方人的先遣队，很可能就是第一批定居下来的人，先其一步的，只有那些未被历史记载的猎人和行人而已。事实可能如此，但是，我们没有什么证据。岭南早在汉代就有一些军队戍守之地，但直到八世纪最后十年，才有士卒在这个地方大规模定居下来。

---

[1] 陆贽，《论岭南请于安南置市舶中使状》，《全唐文》，卷473，页14a—14b。
[2] 《元和郡县图志》，卷38，页189。
[3] 参看伯希和，《交广印度两道考》，《法国远东学院学报》，卷4（1904年），页141。

第二章　华人

随后也在边境地区建立了一些土著的定居点,华人借给他们牛和犁,给他们种子,有公共工程时,也雇用他们。华人和蛮人的农业定居村落,将唐人的艺术和习俗,带到了曾经与唐人为敌的这片土地。[1]

士兵在这片充满危险的土地上发动叛乱,对这一方面的历史,有较多文献记载。这类令人遗憾的故事,在九世纪后期达到顶峰。例如,有一支从徐、泗(大约在今南京以北的淮河地区)两州征调来的八百名士兵的队伍,在驰援安南之后,戍守桂州六年,未见轮代,868年秋天,发动暴乱,剽掠州县。[2]又如880年,唐朝驻安南的部队起而反叛其最高统帅,两年后,桂州军队也起兵反叛。[3]戍守邕管的来自北方各州的士兵,因为不顺心而开小差逃回家乡的事,也屡见不鲜。[4]

官　员

与士兵同时或者稍后来的,是官员,他们给愚昧的南方人带来了正确的生活方式。中国在南越所设立的统治机构是独一无二的,至少与现代帝国主义的行径相比是这样,因为这片炎热的土

---

[1] 维恩斯,《中国向热带进发》,页142、195;杜希德 Denis Twitchett,《唐朝的国家开垦地区》,《东方经济社会史学刊》,卷2(1959年),页190。
[2] 《资治通鉴》,卷251,页1a—1b。
[3] 同上书,卷253,页17a;卷255,页3b。
[4] 《资治通鉴》,卷253,页17a。

地名义上属于中国已经一千多年了。唐朝官员面临的问题，基本上与他们遥远的汉朝祖先是相同的。南方边界线永远是不确定的，这界线摇摆不定、模糊含混，并非截然分明的划界。它是一种慢性溃疡，找不到对症的药，这与北方草原游牧部落的边界不同，因为这里没有什么"君子"协定。简言之，华人不需要向泰人作任何让步，但是，举例来说，他们曾向回纥人（维吾尔人）让步，因为他们需要回纥的马匹。游牧民族出身的外族王朝偶尔也曾统治中国北方，而南方则没有类似情况。没有哪一段南方的城墙，没有哪一些南方的贸易地点，可以作为中国人与其丛林邻居之间边界线的标志。而城墙与榷场，却标志着中国人与作为其北方邻居、有时甚至是北方森林和草原主人之间约定的边界。在文明和野蛮之间，没有清晰划明的界线，尽管有象征性的门户和界石，汉人的村落也只是星星点点地，散布在一望无垠、鬼怪出没的热带森林之中。

但是，并非所有南方民族都是相同的。岭南和安南人不同于西边和西南高原上的藏缅语民族。藏缅语民族中有一些部族来自真正的外国，在唐代，他们常常骚扰唐人。唐人试图平定宁氏和黄氏部族，他们也试图侵犯南诏。南越蛮族部落早被征服，久已成为中国的臣民，在某种程度上已被融合。这与19世纪美国人眼中"我方的"得克萨斯与"他方的"奇瓦瓦州之间的区别颇为相像；又或，若考虑到自秦代初平南越起已有很长一段历史，古罗马人眼中"我方的"高卢人与"他方的"日耳曼人之间的区别，也与此颇为类似。

有一位敏感的、熟悉法国人在其热带殖民地经历的现代批评家曾经说过，在殖民的初期，有一个"英雄时代"，这个时代有一种"史诗性"的文学,恰与这一军事渗透时期相吻合,其中充满了战士的悲惨和功绩,这些战士就是那片居民毫无魅力、风景令人生厌的土地之上的演员。[1]这些土著就其本身而言,被描写成战斗中的勇士,但被征服之后,就很快失去这一可取之处,而变成悲惨、低劣之孑遗,其勇气也被虚假的谦卑所代替。在南越西部,也是这样一种情景,即使在数百年名义上的臣服之后。但是,描写这种令人不快情景的中文作品,却既缺乏史诗性,也缺乏英雄性。它们都是官方的正史和传记,或者是对地理和自然历史的平淡描述,抑或是在纯文学的范畴内,由一些怒火中烧、自怨自艾的官员所作的简短而经常是自怜的绝句。

无论过去还是现在,都能轻易地对这些不情不愿的官员作出好坏之分。这很大程度上要取决于,有关他们的官方记述都说了些什么。"好"意味着他有能力让中国文化在已经顺服的土著人眼中,变得喜闻乐见,或者至少可以接受,这就需要适度的慷慨与诚实,跟必要的坚定不移相配合。"坏"意味着自私自利——为了自己的目的,野心勃勃,自我放纵,或者对人严酷,这些都是与道德约束或者国家政策相违背的。无论是好还是坏,贪婪都是腐败的主要动因。热带地区的财富,为纾解那里生活中的危险、不适以及情感负担,提供了可能。

这块土地上的困难就是这样,韩愈写道,"必数月而后能至。蛮夷悍轻,易怨以变"。这位著名作家恳请人们认识在这种艰难环

---

[1] 马勒雷(Louis Malleret),《1860年以来法语文学中的印度支那异国情调》,巴黎:1934年,页61—64。

境中施行仁政的重要性。[1]但是，大多数唐朝官员，虽然也完全意识到这些问题，却更为关心牟利之事。他们发现自己的任职之地，"广人与蛮夷杂处，地征薄，多牟利于市。"[2]无论土著蛮人还是外洋夷人，尽管都很令人讨厌，但有些补偿并不令人讨厌。岑参送别一位赴岭南任高官的朋友时写道："此乡多宝玉，慎莫厌清贫。"[3]

让我们来看一看唐代高官的几个"样本"，看看他们如何面对野蛮人，如何面对飞来横财。下面各小段文字旨在表明，尽管唐朝官员的经历有某种一致性，尽管其正史传记多半恹恹无生气，是白纸黑字的老套，但是，我们仍然可以从中看到某些个体的、亦即人性的差异。

宋庆礼

他是705年至709年之间岭南的高级官员。其间，海南土著部落劫掠了农业村落，给当地的汉人戍营带来很大麻烦。唐代官员都不愿意去那里任职，害怕染上疟疾和其他热带疾病。宋庆礼亲自前往海南岛，说服当地酋首忘却世仇，彼此讲和。于是遂罢戍卒五千人。[4]（按：我们很想知道他是怎样说服他们的。）

李勉

769年至771年，李勉任岭南节度使，驻广州。他是一位

---

[1] 韩愈，《送郑尚书序》，《韩昌黎全集》，卷21，页10b。
[2] 《新唐书》，卷170，页5a；参看《旧唐书》，卷151，页5b。
[3] 岑参，《送杨瑗尉南海》，《全唐诗》，卷200。
[4] 《新唐书》，卷130，页4a—4b。

很有才干的官员，平定了曾经攻陷唐朝十余州的酋首冯崇道和朱济时。他恢复了广州这个大港口的海关业务，原来，外国船舶泛海至者一年才四五艘，至此，达到了四十余艘。任期结束，在回家的路上，他搜查仆从的行李，将犀象之类的贵重物品都扔进了江中。[1]

王锷

795年至800年之间，这位行政长官管辖广州，靠向不幸的外国商人征收较其前任高得多的税收，巧取豪夺，发财致富。他的私人驳船，"载皆犀象珠琲"，其长安家中所藏财赀，富于公藏。[2]

窦群

811年初秋，一场洪水冲毁了黔州（在今贵州）州城的城郭，这位黔中观察使征发溪洞诸蛮修筑城墙。由于工作条件过于恶劣，群蛮随之作乱，窦群讨伐而不能平定。他被降职，但是813年至815年间，他又稍迁至南越容管经略使。[3]（按：失职可能导致降职的惩罚，但未必会被褫职。朝廷所关注的不是当地百姓的福祉，而只是维持平安稳定的难度和成本。）

---

[1]《新唐书》，卷131，页3b；《旧唐书》，卷131，页2a；中村久四郎，《唐代的广州》，页356—357。

[2]《新唐书》，卷170，页4b—5a；《旧唐书》，卷151，页5b；中村久四郎，《唐代的广州》，页360。

[3]《资治通鉴》，卷238，页14b；《新唐书》，卷175，页1b；《旧唐书》，卷155，页5b。

孔戣

817年至819年间，此人节度南越，驻在广州，以刚正清俭著称。他也因此获得了南迁士人、持身谨正的韩愈的赞扬。他恢复对南海神的祭祀，减轻外国货物关税，废除向海外商人索取"自愿"礼品的旧例陋俗，同时也废除了商人亡故满三月，其妻子不来认领资产即没入官的陈规旧俗。[1]

李象古

这个贪婪的宗室成员，于818年任安南都护。他嫉妒酋首杨清的威望，派杨清去镇压黄洞蛮，结果杨清偷偷返回并杀死了他。[2]

李元宗

他于821年夏任邕州刺史，隶属容州观察使。李元宗因将新近征服的土地归还给黄洞蛮，故与其上司失和。他带了官印以及士兵百人，逃奔"黄洞"躲避。[3]（按：他究竟是汉人还是蛮夷？）

---

[1] 中村久四郎，《唐代的广州》，页364—365；薛爱华，《唐代文化札记》，《华裔学志》，卷21（1962年），页204—208。九世纪初，试图公正对待广州商人的其他官员，还有徐申和李翱。参看中村久四郎，《唐代的广州》，页360。

[2] 《新唐书》，卷80，页11a；《旧唐书》，卷131，页5b。

[3] 《资治通鉴》，卷242，页13a。

卢钧

他于836—840年间任岭南节度使，其品行无懈可击。尽管一般人都反对獠人和华人在城中乡下混杂而居，反对蛮人多占田营第舍，但卢钧仍然拒绝实施禁止华獠通婚的法令，保护土著的财产，并废除了一项加于獠人的税收。华蛮数千人来到京城，请求为卢钧生立祠，刻碑颂德，卢钧固辞之。[1]（按：定居在这里的华人，似乎没有其统治者那么强的"种族意识"，当一位罕见宽宏大量的人来统治他们的时候，他们表露了真情实感。）

陈听思

860年至873年之间，此人是唐朝利益在炎热的雷州半岛的军事保护者。他密遣人随海船往来，侦探北到福建海岸的海寇巢穴之情形，然后毫不犹豫地捣毁了这些害人的窝巢，雷州得安。[2]

蔡京

公元862年，此人曾短期担任唐朝岭南西道节度使，他为政苛酷，故为其属下所驱逐。他征募乡丁土军，欲夺回府城，未果，遂为朝廷所贬。他途中逃脱，但被追缉，并敕赐

---

[1]《新唐书》，卷182，页6a。
译注：《新唐书》原文为："（卢）钧下令蕃华不得通婚"，薛爱华此处解原文有误。
[2]《广东通志》，页4126a。我尚未找到这段有趣文字的唐代文献出处。

自尽。[1]

迁客逐臣

南越地区的高级官署,亦即在广州的岭南节度使府、在河内的安南都护府以及桂、容、邕等地的观察使府中,尽是曾经享受过朝廷恩宠的显贵要人。尚书郑权就是其中一位。823 年,郑权出任广州刺史、岭南节度使,韩愈为他送行。作者描写了此次履新在物质和道德两方面的危险,并告诫郑尚书要诚信正直。他是这么说的:

> 番禺军府盛,欲说暂停杯。
> 盖海旗幢出,连天观阁开。
> 衙时龙户集,上日马人来。
> 风静鹓鶵去,官廉蚌蛤回。
> 货通狮子国,乐奏越王台。
> 事事皆殊异,无嫌屈大才。[2]

这首诗通篇都是标准的南越意象,需要作一番解说:
"番禺"是广州的旧名。第二句和第三句描写节度使辖下的

---

[1] 《资治通鉴》,卷250,页11b。
[2] 韩愈,《送郑尚书赴南海》,《韩昌黎全集》,卷10,页8b—9a。

军队、水军以及广州衙署的盛况。[1]"龙户"(即"疍民")与龙亲近,府衙开门处理诉讼之时,他们就聚集而来。"马人"是假想中的汉代征服者马援的后裔。[2]"鹢鹠",我初步认定其为frigate birds(军舰鸟),是一种不祥的海鸟,周代经籍中曾提到过,它们是不会出来谴责新任刺史的。汉代的时候,刺史孟尝采取严格的保护措施,使靠近广州的某处资源耗尽的珠池得以恢复。"狮子国"指锡兰,"越王"指赵佗。

周遭环绕着诸如此类新奇的风物,达官贵人们安坐于中国最南端省份的城池之中,处于脸色阴沉的原住民部落的包围之中,他们就像海洋中高高的岛屿一样。他们中至少大多数人都在思考如何推广儒家教化,而其手下的将领则在研究丛林战略。

但是,在较小的州郡那些级别较低的官府中,通常塞满了从北方大都市贬谪而来的官员,这些人往往都是稀见之才,与此同时,政治上却不高明。有时候,他们有高尚的道德理想,而且,虽然不那么常见,也有文学才华。这些失宠的政治家,其贬谪的距离与其失宠的程度成正比。其罪名越可憎,贬谪的地方就越往南,甚至远到热带、瘴疠流行的海南和安南。在那里,通常会给他们一个没什么吸引力的小官职,只提供最低限度的生活条件,而他们早已习惯了养尊处优。贬黜通常是逐步完成的,比如,先贬为湖南的一个小官,然后再贬到岭南。反过来也是这样:不幸

---

〔1〕 译注:原文如此,按诗意,似乎应该说第一句和第三句。
〔2〕 译注:据《五百家注昌黎文集》卷10:"马人"是"马留人"之简称:"后汉马援讨寻邑蛮,以不能还者数十人留于象林南界所铸铜柱下,南蛮呼为马留人,见《新史·南蛮传》。"

的官员有可能逐步得到平反,其任职之地也是逐步北移,随着气温由热变冷的递减,他们回到都城,甚至回到庙堂之上。唐宣宗就是按照这种方式,把被他的前任、暴戾的唐武宗贬斥的五位达官贵人全部赦免,让他们回到文明世界。这批官员中,有一位是著名的牛僧孺。846 年,他从循州的一个下僚改贬湖南衡州。[1](牛僧孺三贬才到循州,在正史传记中,这一过程删略不记,此事令人费解。宋代学者钱易已经注意到这一点。)[2] 即使在唐朝气数将尽的最后那些年,南越依然还是以政治获罪者的贬谪之地。这是因为这片极南之地照样忠于朝廷,而其他州郡早已降服于军阀,并与皇帝作对。[3]

另一类南越迁客,是那些不得人心的君主的佞幸宠臣,这种情况出现最多的时候,往往是新君继位伊始,意欲洗刷自己,免受佞幸骄奢淫逸之玷污。例如,公元 827 年 1 月,沉溺游乐的少年皇帝唐敬宗被刺杀,他的那些密友随后皆配流岭南。[4] 又如,乐工李可及最受喜欢音乐的唐懿宗之宠爱,873 年懿宗驾崩,李可及家财被籍没,并流放岭南。[5]

不是每个被贬的大臣都有望熬过贬谪岁月,或者忍受南迁旅途而活下来。死亡经常就在一个人迹罕至的路边,或者在一个遥远的小城等待着他。在这些地方,他流的血不会导致阴谋策划,也不

---

[1] 《资治通鉴》,卷 248,页 12b。
[2] 钱易,《南部新书》(《丛书集成初编》本),卷上,页 7。
  译注:《南部新书》原文为:"牛僧孺三贬至循州,本传不言,漏略也。"
[3] 《资治通鉴》,卷 264—265。
[4] 同上书,卷 243,页 15b。
[5] 同上书,卷 252,页 8b。

会引发暴乱。考虑一下这个例子：有差不多三百流人，其中包括王子，都被武后流放到岭南诸道，因为她怀疑他们谋反。693年春天，她派一位使者将这些人召集到广州，然后赐令其自尽，流人号呼不服，便将他们驱赶到水边，尽数斩杀。据称使者又进一步捏造谋反证据，上奏武后。[1]还有一些例子没这么骇人听闻。793年，窦参被流放，未抵安南驩州，即被赐死于途中。[2]806年，中央政府官员滑涣贬雷州，未久被赐死。[3]杨志诚因擅自造衮衣及诸僭物得罪，被流南越，834年12月24日，于途中被杀。[4]

在很多情况下，实在没必要动用剑和绞索。还有其他凶恶的力量在那里等着流放者。最戕害人的就是那些热带疾病，疟疾是罪魁祸首。据史书记载，有众多南迁的政治家，是在抵达南越不久物故的。如果他们还住在家乡，其中一大批都会安然无恙。但是，这里暂不讨论南方的疾病，后面会有更合适的章节，且待下文分解。

因政治原因流放的人，其家庭，既包括陪伴失宠的父亲到热带地区去的家人，也包括他在热带地区新建的家庭，在父亲去世之后，日子都极为艰难。"子孙贫悴，虽遇赦不能自还。"有些人运气好，会遇上一个富有仁爱之心的刺史。卢钧就是这样的刺史。前一节我们曾提到过他。他曾帮助那些不幸的人，替他们支付医药敛葬费用，并为孤儿稚女解决男婚女嫁问题。[5]

流放的恐怖令人胆战心惊。魏理曾经翻译了一段关于九世纪

---

[1]《资治通鉴》，卷205，页8a—8b。
[2] 同上书，卷234，页9b。
[3] 同上书，卷237，页6b。
[4] 同上书，卷245，页3a。
[5]《旧唐书》，卷177，页9a。

初期一个畏怯南迁的大臣之事,读后令人愀然不乐:

> (韦)执谊自卑,尝讳不言岭南州县名。为郎官时,尝与同舍郎诣职方观图,每至岭南图,执谊皆命去之,闭目不视。至拜相,还所坐堂,北壁有图,不就省七八日,试就观之,乃崖州图也,以为不祥,甚恶之,惮不能出口。至贬,果得崖州焉。卒于崖州,年才四十余。[1]

迁客逐臣要时刻悲叹自己的命运,心中只能想念故乡,这早已约定俗成。在遥远的异乡游荡,并不是中国人所喜欢的消遣方式。[2]乡愁是整个南越官场流行的瘟疫。沈佺期在驩州为乡愁所苦,极其想念寒食节,憧憬喧闹都城里那份优雅和闲暇:

> 花柳争朝发,
> 轩车满路迎。[3]

我们要感谢一些被迫离乡背井的官员,他们创作了一大批好

---

[1] 魏理,《蒙古秘史及其他》,伦敦:1963 年,页 167—168。
译按:此处所引出自魏理《中国最伟大的作家(韩愈)》一文,中文文献原出韩愈《顺宗实录》,"卒于崖州,年才四十余"一句是魏理据《顺宗实录》文意增添于此,以使故事完整。
[2] 刘若愚,《中国诗歌艺术》(*The Art of Chinese Poetry*,杜国清译为《中国诗学》),芝加哥:芝加哥大学出版社,1962 年,页 55。
[3] 沈佺期,《初达驩州》,《全唐诗》,卷 96。
译注:据《全唐诗》,此诗题应作《题岭表寒食》(一作《驩州风土不作寒食》),其前一首为《初达驩州》,薛爱华此处误系前一诗之题。

第二章 华人

诗,诗中描写了他们不得不居住、还要费力适应的这个新世界。有些人适应得好,有些人适应得不好。这两种人都写下了他们的感受。在某种程度上,大多数人都忍受着无聊以及思乡之苦,这是大多数殖民地居民都知道的:"无聊是无法适应新环境的一种最突出的、优雅的表现方式。"[1]把南越地区北部边缘那一整片亚热带荒野,看作某种令人忧伤的地狱,在这一类困惑的诗人中,刘长卿是一个典型:

枫林月出猿声苦,桂渚天寒桂花吐。
此中无处不堪愁,江客相看泪如雨。[2]

在这些焦虑且不合群的作家中,也有一些非常著名的人物。则天武后贬谪其大臣宋之问到无足轻重的州郡泷州任职。宋之问诗律精严,为人所羡,辞藻富丽,受人赞誉。在诗歌方面,他的名字往往与沈佺期并称。但在为人方面,他就不那么值得赞美。唐代正史把他描写为自私自利的卑鄙小人,"深为义士所讥"。[3]他沿着入岭南常走的那条老路(我们已经谈过李翱对这条道路的描述),翻过梅岭,取道韶州,走向他贬谪之途的新目的地。在这段惨淡行程的各个阶段,他都留下一系列诗作——差不多可以组成一部忧心忡忡的诗体日记。在下面这首诗中,他谈到自己从山岭下

---

[1] 马勒雷,《1860年以来法语文学中的印度支那异国情调》,页128。
    译注:引文原文为法语。
[2] 刘长卿,《入桂渚次砂牛石穴》,《全唐诗》,卷151。
[3] 《新唐书》,卷202,页2b,《旧唐书》,卷190下,页9b。睿宗时,宋之问再次被贬,这次是贬到钦州。

来,走向曲江,终于要面对很多人早已宣扬过的恐怖的南越:

> 候晓逾闽嶂,乘春望越台。
> 宿云鹏际落,残月蚌中开。
> 薜荔摇青气,桄榔翳碧苔。
> 桂香多露裹,石响细泉回。
> 抱叶玄猿啸,衔花翡翠来。
> 南中虽可悦,北思日悠哉。
> 鬓发俄成素,丹心已作灰。
> 何当首归路,行剪故园莱。[1]

今按:闽地山岭从福建最南端向西伸展,"鹏"是古代文献中提到的一种巨大的鸟,可与阿拉伯传说中的巨鸟罗克(roc)相比。人们以为珍珠(在这里就像微型的月亮)生长于蚌中,随月相而盈缩。"薜荔"就是 *Ficus pumila*,至于"桄榔",下文就会看到。

宋之问的贬谪诗作,反复突出忠不见信、顺反见忤的主题,在下面这首描写一大早从韶州出发的诗中,他就是这么写的。回望来时的山岭,他毅然向前,走向"珠崖"和"铜柱",可以想见,前面会有迷雾、瘴疠、霉菌、潮湿以及台风。即使夜里出现的奇怪动物,也是他全然不熟悉的:

> 直御魑将魅,
> 宁论鸱与鸮。

---

[1] 宋之问,《早发始兴江口至虚氏村作》,《全唐诗》,卷53。

第二章 华人

他又一次提到家园：

> 绿树秦京道，青云洛水桥。
> 故园长在目，魂去不须招。[1]

最后，当他乘船靠近泷州、靠近他这段无望行程的终点时，他的恐惧进一步累积，他的不公平之感亦愈益强烈。他新作的一首诗，在排练了诸如疾病、猿猴、龙、文身蛮夷等一系列保留节目之后，明确表达了诗人对远在千里之外的武后的感激之情，"悠哉慕玉京"。诗最后又是一句忠诚奉献的表白。[2]

大概是宋之问在南越之地停留一段时间之后，他在桂州写了一封措辞讲究的信，我们发现，信中依然执着于这些母题，乐此不疲，尽管那时他已有望逃出这绿色的地狱。在这里，宋之问谈到他在这"炎荒"之地的命运：

> 杳寻魑魅之途，远在雕题之国，
> 飓风摇木，饥鼬宵鸣，
> 毒瘴横天，悲莴昼落，
> 心凭神理，实冀生还。[3]

---

[1] 宋之问，《早发韶州》，《全唐诗》，卷53。
    译注："长在目"，薛爱华误看作"长在日"，故误译为 long stand under the sun。
[2] 宋之问，《入泷州江》，《全唐诗》，卷53。
    译按：诗末二句为："只应保忠信，延促付神明。"
[3] 宋之问，《在桂州与修史学士吴兢书》，《全唐文》，卷240，页14a。

尽管宋之问以语言优雅、感情炽热的诗句，抒写他在南方的悲情，但他为我们提供的能够鼓舞人心的本地新意象其实很少。他所依赖的仍然是啼猿之类早已约定俗成的景象，借以传达悲哀之情。他对这种热带附近的新生活视若无睹、充耳不闻。也许他也注意到奇怪的花鸟，但却不知道其名字，因而这些花鸟也不会进入他那些华丽然而老套的诗作中。然而必须承认，大多数从北方来的迁客逐臣，在某种程度上都同样有这种视而不见、听而不闻的麻木感觉。他们全都受到生态词汇的拘限。

至于宋之问其人，尽管他的哭泣与他表演过火的钟爱之情一样，都不足以使他在我们眼里变得更加可爱，但是，必须记住，这样的文学自怜在唐代并不遭人鄙视，而在我们今天则相反。

其他迁客逐臣较为人熟知，因此毋庸多言。

刘禹锡早年就遭遇政治厄运。他的名字通常跟他的朋友柳宗元联在一起，与柳宗元同甘苦共患难。但他比柳宗元幸运一些，柳宗元很年轻就死于亚热带贬谪之地，刘禹锡则最终返回首都，年过古稀，其诗章优美，受人尊敬。他的寿命或许可以说是由他不幸的友人柳宗元赐予的，因为在815年，他最后一次贬谪本该去播州（在今贵州省），据说柳宗元闻讯泣曰，"播州非人所居！"后来终于说动了宰相裴度，对刘禹锡从轻发落，改贬连州。[1]不过，特别有意思的是刘禹锡早期贬谪的那个小州朗州，在湖北最南边。[2]这里曾是古代楚国之地，他为当地巫师填写歌谣新词，按照今天谓之"楚

---

[1]《资治通鉴》，卷239，页8b；韩愈，《柳子厚墓志铭》，《韩昌黎全集》，卷32，页6b；吴文治，《柳宗元评传》，页226。

[2] 译注：此处原文有误，朗州在湖南西北部。

辞"的那种当地古歌样式改写这些歌谣。据说这些新词在当地夷人中长久流传,推测其流行的原因,可能是由于它们与古代传统正相符合,而这种传统在中古时代依然存活着。[1]我们不知道刘禹锡在南越的时候,是否尝试过这类"古董式"的文学创举,但是很显然,在南越,他很难找到受人尊敬、已被认可的"古董级"的文学先驱。

命运多舛的柳宗元更为人熟知,在本书中他会经常出现。尽管关于他的文字已经很多,但他对于所谪居的这片温暖土地的那份感情,还是让人难以评价。他似乎已经爱上了湖南南部永州那片美丽高地的山水风景,在那里生活了十年(805—814),尽管如此,他仍然觉得自己是被文明世界抛弃的逐臣,这种心态阻碍他对此地山水的全身心欣赏。事实上,他在这个时期写过"囚山"。[2]815年,他被召回首都,既兴高采烈,又忧心忡忡,但那模糊的希望旋即粉碎了,他很快发现自己走在南迁的路上,奔向他最终的目的地、树林蓊郁的柳州。[3]他仍然希望北归,这在他与刘禹锡道别的诗中就能看到:

> 二十年来万事同,今朝歧路忽西东。
> 皇恩若许归田去,晚岁当为邻舍翁。[4]

这次悲伤的离别之后,他又经历了一次更悲伤的离别。他很有才

---

[1] 《旧唐书》,卷160,页9a—9b;徐松石,《粤江流域人民史》,上海:中华书局,1939年,页295;宫川尚志(Miyakawa Hisayuki),《南中国的儒家化》(The Confucianization of South China),载《儒家教化》(The Confucian Persuasion),斯坦福大学出版社,1960,页40。
[2] 吴文治,《柳宗元评传》,北京:1962年,页221。
[3] 同上书,页225。
[4] 柳宗元,《重别梦得》,《增广注释音辨唐柳先生集》(《四部丛刊》本),卷42,页18b。

学的同祖弟,在贬谪途中一直陪伴着他,这时却去世了。他的忧郁与日俱增。[1]但是,他让自己投入新的公务,比在湖南的时候更加负责。他重建城墙,挖井,种树(特别是柳树,"柳"既是他的姓氏,又是他任职之州的州名)。最重要的是,他还竭力解除所辖百姓的痛苦——我们也注意到,他在别的地方曾努力废除奴隶制。[2]他似乎对百姓有一种纯真的感情,不是只把他们当作牲口一般,而在他的很多同事眼中,百姓就是牲口。他充满同情地写到他们的苦难:"缚壮杀老啼且号","奇疮钉骨状如箭"。[3]然而,尽管他的适应性比大多数汉族官员强,他仍然深感痛苦。在这首诗里,他写自己在柳州的官署中:

　　南州溽暑醉如酒,隐机熟眠开北牖。
　　日午独觉无余声,山童隔竹敲茶臼。[4]

按:"北牖"与"南州"恰成对照,意味着他所打开的北牖,是一个象征性的意象,象征他所失去的北方的家园。

尽管柳宗元对待当地人仁爱有加,他也能欣赏柳州山川之美,但却从来没有完全接纳这块土地,没有认其为家乡,虽然他最后死在这里:

　　荒山秋日午,独上意悠悠。

---

[1] 吴文治,《柳宗元评传》,北京:1962年,页230。
[2] 同上书,页236—237。
[3] 柳宗元,《寄韦珩》,《增广注释音辨唐柳先生集》,卷42,页9a。
[4] 柳宗元,《夏昼偶作》,《增广注释音辨唐柳先生集》,卷43,页9b。

第二章 华人

　　如何望乡处，西北是融州。[1]

　　按：这首绝句的要害在最后一句。融州实际上是在他的东南方。此句语意含混，实寓讥讽：真正的野蛮人是那些住在西北方向的政治家，而不是东方方向的所谓蛮夷之人。另外，老家在西北方向，遥远并且可望而不可即，就像东南蛮夷之州鬼怪出没的丛林一样。[2]

　　生长于湖南南部和岭南地区的那些志向远大的年轻士子，争相受教于柳宗元，期望得到他的帮助。虽然柳宗元不太情愿正式接受教师这一角色，但他有时候还是会提出建议，例如，他曾告诫一个年轻人，不要在散文中使用不恰当的文言虚字。[3] 柳宗元自己最好的作品，是那些不加渲染的散文，而不是诗作，这类例子在本书中随处可见。因而，南方这个新世界，没有在柳宗元的作品中激发出什么惊人的意象，其作品与其说是隐喻性和意象性的，不如说是随意性与描写性的。即使在一首以放飞鹧鸪为题材的诗中，他也只是借这个场景，优雅地表达自己与友人分别的情感，而不是将其当作新环境的情感象征。[4]

---

[1] 柳宗元，《登柳州峨山》，《增广注释音辨唐柳先生集》，卷42，页14a。
[2] 译注：此诗旧注云："柳州北接融州也。"柳诗谓"西北是融州"，不误。薛爱华误"融州"为"容州"（容州在柳州东南方向，其汉语读音及罗马字拼写与融州相同），此节分析属于误读，不足为据。
[3] 吴文治，《柳宗元评传》，北京：1962年，页247。柳宗元显然对柳州自然山水很敏感，但吴文治对此点不感兴趣；柳宗元对社会和经济状况相对不那么关心，吴文治基于一种相当正统的马克思主义观点，对此点感到遗憾。
[4] 柳宗元，《放鹧鸪词》，《增广注释音辨唐柳先生集》（《四部丛刊》本），卷43，页16b。
　　译注：原诗有句云："二子得意犹念此，况我万里为孤囚。破笼展翅当远去，同类相呼莫相顾。"

叙述贬谪文人,也许不能遗漏韩愈。韩愈与刘禹锡、柳宗元同时代而年龄稍长,819年,他因批评宪宗迷信佛教而被贬到潮州。[1]但是,他的故事众所周知,不管怎样,我们在下文还将谈到他。

在放逐南方的作家中,地位最高(在世俗意义上)的是李德裕,他是九世纪中叶反佛的皇帝唐武宗的宰相。847年,宣宗即位后,逐步恢复境内各地的佛寺,李德裕步武韩愈,被遣到了潮州,次年,他又移置自然条件更为艰苦的崖州。849年,他在那里去世,终年63岁。[2]面对南越,他心中充满忧惧,这种忧惧颇为典型:他看到道路曲折蜿蜒,让人迷惑,他害怕瘴雾,害怕有毒的植物,他也提到桄榔、槟榔以及畲田之类的异地风物,[3]所有东西都让人感到压抑、阴郁、可怕。[4]他抵达最终目的地海南后,那些迷宫一样包围着他的黑色山林,仍然压迫着他:

> 独上高楼望帝京,鸟飞犹是半年程。
> 青山似欲留人住,百匝千遭绕郡城。[5]

他似乎还保留着一丁点良好的幽默感。他从崖州给一位年轻而有才华的朋友段成式写了封信,信中称他身体依然顽健(尽管没过多久他就死了),接着说,"居人多养鸡,往往飞入官舍,今且作祝鸡翁

---

[1] 《新唐书》,卷176,页1a—6a。
[2] 同上书,卷180,页9a—9b。
[3] 李德裕,《谪岭南道中作》,《李卫公会昌一品集·别集》(《丛书集成初编》本),卷4,页204。
[4] 同上书,参看《到恶溪夜泊芦岛》,《李卫公会昌一品集·别集》,卷4,页204—205。
[5] 李德裕,《登崖州城作》,《李卫公会昌一品集·别集》,卷4,页205。

尔。"[1]他记住了粮仓院子四周的家禽身上散发的迷信气味，它们可以预卜未来的命运，对人来说很重要。他又想到，即使这些神圣的家禽，也无法告诉他何时才能逃出迁谪之所，这让他啼笑皆非。

在上述五位名人中，有三位在其诗中更公开地表达自己的情感，再细细体会，就会看到他们都由于遭受冤案、处罚严苛，而深感惶惑，内心也受到伤害。热带对这三人都没有吸引力——他们做了最坏的打算。但三个人之间也有不同。宋之问总是确信自己的品格，所思所梦只想回到都城长安，他虽是初履南方新地，却根本无心多看一眼。柳宗元虽然命途多舛，却更多情善感，也更热爱自然。他也因而从自然中寻到了许多慰藉。李德裕更为成熟，他黯然引退，悄然南行，接受命运的安排——这位伟大的政治家就此渐行渐远，身影没入热带的黑夜中。

克里奥人

不是所有在南越的汉族文人都属于这种类型。有些人会真心

---

[1] 孙光宪，《北梦琐言》，卷8，页67。
译按：祝鸡翁典出汉刘向《列仙传》："祝鸡翁者，洛人也，居尸乡北山下，养鸡百余年，鸡有千余头，皆立名字，暮栖树上，昼放散之，欲引，呼名，即依呼而至。卖鸡及子得千余万，辄置钱去，之吴，作养鱼池。后升吴山，白鹤孔雀数百，常止其傍。"此典与洛阳、神仙相关，李德裕用之，正可见其幽默感。然应劭《风俗通》云："呼鸣曰朱朱。俗说鸡本朱氏翁化而为之，今呼鸡皆朱朱也。"谨案：《说文解字》："喌，二口为讙，州其声也，读若祝。祝者，诱其禽畜和顺之意，喌与朱音相似耳。"薛爱华原文译"祝鸡"为 praying to chickens，实是误读。

诚意地将南越唤作自己的家乡。有唐一代，华人开始真正在南越定居。在南方长江流域和中部两湖流域，从现在的湖南到浙江，汉族人口飞速增长，进而翻越山岭，特别是通过湖南和桂州的低矮山岭，涨溢到了岭南地区。[1]因而，从唐代开始，我们不仅要区分最初的定居者，还要区分克里奥人中的豪族大户，他们中的有些人相当殷实，例如邓佑，他是韶州人，官至安南都护，家巨富，有奴婢千人。[2]被贬谪的北方文士和晚唐时代逃离兵荒马乱的北方上层贵族移民到了南方，南方新城市的文化水平随之大幅提高。这些人中有许多就在南越度过余生，其子孙也在那里成长，变成当地人，并习惯了边远南方的声音与景物。[3]

在南越克里奥人中最突出的是张九龄，韶州曲江人，他经历了在首都与州郡（包括桂州）成功的行政历练之后，升任国家最高行政职务——玄宗朝右相。[4]张九龄是政府新人中最扎眼的例子，他出身于普通的"中产阶级"家庭，通过科举考试取得功名，并凭此与北方旧贵族大家展开竞争。贵族势力根深蒂固，张九龄最终失去宰相的高位，他的政敌之一李林甫取而代之，大体上就是因为旧贵族势力在背后策划阴谋。对罢黜张九龄，玄宗后来心生悔意，据说玄宗被迫西幸四川之日，每念及张九龄，无不泣下，他

---

[1] 李济，《中国民族的形成：一次人类学的探索》，页236。这一路线是研究过城镇人口增长情况之后确定下来的。移民南下广州后，主要路线之一是继续往西，沿着海岸朝安南行进，另一条路线则有些偏北，从连州进入广西。参看上引李济书，页251—252。

[2] 张鷟，《朝野佥载》（《宝颜堂秘笈》本），卷1，页5b。

[3] 《新五代史》（开明书店版）卷65，页4468d。

[4] 《新唐书》，卷126，页7a—10a，《旧唐书》，卷99，页6a—8b。他的前任张说暂谪广州之日，就注意到这个年轻人，并拔擢他进入中央政府。

还派使者到曲江祭祀张九龄。[1]

即使仕途飞黄腾达,张九龄依然深切地感觉到作为一个南人的无能为力。他曾言及另一位宰相牛仙客,"臣岭海孤贱,不如仙客生于中华!"[2]不过,他虽然缺少北人的社会与政治优势,却拥有大部分北人所没有的一个优势——他能够把亚热带和热带边疆看作是美丽之地,在他眼中,它们对骚人墨客充满了吸引力。

与那些哭哭啼啼的迁客不同,张九龄看到蛮荒而又熟悉的岭南风物时,是欢欣鼓舞的。幸运的是,他恰好是一位有才华的诗人。在某次因公自桂州南行的途中,他就写到这些"佳山川"(张九龄语)及其生机勃勃的景象:

奇峰岌前转,茂树隈中积。
猿鸟声自呼,风泉气相激。[3]

在其他地方,他曾责怪北人有眼不识南方美丽而四季常青的"丹橘",照他的言外之意,丹橘也指南方的人才:

徒言树桃李,此木岂无阴。[4]

当不得不告别熟悉的曲江时,他表达了内心的孤寂之感:

---

[1] 柳珵,《常侍言旨》(《唐代丛书》本,卷4),页18a。
[2] 《资治通鉴》,卷214,页10a。
[3] 张九龄,《巡按自漓水南行》,《全唐诗》,卷47。
[4] 张九龄,《感遇十二首》之七,《全唐诗》,卷47。

> 溪流清且深，松石复阴临。
> 正尔可嘉处，胡为无赏心。
> 我由不忍别，物亦有缘侵。
> 自匪尝行迈，谁能知此音。[1]

当还乡省亲以"荣君赐"之时，他高兴地与弟弟同游家中旧园，发现旧园有了些微的改变：

> 林鸟飞旧里，园果酿新秋。
> 枝长南庭树，池连北涧流。[2]

他晚年卧病荆州，那是在远离家乡的北方，他梦见家乡春天的树林，他曾打算在此筑屋："归此老吾老，还当日千金。"[3]他在始兴的书堂遗址，"山幽水秀"[4]，到宋代依然引人注目。

"南方深藏在他的血液中。"我们可以这么说。然而，有人会质疑这个说法。前文提到贬谪南方的刘禹锡，在大约半个世纪后，在文章中写到张九龄这位贤相，是这么说的：

> 世称张曲江为相，建言放臣不宜与善地，多徙五溪不毛

---

[1] 张九龄，《初发曲江溪中》，《全唐诗》，卷48。
[2] 张九龄，《与弟游家园》，《全唐诗》，卷49。
　　译注：此处所引为本诗第三至六句，其首二句云："定省荣君赐，来归是昼游。"
[3] 张九龄，《始兴南山下有林泉，尝卜居焉，荆州卧病有怀此地》，《全唐诗》，卷47。参看《别乡人南还》，《全唐诗》，卷49，此诗是写给一位回南方的同乡的。
[4] 《舆地纪胜》，卷93，页6a。

第二章　华人

之乡。及今读其文，自内职牧始安，有瘴疠之叹；自退相守荆门，有拘囚之思；托讽禽鸟，寄词草树，郁然与骚人同风。嗟夫！身出于遐陬，一失意而不能堪，矧华人士族，而必致丑地然后快意哉！[1]

这份文献发人深思，它使我们无法对刘禹锡的个性有好的观感。刘禹锡除了说这位贤相不是一个严格的华人，还认为张九龄的自然描写只是习惯性地表达自己的骚怨而已。他了解到张九龄的弱点同自己一样明显，并颇为此感到高兴，这恰好暴露了他自己的刻薄和小气。张九龄也惧怕被贬谪南方，但我们能够理解，他是因为忧惧在公共事务中受排挤，从而失去在首都长安安享的舒适生活，仕途更有可能就此中断，甚至有可能因此断送生命。想必刘禹锡已经原谅了张九龄垂暮之年的这些弱点，特别是因为他对张九龄集的其他段落读得更为仔细，那里面有张九龄热爱其亚热带故乡的最直截的证据。

不管有什么内在的长短优劣，也不管这些长短优劣有多可观，张九龄的生平与作品都使人们对南越这个怪异而可怕的地方有了一种新的态度，这一点应该受到赞扬。以熟悉的花鸟指代家乡，是诗歌的惯用手法。而另一方面，由于异族生活方式令人反感，又反过来强化了熟悉景物的亲和力，并形成强烈的对照。中古时代，北人听到喜鹊叫或燕子语，心中都会涌起幸

---

[1] 刘禹锡，《吊张曲江》，《刘梦得文集》，卷2，页5b。又见《全唐诗》卷354。
译注：此诗《全唐诗》题作《读张曲江集作》，引文见其序引，《刘宾客文集》卷21同。

93

福之感，听到猿鸣或者鹧鸪啼，则会因思乡而落泪。正是像张九龄这样的南人作品，使后代人有可能看到大自然在当地人眼中的本来面目，而不带任何情感或者地域偏见。归根究底，南方的朱雀有可能褪去其古典时代的象征色彩，而变成一个可喜的现实存在。

第三章 蛮人

我母亲生我于南方的荒野,
我是黑人,但是啊,我的心是白的。
　　　　——威廉·布莱克,《黑人小男孩》

獠人及其他

在汉代以后依然居住在陕西南部和四川西部、被中国人称为"獠"(僚)的大多数非汉族人,到了唐代,其语言、服饰和住房都已经换成了汉人的方式[1],但是,在更南一些地方以及险峻难到的山区,还可以见到其未曾同化的兄弟。他们在唐代的代表之一,就是分布在四川东南部大片地区的所谓"南平獠"。[2] 这个部落(或者联盟,我不知道恰当的称呼)的酋首为宁氏,此姓在这一时期的南越也很著名。他们住在吊脚楼中,汉语称之为

---

[1] 芮逸夫,《僚人考》,《"国立中央研究院"历史语言研究所集刊》,卷28 (1957年),页749。关于獠人的早期历史及其习俗记载,参看《通典》卷187,页999a—999c。戴裔煊,《僚族研究》(载《国立中央研究院民族学研究集刊》,卷6,1948年)页55注指出,僚(獠)之名始见于三世纪张华《博物志》,称獠是荆州西南界之民。从这个世纪开始,獠人在历史上变得非常突出,成为这一地区农民的祸患(《晋书》卷121,页1390a)。《魏书》是第一部设专节记载獠人的正史(《魏书》卷101,此卷为后人所补)。参看伯希和,《交广印度两道考》,《法国远东学院学报》,卷4(1904年),页136—137。

[2] 如东边的智州,南边的渝州,北边的涪州。参看《新唐书》卷222下,页16a;《旧唐书》卷197,页4b。另参《通典》卷187,页999a。

"干栏"。他们戴着竹制的耳坠,谈婚论嫁时,女人(而不是男人)比较主动。[1]

一支称为"葛獠"或者"仡獠"的部族,有可能代表的是原初的獠人。贵州是其大本营,他们没有受到汉人同化,却受到藏缅语系的"乌蛮"的影响。我们马上就会注意到这个"乌蛮"。有一位权威学者复原其名称,写作 Klao 或者 Tlao,这可能就是数世纪以后马可波罗提到的 Coloman(柯罗蛮)或 Toloman(土老蛮/秃剌蛮),亦即葛獠人或者仡獠人。其语言与泰语相近,但可能最初并不属于这一语系。[2]

随着獠人及其亲族在汉唐之间被镇压与奴役,"獠"这一名字也逐渐被汉人延伸,用来蔑称所有南方的野蛮人。在唐代,南越文化极为丰富多样,其中有些部族实在不像原汁原味的獠人,也被统称为"獠人",只因他们已被宽泛地称为"蛮人"。在宋

---

[1] 《新唐书》,卷 222 下,页 16a—16b。
[2] 芮逸夫,《僚(獠)为仡佬(犵猺)试证》,《国立中央研究院历史语言研究所集刊》,第 20 本第 1 部分(1948 年),页 345—350。到了现代,他们日渐衰减,其代表则是土僚。关于其文化,请细心参看艾伯华,《中国边疆民族的文化与移民》,《通报》卷 36 增刊(1942 年),页 229—237;维恩斯,《中国向热带进发》,页 52—53 及页 95。凌纯声《唐代云南的乌蛮与白蛮考》(《人类学集刊》,卷 1,1938 年)页 73—76 尤其页 81 认为其与白蛮有联系。徐松石,《粤江流域人民史》页 100 谓其归根结底与牂牁人相同。白保罗《泰语、卡岱语和印度尼西亚语:东南亚的一个新组合》页 576 及其《印度支那的语言与文学》384 将其语言纳入其新的卡岱语族之中,照此说法,其语言就不是泰语,而是与泰语和印度尼西亚语都有亲缘关系。福雷斯特《中国语言》页 96—97 也认为其语言只有一部分像泰语。

代,"海獠"甚至被用来指阿拉伯人。[1]

尽管獠这个名称的大幅延伸给予我们一种一致性的假象,事实上,当唐代开拓者沿着连绵山脉南下,进入今天的湖南、贵州以及云南等省,他们发现有彼此很不相类的部落在抵抗他们,阻止他们前进。其中就有东谢蛮,他们畲田播种,而不知牛耕。与其非常类似的是西赵蛮。这两种蛮人都住在四川东部、湖南西部和贵州北部(亦即唐代的"黔中"),与南平蛮相近。从初唐开始,他们就向汉人进贡。[2]他们可能与宋代及其后出现于岭南的瑶族有关。

除了蛮獠以及其他部族,还有云南的爨人。[3]这些部族,其头领称为"大鬼主"[4],其语言与缅甸人和藏族人有关系,与他们居处相近的大南诏国人也是如此。[5]唐代把爨人分为两大部,一部为东爨,一部为西爨,分别称为"乌蛮"和"白蛮"。他们根据这两部蛮妇的服饰,来解释这两种称呼:东爨

---

[1] 芮逸夫,《僚人考》,页765。芮氏试图挑出僚人的多种文化特征,但由于僚这一名称使用很宽泛,他找不到几个可以区分非汉族土著特殊部落的特征。尽管艾伯华《中国边疆民族的文化与移民》对特定族群特定特征的分布更加明确,其观点亦成为维恩斯《中国向热带进发》一书的重要基础,但使用时需要审慎,因为史料的时代跨度很大。
[2] 《旧唐书》,卷197,页3a;《新唐书》,卷222下,页13a;《通典》,卷187,页999a;《通志》,卷197,页3158a。
[3] 凌纯声《唐代云南的乌蛮与白蛮考》页62—64认为,爨是汉代楚地汉人的一支,后移居云南,并与当地藏缅语族人通婚。至唐代,爨才作为一个民族名称,并被称为是蛮族的一部。
[4] 《新唐书》,卷222下,页10b。
[5] 凌纯声,《唐代云南的乌蛮与白蛮考》,页73—76、81;许云樵,《南诏非泰族故国考》,《南洋学报》第4卷第2辑,1947年,页4、6。

蛮妇人衣黑缯，其长曳地，西爨蛮妇人衣白缯，长不过膝。[1]有人说，白蛮是古代哀牢夷的后代，与现代缅甸克伦人也有亲缘关系。他们在唐代已经部分汉化。[2]乌蛮中的蒙蛮一支更保守一些，他们建立了南诏王国。[3]他们似乎在汉代就已经迁移到贵州。现在的罗罗（倮罗）人，唐代华人称之为"卢鹿"，可能是乌蛮部落的后裔。[4]在八世纪唐玄宗统治时期，汉人曾征召乌蛮攻打南诏，乌蛮与南诏有亲缘关系，而且他们相互通婚。[5]

在爨蛮西边，在贵州东部的高原之上，住着牂牁人，这个重要部落以谢氏为头领。他们部分地臣服于唐朝，有时也遣使进贡。[6]

至于南越本身，汉人统称其土著为"蛮"或"獠"，有时也

---

[1] 《新唐书》，卷222下，页11b。同卷页10a细述其分布之地。伯希和《马可波罗行纪诠释》卷1页181指出乌蛮即马可波罗所谓Qara-Jang。
[2] 凌纯声，《唐代云南的乌蛮与白蛮考》，页62—64。关于当时人对他们的记述，参看《通典》，卷187，页1002c；关于试图重建其文化，参看艾伯华《中国边疆民族的文化与移民》页306—326及维恩斯《中国向热带进发》页53—54。
[3] 凌纯声，《唐代云南的乌蛮与白蛮考》，页62—64。
[4] 维恩斯，《中国向热带进发》，页95；伯希和，《交广印度两道考》，页137；尤其是伯希和《马可波罗行纪诠释》卷1页173—176论及南诏种族构成之可疑点。艾伯华《中国边疆民族的文化与移民》页97—129及维恩斯《中国向热带进发》页50曾重建其文化，其文化显然受到藏族浓厚影响。
[5] 《新唐书》，卷222下，页11a。
[6] 同上书，页22b；《旧唐书》，卷197，页4a。

第三章 蛮人

称为"夷",其词意差不多就是"野蛮人"。[1]各部族之间分别很不明确,即使在敏锐的观察者眼中也是如此。显然,在当地总人口中,他们占了很大一部分,越往西边,其数量越多。甚至在相对汉化(亦即高度汉化)的广州以东的循州地区,在宋初,那里还被描写为"人多蛮獠"。[2]在同一时期,在广州西边的端州地区,也是夷夏杂居[3],而在稍西一些的康州和泷州,则是各种夷獠混杂住在一起。[4]有一条史料说到,容州"夷多夏少"。[5]

那么就让我们来看一看一些最著名的南越部族。

土著中最突出的是黄氏。黄氏是西原蛮的首领,攻击性很强。他们也被称为"洞蛮"(其他部族也有此称),因为他们住在广西险峻的山谷和石灰洞室中,也或许是因为其祖先来自洞室。这些名称似乎是指反抗汉人的一种联盟,这种联盟偶尔也会出现

---

[1] 芮逸夫《僚人考》对旧史料做了精细的分析,试图分辨不同种类僚人的特征,但几无成效。俚人、乌浒(下文将会论及)以及其他土著之间,只有很少几点区别可以证实,俚人和乌浒都是"巢居"(吊脚楼),都有竹弩、毒箭、铜镞,性皆好杀(页164)。但是,对僚人的一般特征,则可以详尽地罗列。其中包括,除了其他地方列举的其他各点外,捕食昆虫、猎杀虎豹猿猴、蓄养牛马狗猫、鼻饮、"椎髻"(妇人)、熊皮冠、以金银络额(首领)、好带刀剑、重少壮而轻衰老、用锣鼓笛、妇人妊娠七月而产、杀人可出物以赎死、婚姻中女子主动。详尽列举,参看页752—753。

[2] 《太平寰宇记》,卷159,页11b。

[3] 同上书,卷159,页7b。

[4] 同上书,卷164,页3a。

[5] 《十道志》(《汉唐地理书钞》),卷下,页23b。

在广州以西的部族中。[1]诗人元稹曾经把黄姓与波斯及印度的富商相提并论,看作是到岭南的行客意想中最典型的风光:

> 舶主腰藏宝,黄家砦起尘。[2]

他们的家乡在黄橙洞。[3]有些人说,他们是几个世纪前跟随马援到南越的一位姓黄的战士的后裔。[4]他们说的可能是一种泰语。[5]他们曾集合起来,参加战争抵抗可恨的北方人。他们惨受唐军的蹂躏,只好躲避到溪流中央的木筏上。以下是李贺对他们的生动描绘:

> 雀步蹙沙声促促,四尺角弓青石镞。
> 黑幡三点铜鼓鸣,高作猿啼摇箭箙。
> 彩巾缠踍幅半斜,溪头簇队映葛花。
> 山潭晚雾吟白鼍,竹蛇飞蠹射金沙。

---

[1] 《新唐书》,卷222下,页18a。德韦理亚(Jean-Gabriel Déveria)《中国安南边界》(巴黎:1886年)页109指出,九世纪中叶他们迁移到东京高平地区。徐松石《粤江流域人民史》页93和页176认为他们就是古代越人(与瑶人有区别),并特别提到他们居住在罗、窦(即罗州、窦州)诸洞。他认为,中古地名中的"罗"、"古"等字,就表明了他们早先的所在地。也许,这些语音单位代表的是西原蛮中某些特别的部族,与黄氏和宁氏不同。因此,有个叫罗诚的才会是西原蛮叛乱的首领。端纳(G. B. Downer)在田野研究中发现,在多种华南语言(粤语、瑶语、云南话、国语)中,"洞"现在是指种水稻的高原山地。
[2] 元稹,《和乐天送客游岭南二十韵》,《全唐诗》,卷407。
[3] 《新唐书》,卷222下,页18a。
[4] 石泰安,《林邑:其方位、对占婆形成的贡献及其与中国的关系》,页30。
[5] 《太平寰宇记》卷166页11b称其种植水稻,因而其语言很可能属于泰语。

第三章　蛮人

　　闲驱竹马缓归家，官军自杀容州槎。[1]

（这些部落成员的彩巾，甚至照亮了野花。我不知道"竹马"是什么东西。）

在八世纪下半叶及九世纪初，黄氏及其盟友，包括侬氏、罗氏、莫氏以及其他诸姓[2]，洗劫了汉人在低地的定居点。[3]他们盘踞在山丘之上，压迫中国使者，劫掠汉人村落，其实却不堪一击，柳宗元提出有必要讨平这些可恶的叛贼。他还加上了这样居高临下的词句：

　　虽狐鼠之陋，无足示威；
　　而蜂虿之微，犹能害物。[4]

在西原蛮中，高贵的宁氏与黄氏是同类。"西原蛮居广、容之南，邕、桂之西。有宁氏者，相承为豪；又有黄氏居黄橙洞，其隶也。"[5]宁姓一支（或一族？）也为远在南越北部的南平獠提

---

[1] 李白，《黄家洞》，《全唐诗》，卷391。
　　译注：竹马或指儿童游戏时当马骑的竹竿，或指南方农村耘稻时所用的一种农具。此处似指后者。然叶葱奇亦未注。又，薛爱华此处解释"槎"为"木筏"，而据叶葱奇注，槎是容州土语称呼人民之词。
[2] 首领的姓氏，很可能就是代表其部落的名字，包括韦、周、真、武、廖、相、梁等。参看《新唐书》，卷222下，页18a。
[3] 《新唐书》，卷222下，页18a。
[4] 柳宗元，《为裴中丞乞讨黄贼状》，《增广注释音辨唐柳先生集》，卷39，页8b。
[5] 《新唐书》，卷222下，页18a。
　　译注：原书误作"居广、邕之南，容、桂之西"，今据《新唐书》改正。

供了战争头领[1]，就像谢氏为䍧牁提供了首领一样。在唐朝统治初期，随着宁越（亦即由宁氏控制的越地）的降服，通往东京的道路向华夏胜利者开放了。这个部落中一位名叫宁纯的獠人，被任命为广东沿海的廉州刺史。[2]韩愈曾经提到这个骄傲的獠人，称其为"狂宁"。[3]也许，宁氏与在八世纪及九世纪参与袭击唐朝汉人村落的侬氏并无区别。[4]有人提出，不管是"宁"还是"侬"，最终都与"龙"相同。[5]其现代后裔说的是某种泰语[6]，大多数西原蛮极有可能也是这样。

七世纪初，一个被汉人称为"莫徭"的赤足部族，散居于湖南各地。莫徭人之与众不同，在于其男子着白布裈衫，女子着青布衫，斑布裙。据观察，他们用铁钴鐯为婚嫁聘礼。[7]在唐代，如果不是更早的话，莫人（我要这么称呼他们）也出现于邻近湖南西南部的地区。有一段民间文学故事的主人公，就是位于四川东部阆州的莫人，这是一位中国南方土著版的安德鲁克里斯，只不过由一只感激的大象取代了那只感恩的

---

[1]《新唐书》，卷222下，页16a—16b。
[2]《新唐书》，卷222下，页16b；《资治通鉴》，卷190，页4a—4b。
   译注：廉州治所在今广西合浦县，1955年曾划归广东。1965年再次划归广西。
[3]《韩昌黎全集》（《四部备要》本），卷1，页26b。
[4]《新唐书》，卷222下，页18a—19b；德韦理亚《中国安南边界》页109。这些人是越南东京北部说泰语的侬氏的祖先吗？
[5] 马特罗列，《古代东京：汉代赢陵及中国领地、越裳人口》；页320；戴裔煊，《僚族研究》，页69。在很多华南方言中，声母N和L是可以互换的，但我们不知道，在多大程度上，唐代蛮人会用到汉语中的"龙"字，或者某个可以辨认的同源字。
[6] 白保罗，《印度支那的语言与文学》，页381。
[7]《隋书》，卷31，页2441b。

第三章　蛮人

狮子。[1]八世纪下半叶，莫人首领参加了岭南西部西原蛮的大叛乱：在领导反抗华人入侵者的正义战争的土著诸王中，拓南王莫淳和南海王莫浔最为著名。[2]九世纪初年，贬谪到与此邻近的广东北部连州的诗人刘禹锡，曾经写到他们。也许，他们在唐初就已经渗透到岭南，又或许他们先前已到了那里，只是未被人注意到而已。这里抄录刘禹锡的《莫徭歌》。在这首诗中，没有开化的莫人，似乎是鲛人和木客的朋友，后文将对这两种怪异之物作更详细的考察。

> 莫徭自生长，名字无符籍。
> 市易杂鲛人，婚姻通木客。
> 星居占泉眼，火种开山脊。
> 夜渡千仞溪，含沙不能射。[3]

（"含沙"是一种半传说性的爬虫，它能够将沙子射向人的影子，造成致命后果。下文还会讨论到。很可能，莫人对含沙喷毒有免疫力。）

刘禹锡还描写了冬日里莫人展开的一场狩猎，在北边的山地

---

[1] 《太平广记》卷441页3a—4a引《广异记》。
译注：此故事题为"阆州莫徭"，讲阆州莫徭以樵采为业，为一老象拔出其足中竹丁，老象以大象牙为谢，又折山栗以食之。又据罗马传说，出逃的奴隶安德鲁克里斯（Androcles），曾为一只狮子拔出其足底大刺，狮子为其取食为谢。后安德鲁克里斯与狮子同被捕获，狮子虽受饿数日，亦仍记得其恩人而不加害。
[2] 《新唐书》，卷222下，页18a。
[3] 刘禹锡，《莫徭歌》，《刘梦得文集》，卷8，页6a。

上，落叶的森林里，他们驱鹰嗾犬，惊起猎物：

> 海天杀气薄，蛮军部伍嚣。
> 林红叶尽变，原黑草初烧。
> 围合繁钲息，禽兴大斾摇。
> 张罗依道口，嗾犬上山腰。
> 猜鹰虑奋迅，惊麇时局跳。[1]

很显然，莫人用最原始的畲田技术来开辟田地，种植庄稼，他们也是娴熟的猎人。他们的文化与住在山谷里、说泰语、种水稻的蛮人不同。

二十世纪的莫人，其分布只限于贵州省的几个村庄，但没有任何理由怀疑，这些人是曾经分布广阔的莫人的后代。他们大多数都姓莫，与邻近的瑶人（或苗人）区别得很清楚，他们称瑶人或苗人为 Hiu。[2] 现在，他们的语言被归于侗泰语族侗水语支，也就是说，他们的话并不像现代壮族人一样，是严格意义上的泰语，而是与其有遥远的联系。[3]

我们已经提到现代的疍民或疍家，他们居住在受季风影响的广东西部沿海，也称为"船民"，在水上度过一生。好几世纪以前，这些疍民即以精于航行著称，其守护神是范蠡。他是古代越

---

[1] 刘禹锡，《连州腊日观莫徭猎西山》，《刘梦得文集》，卷5，页2a。
[2] 李方桂，《莫话记略》，页2、38。李方桂发现，莫人集中在贵州荔波县。
[3] 莫语称汉语中的"洞"为 Kam。所谓侗泰语族（亦称"洞台语系"）侗水语支（亦称"洞水语支"），包括洞话、水话、羊黄话和莫话。参看李方桂《莫话记略》，页2—3。

第三章 蛋人

国的大臣，其名字与舟船、养鱼以及贸易联系在一起。[1]早在《说文解字》这部字典中，"蛋"字就被用来指汉代的某类南方人，到了汉唐之间，据文献记载，四川和湖南都有蛋民。[2]我们通过文献了解到，他们在唐代居于四川南部和广西一带。韩愈作过见证："林蛮洞蛋。"[3]在唐代，一部分生活在沿海的蛋民似乎已被称为"龙户"。[4]但还不能确定，在宋代以前"蛋"之名已用以指船民。[5]唐代的卢亭，也可能与蛋民有某种亲缘关系。[6]这些人之得名，来自他们的一个祖先，即四世纪时一个骁勇善战的首领。据说，这个叫做卢循的首领被击败后，其余党逃到海岛上，他们在那里像野蛮人一样，以食蚝蛎为生，堆叠其壳为墙。[7]最后，有一则宋初史料讲到，廉州人"多采珠及甲香为业"，"以匏笙铜鼓为乐"。[8]它称这些夷人为"越佗"，其地点及生活习俗，皆与以船为生的蛋民一致。[9]

现在居住在海南岛腹地的黎族人，对中古时代汉人在那里的

---

[1] 石泰安，《林邑：其方位、对占婆形成的贡献及其与中国的关系》，页308；薛爱华，《一部十四世纪的广州方志》，载《东方学论集》（*Oriente Poliano*），罗马：1957年，页90（注97、98）。罗香林认为蛋民即古越人，与傣人和畲人同源，参看罗香林《唐代蛋族考》，《国立中山大学文史学研究所月刊》，卷2，第3—4期（1934年），页17、40—41。
[2] 罗香林，《唐代蛋族考》，页14；陈序经，《蛋民的研究》，上海：1946年，页47。
[3] 韩愈，《清河郡公房公墓碣铭》，《朱文公校昌黎先生集》（《四部丛刊》本），卷27，页6a。
[4] 韩愈，《送郑尚书赴南海》，《朱文公校昌黎先生集》，卷10，页7b。
[5] 罗香林，《唐代蛋族考》，页26。
[6] 陈序经《蛋民的研究》页25否认这种关系。
[7] 《岭表录异》，卷上，页5；薛爱华，《一部十四世纪的广州方志》，页77、90。
[8] 《太平寰宇记》，卷169，页2b。
[9] 不过，其名字却表明他们是东京北部泰语族的岱人。

最高权力构成了巨大威胁。在唐代，他们也曾定居于大陆上，分布于广州西部的热带沿海，包括雷州半岛，显然，他们在那里也与蜑民混杂在一起。[1]我们甚至读到，唐代东京一带有黎族部落作乱，这与他们现代的家园相距甚远。[2]有些现代学者认为他们是古代越族的一支，亦即古代骆人的后代，"黎"即"骆"之异读。[3]但是，在中古时代，他们之间分得很清楚——有一种宋初文献指出，邕州黎僚有四种语言，彼此不能相通。[4]

在岭南和东京北部之间的深山峻岭中[5]，住着乌浒人，可能是古代瓯人之孑遗[6]，他们是传说中的竹王后裔，有些人以采珠翠为生。[7]他们似乎与越南人有亲缘关系，但也有些像蜑民，还曾经被认作黎人。[8]

---

[1] 包括高州、雷州、钦州、廉州等地。罗香林《百越源流与文化》（台北：1955年）页185根据宋代史料。其文化有宋初的描述，见《太平寰宇记》卷169页9b和页13a—13b。从文身可以看出其身份等级，杀行人，取齿牙贯之于项，作为战利品。
[2] 《资治通鉴》，卷204，页2a。
[3] 戴裔煊，《僚族研究》，页58。罗香林，《百越源流与文化》，页185。芮逸夫，《僚人考》，页764。参看马特罗列，《古代东京：汉代嬴陵及中国领地、越裳人口》，1937年，页329。罗香林以为"黎"即"雷"，并怀疑其自称为M'lai，或者B'lai，亦即Malay（马来）。但福雷斯特《中国语言》页97则以为古代称 K'lai。
[4] 《太平寰宇记》，卷166，页5a。
[5] 特别是在朗宁郡（《通典》，卷188，页1005a）和宋代的宁州。在今广西西部。《太平寰宇记》卷162页9a引《郡国志》。
[6] 戴裔煊，《僚族研究》，页58。芮逸夫，《僚人考》，页763—764。
[7] 《太平寰宇记》卷162页9a引《郡国志》。
[8] 关于中古时代越南民族及其分支，我们所知甚少，不过，"雄"似乎是古代东京地区的一个部落名字。参看《番禺杂记》卷2下，戴裔煊，《僚族研究》，页58。

第三章 蛮人

未汉化的越南人没有特定的名字，有一种文献干脆称其为"野蛮"。[1]自古以来，他们就以文身断发而引人注目。[2]其人皆服布如单被，挥舞木矛，弓箭以骨为镞。[3]他们也以人为牺牲，祭祀农业神。[4]但是，南越其他民族也都具有这些特征，因此，他们很可能还不足以构成一个确定的语言或民族的实体。

如果我们只根据语言因素来重构唐代南越地区的民族地图，那么，我们所得到的地图，差不多跟现代的语言地图一样混淆不清，只有一点不同：在很多情况下，南越地区现代各种语言之间的密切关系还不很确定，而唐代那个地区各种语言之间的关系则有更多不确定性，我们只能通过其名称，或在某些情况下通过一些特定词汇加以了解。试着画一张地图，大概如下：在北方靠近贵州边界刀耕火种的莫人，讲的是一种侗水语；在水田种稻的黄氏、宁氏以及其他姓氏，说的是泰语，他们分布在整个岭南西部。除此之外就是乌浒，讲的可能是越南语。散布在遥远的地方，但高度集中于沿海以及海南的，是黎族，他们现在所说的语言，显示有泰语和马来—波利尼西亚语的特征，可能属于那个假设的"卡岱"语族。疍民也生活于广州以南和以西沿海，他们在古代说的是什么话，我们一无所知。

---

[1]《新唐书》，卷222上，页16a。译注：原作"卷222下"，误。
[2] 鄂卢梭，《秦代初平南越考》，页238。
[3]《太平御览》卷172页10b引《方舆志》。《方舆志》一百三十卷，十世纪时人徐锴撰，今已亡佚。
[4] 凌纯声，《国殇礼魂与馘首祭枭》，《国立中央研究院"民族学研究所集刊》，卷9（1960年），页429。

不幸贬谪南越的中国士人，还有将士们，当他们置身南越土著之中，也许最让他们难忘的，是当地人说的那种奇怪、简直不像人话的语言。有一位观察者把当地方言比作鹧鸪叫。下面是刘禹锡的《蛮子歌》：[1]

> 蛮语钩辀音，蛮衣斑斓布。
> 熏狸掘沙鼠，时节祠盘瓠。
> 忽逢乘马客，怳若惊麏顾。
> 腰斧上高山，意行无旧路。

（"斑斓"意为"斑驳的、杂色的"。我的译文中特别保留了"斑斓"、"钩辀"的汉语原文的读音，以表明诗人如何用"钩辀"比作石鸡的叫声。"熏狸"更常见的译法是 Aromatic raccoon-dog，是一种麝猫的名字。看样子，这个未名的蛮族训练熏狸来抓沙鼠。他们祭祀的神就是那只伟大的始祖狗盘瓠。）但是，唐代没有一位像汉代扬雄那样的方言学家，记录下这种钩钩辀辀的语言的独特特征。[2]

接下来就是五花八门、令人困惑的蛮夷习俗，往往并未跟特定部族联系在一起。容州獠人"缉蕉葛以为布"[3]；柳州洞民以

---

[1] 刘禹锡，《蛮子歌》，《刘梦得文集》，卷8，页16b。
[2] 《舆地纪胜》卷118页3b 根据宋代地方志指出，例如，在雷州就有三种语言：所有政府官员懂"官语"，大概汉族居民日常所用语言是"客语"，土著所操为"黎语"，州人也不能完全理解。这三种似乎分别代表首都的汉语、岭南的汉语（可能是粤语的原型？）和黎语。但此书没有提供相关细节。
[3] 《十道志》，卷下，页23a。

鹅毛衣过冬（这与邕州当地酋豪所用的既暖又软的双层鹅毛被非常类似）[1]，又以"山𦼮"（一种上光的粗丝，可能是棉花，也可能是木棉）缝衣[2]；男女同川而浴，毫无羞愧[3]；邕州人赤脚，椎髻[4]（这应该很像现代海南"大髻黎"所结的那种竖于前额之上、长达四英寸的发髻）[5]；南海人男女普遍都留浓密的头发，以蒾膏涂其发，至五六月稻子熟，就剪了头发，拿到集市售卖[6]；南方人总爱文身[7]；他们住在吊脚楼中，仿佛是结巢树梢的鸟儿一样[8]；而这种架高的住房（在印度支那和大洋洲各民族中非常普遍）[9]被称为"干栏"[10]；他们被称为峒民（我们已经多次提到洞蛮，有可能到唐代时，这个名称经常只是作为其民

---

[1] 《岭表录异》，卷上，页5；《北户录》，卷2，页1b—2a。
[2] 柳宗元，《柳州峒氓》，《增广注释音辨唐柳先生集》，卷42，页14b—15a。
[3] 《通典》卷188页1005a称此俗属于古代南越居民；而《太平寰宇记》卷166页11b称此为宋代贵州人习俗。
[4] 《太平御览》卷172页8a引《邕州图经》（唐代或宋初）。
[5] 克拉克（Lionard Clark），《海南大髻黎：生活于中国海具有重要战略意义的大岛鲜为人知的腹地的头绾大髻的野蛮部落》，《国家地理杂志》，1938年9月，页398；插图，页395。
[6] 《太平广记》卷483页2a—2b引《南海异事》，其作者不详。
[7] 《通典》，卷188，页1005a。按李济的观点，文身是中国泰（傣）人的标志，也是与其相关的越南人的标志。刘咸《南海黎人文身之研究》（《国立中央研究院民族学研究所集刊》，卷1，1936年）页198称文身为黎人的典型特征。现代海南黎族女子文身较男子更为精细讲究。参看史图伯尔、梅里奇，《海南岛黎族：对华南民族学的贡献》，页34、105。
[8] 张籍，《送南客》，《全唐诗》，卷384。
[9] 毕士博（Carl Whiting Bishop），《长屋与龙舟》（《古物》，卷12，1938年）页413认为，中国人和日本人都曾有这种房子。他在扬子江流域看到某些长长的二层楼房，第二层有伸出的长廊，就像吊脚楼；底层有围栏。日语中的"nagaya"（长屋）亦与此相类。参看同上书页414—415。
[10] 戈岱司，《印度支那和印度尼西亚的印度化国家》，巴黎：1948年，页86。

族起源传说的延续而已,在多数情况下,"洞"只是"居住地"的意思)[1];他们以鱼和稻子为食[2];他们以鼻饮水[3];住在低地的(尤其是傣人,似乎是这样)种植水稻[4];住在高地的放火烧山,然后在留有草木灰的土壤中耕作。[5]刘禹锡对这一场景有过生动的描绘:

> 何处好畲田,团团缦山腹。
> 钻龟得雨卦,上山烧卧木。
> 惊麇走且顾,群雉声咿喔。
> 红熖远成霞,轻煤飞入郭。
> 风引上高岑,猎猎度青林。
> 青林望靡靡,赤光低复起。
> 照潭出老蛟,爆竹惊山鬼。
> 夜色不见山,孤明星汉间。
> 如星复如月,俱逐晓风灭。
> 本从敲石光,遂致烘天热。
> 下种暖灰中,乘阳坼牙孽。
> 苍苍一雨后,苕颖如云发。
> 巴人拱手吟,耕耨不关心。

---

[1] 魏理,《蒙古秘史及其他》,页52。魏理所翻译的那段《酉阳杂俎》故事中,那个辛德瑞拉的父亲被称为"洞主",显然是一位土著酋首。
[2] 《太平御览》卷172页5b引《始安记》,指其地在桂州地区。
[3] 《十道记》,卷下,页23b。
[4] 《太平御览》卷172页5b桂州条引《始安记》;《太平寰宇记》卷166页11桂州条。
[5] 《太平御览》卷172页5b引《始安记》。

第三章　蛮人

　　由来得地势，径寸有余阴。[1]

("钻龟"就是用龟来进行钻卜。"星汉"就是银河。"巴人"就是巫师，或者在仪式上唱歌的人。曲终奏雅，表示高地人的民间智慧引导他们，以自然界的热量["阳"]来弥补南方森林大地的阴冷潮湿["阴"]，从而换来多产丰收。)[2]

"轮耕农业"，亦称"畲田农业"，或称"刀耕火种"，在热带国家是很普遍的。它非常古老，并随着用锄头或其他挖掘工具来种植根茎植物、块茎植物以及种子植物的技术的发展而进步。芋头和番薯都是热带作物，但干旱高地的稻子也是。"基本上，它包括将高高的森林树冠捆扎起来、砍掉树木或者剪顶打尖，将低矮的灌木砍去，或者尽可能多地烧去，这样，阳光就能透射到地面上来，空地腾出来了，土壤也肥沃了。"[3]有时候，人类学家也用当地的语言来称呼这一活动，比如在印度支那称为 *ray*，在热带美洲称为 *milpa*。[4]唐代人称之为"作

---

[1] 刘禹锡，《畲田行》，《刘梦得文集》，卷9，页4b—5a。
[2] 译注："由来得地势，径寸有馀阴"二句出自左思《咏史诗》："郁郁涧底松，离离山上苗。以彼径寸茎，荫此百尺条。"薛爱华以阴阳之说解释此句，似不妥。
[3] 斯宾塞，《亚洲东南：文化地理学》，页85。
[4] 又如，在菲律宾群岛称为 Caingin，(西)印度群岛称为 ladang，泰国人称为 tam rai，缅甸人称为 taung ya 等等。参看佩尔策（K. J. Pelzer），《热带亚洲的先驱定居者：东南亚土地利用与农业殖民研究》，纽约：1945年，页16；斯宾塞，《亚洲东南：文化地理学》，页85。其他名字还有印度英国人称为 jhoom 或者 coomry，更不用说瑞典人称为 svedjande，阿登高原地区称为 sartage。参看玉尔、伯内尔（Henry Yule & A. C. Burnell），《英印语日常用语词典》，伦敦：1886年，页351。

畲"。[1]畲田的民族，同时也进行狩猎和采集，一般认为他们代表着稀树草原文化对热带森林的侵占。他们要么迁移到这个地方，要么模仿这种文化，那里的土著，比如锡兰的维达人和马来亚、印度尼西亚的矮小黑人，其人数正在飞速衰减中。[2]

多山地区的土著也从事采石和采矿，在那里：

> 松盖环清韵，榕根架绿阴。
> 洞丁多斸石，蛮女半淘金。[3]

不管怎么说，在岭南部分地区，一种叫"虚"的集市，每三日举行一次（另一则材料说是每五日举行一次）：

> 青箬裹盐归峒客，绿荷包饭趁虚人。[4]

---

[1] 《广韵》下平麻韵释"畲"字云："烧榛种田"。关于中国瑶族和其他民族的畲田农业，参看艾伯华，《中国边疆民族的文化与移民》，《通报》卷36增刊（1942年），页74—76。对轮耕以及定点耕作（包括湿地和旱地）的详细描述，参看佩尔策《热带亚洲的先驱定居者：东南亚土地利用与农业殖民研究》页16—78。在现代中国（广东东部和福建西部），住在山地的瑶族人被称为畲。徐松石《粤江流域人民史》页143认为其即古代的山越。

[2] 雷纳（Jr. G. T. Renner），《热带森林的原始宗教——社会地理学研究》（纽约：哥伦比亚大学博士论文，1927年），页60—61。

[3] 许浑，《岁暮自广江至新兴往复中题峡山寺四首》之三，《全唐诗》，卷537。译注：诗人自注云："南方有大叶榕树，枝垂入地生根。""端州斸石，涂洭县淘金为业。"

[4] 柳宗元，《柳州峒氓》，《增广注释音辨唐柳先生集》，卷42，页14b—15a。《十道志》卷下页23b称五日一集。《南部新书》卷8页79记三日一市，并称这些集市是在"端州以南"，亦即广东南部。《岭表录异》卷下页4记夷人通商于邕州石溪口，谓之"獠市"。

第三章 蛮人

在容州，獠人"习射弓弩"[1]，但不是所有射猎都为了野生动物，钦州有獠子"专欲食人"。[2]在冈州，他们织竹为釜，以蛎壳屑泥之。[3]在容州，他们好吹葫芦笙，击铜鼓。[4]土著很迷信，他们"好巫鬼，重淫祀"。[5]他们"尚鸡卜及卵卜"。[6]獠人还有一种奇怪风俗：其妇人生子便起，其夫卧床褥，饮食皆如乳妇。[7]

> 南海贫民妻方孕，则诣富室，指腹以卖之，俗谓指腹卖。或己子未胜衣，邻之子稍可卖，往贷取以鬻，折杖以识其短长，俟己子长与杖等，即偿贷者。鬻男女如粪壤，父子两不戚戚。[8]

南越出奴隶，尤其是女奴，这一点早已名闻遐迩："越婢脂肉滑"，对她们颇为欣赏的元稹写道。[9]这些不幸的人，大多数都是土著，他们被卖给汉人，卖到北方的大城市里，以满足贵族阶级的需要。相邻的福建和贵州也是人肉生意的来源，九世纪时，

---

[1]《十道志》，卷下，页23b。
[2]《太平寰宇记》，卷167，页15a。时在宋初。
[3]《太平御览》卷172页2b引《郡国志》。
[4]《十道志》，卷下，页23b。
[5]《太平御览》卷172页5b引《始安记》。
[6]《太平寰宇记》卷172页8a引《邕州图经》。张国淦《中国古方志考》页638指出宋代文献中已征引《邕州图经》，但其作者姓名已佚。
[7]《太平广记》卷483页4a引《南楚新闻》。
[8]《太平广记》卷483页2b引《南海异事》。
[9] 薛爱华，《撒马尔罕的金桃》，页44。
译注：此处引诗句出自元稹《估客乐》，载《全唐诗》卷418。

福建还有一点额外突出,它是献到京城的年轻宦官的主要供应地。[1]甚至四川,尽管很早以前就已经融入中国,也还是一处奴隶的来源地。李德裕曾经证实:"蜀人多鬻女为人妾。"[2]

对中古奴隶制的记述并不多见,尽管偶尔有好心的统治者做过一些努力。一个统治者的良好行为,并不能约束其继任者。也有一些地方官反对奴隶制。下面举一些例子,既有全国性的,也有地方性的。783年,唐朝宗室后裔李复出任容州刺史,他发现被俘获的西原蛮反叛者都被没为奴婢,他找到了他们的亲戚家人,最终让他们全都获得了自由。[3]差不多在同一个时代,德宗皇帝下诏,废止在南越西部的奴婢买卖。[4]809年4月,李绛和白居易上奏新即位的宪宗皇帝,指出岭南、贵州、福建等地卖良家子为奴之风甚盛,宪宗皇帝采纳他们的建议,降诏废止奴隶买卖。[5]没有任何证据表明皇帝的这些措施永久有效。例如,815年,当柳宗元来到柳州担任刺史这一小官时,他发现那里有一习俗,即向人贷款而以自己为抵押。如果不能及时支付本金和利息,欠债人就要没为奴婢。柳宗元废除了这一可怕的攫夺陋俗,其中一部分钱是他自己出的。柳宗元这一做法,成为其他州县的典范,他们也纷纷效法执行。[6]良吏孔戣出任南海节度使,长安权要多托其买南人为奴,尤其是婢女。孔戣不仅拒不受托,还一并禁绝在南越买卖

---

[1]《资治通鉴》,卷250,页16b。
[2]《新唐书》,卷180,页4a;薛爱华,《撒马尔罕的金桃》,页45。
[3]《新唐书》,卷78,页10b。
[4]薛爱华,《撒马尔罕的金桃》,页45,据《全唐文》,卷50,页6b—7a。
[5]《资治通鉴》,卷237,页17a。
[6]韩愈,《柳子厚墓志铭》,《韩昌黎全集》,卷32,页6a;《新唐书》,卷168,页10b;《旧唐书》,卷160,页11b。

女口。[1]

诸如此类的解脱只是短暂的、地方性的，纵观有唐一代，南方非汉族人被大规模奴役，不管是"自愿的"（为了还贷）还是"非自愿的"（作为战俘）。傣族和其他民族的年轻女子是主要的受害者。直到十世纪诗歌中浪漫的词体兴起后，尤其是在欧阳炯、李珣这样富有魅力的大师手中，南越本地女子才获得了一种兼有艺伎和歌女两种身份的那种模棱两可的地位。她们成为十九世纪法国殖民地安南那些甜美柔顺的女子的前身。我们很快就会看到她们以这种新的身份出现。

良心也好，法律也好，都允许将这些臣服的民族变为奴隶，让这种做法显得更心安理得的，是基于对这些人的两种根深蒂固的看法——其中一种比较古老，即认为他们并非真正的人类，另一种比较新一些，是从第一种演化出来的，认为他们并未真正开化。蛮人、獠人以及其他所有蛮夷，都跟动物一样。表示其名称的汉字，几乎一律带有野兽或爬虫的偏旁，很容易辨认出来。更为特别的是，有几个部族据说还是龙户、鲛人、狗人或者虎人，诸如此类，不一而足，也就是说，他们是半人，有可能变成动物，因此既有动物的属性，也有动物的神秘能力。因而，华人把他们当作动物来对待，就问心无愧了。华人注意到他们诸如图腾符号和狩猎禁忌的习俗，觉得这样对待他们，也就有了冠冕堂皇的理由。在这些观念（其在土著信仰中有某种基础）中，有一个更"文明"因而也更令人讨厌的变种，就是普遍认为土著在语言、思想以及习惯各方面都像动物。甚至像韩愈这样智慧的人，也毫不含

---

[1] 《旧唐书》，卷154，页2b。参看薛爱华，《撒马尔罕的金桃》，页45。

糊地说，他们长得"似猿猴"，简言之，就是跟猴子似的。[1]对大多数中国人来说，这一相似点肯定很令人难堪。在普通移民看来，南越土著人都长得奇形怪状，歪斜不正，跟动物差不多，至于土著的歌曲故事，则只是对自孔子时代传承而来的圣贤之书的怪诞而拙劣的模仿。现代学者的研究表明，现代广西和东京一带的少数民族，与经籍著作中所见古老周朝的古代汉族人，在神话、歌谣及其仪式等方面都极为近似。[2]但是，唐代华人不太能够将这些类似点，理解成两者在古代存在亲缘关系，因为在他们看来，蛮夷的习俗只是令人厌恶而已。他们只看到当地人滑稽拙劣的模仿，就像依损坏的模型而造出的缺陷明显的塑像，他们对此困惑不解。他们早已忘记自己也曾经有过同样的恶习，并且将文献中的有关记载抹去了。猎取人头，并举办盛宴，以庆贺获得这一战利品，并以此展现男子刚勇气概，这种习俗即是一例。钦州"獠子得一人头，即得多妇"。[3]从诸如《左传》和《楚辞》之类备受尊敬的中国古书中，我们早已熟知此种习俗。只不过在南方各民族中，这种习俗与人祭以及食人（华人也曾经有过）之俗一起，存留得更为长久而已。

不管怎么说，华族之人有一套生动的词汇，以描述这些受人鄙视的小丑、这些劣等人类的特征。常胜将军高骈在南越获得成

---

[1] 韩愈，《江陵途中寄翰林三学士》，《韩昌黎全集》，卷1，页26b。
[2] 特别参看马伯乐，《中国古代及现代傣人社会与宗教》，载《中国宗教》（《中国宗教与历史杂论遗稿》），卷1，巴黎：1950年，页139—194；不能忘记葛兰言（Marcel Granet）的贡献，尤其是求婚与婚姻研究领域。
[3] 凌纯声，《国殇礼魂与馘首祭枭》页429引《太平寰宇记》卷167页15a。这条史料说的是宋初的情况，但唐代无疑也是如此。

第三章　蛮人

功之后，于875年被派到四川对付云南人的入侵。在一份正式上奏中，他曾轻蔑地讲道，"南蛮小丑，易以枝梧。"[1]他这种看法是深思熟虑的，但与唐僖宗皇帝所纵容的那些内园小儿（内园负责喂马饲鹰的人）孩子气的反应并无多大不同：881年，他们在黄巢农民起义大军进逼长安之前逃离京城，并在这个不幸的皇帝之前先期抵达成都。其中一人巡视了那里的行宫之后，说道："人言西川是蛮，今日观之，亦不恶。"这个傲慢的年轻人，因为自己的莽撞无礼被杖杀。[2]事实依然如此，四川是"蛮地"——是野蛮的！同样，陆贽是唐德宗的大臣，是已文明开化而只是稍微偏南方的苏州人，唐德宗曾斥骂他是"老獠奴！"[3]陆贽根本不是獠人，但他是南方人，人们在盛怒之下，也可以骂他是獠人，就像可以骂他是猿猴、是魔鬼一样。如果黄河流域一个势利的北方人，能把靠近南方的大湖地区和长江流域的人看作乡下人和乡巴佬（拣最轻的说），那么，也就很容易想象他对克里奥人（在福建、岭南或贵州出生的汉族人，他们跟当地土著一样，也有令人不愉快的特征）的态度了。这一态度对北方文化的传播是有益的。当地中国统治者竭尽全力，在自己的身边团聚一批从北方来的著名学者和政治家。在大唐帝国解体以后冒出来的几个独立小王国中，情况尤其如此。例如，岭南南汉国的建立者刘龑，就曾对北方来的客人说，他"耻王蛮夷"。[4]尤其是，当地人，不管哪一

---

[1]　《资治通鉴》，卷252，页12b。
[2]　同上书，卷254，页7a。
[3]　芮逸夫，《僚（獠）为仡佬（犵狫）试证》，页346。
[4]　薛爱华，《南汉帝国史：根据欧阳修〈五代史〉卷65》，页354。

119

种族,都是轻悍[1]、吝啬[2]、残暴[3],"内险外蠢"[4],"好剑轻死"。[5]总之,土著也好,克里奥人也好,他们同样都缺乏真正的道德水准,心肠都跟商人一样贪婪:"五岭之南,人杂夷獠,不知教义,以富为雄。"[6]这确实就是北方贵族嘲笑南方出生的、飞黄腾达的汉族士人的方式,这些南方人从这个世纪晚期开始,就通过科举考试而跃居重要的官位。但是,虽然这些乡下佬比他们周围的蛮夷好不了多少,他们所忍受的辱骂,却没有他们的土著邻居所承受的羞辱和痛苦那么厉害。

然而,比较开明的看法也是有的,只是开明程度各有不同而已。从地位最显赫的说起:太宗酷爱打猎,有位官员担心他的安全,劝他要为臣民考虑:"天命陛下为华夷父母,奈何自轻?"[7]这么说,所有人都是平等的,帝王是他们共同的父母。太宗皇帝的回答未被记录下来。我们所知道的是,他那高贵的父亲对非汉族臣民的态度也相当仁慈。高祖在驳回四川一个都督派兵征讨作乱獠人的请求时说道:"牧守苟能抚以恩信,自然帅服,安可轻动干戈,渔猎其民,比之禽兽,岂为民父母之意邪?"[8]偶尔(但我恐怕是稀罕的),天子派往边疆的一些恪尽职守的使者,也会有这类令人赞赏的态度。据说,703年,桂州廉能的官员裴怀

---

[1]《通典》,卷184,页984b。
[2]《太平御览》卷172页8a引《邕州图经》。
[3]《十道志》,卷下,页23b。
[4]《太平御览》卷172页8a引《邕州图经》;《通典》,卷184,页984b。
[5]同上书,卷172页5b引《始安记》。
[6]《通典》,卷184,页984b。
[7]《资治通鉴》,卷193,页17b。
[8]同上书,卷192,页3b—4a。据载,此事在627年1月7日。

古，成功地使取胜的叛军首领土著欧阳倩及其同伙归附。他不同意"夷獠无信"的说法，而与其首领直接联系，并且说："吾仗忠信，可通神明，而况人乎？"[1]

九世纪初，黄姓蛮族的势力被击破后，洞人全都处于北方征服者控制之下，很多人考虑如何对待这些麻烦的邻居才最好。柳宗元就是其中一位。他代大臣裴行立上奏皇帝，直接报告有关邕管局势，并表达这样一种流行的观点，即归根到底，只有天子的精神力量才能征服蛮夷。他写道："陛下威灵远被，神化旁行，遂使奸猾之谋，先期而自露，回邪之党，不戮而尽夷。"[2]最终，这些神圣的力量，通过据信为孔子及先公先王所认可的制度而传播。因此，柳宗元在为815年柳州重修孔子庙撰写的碑文中写道：

> 仲尼之道，与王化远迩。惟柳州古为南夷，椎髻卉裳，攻劫斗暴，虽唐虞之仁不能柔，秦汉之勇不能威。至于有国，始循法度。[3]

蛮夷必定会接受华人经籍中所体现的那些古典道义，在全国各地像柳宗元这样受过教育的人心中，这一信念是毫无动摇的。这些律法是良好的律法，是永恒的律法，适用于汉族人，也同样适用于非汉族人。唐朝帝国已经将这些律法带到世界其他地方，那些地方以前从未接受过这些律法，唐朝可以为此自傲。声称新的臣

---

[1] 《新唐书》，卷197，页6a—6b；《资治通鉴》，卷207，页11a—11b。
[2] 柳宗元，《为裴中丞奏邕管黄家贼事宜状》，《增广注释音辨唐柳先生集》，卷39，页1b。
[3] 柳宗元，《柳州文宣王新修庙碑》，《增广注释音辨唐柳先生集》，卷5，页2b。

民已经皈依唐朝的生活方式,并非只有柳宗元一人。郁江流域富庶而无瘴雾的浔州,在柳州以南,处于蛮夷领地的腹心,九世纪中期向汉人降服,由此"并服礼仪,衣服巾带如中国焉"。[1]与内在精神相比,恐怕年轻人更乐于接受"高级文化"中有关习惯和表面的符号,更乐于接受中国风尚,而不是中国精神:"蛮童多学佩金钩。"[2]陆龟蒙曾这样写道,他告诉南行任职的官员,在其广州辖区之内可能看到什么。

教化活动,不管是劝导性的还是强制性的,在九世纪上半叶都蓬勃展开。学校建起来了,生产技术改进了,迷信也被抵制了。我们可以举杨於陵为例。他从808年到810年统治岭南(著名哲学家李翱就在其幕府中)。他教当地人造瓦为屋顶,减少了失火的危险,而原先火灾一再烧毁草屋。[3]另外还有几年以后统治安南的马总。马总为人清廉,他"用儒术教其俗",[4]改变了当地民众的行为方式。韦丹801年至804年为容州刺史,教民耕织,种茶稻,止民之惰游,兴办学校。[5]韩愈本人也被认为在潮州当地建立了第一所学校,一个名叫赵德的秀才负责一系列课程。[6]诸如此类的改变,需要革除那些可能让土著人忠诚于旧生

---

[1]《舆地纪胜》,卷110,页3a引旧方志。在宋代,这个地区另有一个长处,即无蛮夷。是被同化,还是归化了?
[2]陆龟蒙,《和送李明府之任南海》,《甫里先生文集》,卷9,页26b—27a。
[3]《新唐书》,卷163,页14b。
[4]《新唐书》,卷163,页15a。
[5]同上书,卷197,页8a。
[6]苏东坡这样告诉我们。参看韩愈,《潮州请置乡校牒》,《韩昌黎全集》,外集,卷5,页3b—4a。
译注:此事可参看苏轼《潮州韩文公庙碑》及《与吴子野书》

第三章 蛮人

活方式的习俗。这就是为什么我们看到，849年至850年任岭南节度使的韦正贯，承担起像史前文化英雄汤那样令人尊敬的角色，汤当年曾献出自己，以赎救深受干旱之苦的人民：

> 南方风俗右鬼，正贯毁淫祠，教民毋妄祈。会海水溢，人争咎撤祠事，以为神不厌。正贯登城，沃酒以誓，曰："不当神意，长人任其咎，无逮下民。"俄而水去，民乃信之。[1]

这些在精神上变节皈依的事例发生于九世纪这几十年里，其实早在唐初就已有先例。那时候有一位叫做王义方的，他被贬到遥远的南方，当时南方平定未久，他就承担起了对其辖境内的蛮夷进行教化的艰巨任务。他在蛮夷首领中选了一些人当他的学生，

> 为开陈经书，行释奠礼，清歌吹篪，登降跪立。[2]

但是，在某些地方，古典精神的复兴并没有延续到这一世纪前半叶以后，也没有比这一时期最具代表性的相对和平和适度繁荣更为长久。看到他们的学生拒绝了先生那一套最为高贵的信仰，而只留下一些权力的装饰，中国人深以为耻。同样地，据说大将军韦皋在征讨南诏之后，选取群蛮子弟到成都学习书数，期望借此驯化他们狂野的心性。这一制度坚持施行了五十年，据说这

---

[1] 《新唐书》，卷158，页3b。
[2] 同上书，卷112，页1a—1b。

一时期在四川接受中国教育的外来年轻人殆以千数。其后,由于财政困难,这个计划被迫削减。由于这样或者那样的原因,南诏首领心有不满,断绝了对中国的正式进贡关系,在859至860年之间的那个冬天,南诏新统治者乃以中国为榜样,自称皇帝,国号"大礼"。[1]

暴　乱

唐朝军队重新征服南越当地居民,并在那里建立了中国的行政管理机构,这是唐朝在隋朝废墟之上创建新帝国而取得的全部功业的一部分。它会给人一种万事大吉的错误印象。实事上,汉人对蛮人的胜利,从来没有完全实现。

我并不想在这里对华夷之间这种残酷而可怕的冲突做印象式的定性描述,而只想对土人为驱逐可恨的外来者而做的斗争,简单做一番编年整理。至于想象综合,则留给读者。

622年11月9日至12月7日,林士弘在岭南边远之地叛乱,并派其弟攻打东边的循州。事败,林士弘逃至岭南边界的安城山洞躲避。[2]

623年5月26日,庞孝恭、宁道明及冯暄等首领在东部沿海

---

[1]《资治通鉴》,卷249,页19a—19b。这个国名的第二字,通常写作"理",但此处则写作"礼"。

[2]《资治通鉴》,卷190,页8a。

廉州（接着短期在越州）、高州等地作乱。他们攻占了一个重要州郡。[1]

8月4日，冈州冯士翙作乱，旋被平定。冯士翙和庞孝恭二人皆曾被汉人任为刺史。[2]

624年7月3日，泷州獠人作乱，旋即平定。[3]

10月23日，姜子路在靠近占婆边境的日南作乱，被交州都督府击败。[4]

624年，先是多位土著首领起事反唐，至此投降，"南方遂定"。此后数十年，四川獠人仍继续滋扰。[5]

626年6月14日，廉州（越州）人卢南反，杀死刺史宁道明。（显然，宁道明先前的叛乱已被宽恕。）[6]

631年，罗州窦州诸洞獠作乱。冯盎被派去镇压他们。[7]冯盎有一半南越血统，他家境富裕，很有人缘，曾任隋朝官员，后又入唐朝表示效忠。（冯盎是高力士的祖先，高力士因在一个世纪后唐玄宗与杨贵妃浪漫故事中的角色而广为人知。高力士是潘州人，原姓冯，在南越受阉之后，由一高官荐入宫。他有一部分土著血统，因为冯盎是北方来的克里奥人与本地头领女儿结合的后代。这个家族在广州以西州郡势力很大。）[8]

---

[1] 《资治通鉴》，卷190，页12b。
[2] 同上书，卷190，页12b。
[3] 同上书，卷191，页1a。
[4] 同上书，卷191，页5b。
[5] 《新唐书》，卷222下，页16b。
[6] 《资治通鉴》，卷191，页10a。
[7] 同上书，卷193，页19b。
[8] 《新唐书》，卷110，页1a；卷207，页2a—4a；《旧唐书》，卷184，页3a—4b。

633年，岭南北部獠人作乱，部分被龚州道派兵平定。[1]

638年，南越北部边界叛乱多发，被桂州、交州军队平定。[2]

640年，罗州、窦州诸洞獠又作乱，广州发兵平定之，虏男女七千余人。[3]

651年12月18日至652年1月15日，窦州、义州蛮酋李宝诚反，桂州平定之。[4]

658年，酋首多胡桑率罗、窦二州生獠降服。[5]

663年7月10日，柳州蛮酋吴君解反，发兵讨之。[6]

667年，海南琼州为獠人所陷。[7]

687年8月14日至9月11日，岭南俚户拒绝增加课税，其魁首被安南都护处死，俚户作乱，攻破交州，杀死都护。从桂州派军讨平之。[8]

694年10月24日至11月22日，岭南獠人反，从容、桂二州调兵讨之。[9]

703年12月13日至704年1月11日，始安（属桂州）欧阳倩反，附从者甚众，攻陷岭南诸州。流俗以为蛮夷无信，从桂州派来讨伐的将军裴怀古，深不以为然，他说服欧阳倩他会平等相

---

[1]　《新唐书》，卷222下，页17a。
[2]　同上书，页17a；《资治通鉴》，卷195，页7b。
[3]　《新唐书》，卷222下，页17a。
[4]　《资治通鉴》，卷199，页12a。
[5]　《新唐书》，卷222下，页17a。
[6]　《资治通鉴》，卷201，页3a。
[7]　同上书，页13a。
[8]　同上书，卷204，页2a；裴光松，《安南大事年表》，页31。
[9]　《资治通鉴》，卷205，页11b。

待，欧阳倩投降，诸洞酋长亦皆降附，岭南遂平定。[1]

722年，安南首领梅叔焉率众作乱，自称"黑帝"，并得占婆与高棉之助。[2]中国将军、罗州人杨思勖，纠募蛮族青年组成大军，取马援故道，击败蛮夷叛军，大杀徒众，积尸为京观，以纪念这场大捷。[3]杨思勖虽然是个优秀的将帅，为人却严酷血腥，土著畏惮。据说，他最喜欢将俘虏掣去头皮或生剥面皮。[4]

726年2月7日至3月8日，邕州獠梁大海率众作乱，占据了宾州和横州。[5]从这一年3月到727年1月，杨思勖才平定了这场叛乱。最后他生擒了梁大海，俘虏其徒众三千余，斩首两万级。[6]

728年3月3日，春州、泷州獠陈行范、广州獠冯璘、何游鲁反，攻陷四十余城。陈行范自称"帝"和"天子"，以何游鲁

---

[1] 《资治通鉴》，卷207，页11a—11b；《旧唐书》，卷197，页6a—6b。
[2] 关于他的名字，各种文献记录不一。《资治通鉴》（卷212，页10b—11a）作梅叔焉；《新唐书》（卷207，页1b—2a）称其为梅叔蛮，《旧唐书》（卷184，页2a—3a）则作梅玄成。戈岱司（《印度支那半岛各民族——历史与文明》，巴黎，1962年，页79）及裴光松（《安南大事年表》页32［根据越南史料?]）则作梅叔鸾。显然，"鸾""蛮"二字形近，故有异文别写。
译注：今检中华书局校点本《新唐书》卷207，此人名梅叔鸾，不作梅叔蛮；薛爱华所用《新唐书》乃据《四部备要》本，今检此本，亦作"梅叔鸾"，不知薛爱华何所据。《旧唐书》卷8《玄宗纪》上记开元十年八月，"安南贼帅梅叔鸾等攻围州县，遣骠骑将军兼内侍杨思勖讨之。"校记引沈炳震曰："《杨思勖传》作梅玄成。"
[3] 《资治通鉴》，卷212，页10b—11a；《新唐书》，卷207，页1b—2a；《旧唐书》，卷184，页2a—3a。
[4] 《资治通鉴》，卷213，页7b—8a。
[5] 同上书，卷213，页1a—1b。
[6] 同上书，卷213，页3a。

为大将军，冯璘则低一级，称"南越王"。但令人生畏的杨思勖同样平定了这场叛乱，斩首六万级。[1]

742年，八世纪四十年代，首要的土著部族是黄姓、韦姓、周姓和侬姓。其中黄姓势力最大。他们占据诸州，韦、周二姓不愿继续附从，黄姓攻之，并将他们赶到了海滨。

756年，黄乾曜、真崇郁与安南陆州武阳、朱兰洞蛮皆叛。[2]此是一连串叛乱的开始，这与唐朝将驻守南越的军队撤回北方以抵御安禄山及其部下的叛乱，时间上正相一致。对在南越的汉人定居点来说，这场叛乱是灾难性的。当地军事首领姓廖、莫、相、梁、罗者（大概都是以这些姓氏为名的部族的首领）纷纷称王，合众二十万，焚毁华人在南越西部的庐舍，并掠其居民为奴。[3]从756年到771年，本来控扼通往东京道路的容管经略使，被迫寄居藤州或梧州，毗邻比较安全的桂管，这件事令人蒙羞。[4]

758年，一些蛮族首领因得到赦罪的允诺，而被说服去对付其他蛮族首领，这导致黄乾曜、莫淳以及莫浔等少数部族的大英雄们被捕获或斩首。[5]不久以后，邕州经略使才得以在邕州"山洞"地区新设思笼和封陵二县。[6]

767年9月28日至10月27日，桂州山獠作乱，驱逐了刺史

---

[1] 《资治通鉴》，卷213，页7a—8a；《新唐书》，卷207，页2a。
[2] 《新唐书》，卷222下，页18a。
[3] 同上书，卷222下，页18a。
[4] 《旧唐书》，卷157，页1a。
[5] 《新唐书》，卷222下，页18a。
[6] 同上书，卷43上，页4a—4b。

李良。[1]一队"爪哇"海盗和其他印度尼西亚海盗入侵东京,为中国安南都护张伯仪平定。[2]

771年,驻广州的岭南节度使李勉和新任容管经略使王翃,镇压了容管当地的土著革命者,并让王翃及其继任者从先前寄居在北方的治所,回到容管正式的治所。[3]

773年,循州刺史哥舒晃反,攻占广州,杀死岭南节度使。三年后,哥舒晃及其部属被新任节度使路嗣恭残酷镇压,路嗣恭也剿灭了参与作乱的黎人。[4]

774年,靠近芽庄的占婆守护神神庙婆那加庙被又瘦又黑、魔鬼一般的海贼焚毁。[5](此事与767年东京所受袭击有关吗?)

784年到789年,杜佑与李复相继担任广州的岭南节度使,平定了海南北部"三世保险不宾"的黎族部落。[6]

787年,宾童龙地区的一座占婆寺庙被爪哇士兵焚毁。[7]

---

[1]《新唐书》,卷222下,页17a,《资治通鉴》,卷224,页7b。
[2] 戈岱司,《印度支那半岛各民族——历史与文明》页79及裴光松,《安南大事年表》页32,都是依据越南编年史料。
[3]《旧唐书》,卷157,页1a;《资治通鉴》,卷224,页16b。最新的叛乱头领,是梁崇牵、张侯和夏永。
[4]《新唐书》,卷138,页5b;《通典》,卷188,页1007a。
[5] 戈岱司,《印度支那半岛各民族——历史与文明》,页79,其所据为一梵文铭刻。
[6]《新唐书》,卷166,页3b;《资治通鉴》,卷233,页14a;李复,《收复琼州表》,《全唐文》,卷620,页4a—4b。
[7] 艾莫涅,《占婆及其宗教》,页191;戈岱司,《印度支那半岛各民族——历史与文明》,页79。
译注:宾童龙(Panduranga)是占婆南部区域,在越南又译作"藩龙",位于今越南宁顺省藩朗—塔占市。当地有著名的婆克朗加莱塔。

791年，安南当地酋首杜英翰、冯兴及其子冯安反。其直接起因是安南都护高正平加倍征收赋税。新任安南都护赵昌恢复了秩序。[1]

794年，黄洞蛮酋首黄少卿攻打邕管华人，包围钦州州城。由于朝廷犹豫不决，不能确定局势有多严重，致使黄洞蛮攻下钦、横、浔、贵四州，又包围了邕管治所邕州城。最终，他们攻陷了十三州。新的统帅阳旻被派到岭南，"一日六七战"，平定了土人叛乱。[2]但事情并未就此终结。

807年3月27日，邕管奏，俘获西原蛮首领黄承庆。[3]

808年5月29日至6月27日，黄少卿投降。7月9日，他被授予唐朝刺史之职。其弟亦授类似官职。但他们很快又翻脸反对中国人。这两个黄姓部落攻占了宾州和峦州（在邕州北部，临近桂管）。[4]

816年11月23日，容管奏，黄洞蛮来袭。

11月26日，容管奏，击退黄洞蛮，收复宾州和峦州。[5]这些行动是桂管观察使裴行立和容管经略使阳旻所主导的战役的一部分，得到朝廷的认可，但却与驻守广州的深谋远虑的岭南节度使孔戣的建议相左。这两年的战事一无所获；唐朝士兵死

---

[1]《新唐书》，卷170，页8a；《资治通鉴》，卷233，页16a；戈岱司《印度支那半岛各民族——历史与文明》页79及裴光松《安南大事年表》页32。

[2]《新唐书》，卷222下，页18b；《资治通鉴》，卷234，页15b—16a。

[3]《新唐书》，卷222下，页18b；《资治通鉴》，卷237，页8b。

[4]《新唐书》，卷222下，页18b；《资治通鉴》，卷237，页14a。

[5]《资治通鉴》，卷239，页16b—17a，峦州作蛮州，此据《新唐书》，卷222下，页18b。

于疟疾及其他热带疾病者不计其数,新的叛乱的起因,皆是由于这两位地方军阀为追求个人荣耀而施行立即报复的政策。[1]

817年1月19日,容管奏,黄洞蛮洗劫了岩州(在容管西北部,靠近邕管边界),并屠杀居民。[2]

同年,占婆国王诃黎跋摩声称对中国及柬埔寨的军事行动获得成功。[3]

819年11月8日,容管奏,杨清反。杨清是安南人,被安南都护李象古委为牙将,率兵镇压黄家领导的在岭南东部的叛乱。杨清一方面面临东部的裴行立和阳旻同闹剧般的征伐;另一方面也意识到都护李象古在交州贪纵苛刻,不得人心。他相信唐朝在南越的势力总有一天要瓦解,于是率众回到交州,并杀死了都护及其家人。[4]

11月12日,桂仲武被任命为安南都护,杨清被赦免,并给予远在海南的琼州刺史之职。[5]

820年3月18日到4月16日,桂仲武抵达安南,杨清据境不纳。但是,杨清用刑惨酷,遭到下属反对。朝廷对桂仲武的延怠感到不满,桂管观察使裴行立被派去接替其安南都护之职。

5月15日,杨清为安南人所杀,裴行立卒于来安南途中。桂

---

〔1〕《新唐书》,卷163,页2a—2b;卷222下,页18b。
〔2〕《资治通鉴》,卷239,页18b。
〔3〕艾莫涅,《占婆及其宗教》,页191。
〔4〕《资治通鉴》,卷241,页8a—8b。
〔5〕同上。

仲武颇受交州人欢迎,故唐朝政府亦认可他复职。[1]

821年1月28日,容管奏,破黄少卿万余众,拔营栅三十六。[2]容管经略使严公素请求朝廷允其严惩黄洞蛮。当时贬在潮州的韩愈上奏朝廷,自称虽然与黄洞蛮作乱之地相距遥远,但通过与许多来往岭外的、经验丰富且深明大义的客人交谈,他对这一问题特有洞见。他指责容管经略使自私、无能,为了升官而不计成本,只求荣耀,对那些反复无常、愚昧无知的南蛮采取报复行动,即使南蛮只有些微的罪过。结果,容管战事旷日持久,损害了中国人在那里的繁荣发展以及威信。自卫是一回事,伴随贪婪征用土地而来的严酷报复则是另一回事。韩愈建议新皇帝即位后可改元"大庆",此年号不仅有祝贺并庆祝唐王朝适当地解除了后患之意,也含有皇帝对所有臣民的仁慈之意。韩愈还建议皇帝颁布大赦令,赦免土人,谨慎选择能干而可信赖的经略使管理边区。他的建议未被采纳,不过,新即位的皇帝穆宗确实采用"长庆"作为其年号,也许是有意对韩愈方案中所体现的智慧表示某种认可。[3]

823年5月23日,安南奏,獠人正在攻掠陆州。[4]

8月20日,岭南奏,黄洞蛮寇邕州。[5]

8月22日,邕管奏,黄洞蛮攻破钦州堡垒。[6]

---

[1]《资治通鉴》,卷241,页10b;参看裴光松《安南大事年表》页32。
[2]《资治通鉴》,卷241,页14b;
[3] 韩愈,《黄家贼事宜状》,《韩昌黎全集》,卷40,页4a—4b;《新唐书》,卷222下,页19a;《资治通鉴》,卷241,页14b—15a。
[4]《资治通鉴》,卷243,页1b。
[5]《资治通鉴》,卷243,页2b。
[6] 同上书,卷243,页2b;《新唐书》,卷222下,页19b。

9月19日，邕管奏，已破黄洞蛮。[1]

824年2月20日，岭南奏，黄洞蛮寇钦州，杀将吏。[2]

8月28日，安南奏，黄洞蛮入寇。[3]

12月6日，安南奏，黄洞蛮与环王（占婆）合兵，攻陷陆州，杀死刺史葛维。[4]

825年/826年，黄氏、侬氏寇据十八州。[5]

827年至835年，唐朝有系统地讨平蛮族诸部落，侬洞领头，并寻求云南南诏国的帮助。[6]

828年，峰州王升朝叛。

8月10日，安南都护韩约擒获王升朝并斩其首。[7]

11月8日，容管奏，安南军作乱，驱逐都护韩约。[8]

843年11月25日至12月24日，安南经略使武浑役其将士修筑城墙，将士作乱，烧城楼，劫府库，武浑逃奔广州。叛乱被抚平。[9]

846年9月24日至10月23日，南蛮寇安南，经略使裴元裕率邻道士兵反击。[10]

---

[1]《资治通鉴》，卷243，页3b。
[2] 同上书，卷243，页4a。
[3] 同上书，卷243，页8a—8b。
[4] 同上书，卷243，页8a—8b。
[5]《新唐书》，卷222下，19b。
[6] 同上书，卷222下，19b。
[7]《资治通鉴》，卷243，页19b。
[8] 同上书，卷243，页19b。
[9] 同上书，卷247，页13a。
[10]《资治通鉴》，卷248，页13a。裴光松《安南大事年表》页33 误认此事为云南人入侵。

857年5月至7月，安南岭南蛮族作乱。容州军叛乱，以宋涯统率安南和邕管。[1]

858年1月19日至2月17日，新任安南都护经略使王式竖木栅，深挖城壕，加固交州城防。后来，南诏军队逼近交州，听说城防稳固（我们所知如此），他们就悄然引去。[2]

5月25日，岭南都将王令寰作乱。

7月5日，王令寰之乱被平定。

7月15日至8月12日，安南都护府贪贿腐败，巧取豪夺，安南人早已不堪忍受。尤其在李涿（853—856）任职期间，强迫安南人卖马牛，而只给予斗盐之值，又杀害一名酋首，安南人受此刺激，遂带引云南大南诏国侵犯边境。藏缅语系人第一次侵犯唐朝边境，即始于本年夏天。[3]

8月13日至9月10日，由于饥荒与叛乱相继，安南六年未向长安上贡，军中亦无犒赏。王式采取有力措施，平定叛乱，大飨将士，修贡朝廷，唐朝与占城及真腊之外交关系亦得以恢复。[4]

859年，云南人（南诏）攻取播州（在今贵州）。[5]

860年10月18日至11月16日，安南都护李鄠为求功名，越境收复播州。[6]

---

[1] 《资治通鉴》，卷249，页11b—12a。
[2] 同上书，卷249，页13b。
[3] 同上书，卷249，页15a—15b。某些文献将此事误认为占婆入侵。
[4] 同上书，卷249，页16a。
[5] 同上书，卷250，页7a。
[6] 同上书，卷250，页7a—7b。

861年1月17日，南诏士兵趁李鄠之虚，在东京得到了安南人的接应，二者合兵攻取交州首府。[1]

2月14日至3月14日，中央政府命令容管及邻道军队出发，将安南从云南入侵者手中解救出来。[2]

7月21日，李鄠将云南人赶出安南首府交州。但是，由于他此前失守交州，故被降职，贬谪到了海南。李鄠先时曾杀一蛮酋，至是，唐朝政府予此蛮酋之父以封赠。[3]

8月10日至9月8日，南诏军队攻陷邕州，时邕州唯以自募土军守卫，防御不足。尽管南诏军队九月间就撤离，负责的唐朝官员仍被贬谪。其继任者发现，城中原有人口只剩下十分之一。[4]

862年3月5日至4月2日，南诏再次入侵安南，为唐朝大军击退。[5]

11月25日至12月24日，南诏军队五万人攻安南。[6]

862年12月25日至863年1月22日，交州城为南诏包围。[7]

863年1月29日，南诏突破唐军的顽强抵抗，攻陷交趾，是日，唐僖宗正圜丘祀天，并大赦天下。溪洞夷獠无远近，皆降附

---

[1]　《资治通鉴》，卷250，页7a—7b。参看裴光松《安南大事年表》页33。
[2]　同上书，卷250，页7b。
　　译按：据《资治通鉴》原文，容管似应作邕管。
[3]　同上书，卷250，页8b。
[4]　同上书，卷250，页8b—9a。
[5]　同上书，卷250，页9b。参看裴光松《安南大事年表》页33。时任唐军统帅为蔡袭。
[6]　同上书，卷250，页12a—13a。
[7]　同上书，卷250，页12a—13a。

南诏。唐朝政府将征募的诸道兵撤回广西。[1]

2月22日至3月22日，南蛮沿郁江两岸向东进迫，逼近邕州。[2]

6月20日至7月19日，废安南都护府，置行交州于海门镇。此镇位于白州西南部，在通往安南的沿海通道之上。[3]

8月18日至9月16日，复置安南都护府于海门镇，属于侨置府，发山东兵万人镇守之。[4]

864年2月11日至3月11日，容管经略使张茵受命统帅侨置于海门镇的安南都护府，领命进取东京。[5]

4月10日至5月9日，南诏率群蛮六万之众寇邕州，邕州经略使康承训处死胁从南诏的当地土著若干人，并采纳他人建议，烧毁蛮营，使蛮人解围而去，乃奏告大捷。他受到部属的鄙视。[6]

8月6日至9月4日，康承训无能的消息传到首都长安，承训被免职。张茵在海门镇，迁延不敢进，又为高骈所取代。高骈有学问，多谋略，在平定党项之役中立功，颇著声名。[7]

865年5月29日至6月26日，新募强弩手三万人，置镇南军于洪州。洪州位于江西赣江流域，[8]在岭南之北，距离甚远，这

---

[1] 《资治通鉴》，卷250，页12b—13a。参看裴光松《安南大事年表》页33。
[2] 《资治通鉴》，卷250，页13a。
[3] 同上书，卷250，页13b。
[4] 同上书，卷250，页13b。
[5] 同上书，卷250，页15a。
[6] 同上书，卷250，页15b。
　　译注：据《资治通鉴》，其时康承训任岭南西道节度使。
[7] 同上书，卷250，页16a。参看裴光松《安南大事年表》页33。
[8] 译注：原文误为"湖南"，今已改。

是专为对付南越土著部族叛乱而设置的,同时也为了解除来自黄河流域、深受疟疾之苦的军队的压力。以桂管观察使严谟为镇南节度使。[1]

9月24日至10月23日,高骈掩击东京,缴获峰州蛮新收割的稻子,作为部队的粮食。[2]

866年7月16日至8月13日,高骈大捷,但消息被其在海门的对手隐瞒,未向朝廷报告。朝廷下令撤除高骈之职,适在此时,高骈大破南诏,并包围了交趾城。[3]

11月11日至12月10日,英雄高骈获胜的真相传到长安,他的职衔荣誉也一一恢复。他击破南诏大军及附从南诏之土蛮,诛其众成千上万。自858年夏天以来,安南首次平定。[4]

879年,山贼陈彦谦(土著出身?)陷柳州。[5]

894年,封州刺史刘谦卒,土民百余人图谋作乱,刘谦之子刘隐一夕尽诛之。唐朝政府授其为贺水镇使(贺水是郁江的一条支流,流经封州)。屠杀土民给刘家带来了好运。[6]十几年以后,刘家就在广州建立了富饶的南汉国及其美轮美奂一时无双的宫廷。

综上所述,早在七世纪,唐朝人就开始开发南方,自那以后,土著的反抗集中在西边的容管和邕管地区,特别是从广州到

---

[1]《资治通鉴》,卷250,页16b—17a。
[2] 同上书,卷250,页17a。参看裴光松《安南大事年表》页33。
[3] 同上书,卷250,页18b。
[4] 同上书,卷250,页19a—19b。参看裴光松《安南大事年表》页33。
[5] 同上书,卷253,页15b。
   译注:此处有误,应为郴州,薛爱华似因"郴""柳"二字形近而讹。
[6] 同上书,卷259,页19b。

河内之间的沿海州郡。其中，冯、宁等部落的反抗最为激烈，时常威胁到南越境内的主要交通线路。位于北边和东边的广管和桂管，相对来说比较平静。

除了722年至728年间安南的那次强烈反抗和岭南的一系列叛乱之外，八世纪上半叶相对比较平静。在这个时期，我们也察觉到外国（占婆和高棉）势力介入的早期征兆。八世纪中叶安禄山叛乱爆发之后，南越暴乱变得常见起来，印度尼西亚人也对占婆和安南发起攻袭。

黄洞蛮作乱起于794年，并延续到九世纪上半叶的大部分年份。九世纪下半叶，安南有一次较大的叛乱，得到大规模入侵安南的南诏的支持。这次叛乱被一位马援式的、新的华人英雄高骈所平定。866年以后，局势相对安定。

背叛者

那些将唐朝的枷锁套到原住民脖子之上的士兵，绝不都是华人，其中有许多是邻近的当地人和已经臣服唐朝、自然成为唐朝同盟的部族。正如科尔特斯利用墨西哥的托托那克人来对付阿兹特克人一样[1]，中国人也利用某些已经臣服的土著，使其他土

---

[1] 译注：托托那克（Totonac）和阿兹特克（Aztec）人，都是中美洲印第安部落名，建立了阿兹特克帝国。科尔特斯（Hernando Cortes，1485—1547）：西班牙殖民者，1518年率探险队前往美洲大陆开辟新殖民地，他利用阿兹特克内部矛盾，征服了这个帝国。

著臣服。这些背叛者为其唐朝主子服务,无论是出于贪婪,还是出于恐惧,或者出于嫉妒、羡慕、野心、报复,他们协助的结果殊途同归——使华人能够持久地管控蛮人。这些蛮族扈从甚至也可以用来对付汉人:892 年 3 月,在今福建南部的泉州(即后来的刺桐城)担任刺史、年轻并且颇得民心的王潮,攻打福建省会城市福州,并在那里建立了短命王朝闽王国。此役他得到湖洞及滨海蛮夷兵船之助甚多。[1]但是,此次接受蛮夷强有力的帮助,并没有使王潮成为蛮族之友。894 年,他摧毁了当时正在围困福建西部高地汀州的勇猛的黄连洞蛮众,确立了新政权对福建省的控制。[2]

不过,土著盟友当然总是不可靠的。他们终极的忠诚是摇摆不定的;另一方面,他们也相对难以约束。解决诸如维持治安、守卫城池之类的小问题,用他们就足够了,逢有大战役,他们就没有用了。所以,当唐朝统治四处受敌而摇摇欲坠之时,例如面对九世纪那样的大麻烦,每次都要依赖从北方沿着长江流域南下的正规部队,[3]当地征兵根本无足轻重。

名臣高骈到南越之前,就雇用一个名叫雷满的土著为其宠信的牙将,但此人后来给汉人造成了巨大麻烦。看来,唐朝统帅雇用异族人,以达到那些高贵的汉族贵族官员难以达到的目的,并不是稀罕的事。[4]杜英策就是一个例子。他是"溪洞豪"出身,是九世纪初任安南经略使裴行立的部将。杜英策能替经略使处理

---

[1]《资治通鉴》,卷 259,页 2b。
[2] 同上书,卷 259,页 19a—19b。
[3] 王赓武,《五代时期北方中国的权力结构》,吉隆坡:1963 年,页 11。
[4]《资治通鉴》,卷 254,页 15a。

吃力不讨好的活儿，诸如处决来安南乞兵的占婆（环王国）叛人，捕获其家人。他及时除去这个麻烦，也赢得了经略使对他的纵容。爪牙们像狗一样忠诚，其代价就是官方的放任不管。[1]

　　在地方民政管理中也会使用土著。这是伴随着当地人口融入中国生活方式的趋势而自然发展来的，不管这种融合是真的，还是只是表面的愿望。这种融合，不管是哪一个种族，靠的是对汉语以及对汉文化其他基本因素的接受，常言说得好："夷入中国，则中国之。"南方那些种植水稻、定居一地的土著，在中国入侵者眼中，已经算是半个中国人，他们的技术和社会虽然简单一些，却并非完全不能相容。对他们来说，这一融合过程似乎特别容易，有时是很可以接受的，不管是被迫接受，还是主动仿效。[2]但是，对那些生活在高地、畲田掘根的部落，例如莫氏，亦如对今天的瑶族人一样，这一过程就要艰难得多。不管怎样，当土著群落归附了唐朝的君主，唐朝便设立管理机构加以治理。因此，当667年，一个乌蛮部落受到"招慰"，大概是从更西边迁徙来到柳州，并在此定居下来，官方随即设立了一个县级政府（县是中国管理地方城镇的行政机构），以加速他们文明化的步伐。[3]

　　这些新政府往往交在"可靠的"酋豪手里，所以，受委任在边疆地区代表中国人的官员，就是那些世袭的部落首领。这一体制的优势是使臣服的蛮族更能适应中国统治，但它也强化了这些首领的权力，他们越来越有封建领主的样子，越来越像天子之臣，但这

---

〔1〕《新唐书》，卷129，页2a。
〔2〕 关于这个观点，我参考拉铁摩尔，《边疆史研究论文集：1928—1958》，页170。
〔3〕《元和郡县图志》，卷37，页1047。

一点并不能阻止他们时或反复无常,反叛他们名义上的宗主。[1]

从唐朝统治建立之日起,这样的任命就很常见:西爨蛮酋首被隋朝处死,620 年,其子被唐朝委任为昆州刺史,父亲的尸体也被归还安葬,以换取其对唐朝的归顺。[2]宁氏部落首领作为汉人的代理人,长期担任这类职位,同时,他们也是反对汉人的激烈叛乱的领头人。这个部落有一位军事头领曾在陈朝任职,他叫宁宣,曾替隋朝管治合浦;唐朝初年,宁纯曾担任那里的刺史。[3]诸如此类的任命还有很多。偶尔,一个土著也有可能跃升至府道一级的高官,如 756 年任黔中节度使（今贵州）的赵国珍,就是牂牁蛮人。[4]

七世纪时[5],唐朝选拔土著在当地任职的做法逐渐成为常态。669 年,贵州、福建、岭南等地的地方统帅（都督）有权选择合适土人担任各级行政职务,无须送到首都经由吏部委任。[6]675 年,这种直接从当地选拔人才的做法再次得到认可,并被称为"南选"。[7]

新平定的区域,绝大多数是非汉族人口,在这里设立州县,由得到征服者批准的世袭土著首领管辖,称之为"羁縻州"。"羁

---

[1] 拉铁摩尔,《历史上的边疆》,《第十届国际历史科学大会论文集》（会议于 1955 年 9 月 4 日至 11 日在罗马召开）,佛罗伦萨:1955 年,卷 1,页 115。
[2] 《资治通鉴》,卷 188,页 9a。
[3] 《新唐书》,卷 222 下,页 16a—16b。
[4] 《资治通鉴》,卷 218,页 1a—1b。
[5] 译注:原文作"十七世纪",应是误植,今改正。
[6] 《资治通鉴》,卷 201,页 17b。
[7] 《新唐书》,卷 45,页 6a—6b;参看戴何都（R. Des Rotours）译,《新唐书选举志》,巴黎:1932,页 47,页 283—284。

縻"之名来自古代有关征服的委婉用语，据说汉朝天子凭借其社会良心和责任心来"羁縻"那些臣服的蛮夷。[1]因此，这些蛮夷异类受到中国道德优越感的羁束，他们在接受新奇而混杂的治理的同时，也就充分承认了这种道德优越感。从七世纪最初开始，这种内部垦殖地就在帝国各个边境建立起来，北边有，南边有，据唐代正史记载，在某个时间点羁縻府州多达856个（包括突厥、波斯等地），这个数字简直令人难以置信。[2]在初唐天下初定之时，史家所记岭南西部和安南的羁縻州就多达92个，其中18个是通过安南的峰州实行统治的，负责管治爨人，这些爨人大约是从四川南部和云南迁移来的。[3]

设立土著管治的羁縻州，有时候是由中国统治者推动的，意在抵消南诏和占婆之类其他强国对土著同化的吸引力。安南都护使马植就是存有这种希望的一位行政官，他在838年敦促唐朝政府对南蛮（占婆?）的引诱采取反制措施。鉴于武陆县蛮或居于巢穴，交纳赋税，颇有信义，他提议升格为州，给本地首领和人民尊严。由于他们以往缺少尊严，这样做就可能使他们对大唐帝国更加感恩戴德。[4]

---

[1] 《史记》，开明书局版，卷117，页0257下。
[2] 《新唐书》，卷43下，页1a；参看《旧唐书》，卷197，页4a；《通典》，卷187，页997a；伯希和，《交广印度两道考》，页140—141。
[3] 据正史记载，岭南道设桂州、邕州、安南、峰州四个都督府，以各羁縻州隶焉：桂州7个，邕州26个，安南41个，峰州18个。至少八世纪晚期的某个时期，安南边区的骥州和峰州之下皆设都督府，以统治新臣民。参看《新唐书》，卷43下，页13b；卷222下，页16a。维恩斯，《中国向热带进发》，页210。
[4] 武陆县变成陆州。《新唐书》，卷184，页1a；《旧唐书》，卷176，页8b。

新建的州及其属县，经常将其原有的当地部族姓氏改换成汉语语词，包括诸如"罗"（意为"网"）、"龙"（意为"龙"）、"林"（意为"森林"）之类常用词，通常，这些对土著民间传说、英雄主义以及命名等方面来说是很重要的。[1]

占婆人

在富饶的红河流域之外，在唐朝士兵能够为其天子控制的东京海滨城镇之外，有一个奇特的占婆王国，自古以来，中国人称之为"林邑"。直到八世纪中叶，这个国家的圣城都靠近现在的顺化，在土伦湾以南。[2]其后，首都南迁到宾童龙，公元758年以后，唐朝人改称其国为"环王"。[3]但他们亦称之为"占不劳"，或者简称为"占婆"或"占城"。公元875年以后，"占城"一称在中文文献记载中最为常见，那个时候，因陀罗补罗（Indrapura）王朝又把都城迁到了北方。[4]

关于占婆，《新唐书》有云：

---

[1]《新唐书》，卷43下，14a—14b。
[2] 戈岱司，《印度支那半岛各民族——历史与文明》，页79。
    译注：土伦湾（Bay of Tourane）即岘港。
[3]《新唐书》，卷222下，页1a。
[4] 戈岱司，《印度支那半岛各民族——历史与文明》，巴黎，1962年，页79。
    译注：因陀罗补罗，意为因陀罗之城，这座古代都城位于今越南广南省茶荞。

> 其地冬温,多雾雨,产虎魄、猩猩兽、结辽鸟。以二月(《旧唐书》作"十二月")为岁首。稻岁再熟。取槟榔浦为酒,椰叶为席。俗凶悍,果战斗。以麝涂身,日再涂再澡。拜谒则合爪顿颡。有文字,喜浮屠道,冶金银像,大或十围。……王衣白氎,古贝斜络臂,饰金琲为缨,鬠发,戴金华冠,如章甫("章甫"是中国古代一种礼仪冠冕,出于商代)。妻服朝霞,古贝短裙,冠缨如王。王卫兵五千,战乘象,藤为铠,竹为弓矢,率象千,马四百,分前后。不设刑,有罪者使象践之,或送不劳山,畀自死。[1]

《旧唐书》记载与此大同,只多出几点:

> 北与驩州接。地气冬温,不识冰雪,常多雾雨。其王所居城,立木为栅。[2]

在记述有关服饰情况之后,《旧唐书》接着说,其人色黑,徒跣,"拳发"(是绾成如同握紧的拳头的发髻,还是只是卷曲而已?);同姓之间可以嫁娶(对中国人来说,这属于乱伦);其人死,以棺盛尸,积柴燔柩,收其灰,藏于金瓶,送之海中。占婆人还将"火珠"作为礼物献给唐太宗。"火珠"形如水晶球,大小如鸡

---

[1] 《新唐书》,卷222下,页1a—1b。《旧唐书》,卷197,页1a。
[2] 《旧唐书》,卷197,页1a。
译注:原书译文脱"北"字,又脱"冰雪常多"四字,以致误解《旧唐书》原文为"不识雾雨"。

第三章　蛮人

蛋，圆白皎洁，能聚合太阳光线，可用来向日取火。[1]

考古发掘使我们对那个时代的占婆有更多的了解。现存年代最早的占婆公共建筑出于九世纪（而高棉的出于八世纪，爪哇的则出于七世纪）。[2]但是，从那些美轮美奂、栩栩如生的留有胡子的神像中，我们也能对八世纪的占婆艺术略知一二，当年，这些神像曾装饰过占婆首都（靠近今天的顺化市）的美山大寺庙。其艺术清楚地显示了印度笈多王朝风格的影响。[3]

暖红砖砌城的占婆塔寺，一般较高棉那种巨大的沙石遗址要简单得多，有时是两三座寺塔一组沿南北轴线展开。过梁之类的附件也会用一点点花岗岩。[4]所有寺庙都朝东向。很有特色的是，在层层叠叠的门和假门之上，有壁柱和鳞茎状尖顶为装饰。所有装饰都呈现高度对称。内殿有梁托天花顶，画着男神和女神的图像，下面是女阴状的盆，承接天上洒下的圣水。[5]

现存最古老的建筑华来塔（Hoa-lai），属于南方的宾童龙区

---

[1]　《旧唐书》，卷197，页1a。关于唐代的"火珠"，参看薛爱华，《撒马尔罕的金桃》，柏克莱、洛杉矶：1963年，页237—239。
[2]　菲利普·斯特恩（Philippe Stern），《古代安南占婆艺术及其演进》，巴黎：1942年，页8。
[3]　戈岱司，《印度支那半岛各民族——历史与文明》，页79。
　　译注：笈多王朝（Gupta Dynasty，约320—540），中世纪统一印度的第一个封建王朝，疆域包括印度北部、中部及西部部分地区。
[4]　艾莫涅，《占婆及其宗教》，页196。
[5]　亨利·巴蒙梯耶（Henri Parmentier），《占婆建筑的一般特点》，《法国远东学院学报》，卷1（1901），页246—251；菲利普·斯特恩，《古代安南占婆艺术及其演进》，页9。

域，显示了八世纪达罗毗荼艺术的影响。[1]这种九世纪的建筑风格古典而高贵，尽管其以"火红"砖砌成的壁柱上经常出现奇异的阿拉伯花饰。[2]

九世纪最后二十五年，出现了一种新的风格。其代表是东阳大乘佛教遗址，在因陀罗跋摩二世的佑护下，佛教在占婆地区首次出现。[3]这些建筑出现，正当首都重又北迁之时。从外形上看，这一样式较少印度古典风格，却呈现出一种本土风貌——亦即蛮野的、热带的风貌。[4]

其后，在大约十世纪初，第三种风格出现了，这一次是在美山，以一种柔和、优雅的雕塑为特征，例如茶峤那个著名的舞女，无疑是美女小精灵。[5]最后的这次发展，从时间上看，恰当唐帝国已倒在废墟之中，而爪哇也对这一时期占婆文化的各个方向产生了深刻影响，这其中包括艺术，也包括巫术。[6]也正是在这一时期，湿婆信徒以古典梵文镌刻铭文，将其作为虔诚的礼物与根据，其数量日减，而以占婆俗语镌刻的碑文却越来越丰富。[7]这些碑文表明，在九世纪和十世纪，尽管佛教蓬勃兴起，穿着精致的棉布、戴着金饰香花、徒跣穿耳的占婆国王皇后，依然崇拜湿婆的巨大神像，并以精心设计的礼仪，向湿婆的妃子、胸脯丰

---

[1]　戈岱司，《印度支那半岛各民族——历史与文明》，页79。
[2]　菲利普·斯特恩，《古代安南占婆艺术及其演进》，页9。
[3]　戈岱司，《印度支那半岛各民族——历史与文明》，页79—80。
[4]　菲利普·斯特恩，《古代安南占婆艺术及其演进》，页9—10。戈岱司，《印度支那半岛各民族——历史与文明》，页80。
[5]　菲利普·斯特恩，《古代安南占婆艺术及其演进》，页11。
[6]　同上书，页109—110。
[7]　艾莫涅，《占婆及其宗教》，页203。

满的婆伽婆底致以最高的礼敬。湿婆长有胡子的脸，也就是占婆国王的脸。婆伽婆底亦以"王国之妃"婆那加著称，端坐于芽庄的莲花宝座之上。[1]似乎湿婆依然是贵族的崇拜，而佛教则是百姓的信仰。[2]

公元七世纪，隋朝士兵洗劫了占婆首都，其后，在这块被征服的土地上，就仿照中国行政建置，设立三郡，其中包括林邑郡，亦即占婆。[3]隋帝国分崩瓦解，天下纷扰，占婆很快重获独立，但堪称精明的是，623年春天，他们派遣使者向唐朝第一个皇帝进贡礼品。宫中为此特地演奏《九部乐》，这些幸运的使者受到盛情款待。[4]

630年夏，林邑王头黎又派出另一位友好使者。[5]其所献有驯象、镠锁、五色带、朝霞布、火珠（前文曾提及）、鹦鹉及白鹦鹉。与占婆使者同来的还有两个印度尼西亚群岛国家的使者，一个来自"婆利"，另一个来自叫做"罗刹"的地方。[6]后面这个国家，顾名思义，也是食人生番一类的恶魔，与尼科巴群岛和

---

[1] 斐诺，《碑刻中所见占婆宗教》，页14—15。婆伽婆底（Bhagavati，又叫Uma）像至今依然受到越南人崇敬。
[2] 艾莫涅，《占婆及其宗教》，页203—204。
[3] 《资治通鉴》，卷190，页12a；《太平寰宇记》，卷171，页14b—15a；石泰安，《林邑：其方位、对占婆形成的贡献及其与中国的关系》，页124。
[4] 《资治通鉴》，卷190，页12a；《新唐书》，卷222下，页1b。
[5] 参看马司帛洛（Georges Maspero），《占婆史》，巴黎、布鲁塞尔：1928年，页87；戈岱司，《印度支那与印度尼西亚的印度化国家》，巴黎：1948年，页122。
[6] 关于这两个国名的对译，参看苏慧廉（W. E. Soothill）与何乐益（L. Hodous），《中国佛教术语词典：附梵文与英文对译及梵文巴利文索引》，伦敦：1937年，页471—473。

锡兰有关。这里将其与婆利相提并论，也许是偶然的，但说明它也可能就是帝汶岛。不管怎样，中国朝廷认为林邑使者致书对唐朝皇帝陛下不恭，要求对占婆采取惩罚措施。伟大的唐太宗骄傲地答道，作为隋朝皇帝和大突厥可汗的征服者，以这样一个愚蠢且莫须有的借口来发动战争，他没有丝毫的成就感。[1]唐帝国的权力从驩州向南延伸，导致635年在占婆境内设置羁縻州，但唐朝似乎并没有真正控制这片土地，这种延伸只是名义上的，或许是一厢情愿的。[2]然而，从占婆前往唐朝的亲善使者零零散散的，一直持续到八世纪中叶那些动乱的年份。在接下来的五十年中，占婆人似乎侵犯过安南，因为早在九世纪初，唐朝的安南都护张舟，就曾以占婆没有进贡为借口，发兵征讨伪驩州、爱州都统，809年10月5日大捷，斩首三万级，虏王子五十九人，并纠获许多战利品，包括战象在内。[3]

关于占婆有一个谜。这个伟大的民族，自古以来与其在越南南部的敌人长期争战，在其残存的人口中，大约三分之一（1891年的时候有七八千人）是穆斯林。在柬埔寨，穆斯林占婆的移民人口数量更大。[4]他们说，真主安拉从公元1000年开始统治他们的祖先。占婆史学家马司帛洛在谈到这个光荣的传统时说：

---

[1] 《资治通鉴》，卷193，页12a—13b；《新唐书》，卷222下，页1b。《资治通鉴》所记突厥统治者的名字是颉利可汗，这一写法似乎与突厥语中的"Kuli/kulug/kul"（意为著名的、有名的）有联系，此词常见于突厥王号中。此点感谢我的同事柏森（J. B. Bosson）提示。

[2] 《太平寰宇记》，卷171，页14b—15a；石泰安，《林邑：其方位、对占婆形成的贡献及其与中国的关系》，页124—125。

[3] 《新唐书》，卷222下，页1b；《资治通鉴》，卷238，页2b。

[4] 艾莫涅，《占婆及其宗教》，页206。

"在1470年占婆王国覆亡以前，占婆人似乎并未信奉穆罕默德的宗教。"〔1〕在海南南部海岸，也有穆斯林占婆人的一个小聚居地，其语言与其说像古占婆语，不如说更像诸如拉德族（Rade）和嘉莱族（Jarai）之类原始占婆山地部落的语言。〔2〕虽然传统上有一种说法认为他们是在唐代从"西部"来到中国，虽然也有些人说他们在宋代抵达海南，但是，关于他们抵达的时间，我们还是无从知晓。〔3〕

1891年，艾莫涅提出，早在九世纪或十世纪就有穆斯林占婆，在我看来，这说法在当时显得轻率，现在看来则是对的。〔4〕确实，在九世纪末，他们当中肯定有相当多数量的人，生活于信奉湿婆和佛教的同胞之间。这个假设可以解释《五代史》中关于占城"其人俗与大食同"的说法，〔5〕否则就显得太骇人听闻，难以置信了。中国文献记载也支持这种说法：958年，后周国王曾接见占婆国王因德漫（即因陀罗跋摩三世）的使者，他给后周国王带来了蔷薇水、猛火油以及宝石。使者的名字，中国人称为"莆诃散"，很显然就是阿布·哈桑，虽然马司帛洛未注意到这一点。〔6〕961年，占婆国王释利因陀盘（即阇耶因陀罗跋摩一世）又派同一位使者到中国，向新即位的宋朝皇帝进贡，表章书于贝多叶，以香木函盛之，又贡象牙、龙脑香药、孔雀以及二十个

---

〔1〕 马司帛洛，《占婆史》，页14。
〔2〕 白保罗，《海南岛上的一个占婆聚居地》，页129—130、134。
〔3〕 同上书，页129。
〔4〕 艾莫涅，《占婆及其宗教》，页206。
〔5〕 《新五代史》，卷74，页4480d。
〔6〕 同上书，卷12，页4405a，卷74，页4480d；马司帛洛，《占婆史》，页119。

"大食（阿拉伯）瓶"。[1]

伊斯兰影响不只限于阿拉伯商人聚集的商业口岸，《宋史》中有一条材料表明了这一点。书中记载占城人所役使的牲畜，除了水牛、黄牛（中国人对此二者都比较熟悉），还有山牛（是爪哇野牛，还是高棉野牛？），此牛不任耕耨，只用来杀了祭鬼。将杀牛时，令巫祝之曰："阿罗和及拔！"翻译过来就是："早教他托生！"[2]尽管虔诚的佛教徒们希望即使山牛这样低等的牺牲品也能投生，因而把这句仪式上的套话解释成这个意思，但这句应当非阿拉伯人屠宰祝词莫属："Allah hu akbar!"，意思就是："真主伟大。"

在越南南部发现的以库法字体（古阿拉伯字体）写就的碑刻上，有十一世纪第二和第三个十年的纪年，这表明，其身份可能是商人和艺术家的穆斯林，这个时期已经在宾童龙扎下根来了。[3]也许，伊斯兰教渗透到占婆，主要是商业活动的结果；对九世纪商人来说，占婆是一块富饶的土地，最重要的是，这里出产的沉水香比柬埔寨所产还要好，他们称之为占婆 canfi。[4]

这一点看来是有可能的：如果说中古占婆的显要人物都是印度人或印度化的占婆人，其最通常的崇拜是湿婆或毗湿奴，或者崇拜其他印度贵族神灵，一般平民则主要是富有同情心的佛陀的信徒，那

---

[1]《宋史》（开明书局本），卷489，页5714c。
[2]《宋史》，卷489，页5714b。
[3] 马司帛洛，《占婆史》，页13。
[4] 伊本·库达特拨（Ibn Khordadzbeh）《道里郡国志》及苏莱曼（Sulayman）《编年史一览表》，见费琅（Cabriel Ferrand），《阿拉伯波斯突厥人东方文献辑注》，巴黎：1913—1914，页30、40。
译注：此书今有耿昇、穆根来中译本，中华书局，1989年。

么,也还有一个富有进取心的穆斯林中产阶级,他们一半是外来的,一半是本地的。到九世纪末,他们已经颇具规模,不带偏见的中国载笔者已经注意到他们的存在,尽管占婆宫廷书记员往往将其忽略。

其他外国人

南越各土著民族惨遭剥削,处境艰苦,悲惨生活几乎没有给他们带来什么益处。与此形成对照的是,那些自海路来的外国人,虽然受到中国统治者的虐待,但他们忍受痛苦,企望发财,也从中得到了丰厚的回报。这些异乡人,不管是短期的还是永久的,都聚集在广州。广州是唐朝岭南政府所在地,城市富庶,但他们在这里多少有些流寓的性质。印度各色人等来到这里,其中许多人的种族身份现在已很难分辨。但是,我们还是可以从中发现带着闪闪发光的珠宝、来自印度和锡兰的巨商,带着神奇香料、来自伊朗和阿拉伯的鹰钩鼻子的海客。他们在崇拜的寺院里吵吵嚷嚷,在熙攘的市场上讨价还价。[1]也有些移民是被迫来到这里的,他们命中注定要服侍北方人,或成为北方人的妻妾,他们大大增加了这批干劲十足的外来人群的数量:

舶载海奴镮硾耳,象驼蛮女彩缠身。[2]

---

[1] 薛爱华,《撒马尔罕的金桃》,页15—16。
[2] 杜荀鹤,《赠友人罢举赴交趾辟命》,《全唐诗》,卷692。

这些异乡人并不只见于大港口城市,其中有些人已深入到瘴疠肆虐的丛林中,大多是出于宗教的缘故。印度僧侣多附居于相对安全的岭南东部的寺院里,尤其集中在循州罗浮山一带众多寺庙里。他们了解印度佛教发达的科学和艺术,这种特殊知识给他们带来了很有声望和影响的地位,至少对拜服在他们脚下、新近皈依佛教的中国人来说正是如此。僧人怀迪就是这样一位新近皈依佛教的人,他是循州本地人,与伟大的圣山罗浮山上的梵僧一起研修,成为了一流的梵文学者。看来,岭南是唐代印度学高级研究的重要中心。[1]现存碑刻表明,甚至远至突厥的西方人,也来到这些遥远的地方定居。近来在桂林周边发现了"安野那石室"(安国来的野那的石室),以及其他几处七世纪中期的遗迹。从精神上说,安野那与晚她一世纪的胡旋舞女、唐玄宗皇帝的妃子曹野那(曹国来的野那姬)是姐妹。[2]同样也有证据表明,在公元八世纪的桂林,有一位背井离乡的米国人,他很可能是一位士兵。[3]也许,这些流落异乡、不知所措的人,是在南越遥远而静谧的寺庙中寻找慰藉与安宁。

广州各种惊人的财富,都是由逐利的外国人带来的。财富主要是以珍宝的形式拥入——宝石、木材、药物以及香料。获利多被换成丝绸、瓷器以及奴隶带走:

---

[1] 罗香林,《唐代广州光孝寺与中印交通之关系》,页13。
[2] 罗香林,《唐代桂林西域人摩崖题刻考》,《国际亚洲史学家协会第二届双年会论文集》,台北:1962年,页74。关于胡旋舞,参考薛爱华,《撒马尔罕的金桃》,页56。
[3] 罗香林,《唐代桂林西域人摩崖题刻考》,页76。

第三章 蛮人

连天浪静长鲸息，映日帆多宝舶来。[1]

九世纪初的刘禹锡这样写道。与他同时代而年纪稍长的韩愈，谈到过这些船上的货物："外国之货日至，珠香象犀，玳瑁奇物，溢于中国，不可胜用。"[2]

这些财富也难以避免地给他们带来麻烦——不仅在中国人之间滋生了贪污受贿和腐败，而且使腰缠万贯者遭受盘剥，甚至死于非命。最极端的例子就是879年秋天黄巢军队进占广州。在这一年初夏，这个伟大的革命者曾向远在长安而且惊恐不定的朝廷提出担任广州最高长官的要求。他的要求遭到拒绝，朝廷担心海外商业财富就此落到他手里。朝廷只授予黄巢一个卑微小职，黄巢大怒，很快攻占广州城，随后处死了节度使。一份中古阿拉伯文献载，黄巢屠杀了十二万广州的外国人，包括穆斯林、犹太人、袄教徒和基督徒，他还砍伐城中的桑树。[3]这一年年末，叛军还大规模劫掠广东省，由于士卒罹瘴疠者甚多，他们的头领被迫率领他们取道桂州和湘江重新北上。[4]

尽管这场灾难如此巨大，但是与多年以来唐朝政府的官方代表在这里所缴获的带有异国风情的战利品相比，黄巢所掠夺的财物不及其一小部分。从汉代以来，就已经形成这样一种传统，广州最高

---

[1] 刘禹锡，《南海马大夫远示著述、兼酬拙诗，辄著微诚，再有长句，时蔡戎未弭，故见于篇末》，《刘梦得文集·外集》，卷5，页8a。
[2] 韩愈，《送郑尚书序》，《韩昌黎全集》，卷21，页11a。
[3] 《资治通鉴》，卷253，页13a—14a；阿拉伯史料记黄巢攻占广州在878年，较《通鉴》早一年。参看赖瑙德（J. T. Reinaud）译注，《九世纪阿拉伯波斯人中印纪程》，巴黎：1845年，页64。
[4] 《资治通鉴》，卷253，页14a。

统治者通过榨取土著居民和向外国商人征收罚款的方式以自肥,这或许是由于他们喝了广州北边的石门贪泉。[1]"南海舶贾始至,大帅必取象犀明珠上珍,而售以下直。"[2]在精于此道的人中,胡证可谓十分突出,从826年到827年,他掌握岭南大权。他巧取豪夺,在长安城赚得一份大家业,有僮奴数百伺候。[3]他可以列名于我们前文已经列举的那些卑鄙无赖的刺史行列。他的对立面是韦正贯,他出身贵族,前文曾提及他毁淫祠之事。距胡证任职二十三年后,他主要因为分毫不取而获得正直名声,这相当罕见。[4]

官场的贪污受贿,对这座城市的繁荣发展会造成严重的后果。在八世纪后半叶,这里的苛捐杂税多到无法承受,很大一部分来自南海的商业贸易,转移到了交州(河内)的港口龙编,广州的贸易实际上趋于停滞,到九世纪上半叶,这一局势才有了实质性改变。[5]

这种弊病有一种特殊形式,是由无赖的宫中太监发明的。据说早在709年,皇后武则天与傀儡皇帝一起观看宫女玩拔河游戏以及"宫市"以相嬉乐。宫中人百无聊赖,宫市就是为其设立的一种模拟市场,其前身出现于几个世纪前,时当荒唐可耻的汉灵帝统治时期。[6]五十年后,"宫市"之名再次出现,这次是用来指宫中太监在长安和广州对商业的干预。他们代天子采买,权力

---

[1] 中村久四郎,《唐代的广州》,页248—249。
[2] 译注:此段引文出《新唐书》卷158《韦正贯传》,原书漏注。
[3] 《旧唐书》,卷163,页2b。
[4] 《新唐书》,卷158,页3b。
[5] 中村久四郎,《唐代的广州》,《史学杂志》,卷28(1917年),页361—364;薛爱华,《撒马尔罕的金桃》,页16、208。海盗劫掠也与此有关。亦请参看"道路与城市"一节。
[6] 《新唐书》,卷4,页14a。

极大，强买强卖，为所欲为。这一祸害让八世纪下半叶很多敏感的士人（包括韩愈）颇为不平。[1]尽管九世纪初以降，我们不再听说太监直接操纵奢侈品商业市场，但是，有一段时间，任命南越地区高级职位这一有利可图的权力，仍然掌握在这些傲慢的内侍手中，他们也借此收受贿赂。描述这种情况的文献，引用837年1月25日一位官员的上奏，称内侍的这种特权已经被剥夺了。[2]

备受压迫的外国人屡有抱怨，加之财政官员心存忧虑，促使皇帝在广州专设市舶使，其职责是使这个声名狼藉的行业重归有序，同时负责定期向前来贸易的船舶征收关税，并保证各项收益正常输送国库，而不被个人染指。[3]担任这一高级职务者（最初通常是对有权有势的大太监的犒赏），负责监视"蛮夷，由流求、诃陵、西抵大夏、康居，环水而国以百数"。[4]

在九世纪头几十年间，给遥远南方的海外商业贸易减轻捐税的新举措，必须归功于来自都城的良好政令，尤其是在宪宗（806—820）和文宗（827—840）两朝。与此相对应的是，朝廷任命了一批关心民瘼、道德高尚的官员，例如马总，来治理广州和河内。柳宗元曾经称颂他们的德行富有感召力，吸引了"海中大蛮夷，连身毒之西，浮舶听命"。[5]

---

[1]《新唐书》，卷176，页1a；中村久四郎，《唐代的广州》，页351—352、355—356、362；薛爱华，《撒马尔罕的金桃》，页16。
[2]《资治通鉴》，卷245，页18a。
[3] 中村久四郎，《唐代的广州》，页353；和田久德，《唐代市舶使的设置》，《和田博士古稀记念东洋史论丛》，东京讲谈社：1960年，页1051—1062。
[4] 柳宗元，《岭南节度飨军堂记》，《增广注释音辨唐柳先生集》，卷26，页6a。
[5] 柳宗元，《曹溪第六祖赐谥大鉴禅师碑》，《增广注释音辨唐柳先生集》，卷6，页1a—2b。

第四章 女人

[酋长的]妻子身材很高,有乌黑的眼睛,丰满的身体,姣好的面容,她的头发差不多跟她身体一样长,又盘成一个漂亮的发髻。看样子,她并不像其他人那样敬畏她的丈夫,因为她跟一群男人和头领们在一起说话、喝东西,谈论事情,怡然自得。她知道自己举止娴雅得宜,并为此深感自豪。我曾经见过一位英国女士很像她,除了肤色不同之外,我敢说,她们两人是一样的。

——沃尔特·罗利爵士,《广阔、富饶而美丽的圭亚那帝国的发现》(1596年)[1]

---

[1] 译注:沃尔特·罗利爵士(Sir Walter Raleigh,约1552—1618),英国探险家、航海家、作家,曾在美洲探险并拓展殖民地。

如果说我对南越的女人特别关注，那是因为她们就像那些被贬谪的政治家与一心炼丹的隐士一样，在这部南方戏剧中扮演着特殊的角色。

人们常说，在汉代以前，中国女人的地位要比我们这个时代重要得多。[1]无须举出上古的"母权制"以极而言之，只要承认在商代和周代初期，母亲、氏族女祖先或者部落之始祖母，在当时的祭祀和信仰中扮演了重要角色，那就足以说明问题。尤其是，作为媒介、舞者与祛鬼者，女巫在青铜时代中国北方的文化生活中，是相当常见而且重要的人物，其身体实际上是神灵暂时凭附之所，其灵魂可以离开身体，在隐藏的天地世界中，作可怖或者可爱的遨游。[2]尽管在过往的两千年中，女巫和女神被排斥于官方祭祀之外，但事实上，她们在中国从未消失。在中国古典文学中，尤其是在《诗经》和《楚辞》的吟唱中，女性本原的思

---

[1] 持此说最力者，当数何可思（Eduard Erkes）与鲁雅文（Erwin Rousselle）。
[2] 参看何可思《女人在古代中国的特权》，《中国学刊》，卷10（1935年），页166—176，散见文章各处。何可思对这一观点做了相当有说服力的概括，认为自商代晚期开始，从母权向父权习俗转变的速度，已经越来越快。参看其文章页172。闻一多、陶希圣等学者已经对女人在上古神话、仪式以及文学中的形象做了重要的学术研究。

想隐然呈现,即使这种思想在为后代接受的儒家经典解释中已经消解殆尽。也许出人意料的是,这种思想在《老子》一书中表现相当突出。《老子》第二十五章是一篇对道的赞歌,通篇以阴性术语构撰而成(其余部分亦如此):"可以为天地母。吾不知其名,强字之曰道。"有一位学者曾经兴致勃勃地宣称,这个实体就是原始的水中女神,是人类及其文化永恒的源泉,很可能发源于南方这片潮湿的土地。[1]另一位学者甚至称其是泰族人伟大的母亲神,她率领子孙们走向正确的道路。[2]事实上,在《老子》的一些语言中,我们很难不注意到其与巴比伦神话中的万物之本、海洋之母迪亚玛特有很多相似点。[3]但是,老子的道,可能更接近于怀特海的"在理性认知范围以外的难以测知的万物之源"[4],而不是何可思和鲁雅文所主张的那种人格化的祭祀对象。不管怎么说,在汉代以后能登大雅之堂的思想中,找不到任何有关宇宙之母的原始子宫的痕迹,虽然她也许会出现在道教的秘传典籍之中、隐藏于其他人物身后。至少在黄河流域,我们发现了反女性或者男性化的刚勇女子,例如像花木兰那样勇敢的战士,以及像武后那样精力过人的女政治家,她们取代了天下之母,也取代了善于入梦与鬼魂附体的女巫。[5]这也是一种古老的类型,作为爱国的典型,也被允许与低眉顺眼并且不

---

[1] 何可思,《女人在古代中国的特权》,页173。
[2] 鲁雅文,《中国社会与神话中的女人》,《中国学刊》,卷16(1941年),页142—143。
[3] 译注:迪亚玛特(Tiamat):巴比伦神话中世界开创时即存在的海洋女神。
[4] 怀特海(A. N. Whitehead),《科学与现代世界》,纽约:1949年,第一章,第5页。
[5] 鲁雅文,《中国社会与神话中的女人》,页131。

第四章 女人

抛头露面的妻女一起，得到半官方的赞美。女人因其特有的女性力量而受到公开赞誉，这种情况甚为少见，要说例外，也许只有反社会的名妓形象，或者唐代科举士子所撰短篇小说中的狐狸精。

然而，在南方，情况就不一样了。很明显，母系继嗣及其相关习俗，与女巫以及女神一起，曾经既在北方也在南方广为传播。事实上，有的研究者将此视为古代整个印度支那和印度尼西亚所特有的文化类型。[1]在北方，大男子主义的浪潮湮没了这种文化，但是，在中国南方各地，这一浪潮徘徊不前，虽然在各地程度高下不等。早在汉代，在当时有身份的人看来，南越之地流行女神就是一件奇怪的事："越地多妇人，男女同川，淫女为主。"[2]在黄河流域成为河神之妃的溺女绝迹之后很多年，南越地区还依然有水中神女。[3]

在唐代，在新拓展的南部边境出现的女性至上的蛮夷之风，想必大大激怒了北方的贵族男子，他们迫切希望将其废除。七世纪之初，占婆就处在一位皇家公主统治之下。这个世纪晚些时候，在长安和洛阳听命于武后的保守派们，如果得知蛮夷才有这样无法无天的行径，是不是会备感羞愧呢？如果那段关于九世纪中期"女蛮国"遣使进贡的故事是真的，那么，她们的魅力差不

---

[1] 毕士博，《长屋与龙舟》，页411："女神和女祭司（后者通常是女巫师或者女祛鬼者）在宗教信仰和仪式中，发挥突出的作用。以女性统治者为标志的母权社会，以及至少在统治家族中兄妹联姻的习俗，皆有踪迹可寻。"
[2] 《汉书》，卷27下，页6415b。
[3] 石泰安，《远东缩微花园》，《法国远东学院学报》，卷42（1942年），页66及以下。

多可以补偿其礼俗之不当："其国人危髻金冠，璎珞被体，故谓之'菩萨蛮'。当时倡优遂制《菩萨蛮》曲，文士亦往往声其词也。"[1]虽然这些珠光宝气的女使者的真正身份，以及她们与这首通俗歌曲的关系，今天还多少有些疑问，但是，这个曲调在晚唐时代无疑还存在着，而且散发着异域和情爱的魅力，这就大大补救了这首以女蛮国命名的歌曲的主题中所有的那种异国味和古怪性。中国人还知道在印度支那和印度尼西亚的其他"女儿国"[2]，现代的占婆人、柬埔寨人以及暹罗人各自都有一些故事，讲述女儿国这种不可思议的文化，很可能是由与中国故事一样的传统哺育出来的。[3]

在南越，受人崇敬的女勇士之类人物，与中国北方一样常见、活跃，不过，她们通常都给华人添乱，因为这些土著女英雄根本不与其部族的征服者为伍。其中最著名的，甚至到我们这个时代仍然家喻户晓的，是雒族首领征侧、征贰姐妹。公元40年，由于对她们的民族遭受汉帝国的欺辱感到愤慨，她们发起反抗。受压迫的土著集合在她们的旗帜下，攻占了安南和广东西南部六十多座城池。英勇无畏的征侧被拥戴为女王，其王室中心在红河三角洲以北。[4]两年后，汉朝伏波将军、征服者马援平定了这场

---

[1]《南部新书》，卷5。参看薛爱华，《撒马尔罕的金桃》，页286，注205。伯希和指出，早在八世纪时，李白已用《菩萨蛮》作为歌曲名，见伯希和，《马可波罗行纪诠释》，卷2，巴黎：1963年，页721—723。

[2] 伯希和，《马可波罗行纪诠释》，卷2，巴黎：1963年，页721。

[3] 同上书，页723。

[4]《资治通鉴》，卷43，页9b；《通典》，卷184，页978a；参看布洛德里克《小中国：安南》，1942年，页88。

第四章 女人

暴动，捕获了英雄的征氏姐妹，并将其斩首。[1]

另一个南越少女姓赵，其乳长五尺，与众不同。这个奇女子穿着"金塌齿履"，战斗时骑在大象头上冲锋陷阵，身边有一群少男担任警卫。[2]

在唐代，像这样的女勇士的传统依然存在，也还有女人胜任这种角色。例如，十世纪雷州有一位少女勇士，她率领一班奋不顾身的随从，修筑堡垒，抵抗"剽掠者"。[3]遗憾的是，我们既不知道这位有男子气概的女勇士属于哪个民族，也不知道前来掳掠的敌人是什么人。

我们的辛德瑞拉，虽然不完全出于与此相同的传统，却同样有趣。九世纪时，她在世界文学中第一次出现时，是一位土著姑娘——来自邕州西原蛮的一个女子。[4]她有个凶恶的后母，还有一条友好的神鱼，"赪鬐金目"（这是她的神仙教母），她"衣翠纺上衣，蹑金履"。一位岛国国王找到她遗落的一只鞋，最后，她嫁给了这个国王。魏理认为，这个故事很可能是从遥远的南方、从孟族人建立的堕罗钵底王国传到南越蛮族部落的。[5]

遗憾的是，南越的一般女子无法扮演这种罗曼蒂克的女主

---

[1]《资治通鉴》，卷43，页11b。
[2]《南越志》，页3a；参看《太平寰宇记》，卷171，页5b。其名不详，但她应生活于汉代之后的早期阶段。
[3]《舆地纪胜》，卷118，页6a。
　　译注：此段引文见原书"古迹·宁国夫人庙"条。
[4]《酉阳杂俎》，续集卷1，页172—173。
[5] 魏理，《蒙古秘史及其他》，页154。
　　译注：此处所引魏理文，题为《中国的辛德瑞拉故事》（The Chinese Cinderella Story）。

角。相反,她们就像动物一样,成为他人的猎物。那些好色的"缚妇民","率少年,持白梃",在荒郊路边潜伺,有美女经过,就擒缚之以归,供自己享用一两个月。[1]通常,人们将她们视作厨娘,且对此颇为看重:

> 岭南无问贫富之家,教女不以针缕绩纺为功,但躬庖厨,勤刀机而已。善酰醢菹鲊者,得为大好女矣。斯岂遐裔之天性欤?故俚民争婚聘者,相与语曰:"我女裁袍补袄,即灼然不会,若修治水蛇黄鳝,即一条必胜一条矣。"[2]

于是,我们既有了女英雄,也有了女主妇,那么,美女、贵妇以及艳妇的情况又是怎么样的呢?现在,我们无法探知,那些来自宁族、莫族的勇士们,他们找寻的情人要具备什么样的素质,也许,我们只能与现代做一类比:"在安南传说中,年轻女子带着一种青春优雅的光环,但是从来没有我们的诗人描写西方女人时所说的那种欲望,那种慵懒和感官的魅力,那种易于激动的敏感,那种炽热的激情。"[3]就像在印度支那的法国人一样,中世纪早期的华人入侵者脑子中装满了一堆越女的形象,如果运气好的话,那个理想的美丽"越女"就会符合他们的预期。但是,涂饰他们对越女的欣赏趣味的,绝不是土著蛮人的那种感觉,也不是真正僚人的那种眼光,而是他们从遥远的过去继承而来的对可爱南方的

---

[1]《南海异事》,载《太平广记》,卷483,页2a。
[2]《投荒杂录》,载《太平广记》,卷483,页5a—5b。
[3] 马勒雷,《1860年以来法语文学中的印度支那异国情调》,页222。
译注:引文原文为法语。

第四章 女人

梦想，这首先是一种文学传统，它所使用的也完全是言语的象征。

对中国人来说，南方历来是这样一片土地，那里的女人迷人，那里的风景让人流连忘返。有一种传说代代相传，认为乐土就在古越之地，亦即主要在现代的浙江，位于扬子江以南。[1]晚周时代，这处古代奇境胜地的首席居民，是一位不识字的村姑，一位绝代佳人，她的名字叫西施。据古老的传说，这是个出身低微的迷人尤物，越王教以容饰步履诸术，以便迷惑其对手、统治越国以北沿海地区的吴王。至于这个可爱的"挤奶女工"（这种洛可可风格的移就，似乎颇为恰当）与陪同她进入吴宫的越国高官范蠡的关系，各种故事说法不一。甚至有人说，在非常缓慢的北上途中，她为他生了一个儿子。不管真实历史如何，西施历来就是中国的克娄奥帕特拉、泰依斯和示巴女王。[2]她就是每一位南方的美女，然而她又是独一无二的。她明媚动人，在唐代依然被人传颂。李白是这么写的：

西施越溪女，明艳光云海。[3]

在许多陈陈相因的怀乡诗中，南方女子都被描绘成坐在轻舟之

---

[1] 例如，刘若愚，《中国诗歌艺术》，芝加哥：1962年，页57。
[2] 译注：克娄奥帕特拉（Cleopatra），埃及托勒密王朝末代女王（51—30），貌美，曾为恺撒情妇，后又与安东尼结婚，再后又欲勾引屋大维。泰依斯（Thais），公元前四世纪雅典名妓，亚历山大大帝的情妇。示巴（Sheba）在今阿拉伯半岛西南角（今也门所在地），据《圣经》记载，示巴女王（Queen of Sheba）曾朝觐所罗门王以测其智慧。
[3] 李白，《送祝八之江东赋得浣纱石》，《李太白文集》，卷15，页3b。另外，李白之《越女词》组诗中，也写到了这一主题。

中,在暖暖的阳光下慵懒地采莲,一有陌生人靠近,她们便羞红了脸。下面举一首八世纪的诗歌为例:

> 吴姬越艳楚王妃,争弄莲舟水湿衣。[1]

到了九世纪,韩愈将历史悠久的古代越女与中古时代最南方的南越鬼神相提并列。古代越女之向南迁移,始见于下面这一断章:

> 越女一笑三年留。南逾横岭入炎州。
> 青鲸高磨波山浮。怪魅炫耀堆蛟虬。
> 山獠谨噪猩猩游。毒气烁体黄膏流。[2]

(獠音 sao,据一部古书记载,是一种侏儒,裸身,捕虾蟹为食;猩猩大概就是长臂猿。)还有其他许多诗人助成了这个古典意象的地理迁移,特别是那些曾在帝国政府任职、而今贬谪流放的官员诗人,他们有的流落到扬子江流域以南的亚热带地区,有的更往南,到了真正热带的边缘。其中颇有才华突出者,如韦应物、白居易和刘禹锡等,他们喜爱南方的植物和南方的歌伎,非常关注南方的歌曲。[3]十世纪有一些大胆的作家,他们的想象是真正

---

[1] 王昌龄,《采莲曲》二首之一,《全唐诗》,卷143。
[2] 韩愈,《刘生诗》,《韩昌黎全集》,卷4。
[3] 白思达(Glen W. Baxter),《词的音律起源》,《哈佛亚洲研究学报》,卷16(1953年),页143。比较韦庄《菩萨蛮》词,刘若愚在其《中国诗歌艺术》页56曾有英译。在黄巢叛乱之时,韦庄逃到扬子江以南避难。他在词中表达了他将在这个美丽国度终老的想法。

的热带想象,尽管他们用的是诸如"越女"、"莲舟"等常规形象及其各种变形,但他们抓住了南越的热度和狂野的颜色。八世纪和九世纪的诗人则是他们的先驱和先声。

这些革新者中的佼佼者,当推十世纪的两位西蜀诗人、词作者欧阳炯和李珣(词是一种配合流行歌曲的句式长短不齐的诗)。关于他们的生平,我们所知不多。欧阳炯几乎完全认同他的家乡,他为一部著名词选所作之序(同样收入了他本人的词作),在文人之中广为流传。[1]李珣的情况更复杂一些。他的祖先是波斯人,其弟李玹在四川以鬻香药为生。[2]对重写其传记最重要的是,他与外来药物论著《海药本草》的作者是不是同一个人?[3]此二人姓名相同,家世都与伊朗有关,又都对海外感兴趣,最难得的巧合是,其中一个做过医药研究,而这恰是另一位的弟弟的职业,这几点看来足以让我们相信,诗人李珣与药物家李珣就是同一个人。还有另外一层联系:尽管诗人李珣在那个小而华丽的蜀国宫廷中仕途腾达,他的一系列诗作却显示了他对南越的温暖和色彩的真情——欧阳炯的一些诗作亦然,但我们还不知道欧阳炯是否到过南越。而且,他们两人对岭南都有亲身体会和感受。但是,研究外来药物的李珣,很难不去研究广州的市场和商业中心,很难不去询问那里的波斯商人,不管怎么说,他们总是他的同族。我发现,我们在这里很容易看出李珣只此一人,而很难看到两个。

---

[1] 赵崇祚,《花间集》。
[2] 黄休复,《茅亭客话》(津逮秘书本),卷2,页10b。
[3] 李珣,《海药本草》。《本草纲目》引录了很多他论药材的文字。

李珣和欧阳炯那些洋溢着真正热带气息的诗作,调寄《南乡子》,这个词牌也许可以译为"南方的乡野之人"。[1]这首歌曲,尽管其歌词已被人忘掉,也不管其歌词是什么,宫中教坊曾用来教习歌女和上层妓女。[2]欧阳炯所填词的句式结构是4/7/7/2/7,或者4/7/7/3/7,而李珣所填词则作3/3/7/7/3/7,也就是说,欧阳炯词单调五句,而李珣词单调六句。照常规来说,每首词不另起题目,所有用某一词调的词,传统上即以该词牌为题。有时,词句所写恰与词调之名相辅相成。[3]就《南乡子》而言,这么说自然是对的,在《南乡子》词中,满篇都是温暖与多情的南方。下面这一首欧阳炯词中写的戴着耳坠的歌伎,不是别人,正是岭南本地女子。

> 二八花钿,
> 胸前如雪脸如莲。
> 耳坠金鬟穿瑟瑟,
> 霞衣窄,

---

[1] 李珣词作54首,存于《全唐诗》卷896,其中用此调者17首,但只有10首见于今本《花间集》卷10,页6a—7a。这很可能是源自其词集《琼瑶集》之旧本。《全唐诗》卷896李珣名下另有诗三首。欧阳炯所作《南乡子》8首,见《全唐诗》同卷,亦见《花间集》卷6,页1b—2a。另有四首(双调《南乡子》)为冯延巳所作。欧阳炯以创用单调《南乡子》著名,而冯延巳则以双调著名。
[2] 崔令钦《教坊记》(《唐代丛书》本),页87a。胡适提出,这部八世纪的目录中所列某些曲调名,是后世窜入的,《菩萨蛮》即是一例。参看白思达,《词的音律起源》,页119,注41。但是,即使不考虑此曲调起于身带珠宝的女蛮国女子于九世纪来朝的那段故事,这一曲调也应有更早的起源。
[3] 白思达,《词的音律起源》,《哈佛亚洲研究学报》,卷16(1953年),页130。

笑倚江头招远客。[1]

此词或可活译如下:

> 她十六岁,戴着金色的花形发饰;
> 她的胸脯雪白,脸像一朵粉红的莲花。
> 双耳戴着金色的耳环,穿着天青色的饰钉;
> 染成玫瑰色的衣裳紧紧裹着她的身子。
> 在江岸边,她自信地笑着,招呼远道而来的客人。

虽然这首词可以看作是对"越女"这一主题的常规描述,但是,词中对她的描绘极具诱惑性,弥漫着性爱的气息,而对大多数作家来说,这样描写曾经是禁忌。欧阳炯另一首词中也写到她:

> 画舸停桡,
> 槿花篱外竹横桥。
> 水上游人沙上女,
> 回顾,
> 笑指芭蕉林里住。[2]

槿花篱和掩映在芭蕉林中的茅屋可能是在四川,但这完全是南越的情韵。下面这首同样出自这位作者的《南乡子》就毫无疑

---

[1] 欧阳炯,《南乡子》,《全唐诗》卷896。
[2] 同上。

问了:

> 袖敛鲛绡,
> 采香深洞笑相邀。
> 藤杖枝头芦酒滴,
> 铺葵席,
> 豆蔻花间趖晚日。[1]

("芦酒",是一种用中空的芦管来吸的酒,显然,她的杖子顶端吊着一个盛酒的葫芦。)这首词充满了南越的意象:鲛绡、香料植物、深洞、藤杖、葵席;最重要的是红色豆蔻花。在欧阳炯所有《南乡子》词中,这首词的热带意象最多。他显然已经迷上了南越的浪漫。他究竟是只听到过南越的大名,还是通过与李珣的谈话而确有所知呢?

在另外一首《南乡子》词中,欧阳炯写到了洞口、红袖女子、"南浦"以及"木兰船"。[2]木兰船和画船,都是南方歌伎最具特征的交通工具——她们看上去像是歌伎。她们酒红色的脸颊,就像格勒兹画中的挤奶工羞红的脸一样是人造的。[3]

现在,让我们来看一首李珣笔下那别具一格的《南乡子》:

> 云髻重,

---

[1] 欧阳炯,《南乡子》,《全唐诗》卷896。
[2] 同上。
[3] 译注:格勒兹(Jean Baptiste Greuze, 1725—1805),法国风俗画和肖像画家,多反映中下层妇女和儿童的日常生活。

第四章 女人

> 葛衣轻,
> 见人微笑亦多情。
> 拾翠采珠能几许?
> 来还去,
> 争及村居织机女。[1]

(葛是一种蔓藤植物,含有纤维,可以用来织上好的葛布。)这里有两点很清楚。其一,这名女子是个歌伎,虽然有可能是业余的。其二,词的场景在南越:炫丽的青绿色翠鸟,其翠羽与珠宝贸易密不可分,还有同样流行的珍珠。不言而喻,在唐代,翠羽、珍珠就是岭南与安南的象征,那里是出产奇珍异宝的地方。

这两位诗人赞美南方的花朵和女人的美丽,其方式相当多愁善感,这是十世纪词体创作的特点。他们描绘的画面,用的是传统上与古越地(即今浙江)相联系的意象,同时以更新、更大胆的南越意象大量丰富之。以我们的视角来看,他们的语言是一种奇怪的混合物,既有好的"古典"风格,又有比较通俗的词句。不管怎么说,李珣笔下那些炎热、明亮的形象,很可能来自他本人的直接体验。许多例证在本书后文还会源源不断地出现。至于欧阳炯的作品,我们就不那么确定了。

此处还有一个问题:这些词中所描写的妖娆媚人的尤物,究竟是土著蛮女,还是华人移民?如果下海采珠,似乎是前者;如果胸前如雪,似乎是后者。也许,她们是理想化的土著姑娘,再加上一些能够吸引汉人的特征。在我们的热带传奇中,也出现过

---

[1] 李珣《南乡子》,《全唐诗》卷896。

她们的姐妹们:

  珊瑚环礁上的公主们戴着用鲜红的耀花豆编成的项链,这种花如同鹦喙或蟹爪一般。项链用上了桂皮或檀香木,就像王冠要用活的萤火虫和鸡蛋花一样。[1]

这也许算是有些进步了。比喻经过了改造,开始把纯粹的母马和母老虎改造成真正的女人——也许有些放荡,但却绝对迷人。

---

[1] 西特韦尔(Sacheverell Sitwell),《行到时间尽头》,卷1,《迷失于黑树林》,伦敦:1959年,页286。

第五章 神灵与信神者

我看见了热带,第一眼看见的是太阳,新的水果,新的味道,新的空气,
我怎么知道,面对刺眼的阳光,魔鬼正潜伏在那里?

——鲁德亚德·吉卜林[1],
《麦克安德鲁的赞歌》

---

[1] 译注:鲁德亚德·吉卜林(Rudyard Kipling,1865—1936),英国小说家、诗人,曾获诺贝尔文学奖。

道教徒

中国人初来乍到南方，在这块他们原以为未曾开发的土地上，居然看到了东方那些伟大的宗教哲学体系的信徒或者初学者，一定备感欣慰。其中最为突出的是道教信徒——"道"创始于老聃、庄周等半传说性的圣贤之手，后来，历代的禁欲主义者、修炼者以及炼金术士又以各自不同的神秘而专一的传统，重新定义了道。这些行家里手们希望通过适当的吐纳、冥思、祈祷或者服食，使自己的身体达到更高、更好的一种状态。他们选取一种昆虫的意象作为修炼的目标，并借助意念、空气和丹药，通过一些隐匿的形式，如活泼的仙女或静默的蛹，最终从幼虫（或许从人）的状态，转化为得意扬扬的成虫，变成有翅膀的神仙，或者是可爱的小精灵——超自然的蝉或者蝴蝶。

这要从五个骑羊仙人的出现说起，他们是广州城神圣的创建者。[1]不过，与在动荡的四世纪来到南方避难、著名的道教卫道

---

[1] 郑熊，《番禺杂记》（刻于1647年的《说郛》本）。参看上文"道路与城市"部分。

士葛洪相比，这几位无名无姓而且虚无缥缈的小神仙，在当地历史记忆中影响甚小。据说，葛洪希望在安南找到最高级的化学材料，他要用这些东西，来做一些传给他的古书中写到的化学实验，目的是炼成完美的长生不老的仙丹。他一路南行，受到广州刺史挽留，于是在圣山罗浮山住下来，并在此地继续其炼丹试验，直到去世。[1]旧说如此。到了中古后期，他不仅是一位杰出人物，而且是一个神神鬼鬼的人物，其妻子道号鲍姑，也很有名。[2]八世纪上半叶，在崇信道教的唐玄宗皇帝统治的天宝年间，即以葛洪的名义，在罗浮山新建了一座大道观。[3]

在岭南北部，介于韶州与桂州之间，在贺州的富川，还有一处传统的道教中心。这里有一座建筑，据说曾为张天师的旧宅，后来成为神庙。那里长着神异的水果，主人炼丹时曾用过的杵、匙以及大锅，也还保留着。这位张天师是张道陵的直系后代，而张道陵则是东汉时代伟大的福音运动"黄巾起义"的领袖。"天师"的称号就是他从其神圣祖先那里继承而来。据说，公元353年，他在此地的丹霞观飞升成仙。[4]

南越有很多地方，就是因为有大批道教神仙造访而成为圣地。人迹罕至的山峰，最常被选为群仙显灵之地。在遥远的象州就有这

---

[1]《晋书》，卷72，页1272a。
[2]《舆地纪胜》，卷89，页22a。
[3] 苏远鸣（Michel Soymie），《罗浮山宗教地理研究》，《法国远东学院学报》，卷48（1954年），页22。
[4] 莫休符，《桂林风土记》，页7"张天师道陵宅"；《舆地纪胜》，卷123，页10a。
译注："卷123"原作"卷213"，当系误植，今据原书改正。又按《桂林风土记》中此条名为"张天师道陵宅"，似即张道陵之宅。

样一座山峰，仙人"羽驾时见"。[1]又如桂州有一小村庄（后来因此得名"会仙里"），有群仙光天化日之下现身于此，"辒辌羽驾，遍于碧空"，里人聚观，惊愕莫名。[2]再如，罗浮山某峰曾有五百花首真人（虽然有人说他们是菩萨）聚会游乐，738年，唐玄宗虔诚地降敕，在此地建"花首台"，以供献祭。[3]

唐代南越道教大师（很难说应该把他们看作是人还是神仙）中最著名的，是神秘莫测的轩辕集。据史书记载，在崇信道教的唐武宗宫廷上，他得到了"罗浮山人"的称号。846年，他被改革前朝制度的唐宣宗赶出朝廷，退归家乡岭南罗浮山。[4]宣宗允许恢复部分佛教寺庙，晚年对道教也有一些兴趣，857年，他召罗浮山人入都，问以长生不老之术。[5]858年年初，还是在冬天里，轩辕集到达皇都。他是这样回答皇帝的："王者屏欲而崇德，则自然受大遐福，何处更求长生？"[6]这个简单的处方，与确信是这位大师所提的另一个观点恰相一致。有人问其为政之难易，他回答道："简则易。"又有人问儒释是否同道，他说道："直则同"。[7]他所撰写的《太霞玉书序》存留至今。[8]

---

[1]《桂林风土记》，页8"象州仙人山"。
[2] 同上书，页6"会仙里"。
[3]《白孔六帖》，卷5，页28a；苏远鸣，《罗浮山宗教地理研究》，页20。
[4]《资治通鉴》，卷249，页14a。
[5]《全唐文》，卷928，页10a；《资治通鉴》，卷249，页13a。
[6]《资治通鉴》，卷249，页14a。
[7] 李肇，《唐国史补》（《唐代丛书》本），页67a。
译注：《唐国史补》原文作"罗浮王先生"，《太平广记》卷174"王生"条（出《唐国史补》）则作"罗浮王生"，薛爱华谓其即轩辕集，而未作进一步考证。
[8]《全唐文》，卷928，页10a。

史书上所描绘的这个要言不烦的圣人形象,与通俗传说中的形象迥然不同。事实上,其名字本身就预示了他的声望。他通常被称为"轩辕先生"。其姓氏"轩辕"是上古天神的名字,有时候指雨电之神,有时候为星星环绕,有如月亮——的确,有一种古代神话就称月亮为"轩辕镜"。至于"先生",其原意为"先出生的",是对智慧、德行或作为神灵化身方面的长者,或者是对享有盛名、长寿的道教徒(尤其在唐代)的尊称。早在876年,苏鹗就记述了轩辕集的传说,尽管已经几百岁,轩辕先生还保持着年轻的面容,长发垂地,眼睛在暗室里炯炯发亮。他到悬崖绝壁上采摘稀罕的药草时,有毒龙及其他猛兽卫护。他有神奇的能力,令人难以置信——他可以随意改变自己的形象。有一次,他让正在开花的豆蔻和荔枝出现在长安的天子面前。[1]差不多与此同时,皮日休写过一首诗,想象罗浮山上的这位老人(也许当时他还在世):

> 乱峰四百三十二,欲问征君何处寻。
> 红翠数声瑶室响,真檀一炷石楼深。
> 山都遣负沽来酒,樵客容看化后金。
> 从此谒师知不远,求官先有葛洪心。[2]

逐句解释如下:

---

[1]《杜阳杂编》(《唐代丛书》本),页59b—61a。
[2] 皮日休,《寄题罗浮轩辕先生所居》,《全唐诗》,卷614。

先生隐藏在罗浮山群峰之间；

人们怎样才能找到他呢——这个被皇帝征召的名人？

美丽而罕见的翠鸟，这南越飞翔的宝玉，在圣人的洞室外吱喳作响，[1]

他孤独的洞室中点着异国来的香线。

连爱喝酒的长臂猿都可以无顾忌地来喝他的酒；

愚笨的樵夫很幸运，居然看到了金丹。

通往宫廷的道路现在很容易了：

只要举子们是离群索居的炼金术士。

皮日休的好友、茶叶鉴赏家陆龟蒙，在一首和皮日休此篇的诗中，对轩辕集在罗浮山洞天福地至高无上的道术大声欢呼。[2]

在唐代，希冀在光明而美丽的世界永生的观念，还非常有影响力。奇怪的是，这一想法与古老的基督教信仰颇为近似，即期望以全新的、美好的身体，永生于天上辉煌的宫殿之中。现在，这种想法实际上已经绝迹了，对这种伟大的福音和隐居修道之士的记忆，也日渐黯淡，——即使比起他们的竞争者、那些穿着黄色袈裟、追求成佛的和尚，道士们的形象也褪色得多了。

---

[1] "红翠"，按《白孔六帖》卷5页28a的说法，是山鸟之名。这很可能是 *Halcyon coromanda* (= *Callialcyon lilacina*)，亦即赤翡翠，是出现于喜马拉雅山脉高山森林里的一种红色的鸟，在中国南部和东南亚并不常见。参看柯志仁父子（H. R. Caldwell & J. C. Caldwell），《华南鸟类》，上海：1931年，页219。

[2] 陆龟蒙，《和寄题罗浮轩辕先生所居》，《甫里先生文集》，卷9，页27a；又《全唐诗》，卷625。

佛教徒

如果中国本土和外来的第一批佛教徒在早期不是集中在南越地区，那便是一件可怪的事，因为这是这一信仰在印度以外经由海路进行传播的重要阶段。实际上，后汉时代曾在安南居住过的哲学家牟融，曾明确指出，佛教就是在他那个时代在安南兴盛起来的。[1] 看来，这种宗教及其所伴随的哲学体系，最初是在蛮夷居住的南越西部地区（例如，在梧州）基础更加深固。我们可以想象，在原始森林深处藏着寺庙和传教者，周遭都是恶魔和斩人首级的野蛮人。但是，到了公元四世纪，广州正在变成一处引人注目的船运中心，佛教重心因此转向南越东部，比起山区，海港的印度僧人更多。[2] 在渡海而来的僧人中，达摩即是一个伟大的典范，他于六世纪来到广州，在这里停留的时间很长，曾给人指点何处可以掘得宝藏（结果这财富是在水中，并非金子）。他又一路北行，到了权力中心——就像候鸟，早期的许多南越名人都是这样。[3] 不过，他的影响，还有略晚于他到达中国的印度毗尼多流支的影响，肯定是相当大的，因为禅宗（日语中写作 Zen，皆来自梵文 Dhyāna）是在唐代南越建立起来的，禅宗最崇奉的是

---

[1] 罗香林，《唐代广州光孝寺与中印交通之关系》，页 8—9。
[2] 同上书，页 11。
[3] 《舆地纪胜》，卷 89，页 22a—22b。

《楞伽（来自梵文 Lankāvatāra）经》。[1]达摩的名字也与中古时代广州一座主要的佛教建筑相联，这座寺庙位于广州城西，建于公元四世纪，为印度僧人昙摩耶舍所建。它原名王园寺，唐人称为法性寺，但在武后统治期间，曾短暂改称大云寺；唐武宗时，也曾短期改作道观。到了现代，它的名字是光孝寺。据说圣僧达摩北上途中曾驻留此地，有一口古井叫做"达摩井"，即为纪念他的这次来访。今天的寺院中，此井依然可见，井口虽小，却很深。[2]这里也保存着另一些重要的唐代佛教遗迹。有一座始建于七世纪后期的宝塔，保存了六祖惠能的圣物——他的几绺头发。此塔重建于十七世纪。[3]一个有顶的经幢上刻着陀罗尼经文，建于826年，这是南越密宗的遗迹之一。[4]另有一座千佛铁塔，建于967年，那时正值自由而独立的南汉国统治此地。[5]最后，还有若干大理石碑刻。

在广州附近沿海地区，还有另一处重要的寺庙，名叫海光寺。它邻接儒家的南海神庙。南海神庙保佑商船平安航行，广州的财富仰赖于此。疲惫不堪的佛教香客也可以在这里休整，感谢神灵佑护他们安全抵达这里，然后再一路向前，走进唐朝大都会

---

[1] 罗香林，《唐代广州光孝寺与中印交通之关系》，页19。
 译注：毗尼多流支（Vinitaruci,？—594），其名意译为灭喜。印度南天竺人，出身婆罗门，曾周游印度，学习和研究佛教。574年到达长安，从中国禅宗三祖僧璨参学，后至广州制旨寺从事译经。后又入越南，创立佛教灭喜禅派（又称南方派）。
[2] 罗香林，《唐代广州光孝寺与中印交通之关系》，页3、11、17、29—30。
[3] 同上书，页3；图9。
[4] 同上书，页3，图14。
[5] 同上书，页3，图16。

的那些大庙名刹之中。[1]

最近的考古发掘已经在桂州（亦即今广西北部地区）发现了大量唐朝佛寺的遗迹。这里的好几座山峰和崖壁上，有七世纪和九世纪的佛像，与北方的敦煌、云冈以及龙门佛像颇不相类。这里看不到犍陀罗线条严峻、硬朗的雕塑痕迹，亦即大夏国希腊式佛教艺术的风格。我们看到的佛像线条简洁、慈眉善目（包括不动如来和大日如来在内），与爪哇婆罗浮屠的风格类似，这一影响很可能源于海路而来的印度达罗毗荼人，而非游牧民族的印度雅利安人。[2]

像许多人一样，柳宗元相信，愚顽而又信鬼好祀的南越蛮人，是可以经由佛教信仰的中介，而接触文明之光的。他告诉我们，815年他刚抵达柳州之时，就了解到那里有四座佛寺，其中三座在柳江之北，满足周边六百户居民之需；一座在柳江之南，为三百个家庭服务。最后这座寺庙，即大云寺（与其他叫这个名字的寺庙一样，是在武后在位时建立的），早已被大火焚毁，因此，城南土人又转而信奉祭鬼杀牲之旧俗。这位优秀的刺史愤慨地"逐神于隐远，而取其地"。他在附近发现了一处小僧舍，并以此为基础大为扩建，仍以大云寺的旧名命名这座新建的寺庙：

> 作大门，以字揭之。立东西序，崇佛庙，为学者居，会

---

[1] 罗香林，《唐代广州光孝寺与中印交通之关系》，页177—178。《太平广记》卷34存录一段有关崔炜的浪漫传奇故事，其中亦提及海光寺。
[2] 罗香林，《唐代广州光孝寺与中印交通之关系》，页2、22—24。

其徒而委之食，使击磬鼓钟，以严其道，而传其言，而人始复去鬼息杀，而务趣于仁爱。[1]

柳宗元在复建的大云寺旁，种植了树木和竹林，并委派三个僧人管理寺务。817年秋天，这项虔诚的工程竣工，他为之欣悦不已。

移居此地的僧侣与本地的行政长官都十分热心努力，要让蒙昧无知的野蛮人接受纯正的佛教信仰，因此，至少在一些小城镇中，信佛者人数大增。但尽管有这些证据，当时目击者的观察记述，仍不足以使我们将唐代的南越看作真正的佛教省份。曾官刺史的地理学家房千里写道："南人率不信释氏。"不仅如此，一些南方佛寺的僧人，并不把立誓受戒太当一回事：

> 间有一二僧，喜拥妇食肉，但居其家，不能少解佛事。土人以女配僧，呼之为师娘。[2]

但是，房千里并未确认这种不足为训的行为是南越人的通例，只是认为其信仰还不够坚定而已。不管如何，有若干杰出的僧侣，为唐代南越佛教赢得了荣誉。其中有些是外来的僧人，比如，甘摩达罗（Kan-mat-ta-la，中国人对其名字的拼写）于738年登陆

---

[1] 柳宗元，《柳州复大云寺记》，《增广注释音辨唐柳先生集》，卷28，页4b—5a。
[2] 房千里，《投荒杂录》，载《太平广记》，卷483"南中僧"。原文作"师郎"，我校订为"师娘"。
译注：从僧人为新郎的角度言之，"师郎"不误，薛爱华之校订恐非是。

广州，并把一尊铁佛像带到了罗浮山。[1]又如术士金刚仙，本是印度人，九世纪中叶居于广州以北的清远。其法杖和强大的梵文咒语，能囚拘妖魔鬼魅，能召来电闪雷鸣。[2]当时，南越也有一些中国高僧，特别是禅宗大师。[3]其中（按传统说法），伟大的宫廷天文学家一行，同时也是里程碑式的浑天仪的建造者，其名字亦与距离广州不远的黄云山密不可分。据说，此山之得名，缘于这位科学家僧人的一次到访，他喜爱此地自然之美，他在那里的时候，一朵祥云的金光照亮了他。[4]

宋之问初到韶州时，心中充满悲苦，他决定去拜访惠能。他早已认识到，惠能在南越僧人中是卓荦不群的。[5]事实上，惠能不仅是南越佛教的光荣，也是唐代少数几位伟大的"克里奥人"之一，其声名可以与张九龄相比，而且，他还可以轻而易举地与道教元老人物轩辕集相提并论。惠能俗姓卢氏。638年，他出生于新州。其父原为北方人，谪居新州。对其母的情况，我们一无所知——她有可能是一位土著女人。因为当这个年轻人到湖北听禅宗元老弘忍讲《金刚经》时，那位高僧对他这么说："汝是岭南人，又是獦獠，若为堪作佛？"惠能答道："獦獠身与和尚不

---

[1] 苏远鸣，《罗浮山宗教地理研究》，页5。苏文第6页也谈到一位佛经翻译者释怀迪，713年，他离开宫廷，来到罗浮，并在那里建了一座寺庙。他没有提及怀迪是哪一族人。
[2] 《太平广记》，卷96，页5b—7a。
[3] 《舆地纪胜》卷90页14a有韶州的例子，卷97页7b则有新州的例子，其他卷亦有此类例子。
[4] 《舆地纪胜》，卷89，页22a—22b；薛爱华，《一部十四世纪的广州方志》，页79。必须承认，这一陈述是根据晚宋和元代的史料。
[5] 宋之问，《自衡阳至韶州谒能禅师》，《全唐诗》，卷51。

同，佛性有何差别？"[1]惠能生长于獦獠群中，自然有獠人的性情习惯，但这段话还有言外之意。在我看来，这意味着他是土著獠人。但是，不管他从母亲这一系来讲是不是獠人，即使正式的僧传也已经承认他与獠人之间的渊源："虽蛮风獠俗，渍染不深。"[2]

惠能被弘忍收为徒弟，耐心地侍奉师傅达八个月。他与弘忍的另一个徒弟神秀的竞争越来越激烈。神秀谨守楞伽经学说，在唐代，无论是在北方还是南方，此种学说尚未根深蒂固。他相信，要想成佛，必须苦修，通过打坐，去除心中杂念。而另一方面，惠能则依靠《金刚经》，拒不接受那种认为心的某些部分值得开发，而另一些部分则要抛弃的看法。他认为心是不可分割的一体，心中充满佛性，便可顿悟，而无须煞费苦心地进行哲学和宗教上的准备。惠能的观点最终获胜，790年，他被正式认定为六祖，虽然那时已是在其身后。[3]他被认为是南宗禅的创立者，这个宗派有助于颠覆当时佛教的制度化。他在传法中提出了顿悟学说，其传法记录保存于后人所谓《坛经》之中。据说，这是唯一一部由中国人原创、并被收入佛藏的经典。[4]

713年，惠能圆寂，终年76岁，其肉身散发出圣洁的芬芳，

---

[1] 芮逸夫，《僚（獠）为仡佬（犵狫）试证》，页346；陈荣捷，《坛经译注》，纽约：1963年，页30—31。
[2] 《宋高僧传》（《大正大藏经》本），卷8，页754c。此传因采用许多传说材料，而颇受诟病。参看陈荣捷，《坛经译注》，页11。另参看罗香林，《唐代广州光孝寺与中印交通之关系》，页20—21。
[3] 陈荣捷，《坛经译注》，页7—18。
[4] 陈荣捷，《坛经译注》，页20。《坛经》曾被收入明代佛藏（1440年），但较早的版本是斯坦因在敦煌发现的。他的传法由弟子记录，一般认为是真的。其他部分，包括他的自传，为后人所增益，不大可信。参看罗香林，《唐代广州光孝寺与中印交通之关系》，页3。

据说此香持续数日而不绝。他的纪念碑就是他的《坛经》，经由其徒弟法海、后来又经悟真传播开来。[1]他的一尊栩栩如生的肉身像，至今还立在韶州曲江曹溪之畔的中古时代的宝林寺故址上，他曾在那里弘法。[2]他葬礼时的碑文，出自著名的王维之手，叙述他如何劝说土著放弃杀人杀牲的陋习，而以素食为生。[3]一个世纪之后，815年11月17日，皇帝降诏，赐惠能以"大鉴禅师"之谥。他在曹溪的灵塔，也被称为"灵照塔"。柳宗元为此事撰写的纪念碑文，概括了这位圣僧的教义：

> 其道以无为为有，以空洞为实，以广大不荡为归。其教人始以性善，终以性善。[4]

鬼　神

中国古代宗教，包括唐代官方认可的宗教，是一个由国家崇拜、地方崇拜以及家庭崇拜组成的混合体，自然神崇拜是其中很重要的一部分。简言之，这类似古罗马时代的异教，也类似日本

---

[1] 陈荣捷，《坛经译注》，页148—149。
[2] 罗香林，《唐代广州光孝寺与中印交通之关系》，页85，图4。
[3] 王维，《能禅师碑》，《王右丞集注》（《四部备要》本），卷25，页1a—3b。
[4] 柳宗元，《曹溪第六祖赐谥大鉴禅师碑》，《增广注释音辨唐柳先生集》，卷6，页1a—2b。

的本土宗教神道教。在西方，古罗马的异教被基督教铲除掉了，基督教强烈的一神论不允许与其竞争的其他众神继续存在，除非地方众神被转化为基督教的"圣徒"。在日本，虽然佛教有其复杂的伦理、形而上学以及对于个人成佛的承诺，但并不那么排他，也不禁止原有自然宗教的共存。佛教到了中国以后，中国也出现了类似的情况。但是，在中国，在大多数时期，统治阶级都有惧怕外来宗教的倾向，他们不能长期容忍一种宗教与本土传统相违背。因此，佛教尽管在中古中国取得了成功，并在唐代达到高峰，但降至近代，并未能居于社会的最高层面。佛教到来以前古代各种形式的崇拜依然保留着，只是遭到严重的侵蚀，转变成通俗的崇拜和下里巴人的迷信，其中一部分被贵族阶级改造成国家崇拜，可以算是例外。国家崇拜是一种纯粹仪式性的、官方的、非个人化的行为与信仰体系。伟大的神灵在这里受到崇拜，是因为要维持自然秩序的稳定必须如此，但是，他们与精英阶层的情感和想象相隔无限遥远。

唐代大多数到南越来的人，都有着或者曾经有过官阶，因此他们自然接受官方的崇拜，某些人可能只是表面如此。其中许多人也信奉某种形式的佛教，佛教使他们的内在需要得到满足，而这是国家宗教所不能提供的。在这两种情况下，任何一种简化的学说（虽然简化未必就是简单）都能给初到南越的人以某种心灵保护，使他们不受丛林异教徒那种要么令人困惑、要么让人陶醉的各种复杂情况的侵扰，不管这简化的学说是深受传统浸染的、由庄严的神权统治者具体化了的政治宗教教义，还是在佛陀慈祥的面容中表现出来的涅槃的希望。

韩愈的情况似乎正是如此。虽然他拒绝佛教这种外来的危险的信仰,[1]但是,他对南越的宗教生活有着强烈的兴趣,而且,几无可疑的是,古代儒家学说(亦即官方自然崇拜与英雄崇拜)帮助他度过了贬谪蛮夷之地的岁月。

看来,这位大家曾经对鬼神世界的本质苦苦思索,他不否认鬼神世界的存在。对各种形式的存在,他曾作如下分类:

> 有形而无声之物,如土、石;
> 有声而无形之物,如风、霆;
> 有声与形之物,如人、兽;
> 无声与形之物,如鬼、神。

尽管鬼神处于极其虚无的状态,但是,它们有时为了要表示上天对有罪之人的责难,会托身于自然物体,或者暂时取得某种实体形态。如此一来,通常无声无形的鬼,就会现身出来,这是罪有应得的灾疫或者地震将要来临的征兆。[2]

韩愈曾在南越不同州郡任职并暂居,包括南方的沿海地区,其间他撰写了多篇向自然神祷祝的文章。其中一篇是南海神庙碑文,另一篇祭祀潮州大湖神——雨下得不合时令,毁了稻子,害了桑蚕,韩愈甘愿代受害的百姓受过。[3]最后这篇祭文,也是他在潮州所作五篇祭文之一,祭拜一位对农户来说极为重要的神灵。此外,他还写过一篇祭文,以"香果之奠",祷告于"东方

---

[1] 他攻击佛教圣物,见《论佛骨表》,载《韩昌黎全集》,卷39,页3b—6a。
[2] 韩愈,《原鬼》,《韩昌黎全集》,卷11,页9b—10a。
[3] 韩愈,《潮州祭神文》,《韩昌黎全集》,卷22,页12a。

青龙之神"，求其解除韶州的旱灾。[1]他也写了另一篇祭文，"祭于亡友柳子厚之灵"[2]，那是祭奠他那为热病所苦的年轻友人、819年死于柳州任上的柳宗元。

还有一位虔诚信奉儒学的地方官，在靠近热带丛林和季风吹拂的海滨之地，严守分寸，举止得宜。他理应也已向城中那些相对晚近才得到认可的神灵、那些坚固城池的城隍神致敬，在这些城池中，汉人文化得到保护，免受蛮夷的威胁。这位九世纪的诗人李商隐，也给我们留下了一些向广西及桂州的城池保护神致敬的文字。[3]

在官方认可的神祇中，最大众化的是令人崇敬的古代英雄的神灵，他们是中国疆域的保护者，也是拓展者，但在名义上，其位阶远低于山海之神。自公元731年起，唐代朝廷开始正式认可一大批民间敬重的士兵和地方官员的神灵地位。那一年，在大都市中开始对这些英雄定时祭祀，其礼可与祭孔相比。这些英雄包括周武王、三世纪时一时无双的国士诸葛亮，还有统率大军为唐朝第一位光荣的君主平定高丽的李勣。[4]此次扩充官方认可的

---

[1] 韩愈，《曲江祭龙文》，《韩昌黎全集》，卷23，页5a。
    译注：韩愈此文开头自称"京兆尹兼御史大夫"，则此曲江非韶州曲江，而是长安曲江。韩愈生平未在韶州任职，薛爱华此处有误解。
[2] 韩愈，《祭柳子厚文》，《韩昌黎全集》，卷23，页1b—2a。
[3] 李商隐，《樊南文集笺注》，卷5，页3a—4b。
[4] 《资治通鉴》，卷213，页13b。
    译注：李勣两征高丽，分别在太宗、高宗之时，薛爱华此处称"唐朝第一位光荣的君主"，似指高祖，未审何据。又《资治通鉴》卷213开元十九年（731）"丙申，初令两京诸州各置太公庙，以张良配飨，选古名将，以备十哲。以二八月上戊致祭，如孔子礼"。胡注："张良配飨。齐大司马田穰苴、吴将军孙武、魏西河太守吴起、燕昌国君乐毅、秦武安君白起、汉淮阴侯韩信、蜀丞相诸葛亮、尚书右仆射卫国公李靖、司空英国公李勣。"

先贤名单，与八世纪铸造皇帝像之风的兴起密切关联[1]，在唐玄宗时代，这种风气臻于极盛，天下各州县都有玄宗皇帝像以供参拜。[2]

在中古时代人们的心目中，这些成为神的英雄以及神圣的统治者，很难与长期受到人们纪念的史前帝王们区分开来。这些传说中的史前帝王，大多数被历史化为氏族之神，先前还被赋予图腾式或动物性的特征。舜就是其中一位。人们认为他曾经巡行到湖南南部和南越北部，在韶州，他尤其被人铭记，韶州就是因其在此演奏韶乐而得名。在这里，关于舜的传说比比皆是，很多都与古老的奇石有关。[3]与舜相关的动物是象。舜既是神灵，又是帝王，其名字与"象郡"这一地名紧密相连。象郡是南越第一批汉人征服者建立的，又名"象林"，这个名称与古代中国人称呼占婆的"林邑"一名有象征性的联系。从某种意义上说，舜是热带森林地区华人的最高保护神，他驯服了这里的大象，并征服了桀骜不驯的蛮人。[4]相传舜曾在苍梧以象耕地，其弟名为"象"，并受封于"有鼻"之地。[5]诸如此类的古老传说，有时候会扰乱唐代知识分子的心神，他们把这些传说当作历史，他们会据此认

---

[1] 薛爱华，《唐代帝王像》，载《汉学研究》，卷7（1963年），页158—159。
[2] 据说在广东沿海的潘州，铸有两尊皇帝像，颇为与众不同，其中一尊是由出生于潘州的大宦官高力士自铸的。参见《太平寰宇记》，卷161，页11b。
[3] 《舆地纪胜》，卷90，页5a—6b。
[4] 何可思，《论舜的传说》，《通报》，卷34（1939年），页309—313。
[5] 艾伯华，《古代中国的地域文化》，第二卷，《南部和东部的地域文化》，《华裔学志》专刊（III），北平：1942年，页266、269。石泰安，《林邑：其方位、对占婆形成的贡献及其与中国的关系》，页186、292。艾伯华认为，舜的崇拜起源于中国东部，其后传到遥远的南方，在那里，他变成稻作农业之神。

定这段历史颇为糟糕。例如，苏鹗就很认真地对待这些故事中的自相矛盾处，并提出质疑：如果舜活到那么罕见的高龄（有文献这么记载），他怎么可能巡行南越（也有文献这么记载）？显然，侵扰这片土地的各种毒物，足以使他早逝！[1]尽管舜与韶州有特殊的关系，但他最重要的祠庙却是在韶州西边的桂州。此祠立于虞山脚下一口清澈的小潭边：

精灵游此地，祠树日光辉。[2]

宋之问这样写道。人们张旗结彩，敲锣打鼓，乞求这位古老的神灵为当地的农田普降甘霖。[3]张九龄担任桂州都督之时，曾向舜帝提出过其他请求——帮助他履行"按理边俗"的职责。[4]风格优雅的李商隐曾在舜祠前写过一篇感恩的祭文，亦存留至今，篇中充满了出自古代典籍的虔诚的套语。[5]长期以来，舜都被认为埋葬于湖南最南边的九嶷山，远眺桂州。有时候，甚至到了唐代，人们还是能够在这里听到舜帝神圣的音乐。例如道教徒申太芝，他有些像是八世纪的一位神仙洞穴专家，当他考察南方各种神秘洞穴时，有人告诉他，在九嶷山上一间石室里，有天乐一部，及五位神仙乐师。他们被当地百姓抓住后，变成了野猪。申太芝追踪这些野猪，来到这间石室，发现它们都已化成石头。叩

---

[1] 苏鹗，《苏氏演义》（《丛书集成》本），页1—2。
[2] 宋之问，《桂州黄潭舜祠》，《全唐诗》，卷53。
[3] 《桂林风土记》，页1。
[4] 张九龄，《祭舜庙文》，《全唐文》，卷293，页10a—10b。
[5] 李商隐，《赛舜庙文》，《樊南文集笺注》，卷5，页4b—5b。

击之，音律相和，美妙动听，于是，这位神异道士将其携带出山，献给玄宗皇帝。这个故事有王维可以作证，因为王维曾为此上表祝贺玄宗皇帝。[1]在另一段故事中，舜被描绘为一位有道家之风的伟大神灵，他在空中现身之时，天乐飘飘，仙光闪耀，灵香郁烈，伴随着一大群神仙，各自骑着不同的神禽灵兽。舜本人头戴宝冠，身披羽衣，腰佩宝剑。他这次盛大的降临，是专为在九嶷山道观辟谷修行的一个女道士而来。这位神仙针对世俗生活的脆弱和无聊，发表了一通长篇说教，继而描述九嶷山的地下世界，山底里藏有玉城瑶阙，有毒蛇和各种猛兽守卫。他还讲到有九水发源于此山，其名则有"银花水"、"永安水"等。舜被此女的诚挚打动，对此女亲授道法，结果是十年以后，她白日升天。[2]

此外，尽管舜这个大洪水时代以前的典范人物受到特别尊崇，汉朝那个英雄时代的一些名将和帝王，也赫然出现在南越人敬重的神灵之列中。其中，南越王（那位令人望而生畏的赵佗）的地位最为高贵。他与汉帝国创建者是同一类人。通过灵媒之口，还可以听到他的声音："庙觋赵佗神。"[3]李商隐曾作颂辞向此神致谢，有如他曾致辞赞颂舜帝一样。[4]据说这位英雄埋葬在广州附近的禺山。[5]晚唐时代，有一篇很好的故事，讲述一个年轻人误入其墓穴中，其墓穴变成道教的洞天。故事情节概述

---

[1] 王维，《贺古乐器表》，《全唐文》，卷324，页2b—4a。
译注：九嶷山天乐发现的过程，王维所述与薛爱华此处小有出入，因无害宏旨，故不细辨。
[2] 杜光庭，《王妙想》，《太平广记》卷61页1a—3b引《墉城集仙录》。
[3] 元稹，《和乐天送客游岭南二十韵》，《全唐诗》卷407。
[4] 李商隐，《赛越王神文》，《樊南文集笺注》卷5，页5b—6a。
[5] 《通典》，卷184，页978b。

如下:

故事发生在八世纪末。崔炜是广州一个家境富庶的青年,但已花光了遗产。他帮助一位老妪,老妪因此给他一些极有药效的艾草。他用这种艾草治好一个陌生人的病。不料此人忘恩负义,要杀死这个年轻人来缯祭一个熟鬼。陌生人的女儿救了他,他随后逃到森林里,掉落一座深坑中。他治好了坑中龙蛇唇上的疣。这只快乐的龙驮着他到了岩洞深处,他们在那里发现了一座金碧辉煌的宫殿。他在宫殿里碰到了四个不解之谜:第一,因暂赴祝融帝之宴而不在现场的那个不知其名的皇帝;第二,有一位姓田的夫人被介绍给他,命中注定要成为他的妻子;第三,有人给他"国宝阳燧珠";第四,他与"羊城使者"一起,骑着白羊,被送回家。所有这些,都是这座地下宫殿的主人对我们的主人公的远祖所施与他的一个恩惠的报答,颇显神秘莫测。到了广州,他才知道他已经离家三年!他将宝珠卖给波斯邸的胡人,胡人告诉他,他肯定到了南越王赵佗的墓穴中,因为这个宝珠原是大食国的国宝,后来成了赵佗的殉葬品。后来,这位年轻人在城隍庙见到羊城使者以及五羊神像,那当然是羊城(也就是广州)的保护神。田夫人果然被四个侍女带到他面前,原来,她是古代一个帝王之女,又是南越王赵佗的妃嫔。南越王死时,她与四个侍女一同作了牺牲,为他殉葬。送他艾草的老妪是鲍姑,即炼丹家葛洪之妻。所以,故事从头到尾所要表达的,全不过是一则伪历史的谜语而已。崔炜喝了龙(又一个"历史"人物）的余沫，获得神仙之体，他带着家室去往罗浮山幽僻之地，后遂不知所终。[1]

无论如何，在中国传统中，没有一位古代英雄可与后汉的伏波将军马援相比；可能在土著蛮人中也是如此。他的故事丰富多彩，历久弥新。其"伏波将军"的称号，是在公元42年他即将出征安南之时被授予的。这一称号并非他所专有，而是早已被授予一个名叫路博德的人，公元前110年，路博德率领船队，出发去执行相同的任务。在随后几个世纪中，这个称号又被授予其他一些将帅。这个称号不只含有"驾驭船队和海洋"之义，享有这个称号的人，也被看作是四海蛮夷的征服者，这些蛮夷有时候被塑造为鱼、海蛇或者龙的形象。[2]马援获得这个称号，较大多数人更当之无愧。他征服了各地水域。每当他经过一座城镇，他就"穿渠灌溉，以利其民"。[3]确实，在后来的传说中，他是一位挖隧道、筑堰坝的高手。据四世纪和五世纪的文献记载，他曾排除障碍，开山凿路，升高堤坝，以防海水侵灌。简言之，他变成了一位典型的文化英雄，在这一方面，他很像许多古代神灵，或者（对汉代而言）像其他类似的工程英雄，例如李冰，他所扮演的角色与马援相似，只不过他

---

[1] 《崔炜》，见《太平广记》卷34，页2a—6b，引《传奇》。
译注：故事原文末句作："乃挈室往罗浮访鲍姑，后竟不知所适。"薛爱华译为："disappeared from human ken into the fastness of Mount Lo-fou"，似不确，回译有所修正。
[2] 康德谟，《伏波》，《汉学》，卷3（1948年），页1—2。
[3] 《后汉书》，卷54，页0747c。

是在四川挖井凿渠而已。[1]

马援与雄伟的铜柱以及雄伟的南越通道建设，也是联系在一起的。在马援于汉朝南部边疆建立铜柱的故事中，这两根主题正好汇合了。[2]人们通常记得有两根铜柱，但有时候又说有三根，甚至说有五根。这些铜柱留存下来，但早已变质变形，或与峭壁连为一体，或变为孤岩一块，或成为山，甚或变成海中的岛屿。[3]有时候，它们还保存于远离安南海岸的某个神奇小岛上，在那里能够找到"柔金"（一种炼丹家的灵丹）。[4]这些铜柱与赫拉克利斯之柱极为相似，它们是文明与野蛮、华人与蛮人、中国与占婆之间的精神边界的显著标志；它们可以抵御妖怪的侵袭；它们是天设的屏障，为了防范黑暗势力而降临人间。[5]据说，隋朝军队在劫掠占婆城的途中，曾行经马援在南越建立的铜柱。[6]在唐代，人们相信这些铜柱依然存在。事实上，位于安南南部爱州的

---

[1] 石泰安，《林邑：其方位、对占婆形成的贡献及其与中国的关系》，页147。
译注：李冰在四川凿盐井、修都江堰，后者更广为人知，薛爱华却未提及，不知何故。

[2] 石泰安，《林邑：其方位、对占婆形成的贡献及其与中国的关系》，页147、185。

[3] 同上书，页169。

[4] 石泰安，《林邑：其方位、对占婆形成的贡献及其与中国的关系》，页157。
译注：《初学记》卷六引张勃《吴录》："象林海中有小洲，生柔金。自北南行三十里，有西属国。人自称汉子孙，有铜柱，云汉之壃场之表。"

[5] 石泰安，《林邑：其方位、对占婆形成的贡献及其与中国的关系》，页169、197。康德谟，《伏波》，页48、57。
译注：赫拉克利斯（Hercules）是希腊神话中天神宙斯之子，是大力神。传说赫拉克利斯为完成其光辉业绩，曾到达极西之地直布罗陀海峡，并在海峡两边竖起高大石柱，后人遂将直布罗陀海峡称为赫拉克利斯之柱（Pillars of Hercules）。

[6] 石泰安，《林邑：其方位、对占婆形成的贡献及其与中国的关系》，页161。

一位刺史,曾想将铜柱融化掉,然后将铜卖给商人,借此图利,当然,他还没有找好买家。倒霉的是,当地人认为这些铜柱是神圣的屏障,能保护他们,使他们免得死于"海人"之手。他们向安南总督提出申诉,总督命令这位刺史放弃了这个危险的计划。[1]这段逸事据信发生在九世纪上半叶。正是在此期间,当地土著为了向安南都护马总致敬,竖立了两根铜柱,并尊他为新时代的马援。[2]据说,在宋代初年,这里又另立了一对铜柱,更不用说在南诏也竖立了一对。[3]有一种记载说,原建于汉代的铜柱还立在占婆海岸,在很南边的地方。[4]但是,不管是在更南方还是更北方,也无论是在陆地上还是在海上,铜柱都标志着一个想象中的转换点,从明亮而可以信赖的世界,过渡到黑暗且靠不住的鬼怪非人的国土。

有一艘神异的铜船,也与马援的名字联系在一起。有一种记述如下:

> 马援造铜船,济海后,令沉于渚。天晴水澄,往往望见楼船,一名"越王船"。[5]

不过,通常情况下,在阴雨晦暗的日子里,铜船会透过迷雾,隐

---

[1] 刘恂,《岭表录异》,卷上,页3—4。
[2] 《新唐书》,卷163,页15a。
[3] 《舆地纪胜》,卷119,页5b。
    译注:此处宋初另立铜柱一说似有误,未知何据。
[4] 《新唐书》,卷222下,页1a。
[5] 《郡国志》,《舆地纪胜》卷121页4a引。

然出现于湖上。很多地方都有过这样的报道,虽然其最常出现的地方是合浦地区,也就是古代采珠的那个地方。[1]从传统来看,金属船总是与神灵及巫师有关的,只有这些人才能开动这种船。像石船一般,它们也是治水英雄的交通工具,因此就像诺亚方舟一般,也可以搁在山顶之上。[2]马援故事中还出现了其他铜铸之物:他缴获了土著酋长的铜鼓作为战利品,对他的祭拜中也将其与铜牛联系起来。[3]

这种崇拜作为通行传说和信仰的一部分,可能几乎与这位英雄的实际功业一样古老。但是,正式地说来,它只能追溯到875年。这一年,伏波将军马援被封为"昭灵王",祭拜马援也得到了官方认可,所有忠臣以及地方官都可祭祀。[4]在唐代,桂州城里有一座重要的马援祠。[5]不久以后,他就变身为(如果不是已然如此)水神,尤其是广西诸水的急流之神[6],也是广东最南

---

[1] 石泰安,《林邑:其方位、对占婆形成的贡献及其与中国的关系》,页153—155。石泰安指出,这个传说中的大部分——建造铜船与沉船——也曾被编排为李冰在四川时的故事。还有铜牛:康德谟重建了南越沿海人民牛神崇拜的习俗,并举铜牛像以及作为水妖克星的现实中的水牛为例。参看康德谟,《伏波》,页36—39。我还没有关于唐代这种崇拜的确切证据。

[2] 康德谟,《伏波》,页31—32。山田庆儿(1957年,页307)指出,《岭表录异》中有一段讲到,铜船每年驶往安南进行贸易。他认为"铜船"是"舼船"之讹。由"舼船"一词可知,此船乃用于快速运输及货运,以木板特别是樟木建造。《本草纲目》卷34页29a引陈藏器说,提到浙江用樟木即有此种目的,可参。参看《初学记》卷25,页20a;及《旧唐书》卷19下,页5a。前一处谈到建造,后一处谈及使用。
译注:原书参考文献未注山田庆儿书名。

[3] 康德谟,《伏波》,页22—43。
[4] 《太平寰宇记》,卷162,页6b;康德谟,《伏波》,页3。
[5] 《桂林风土记》,页2;《太平寰宇记》,卷162,页6b。
[6] 康德谟,《伏波》,页6—13。

端海岸特别是雷州一带的海神。[1]唐代以后，马援的形象中有了弓和箭，作为伏波将军和水中精怪的征服者，这种形象与其身份更为相宜。[2]到了现代，他还是雷神、龙王，并且是蛮夷的平定者（蛮夷本身就是龙）。[3]他根本不是汉人专有的神，他既代表汉人，也代表土著——既是龙，又非龙。

最后，马援还是马神，是神圣的龙马，简言之，就是马形水妖。这自然是从他的姓氏"马"而来的。在相当早的传说中，他就成为一群居住在他所树立的铜柱周边地区（中国势力在最南边的前哨基地）的人的祖先，他们因马援之姓而得名。有人说，如果这些"马人"（也许从来就没有这种人）不是这位英雄的后代，那就是马援手下一群留在热带的士兵的后人。[4]《新唐书》称其为"西屠夷"，皆为马姓，并称到了隋朝末年，他们已由十户繁衍至三百户。[5]

其他一些华人英雄，是在汉帝国灭亡以后变成神的。其中较为重要而且较早的一位是士燮。公元二世纪末，他在安南推广汉人的生活方式，而且，根据传说，他还允许佛教在当地传播。他被神化是在六世纪，至今越南人仍尊其为"士王"。[6]

---

[1] 康德谟，《伏波》，页13—20。
[2] 他的传说，非常像浙江吴越王国统治者钱镠（852—932）的传说。910年，钱镠筑海堤，以保护杭州港免受著名的钱江潮冲击。他还命令弓箭手以神箭射击海神的代表——海潮。后来，钱镠本人也变成了海神。康德谟《伏波》页45—46是根据沙畹之说。
[3] 康德谟，《伏波》，页6—7、20、80。
[4] 石泰安，《林邑：其方位、对占婆形成的贡献及其与中国的关系》，页163—165；康德谟，《伏波》，页69—77。
[5] 《新唐书》卷222下，页1a。
[6] 《三国志》卷49，页1041d；戈岱司，《印度支那半岛各民族——历史与文明》，页49—50。

第五章　神灵与信神者

甚至当代（唐代）的一些好官员，也会在其死后不久变成神。例如，柳宗元就被柳州当地人当作那里的城池之神。韩愈为柳侯祠写了一篇纪念碑文，他在文中说柳宗元"不鄙夷其民"。碑文后附迎享送神诗，以向这位新晋之神的神坛进献恰当的供品开始："荔子丹兮蕉黄。"[1]柳宗元已经成了一位真正的热带神灵。

与这种造福人类的高贵祭祀恰成对照的是，在汉人眼里，南越土著的宗教是持续的憾恨和永久的耻辱。华人目睹并在文章中写到那些他们最反对的祭祀，包括某些他们认为属于自己祖先的祭祀。但是，即使像柳宗元这样宽容的人，也会觉得蛮人的习俗几乎无一是处：

> 越人信祥而易杀，傲化而佴仁，病且忧，则聚巫师，用鸡卜。始则杀小牲，不可，则杀中牲，又不可，则杀大牲，而又不可，则诀亲戚，伤死事，曰："神不直我矣。"因不食，蔽面死。以故户易耗，田易荒，而畜字不孳，董之礼，则顽，束之刑，则逃。[2]

（"小牲"是鸡或者鸭，"中牲"是猪或者狗，"大牲"是牛。）[3]

柳宗元认为，佛教可以解决这个问题。大多数地方官则更喜欢依靠儒家的教化，并以武力为支撑。但不管哪一种，看来均奏效甚微。野蛮人的淫祀依然存在，征服者相信，土人短命，就是

---

[1] 韩愈，《柳州罗池庙碑》，《韩昌黎全集》，卷31，页5a—7a。
[2] 柳宗元，《柳州复大云寺记》，《增广注释音辨唐柳先生集》，卷28，页4b—5a。
[3] 《朝野佥载》，卷5，页3b。

因为他们迷信，才造成这样致命的后果：

> 淫祀多青鬼，
> 居人少白头。[1]

下面一段是对獠人信鬼更为细致的描述，看来，獠人的鬼与汉人成神的那些英雄，也并非那么截然不同：

> 瓯越间好事鬼，山椒水滨多淫祀。其庙貌有雄而毅、黝而硕者，则曰将军；有温而愿、晳而少者，则曰某郎；有媪而尊严者，则曰姥；有妇而容艳者，则曰姑。[2]

关于这些神鬼像，已知者甚少，但是至少，有一些汉人所鄙视的土著人的神鬼像，是用具有神奇效力的枫香树的瘤瘿雕刻而成。[3]

> 庙开鼯鼠叫，神降越巫言。

这是韩愈《郴州祈雨》中的诗句[4]，表明信赖越巫神力的古老信仰依然存在。李商隐则是这样写的——使用华人的技术，但仍

---

[1] 刘禹锡，《南中书来》，《刘梦得文集》，外集，卷8，13b。
[2] 陆龟蒙，《野庙碑》，《甫里先生文集》，卷18，38a；又见《白孔六帖》卷68页21b引。
[3] 《太平广记》卷407页3a引《岭表录异》。
[4] 韩愈，《郴州祈雨》，《全唐诗》卷343。

坚持南蛮的迷信：

> 户尽悬秦网，
> 家多事越巫。[1]

这些南方神鬼的代言者，自汉代以来就遭受厌恶和畏惧的眼光，他们在古代的影响力已经被有系统地削弱了。一场对中国北方巫师的迫害，在公元前99年被大规模地启动，所有路边的祠庙都被拆毁。但巫师们仍有足够的活力，在这种系统性的压迫中存活了几百年，然而到唐代，他们在中国北方已大大式微了。七世纪中叶有人上奏皇帝，再次要求压制巫师，也包括那些异端神鬼和淫祀祠庙，因为他们"营惑于人"。[2]大约就在这个时代，皇帝派往江南（其地从今湖南到浙江）的巡抚使狄仁杰，拆毁了这个地区约1700座淫祠野庙。[3]尽管经过了这次拆毁，但一个世纪后，李德裕仅仅在这片土地的部分地区，就又能够找到一千多所"非经祠"，并定其非法。[4]

有一种生物，在南越人的神鬼与宗教活动中，扮演了特殊的角色，那就是司空见惯的家鸡及其野生亲属红色原鸡。红色原鸡是一种脸部有两个垂片的野鸡，羽毛鲜艳，兼有鲜红色与青铜色。[5]

---

［1］ 李商隐，《异俗》，《全唐诗》卷539。
［2］ 陈子昂语，见《新唐书》，卷107，页6b。
［3］ 《新唐书》，卷115，页1b。
［4］ 同上书，卷180，页1b。
［5］ 学名为 Gallus gallus bankiva，或者 Gallus bankiva。
译注：红色原鸡产于东南亚，是后来家鸡所从出。

今天，这种野生原鸡还能在中国最南部和印度支那的森林里见到。[1]看来，东南亚人最早驯化了这一禽类，但照我们的标准来说，驯化显然并非出于"实用的"目的，也就是说，它与丰富我们的食物毫无关系。最有可能的是，它主要是为了巫术和占卜的目的，同时也用于赌博，但是，最初，这两个目的实际上难以分别。[2]似乎远在金属时代之前，鸡就被人们饲养在家中，与人居于一处。在公元前两千年，在印度河流域的大城市摩亨佐—达罗（Mohenjo-Daro），鸡就已经很常见了。[3]它既是波斯人也是希腊人的神禽。作为太阳的先驱，它标志着黑暗之魔已被驱散，它还是复苏的象征。[4]人们认为，中国人是最早饲养各种鸡的，尤其是出于实用的目的。他们所饲养的一个古老品种，就是暗黄色的交趾鸡，它与红色原鸡差别非常大，乃至让人觉得它们分属不同的物种。[5]他们饲养的鸡，既上餐桌，也作医用。他们甚至因为看中其美丽的羽毛，而饲养了优雅而且毛羽光亮的"竹丝鸡（乌骨

---

[1] 在南印度、锡兰和印度尼西亚，也有其他一些与此密切相关的鸡的种类。参看拉都胥（La Touche），《华东鸟类手册》，卷2，伦敦：1934年，页224；柏克希尔，《马来半岛经济作物辞典》，伦敦：1935年，页1030—1035；郑作新，《中国鸟类分布目录》，卷1，《非雀形目》，1955年，页99—100；佐依纳（Frederick E. Zeuner），《驯化动物史》，伦敦：1963年，页443。

[2] 贝茨，《那里从无冬天：热带居民与自然之研究》，页60—61；贝茨，《动物世界》，纽约：1963年，页276—277。贝茨注意到，养鸡纯粹出于游戏目的，是南亚"文明"的基督徒和穆斯林文化的一个特点，只有异教徒还保留鸡的宗教用途。

[3] 佐依纳，《驯化动物史》，页443。

[4] 彼得斯（John P. Peters），《论公鸡》，《美国东方学会会刊》，卷33（1913年），页378；贝茨，《动物世界》，页276—277。

[5] 彼得斯，《论公鸡》，页374。

鸡)"。[1]

但是，华人也有其自身的占卜传统——没有一种鸡可以取代神圣的乌龟。因此，他们一方面将可塑性很强的鸡转换成一种更新、更有用的形式；另一方面也就将那种把鸡当作占卜和祭祀之禽，更"原始"、更精神性的做法，认定为南越蛮夷的传统。[2]在唐代，南越土著用鸡骨占卜新年大事。[3]先用卜鸡的骨头来预卜新发船的未来，事毕，就将鸡肉用来祭祀船神，他们呼船神为"孟公"或"孟姥"。[4]以鸡蛋占卜，也是一门古老的技艺。在邕州南部，本地巫师的方法是这样的：用墨将咒语写在鸡蛋壳上，祝而煮之，然后剖为两半，根据蛋黄的形状，来解释其预兆之意。[5]

除了用鸡占卜以外，还有一种独具特色的南方超自然主义惯技，也很早就引起汉人的注意，他们既有些畏惧，又颇为入迷。这就是"蛊"。蛊术是邪恶巫术，是色情魅惑，是恶性疾病，是由人为或者自然的原因引起的。它是南越的"黑魔法"。它通常被描述为一种毒药，往往是从昆虫或者爬虫身上提炼出来的毒素。据说现代广西壮族妇女还会蛊术，其中很多特点与古籍所记相一致，与中古时代的蛊术实践可能并无多少不同：

---

[1] 柏克希尔，《马来半岛经济作物辞典》，页1030—1035。
[2] 关于以鸡占卜的中国传说，参看艾伯华，《古代中国的地域文化》第二卷《南部和东部的地域文化》，页449—454；关于以鸡蛋占卜，参看同书页445—448。
[3] 柳宗元，《柳州峒氓》，《增广注释音辨唐柳先生集》，卷42，页14b—15a。
[4] 《北户录》，卷2，页6a—7b。
[5] 同上书，卷2，页4b—6a。

……她们走到一条山涧边,把新衣服及头饰摊在地上,舀一碗水放在一旁。女人们载歌载舞,裸露着身子,邀请药王[原文如此](监护神)眷顾。她们等候着,直到蛇、蜥蜴以及毒虫等等爬进碗中,浸到了水里。她们把水倒在一个有林荫的暗处。然后,她们就采集在这里生长出来的蓳(有毒的?),以之制成膏。她们把膏灌到鹅毛管中,将鹅毛管藏在头发里。她们身体的热量,促使蛆虫滋生,虫子很像刚孵下来的蚕蛹。蛊就这样制成了。蛊经常藏匿于厨房某个温暖而幽暗之处。

新制成的蛊还没有毒。它用来作一种爱的药液,与饮食一起服用,称为"春药"。蛊逐渐变得有毒。其毒性日增,女人的身体亦愈来愈痒,直到她毒害他人为止。如果她没有机会毒害别的人,她甚至会毒害自己的丈夫或亲生儿子。但是,她有解药。

人们相信,这些制蛊的人死后,也变成了蛊。被她们毒死的那些人的鬼魂,就成了她们的仆从。[1]

在中古时代,人们通常都相信,蛊毒是这样制成的:先将有毒的虫子放入密封的容器之内,它们彼此相食,最后活下来的那只,便凝集了所有的毒素。根据唐代药物学家陈藏器的说法,这样一只蛊,

---

[1] 冯汉骥、施瑞奥克(J. K. Shryock),《中国巫蛊》,《美国东方学会会刊》,卷55(1935年),页11—12。

> 能隐形似鬼神，与人作祸，然终是虫鬼。咬人至死者，或从人诸窍中出，信候取之，曝干。有患蛊人，烧灰服之，亦是其类自相伏耳。[1]

古人还有这样一种想法，蛊病是由呼入某种瘴雾或者有毒气体而致——就像人们也同样相信，某种空气或者风，可以滋生虫蛆。[2] 我们从中看到了另一种南方混合体：热带瘴雾既会导致致命的疟疾，也会产生有毒的动物。这里有一段唐代人对于南越土著苦难的记述：

> 人感之多病，腹胀成蛊。俗传有萃百虫，为蛊以毒人。盖湿热之地，毒虫生之，非第岭表之家性惨害也。[3]

从孜孜不倦的传说收集者段成式转述一位道教山人的说法来看，蛊还有其他一些类型，如存在于大气中的蛊。段成式听他说，凡瓷瓦器有罂者皆应弃之，因为"雷蛊及鬼魅多遁其中"。[4]

蛊毒与着魔似的性欲望也有关系——这一观念可以追溯到周代。[5] 很显然，这种看法起源于那些关于南方土著女子手上有暖

---

[1] 《本草纲目》卷43页21a引陈藏器说。
[2] 冯汉骥、施瑞奥克，《中国巫蛊》，页3、5。
[3] 《岭表录异》，卷上，页1。
[4] 《西阳杂俎》，卷11，页88。
[5] 此事在公元前541年，参看冯汉骥、施瑞奥克，《中国巫蛊》页2引《左传》。冯汉骥、施瑞奥克，《中国巫蛊》，页3、5。

昧不明的春药的故事。[1]

如果及时发觉,那就还有一线希望:"鸡无故自飞去,家有蛊。"[2]有时候要采取将计就计式的疗法:要么如前所述,服用蛊烧成的灰,要么利用从特别毒的虫子身上转移来的蛊,以对抗不那么致命的虫蛊。因此,蜈蚣蛊可为瘴雾蛊所克,蛇蛊则可克瘴雾蛊,不一而足。[3]也有一些比较理智、但是差不多同样有效的疗法,阿魏胶[4]、蛇胆[5]、香狸[6],以及从雄鸡屎中提取的一种白色物质[7],全都用上了。

这些驱虫药治好了的,或者似乎治好了的,实际上是一些什么病,我们并不确定。也许,其中既有由心理因素引发的身心疾病,也有因病毒引起的。许多肿胀都被称为蛊,有人指出其中一些病例是由肠内寄生虫(因此,虫的主题也经常可见)引起的,似乎有些道理。其他一些病例,则被归因于鱼毒和箭毒,这些毒是住在森林里的蛮夷调制出来的。[8]

至迟到晚周时期,汉人就已对蛊十分熟悉。[9]汉武帝宫中发

---

[1] 现代对色情蛊的描写,除了上文所引述者外,参看艾伯华,《古代中国的地域文化》第二卷《南部和东部的地域文化》,页137—141。
[2] 《酉阳杂俎》,卷16,页126。
[3] 《本草纲目》卷43页21a引陈藏器说。
[4] 《本草纲目》卷34页31b引苏恭《唐本草注》。
[5] 《本草纲目》卷43页24a引陈藏器说。
[6] 《本草纲目》卷51上页31a引陈藏器说。
[7] 《本草纲目》卷48页5a引陈藏器说。
[8] 李卉,《说毒蛊与巫术》,《"国立中央研究院"民族学研究所集刊》,卷9(1960年),页272。
[9] 艾伯华,《古代中国的地域文化》第二卷《南部和东部的地域文化》,页137—141认为最早记录见于《易经》。

生的"巫蛊之祸"(一出爱情与死亡的戏剧)早已众所周知。也许,巫蛊信仰在中国曾经很通行,但是,就像巫师及其祠庙一样,其在北方被压制,而在南方依然存在。[1]但是,即使在唐代,在黄河流域城市中,自古相传的对南方神秘蛊毒的畏惧依然有所存留。在武后统治期间,拥有蛊毒,就像弄星占术一样,会引起官方怀疑并采取行动:

> 时酷吏多令盗夜埋蛊遗谶于人家,经月,告密籍之。[2]

我们只知道几个真正南方神祇的名字及其特征。其中,有些神受到汉人入侵者的礼敬,另一些则只有土著才会祭拜,对后者我们所知更是少之又少。这些神祇中,有许多会照顾到南越各族人民的祈求,为审慎起见,无论当地人,还是外来者,都必须考虑他们精神福祉的方方面面。如果我们不把外来的佛教诸神计算在内,那么本地神祇看起来就非常像古代汉人的神祇——他们都是自然神,或者是与自然相关的重要人类活动的神。中国官方的众神体系,允许并且事实上鼓励人们对隐藏在自然地形中的无数神祇致敬祷祝。这些神祇中最为重要的,是大山大河之神,山河是这个物理世界的骨骼和动脉。实际上,通常都要求各类行人,对这些神圣之地要特别地礼遇和崇敬。像唐玄宗这样虔敬的皇帝,会要求把圣山看做圣地,在那里连动物的生命都是不容侵犯的。[3]这些神

---

[1] 冯汉骥、施瑞奥克,《中国巫蛊》,页30。
[2] 《酉阳杂俎》,卷3,页31—32。
[3] 薛爱华,《唐代的自然保护》,《东方经济社会史学刊》,卷5(1962年),页279—280。

权力巨大,威灵赫赫,等而下之,还有无数神灵,对其名字我们几无所知。例如,海里那些既像蛇又像龙的神怪就是这样:

> 海之百灵秘怪,慌惚毕出,蜿蜿虵虵,来享饮食。[1]

这一节文字描写祭祀仪式中进献供品,可以说,文章还为我们描绘了走向祭坛的伟大的南海神身边的侍从、近臣以及随扈等。如果你愿意,可以说他们是涅瑞伊德,但是,很不容易说清楚的是,他们究竟最像讨人喜欢的涅柔斯女儿,还是最像那种同名的、带点绿色的海虫。[2]

虽然北方大河也有其神女,其中洛神堪称首要,但是,在最南部地区,我没有发现类似的神女。不过,很可能有过这类的蛮夷神女,蛮人爱她,而定居在这里的华人却不知道。土著的确认识很多"水神"。[3]也许,就像如此多汉人的自然神一样,这些神具体化身为人人喜欢的英雄和古代首领。也许,他们也厕身于汉族官员正式祝祷的那些无名的当地神主之列。我们还是来看几个可以识别的南方神祇。

在唐代,虽然四海神属于第四等神祇,其位阶低于高高在上的祖宗神以及伟大的星宿神,但他们的地位依旧崇高。南海神尤其重要,因为他统辖着涨海——南方那一片神秘的海洋,里面住着术士、怪物以及传说中的少女。东方和南方各国,也

---

[1] 薛爱华,《唐代文化札记》,页211。此段引自韩愈《南海神庙碑》。
[2] 译注:涅瑞伊德(Nereid):希腊神话中海神涅柔斯(Nereus)的50个女儿中的任何一个,此词的另一词义是沙蚕(水百脚)。
[3] 柳宗元,《柳州峒氓》,《增广注释音辨唐柳先生集》,卷42,页14b—15a。

是经由这片海域将财富带到广州。在靠近这座城市的黄木湾举行祭祀南海神的仪式，是恰如其分的，因此，远自阿曼、尸罗夫以及巴士拉而来的商船，都在这里安全停泊，并寻求发财致富。这位财富之神，也是夏日之神，作为温暖南方的主要神祇，以火作为其象征。南海神庙在六世纪就已出现，神在庙里受到牲酒果蔬的祭供，但他获得最大的声望，却是在751年，那一年他受封为"广利王"，受到官方的大力表彰。820年，在南海神庙旁边竖立了一块碑，碑文为韩愈所撰，称赞南海神的威力以及广州刺史孔戣的德行，因为孔戣不仅修复了神庙，而且使祭祀有条不紊。[1]所有在隐秘莫测的印度洋中冒险航行的人，都要向这位高贵的神灵祈祷。下面是高骈在南海神庙前写的诗，当时他正要出发，穿过南海神统领的水域，去征服远在安南的南诏军队：

沧溟八千里，今古畏波涛。
此日征南将，安然渡万艘。[2]

这个被赞颂的神，还有另外一方面属性——有些人（比如韩愈）认为他与古代楚国那位火神、炉神以及锻造之神祝融是同一人。[3]这种认定，就像在罗马神话中一位名叫维纳斯的花园女神身上，看到希腊神话中的海洋女神阿芙洛狄忒一样，是人为造作出来

---

〔1〕《旧唐书》，卷8，页18a；薛爱华，《唐代文化札记》，页204—208、219。
〔2〕高骈，《南海神祠》，《全唐诗》卷598。
〔3〕薛爱华，《唐代文化札记》，页205；亦参看艾伯华，《古代中国的地域文化》第二卷《南部和东部的地域文化》，页45—49。

的,但是另一方面,它也同样顺理成章。

更重要的南越神之一是雷神,或者我应该说,是雷神们,因为他们似乎是一个群体。他们被称为"雷公"。关于古时候对他们的祭祀,情况还不清楚,但是在唐代,这种祭祀已经根深蒂固了。[1]所有唐代史料异口同声,都认为它集中在雷州半岛,亦即"雷电之州",并且指出其原因很明显:

> 或曰,雷州春夏多雷,无日无之。雷公秋冬则伏地中,人取而食之,其状类豕。又云,与黄鱼同食者,人皆震死。亦有收得雷斧、雷墨者,以为禁药。[2]

我们应该指望,在天上高声驾着雷车的雷神,长着一副鸟类的尊容,而事实上,人们也曾经猜想过,雷神最初的样子像猫头鹰,但是,在中古时代,雷神变成其他样子,有些像人,但长有鸟喙、翅膀和爪子,很可怖。[3]也许,后面这个版本最早出现于宋代,因为几乎所有唐代史料都把雷神描绘成丑陋的模样,有蝙蝠式的翅膀,样子相当像猪。这里有一条记载:"状类熊猪,毛角,

---

[1] 艾伯华,《古代中国的地域文化》第二卷《南部和东部的地域文化》,页254—255。
[2] 《唐国史补》,卷下,页18a。
[3] 马伯乐,《现代中国神话》,载《亚洲神话:对亚洲各国神话的详细描述与解释》,英语版,纽约:1963年,页274。有一幅画(摹十一世纪李龙眠)上面有"两个雷神",有鸟喙、爪子和蝙蝠式翅膀,但手执弓箭;后来的传说把他们描述成动物的样子,长有红色毛发,有时候长的是猿头(艾伯华,《古代中国的地域文化》第二卷《南部和东部的地域文化》,页254);但有一幅现代插图显示,雷神有一圈鼓,还有一把木槌,可以击鼓成雷。

肉翼青色。"[1]另有一条记载："身二丈余。黑色，面如猪首，角五六尺，肉翅丈余，豹尾。又有半服绛裈，豹皮缠腰，手足两爪皆金色。执赤蛇，足踏之，瞪目欲食。其声如雷。"[2]还有一条记载只是说，雷神"豕首鳞身"。[3]

我们还有一段九世纪对雷神崇拜及其传说的记述：

> 雷州之西雷公庙，百姓每岁配连鼓雷车。有以鱼彘肉同食者，立为霆震，皆敬而悸之。每大雷雨后，多于野中得黳石，谓之雷公墨，叩之铮然，光莹如漆。又如霹雳处，或土木中，得楔如斧者，谓之霹雳楔。小儿佩带，皆辟惊邪。孕妇磨服为催生药，必验。[4]

雷公能打击魔鬼，威灵赫赫，助产孕妇，效果灵验，南方土著渴望雷公，并以酒肉祭献，表达虔敬。[5]有时候，他们凿山为穴，以埋藏供品，称之为"雷藏"。[6]这时很可能正当冬季季风期，猪形的雷神正在安静地冬眠。

一方面，由于某些地方的人们对这些天上飞腾的兽形神充满虔敬，另一方面由于人们普遍对其心存畏惧，所以，对某些奇怪的故事竟然说雷神屈辱地被乡下莽汉和无礼村夫捕获，而他们甚

---

〔1〕《太平广记》卷394页1b引《传奇》。
〔2〕《太平广记》卷393页8a引《录异记》。
〔3〕《投荒杂录》，卷下，页18a。
〔4〕《太平广记》卷394页4b引《岭表录异》。
〔5〕《太平寰宇记》，卷169，页5a引《投荒杂录》。
〔6〕郑熊，《番禺杂记》（《说郛》），页1a。

至毫不犹豫地将雷神吃掉,就难以解释了。[1]确实,雷神这种东西也有其柔弱的一面,这从一段广州附近一个村姑被"雷师"带走做了妻子的故事中,也可以看得出来。[2]但是,在大多数情况下,雷神是残酷、可怖的,在世上各种怪物猛兽中,都难以找到其敌手:

> 开元末(约公元741年),雷州有雷公与鲸斗,身出水上。雷公数十在空中上下,或纵火,或诟击,七日方罢。海边居人往看,不知二者何胜,但见海水正赤。[3]

故事发生在南方,雷公是天空的主宰。在其势力范围内,他们攫取了某些原先由北方的龙所占有的特权,在古代,龙是雨云的主宰。然而,震裂南越黑暗的天空,降雨浸透南越红色土壤的,是这些雷神,而不是北方的雨蛇,也不是印度海洋中那些守卫宝藏的龙蛇。

此外,还有神女,她们是山川的主人,很轻易就被中国道教徒接纳,成为宽容的教派中的仙女,即使区分不甚分明:

> 人们可以这样认为:突出有名的神仙,会损害一大批没有个性的神女,而后者就会变成被剥去羽衣的白鸟。[4]

---

〔1〕《舆地纪胜》,卷118,页4b引《唐国史补》。另一段故事讲到,一雷州人将雷神砍成两半,随后就遭受"天火"即闪电的灾害。参看《投荒杂录》,《岭南丛书》卷1页17a。
〔2〕《太平广记》卷395页6b引《稽神录》。
〔3〕《太平广记》卷464页2a—2b引《广异记》。
〔4〕苏远鸣,《罗浮山宗教地理研究》,页112。

第五章　神灵与信神者

这种直言不讳的描写并非不够准确。可以看一看罗浮山"玉鹅峰"那个例子。[1]此峰亦被人称为"玉娥峰"。"娥"是西北古老的方言词，意指像仙女一样可爱的女人，这里把"娥"译为maiden，是相当不到位的。家养的白鹅也读作 e，因此造成了名称的混淆。不管是"娥"还是"鹅"，皆可以用"玉一样白"来形容，都十分恰当。此外，这里也有我们熟知的白天鹅传说的痕迹。

此类形象苍白的神女有数百位，很偶尔的，有一位鹤立鸡群于其中。这位就是卢眉娘。但我担心她可能只是一个传说。她的名字意为"黑眉毛的姑娘"，指的是她长长的、线一样细的眉毛。早在九世纪，十四岁的她，就被作为礼物，从广州送到长安宫中。她的巧艺之一，就是能在一尺绢上，绣出正常是七卷的全本《法华经》。她厌倦了大都会的生活，度为道士，归返南越，并在那里死去，死时香气满堂。后来，人们经常看见她乘紫云游于海上。[2]

从历史大视野来看，在这些热带仙子中，形象最为完整的是一位女仙，后人称她为何仙姑。她是现代中国神话里众多温婉人物中受人珍视的一位。今天，她的形象十分清晰，有时候举着一朵莲花，有时候捧着一只寿桃，她也会演奏芦笙，或者饮酒。许多传说说到她有与众不同的神力，有神仙的礼物，但大抵都是起源于宋代，并在明代（彼此仍有很多不一致之处）定型下来。[3]

---

[1]　苏远鸣，《罗浮山宗教地理研究》，页 16。
[2]　《太平广记》卷 66 页 6b—7a 引《杜阳杂编》。
[3]　杨富森（Richard Yang）在 1963 年 8 月 15 日致我个人的信中认为何仙姑出现得相当晚。杨教授写道："惟一可信的'官方'记载，或许见于《零陵县志》。我没有见到此书，但它只包含两大主要传说之一，亦即仙姑是湖南人。我认为，仙姑生于广州的传说年代更早。"

关于何仙姑生平经历最早的记述，出现于宋初编定的一本小说集中。关于她的成仙，有一个早期而且流传久远的故事版本，说她因吞食罗浮山神仙坡上的云母，而于八世纪得道成仙。[1]在另一则故事中，她是一位美丽的广州女子，靠织鞋为生。她事先完全没有意识到自己会成仙，有一天，她离开母亲，飞到了罗浮山。她跟一班和尚待在一起，替他们采集野果。她的这些好伙伴都知道，她有不同寻常的本领，因为她能从远在山上的寺庙林园中，为他们采摘新鲜的杨梅，她肯定是飞去的。玄宗初年，朝廷派官员将其带到宫中，但她纯洁的心灵早已卜知陪伴她的官员心怀龌龊之念，于是在北上途中，她消失了，从此绝迹人间。这段富有教诲含义的叙事，见于一部志异故事集中，这部志异故事看来是在十世纪初年汇集成编的。[2]差不多同一时代的另一本书，则说她住在增城，处于广州与罗浮山之间，约当武后时代。她服食了云母粉，并"于罗浮山得道"。[3]十世纪后，围绕何家这位仙女，许多其他逸事渐渐层累起来[4]，但是，可以治病救人、

---

[1] 苏远鸣，《罗浮山宗教地理研究》，页16、21。此事应发生于公元710—711年。传说在这个世纪晚些时候，她在这座圣山现形多次。
[2] 《太平广记》卷62页7a引《广异记》"何二娘"条。某些权威以为《广异记》成书于唐代，某些则定在宋代。不管怎么说，它都在978年《太平广记》编定之前。
[3] 《太平寰宇记》卷157页7b—8a引《续南越志》。参看《舆地纪胜》卷89页22a的类似记载。我无法确定《续南越志》的作年，但其应撰于宋太平兴国时代以前，也可能在唐代。这两篇故事，大约十世纪中叶即已写定。其口头原型很可能年代更早一些。
[4] 孔传在《白孔六帖》卷5页28a中谈到她的一项神仙事迹："（何氏）持一石，措小石楼之上，远观如画。"孔传对白居易这部类书的增补，虽完成于十二世纪，而大量依据的是晚唐史料。

延年益寿的水果或者云母,却一直伴随着她。最终她变成了"罗浮山的又一个女性名人"。[1]

另外还有一个重要的神仙需要提及,这是一位始祖神。汉人在南方的邻居,都是一只名为"盘瓠"的神犬的后裔。关于这个图腾神的故事非常古老,而且至今仍广为流传。简要一点说,故事是这样的:在很早很早以前,有个国王曾经许诺,谁能够取得他的敌人(亦即西边野蛮人头领)的首级,他就把女儿嫁给他。他的宫中有一只狗完成了这一功业,国王虽然不愿意,还是不得不把女儿嫁给了这只畜牲。狗带她远去,到了南方山里石室之中。她为他生了六子六女,这就是后来分布在南方山野的蛮族各部的祖先。远古的时候,他们的后裔在湖南以及南越边境繁衍,慢慢地,他们扩展到了南越的高地地区。[2]

在中古早期,南蛮各族仍然被统称为"盘瓠之后裔",815 年

---

[1] 苏远鸣,《罗浮山宗教地理研究》,页 16。
[2] 多种史料都谈及这个故事。唐代普遍流传的一种版本,见于《通典》卷 187 页 997a;参看《搜神记》卷 14 页 91,所记细节略有不同。此故事之较老版本(见《后汉书》卷 116)已有译本,见劳费尔,《印度支那人的图腾遗迹》,《美国民俗学杂志》,卷 30(1917 年),页 419—420。关于这一传说的概要性研究,参看刘重熙,《华南土著部落的狗祖先故事》,载《大不列颠及爱尔兰皇家人类学研究所学报》,卷 62(1932 年),见篇中各处;林耀华,《贵州苗民》,《哈佛亚洲研究学报》,卷 5,第 3—4 期,1941 年 1 月,页 333—334;刘重熙,《论亚洲狗祖先神话》,载《华西协和大学中国文化研究所集刊》(Studia Serica),卷 1(1941),篇中各处;艾伯华,《古代中国的地域文化》第二卷《南部和东部的地域文化》,页 18—26。刘咸认为,这一神话从两个中心向外传播,一个在北亚,一个在南亚。他宣称在泰语中,找到了《后汉书》中所记公主头饰与衣服的两个词语的同源词。

被贬岭南的刘禹锡曾写到当地按时祭祀盘瓠的仪式。[1]

到我们这个时代，在岭南苗瑶民族及其亲戚越南东京蛮人中，盘瓠依然被牢牢铭记。[2]据说，广东的瑶族"在每个瑶人房屋最中心那一间，都有专门祭祀盘古［原文如此］的祭坛。"[3]越南蛮族不愿意直呼盘瓠这个神圣的名字，也禁止吃狗肉。[4]

盘瓠这一名字本身也表明，其故事已经被创世神话所吸收。在汉字中，盘瓠由"盘"和"瓠"两个字组成。"瓠"字无疑就是葫芦世界，它与远东地区为人熟悉的创世鸡蛋，是相互对应的。许多傣族人和苗族人的传说都讲到这个很像南瓜的巨大果实，有一对兄妹住在里面，他们在世界大洪水之后活了下来，不顾乱伦，结为夫妻，他们生下的子女，布满了新的地球。[5]狗图腾与瓠这种具有宇宙意义、繁殖力特强的蔬菜的联系，在中国传说中得到了解释：古时候，宫中有一老妇生病，她从头上挑出一只虫，治好了自己的病。她将虫置于瓠子中，以盘覆之。虫子变成一条狗，故名之为"盘瓠"。[6]只不过"瓠"是笼罩在上的

---

[1]《周书》，卷49，页2338c；《刘梦得文集》，卷8，页16b。前文已将此诗全文翻译。
[2] 劳费尔，《印度支那人的图腾遗迹》，页421。虽然在古代，神犬是所有蛮人的祖先，近来，人们都假定他只是说苗瑶语的部族的祖先，这些部族的历史在中古晚期才开始。这里有一个重要的问题悬而未决。
[3] 博尼法西，《东京蛮人歌谣及通俗诗歌研究》，《首届远东研究国际大会报告论文提要》，河内：1903年，页85—89。
[4] 史图伯尔、梅里奇，《海南岛黎族：对华南民族学的贡献》，页372。
[5] 史图伯尔、梅里奇，《海南岛黎族：对华南民族学的贡献》，页371—373；石泰安，《远东缩微花园》，页50。
[6]《搜神记》，卷14，页91。

天,而"盘"则是平展在下的地。这也与盘瓠狗与公主所居住的南方山中石室相对应,他们在石室中生儿育女,并且成为入侵的汉人的敌人。瓠就是石室的拱顶,盘就是石室的地面。山洞也被称为"洞天",道教徒们就是这样称呼深藏于神山之中的神仙世界的。[1]狗的神话与山洞葫芦神话应当在很早以前就融合在一起。就汉族故事传说而言,有一些版本中并没有狗,而在蛮族传说中,那些强调狗的版本却一直很引人注目。

妖　怪

所有旅行都是危险的。超自然的敌人对徒步旅行者的威胁,与现实危险对徒步旅行者的威胁一样多。虽然这些危险,不管是精神的还是物质的,会随着踏入这片未知的土地而日益增加,但是,在中国遇到妖怪的概率,几乎等同于碰上山体塌方的概率,而在遥远的南方山区,这两种危险却都极其多。因此,在南方,野外生存充满神秘的危险。宋之问在其胆战心惊、被迫迁谪的途中,就深刻地意识到这一点。在经过龙目滩,顺桂江而下时,他看到:

> 巨石潜山怪,深篁隐洞仙。

---

[1]　石泰安,《远东缩微花园》,页50。

鸟游溪寂寂，猿啸岭娟娟。[1]

有智慧的人，会适当准备好护身符和咒语，以对付密林深处和多石荒野的坎坷与恐怖的旅程。如果他足够幸运，便可以躲过这些地方的野兽，但还有受树精攻击的危险。实际上，食肉动物和邪恶精怪有很多共同点，因此总体上可以看作是一样的。一只老虎、一棵树或者一块石头长老了之后，其精魂就会取得新的活力和能量，直到它凝结为某种奇怪的形状，获得独立的生命，并且加入那支出没于丛林的精怪的秘密队伍中。道教徒们对这些东西所知尤多，也擅长与它们打交道。道教知识的经典著作《抱朴子》曾经告诫我们："万物之老者，其精悉能假托人形，以眩惑人目。"识别这类外形幻象的办法之一，就是带一面镜子到荒郊野外去，便可以揭开精怪的真面目。[2]或者假如行人胆子够大，尤其他接触过道教的真秘符，就可以为自己提供强大的法力，以对抗"百鬼万精"。[3]再或者，如果你知道这些不祥妖物名号的底细，就可以废除其魔力。所以，一条龙应该称做"雨师"，鱼应该称做"河伯"，老树应该称做"仙人"，金玉应该称做"妇

---

[1] 宋之问，《下桂江龙目滩》，《全唐诗》，卷53。我用Mountain goblins 翻译"山怪"。"怪"意为"奇怪的、神秘的、可怕的、奇异的"，这里意为"一种可怕的怪物"。
[2] 《抱朴子》，《登涉第十七》，页2a。
[3] 同上书，页13b。这里把"精"写作Ectoplasm，译为germinal essence（原始精魂）。古老石头和树桩变成的危险精怪，在不那么有名的山里尤其常见；因此，炼丹术士为了神圣事业而离群索居，做炼丹试验，他们宁愿待在名山之中，那里有有名而高贵的精灵。参看小尾郊一（Obi Koichi），《中国文学中所表现的自然与自然观——以中世文学为中心》，东京：1962年，页280。

人",总之,"但知其物名,则不能为害也。"[1]

自然物衍变为精怪,各有其偏爱的形状。山中之精,其形往往如鼓,一足,抑或形如小儿,夜里出来,食山蟹。[2]老树有能语者,如人。[3]古井之精,其状如吹箫美女。[4]故道径之精,其状如野人,亦即如野蛮的土著,若以其名呼之,则可使人不致迷路。[5]但所有这些都是幻象(树抑或乡下老头,井抑或美女,道径抑或野蛮人),精,即原始精魂,始终隐藏于不断变换的形状之后。[6]

若当你穿过树林,而精怪不愿意在你眼前现形,你可以借助鸟的能量,让它们现形:"乌(鸦之)目……吞之,令人见诸魅。或研汁注目中,夜能见鬼。"[7]同样地,若吞食鸦目,亦令人夜见鬼物。[8]

并非所有鬼怪都属于南方。北方,甚至在极北之地,也有当地的鬼怪。某些甚至还是令人尊敬的,例如公元641年,远在西伯利亚海岸的岛国"流鬼国"派来进贡的使者。[9]但是,毫无疑

---

[1]《抱朴子》,《登涉第十七》,页7b—8a。
[2]《太平御览》卷886页4b—5a引《玄中记》;《太平御览》卷886页6b引《抱朴子》;《抱朴子》,《登涉第十七》,页7a。《抱朴子》著录于《隋书经籍志》,故应属于三至六世纪这一时期。
[3]《抱朴子》,《登涉第十七》,页7a。
[4]《太平御览》卷886页6a引《抱朴子》。
[5]《太平御览》卷886页5b引《抱朴子》。
[6] 山田庆儿(Yamada Keiji),《中世的自然观》,载薮内清(Yabuuti Kiyosi)编,《中国中世科学技术史研究》,东京:1963年,页66。
[7] 参看薛爱华,《唐代的祥瑞》,《美国东方学会会刊》卷83(1963年),第10项据《本草纲目》卷49页11a引陈藏器语。
[8]《本草纲目》卷49页12b引陈藏器语。
[9]《资治通鉴》,卷195,页14a。

问，热带丛林是特别适合鬼怪聚居的家园。这可能一部分是因为在丛林中，危险的生物比较多，从神秘的疾病到有毒的昆虫，应有尽有。[1]虽然北方人并非对鬼怪及其同类完全陌生，但他们不会将其置于较受尊重的神灵之列。相反，他们更喜欢（除了名山大川之神，甚至高于名山大川之神）天体诸神，尤其是星宿神。奇怪的是，这些天体诸神在南方纵深区域似乎很不受尊重，尽管在那里月亮有时候会格外受人尊敬。[2]是因为这里的星星经常都被森林树冠、团团云雾以及瓢泼大雨遮蔽了吗？[3]不管怎么样，一旦到了雨林之中，北方人很快就会忘掉头上闪耀的星辰之神，转而担心四周潜藏的蛮夷树精。中古时代中国人在南越是这样的，现代法国人在同一片鬼神出没之地，也是如此：

> 冷漠和理性主义的欧洲人，会如何面对这些神话故事呢？是什么魅力使他们倾向于相信森林中有不祥的力量？疲倦、贫困、热病、鸦片、加速植物腐败的重浊空气、他们土著伙伴之如痴如狂，对他们的意识产生的潜移默化的影响、对危险隐约的预感……在难以穿越的树丛的炎热潮湿中，在浸透各种热带腐败物的强烈气息的空气中，在清晨的薄雾中，鬼伸出自己的手臂。在欧洲人的想象中，他们的生活危

---

[1] 雷纳在《热带森林的原始宗教——社会地理学研究》页95认为，鬼怪之多样化是热带森林狩猎与采集文化所特有的一个特征，但我没有看到将其数量与北方森林对比的统计资料。

[2] 雷纳，《热带森林的原始宗教——社会地理学研究》，页97。

[3] 这是我的提法，而不是雷纳的。雷纳（页98—99）提出另外一个等式：林区的农民，更关注心灵、祖先崇拜，以及大江大河之神。这可能是对的。

机四伏。树林的热病，像铁箍一样包围着头颅，然后突然出现幻影幻觉。当此之时，人们似乎是在进行一场反抗看不见摸不着的鬼的战斗，而这场战斗具有一种几乎超出常人的特点。[1]

这里就有一个实例，说明南越地区到处都是幽灵似的生物：

> 海边时有鬼市，半夜而合，鸡鸣而散。人从之多得异物。[2]

这些羞怯的居民住在海滨森林之中，出来参加这类时有时无、短时即散的贸易活动，在华人看来，这些人肯定就像鬼一样。不是所有的鬼怪，都像下面这类一样容易让人接受：

> 岭南溪洞中，往往有飞头者，故有"飞头獠子"之号。头将飞一日前，颈有痕，匝项如红缕。妻子遂看守之。其人及夜，状如病，头忽生翼，脱身而去。乃于岸泥寻蟹蚓之类食。将晓飞还，如梦觉，其腹实矣。[3]

这些以蟹为食的土人，很难与丛林动物区别开来。对于北方人来说，南方土著本性的另一面，就是其动物性，很容易想象他们随

---

[1] 马勒雷，《1860年以来法语文学中的印度支那异国情调》，页84。
[2] 《番禺杂记》，页1a。关于亚洲"鬼市"的一般介绍，参看伯希和，《马可波罗行纪诠释》，卷2，页622—624。
[3] 《酉阳杂俎》，卷4，页38。参看《新唐书》，卷222下，页16a。

意滑向本性的另一面。因此，"夷人往往化为貀。"这说的是藤州。[1]"貀"是"貀㞟"或"貀蛮"的简称，根据旧说，似乎是一种食肉的猫，可能就是在东亚地区分布很广的所谓"豹猫"。但奇怪的是，其名称的第二个字"㞟（蛮）"，却正是我们熟悉的蛮夷之"蛮"。

猫人或者虎人，在南越都极为常见。也许是为了补偿汉族外来者，也出现了一些汉人的鬼神，其形象更为鲜明，例如鼎石神，他住在广州某地的江波之中，古代仙人赤松子，据说就是在这个地方炼丹的。[2]鼎石神很可能正是这位炼丹的仙人，只是为了适应当地的风土人情而略有改变。

最可怕的南方鬼怪（至少对华人来说），既不是鬼，也不是兽人，而是一种不知其名的无脊椎动物。我说不知其名，意思是如果它真的存在，现在也很难给它科学地命名。在汉语中，它有多种通用的名字，如"水弩"、"含沙"、"射影"、"射工"、"短狐"。我采用"射人者"（shooter）这个名字来称呼它。还有更古老也更古雅的名字——"蜮"。[3]这个名字始见于周代文献中，但是，汉朝经典注释家才第一次对这种生物作了描述。它才开始作为某种爬虫或昆虫，出现于山溪或者溪岸边，含水或者含沙射

---

[1]《太平御览》卷172页4a引《郡国志》。
译注：原书引此文在"昭州"之下，不属于藤州。
[2]《舆地纪胜》，卷101，页3a、5a据《太平寰宇记》引《郡国志》。赤松子已见于《汉书》卷40，页1459c，是一位道教隐士或神仙。他也是史前时代的雨神。
译注：引文见《太平寰宇记》卷164。
[3]《山海经》，卷15，页70a；《汉书》，卷27下，页0415b；《搜神记》，卷12，页85；《毛诗草木鸟兽虫鱼疏》，页6、63。

人,甚或喷射人的影子,致人死亡。有一段唐代记载写道:

> 射工出南方有溪毒处山林间,大如鸡子,形似蛣蜣,头有一角,长寸余。角上有四歧。黑甲下有翅能飞。[1]

我们尚不能确定,古代《诗经》中有毒的"蜮",是否就是上文引述的中古药物学家所说的那种奇怪的甲壳虫。人们很容易一下子猜测它就是射水鱼(*toxotes jaculator*),此鱼是鲈鱼的亲属,能够射落岸上悬垂树枝上的昆虫为食,但是,在南越这么北的地方,似乎看不到这种热带鱼类的踪迹,更不用说,"射影"这种虫类至少可以上溯到四世纪。[2]也许,它是那种有口吻而又食肉的船形小虫(即 *Notonecta*,松藻虫),既能在水里游,也能在空中飞。[3]再者,就是有攻击性行为的投弹手甲虫(放屁虫)。还有龙虱(*Dytiscidae*)——一种食肉的水中甲壳虫,其后腿如桨。另外就是鼓虫(*Gyrinidae*)科甲壳虫,能够飞掠过清新的水面。也许,上述各物种没有一个完全符合条件。不管怎么说,大多数迁谪南行之人,只要想到可能遇上这样一个射手,就会吓得瘫倒。但是,还有更可怕的。

韩愈曾经向朝廷抱怨他被贬谪的苦楚,他说自己在岭南炎热的

---

[1]《本草纲目》卷42页20b引陈藏器语。
[2]《太平御览》卷950页7b引《抱朴子》。参看《毛诗草木鸟兽虫鱼疏广要》(《丛书集成》本),卷下,页135。
[3] 此当即《国译本草纲目》(东京,1930年)第10册页320中图示的那个尚未确认的虫子,参看《本草纲目》,卷42。

海岸,"居蛮夷之地,与魑魅为群。"[1]宋之问的伤心更令人动容:

> 丹心江北死,白发岭南生。
> 魑魅天边国,穷愁海上城。[2]

官员身份的诗人元结,在八世纪晚期成功地平定了容管的蛮夷部落。他曾把这片季风之地写成魑魅之乡:

> 吾闻近南海,乃是魑魅乡。[3]

汉语中称其为"魑魅",我称为 trolls,也许应该称为 goblins 或者 bogles。[4]但是,斯堪的纳维亚半岛上又黑又粗笨的巨人,似乎最像中国树林茂密的山中那种令人毛骨悚然的妖怪。[5]

　　魑魅是黑色的精怪,力量不同寻常。他们挑战汉人的政权,挑战这片土地上理性的统治者。在上古时代,他们就已经像蛮夷

---

[1]　韩愈,《潮州刺史谢上表》,《韩昌黎全集》,卷39,页7a。
[2]　宋之问,《发藤州》,《全唐诗》,卷53。
[3]　元结,《送孟校书往南海》,《全唐诗》,卷241。诗中之"南海",既指南中国海,又指自古以来即以"南海"著称的广州地区。关于元结传记,参看《新唐书》,卷143,页4b。
[4]　"魑魅",需要作单音节用时,经常简省为"魅",故有"山魅"、"木魅"等。
　　译注:troll 原意为北欧神话中的巨人,goblin 原意为妖怪,bogle 也是妖怪的意思。
[5]　苏远鸣,《罗浮山宗教地理研究》,页109注2认为山魅、山魈以及野人(即森林中的野蛮人)都是山林中黑色的、毛茸茸的半人半兽,与毛人及木客都极为相近。虽然吓坏了的北方人通常都将这些怪物混为一谈,但是,当地的老人显然知道如何将其区别开来。

第五章 神灵与信神者

部落苗人一样,潜藏于光明世界的边界之外。[1]在北方,他们的安全要靠伪装:无知农人祭祀的假狐神,其实是魑魅伪装的。[2]而在南方,魑魅就像黎、莫诸部一样,隐藏在高山深林之中,生活无拘无束,逍遥法外。他们被视作"木魅"[3]以及"山魅"。

　　龙镜逃山魅,霜风破嶂云。[4]

在遥远南方的各种山精之中,人们最可能遇到的是"山魈":

　　溪行防水弩,野店避山魈。[5]

我们已经谈过水弩,这种妖物恶毒地喷射行走于岭南峡谷之间的路人。山魈[6]则更有人性,即使他们的恶意行为,也含有一种顽皮小妖精的幽默。他们是东方的山精,与希腊神话中的山精是同一类,但他们并非山中仙女。有人说他们是山魅的一种,其他人则认为,他们应该称为"飞龙"。其中有一种像鸟,青蓝色,在大树上穿洞为巢,饰以赤白相间的泥土。有些人认为,这很像"射侯"(即箭靶)。[7]

───────

[1]《左传》,文公十八年。
[2]《太平广记》卷447页5b引《朝野佥载》。
[3] 元结,《讼木魅》,《全唐诗》,卷240。
[4] 钱起,《送李大夫赴广州》,《全唐诗》,卷236。
[5] 张祜,《寄迁客》,《全唐诗》,卷510。
[6] 唐代有不同读音(方言音?),一作山萧,一作山臊,一作山魈。见《酉阳杂俎》,卷15,页119。
[7]《搜神记》,卷12,页84—85;《酉阳杂俎》,卷15,页119。这个史料为这一动物提供了其他几种奇怪而富有启示的名字写法。有一本颇受人尊敬的辞书——《辞海》,将山魈这个名字解释为非洲狒狒!

225

有些人说，他们白天是鸟，到了夜里，则变成小人，发出类似鸟叫的声音。其他人则认为，这种变化多端的怪物是纵火者[1]，动辄烧掉房子和茅屋。他们与老虎相熟，老虎能保护他们免受坏人侵犯。[2]我称他们为 imps（小淘气、小顽童、小妖魔）。有两则故事，旨在叙述发生于八世纪中叶的事情，可让我们对山魈的性格有所了解：

> 天宝末，刘荐者为岭南判官。山行，忽遇山魈，呼为妖鬼。山魈怒曰："刘判官！我自游戏，何累于尔？乃尔骂我！"遂于下树枝上，立呼斑子。有顷虎至，令取刘判官。荐大惧，策马而走，须臾为虎所攫，坐脚下。魈乃笑曰："刘判官更骂我否？"荐大惧，左右再拜乞命，徐曰："可去。"虎方舍荐。荐怖惧几绝，扶归，病数日方愈。荐每向人说其事。[3]

同书还有如下一段故事：

> 山魈者，岭南所在有之，独足反踵，手足三歧。其牝好傅脂粉，于大树空中作窠。有木屏风、帐幔，食物甚备。南人山行者多持黄脂铅粉及钱等以自随。雄者谓之山公，必求金钱；遇雌者谓之山姑，必求脂粉。与者能相护。唐天宝中，北客有岭南山行者，多夜惧虎，欲上树宿。忽遇雌山

---

[1]《搜神记》，卷12，页84—85。
[2] 同上书，页84—85；《酉阳杂俎》，卷15，页119。
[3]《太平广记》卷428页2a引《广异记》。

第五章 神灵与信神者

魈,其人素有轻赉,因下树再拜,呼山姑。树中遥问:"有何货物?"人以脂粉与之。甚喜,谓其人曰:"安卧,无虑也。"人宿树下。中夜有二虎欲至其所,山魈下树,以手抚虎头曰:"斑子!我客在,宜速去也。"二虎遂去。明日辞别,谢客甚谨。其难晓者,每岁中与人营田。人出田及种,余耕地种植,并是山魈。谷熟则来唤人平分,性质直,与人分,不取其多,人亦不敢取多,取多者遇天疫病。[1]

那么,岭南的魈,根本不是蠢笨的巨人,也不是急忙赶路的小精灵,更不是可怕的妖怪。我们看到他们逍遥自在地栖息于树枝之上,露出尊严和独立的神情,并且相信他们与人是同类——他们甚至还有人类的弱点(雌山魈很在意自己的容貌)。他们似乎是鬼怪、长臂猿以及住在吊脚楼里的小矮人的混合体。[2]

在最南方的深山里,还住着另一种很有代表性的居民,即"木客"。这是树精的一种,爪子像古代希腊、罗马神话中的鸟身女妖,但是,跟鸟身女妖不同的是,这是一种很温和的动物,有点像鸟,绝不会把酒筵弄得一塌糊涂。[3]事实上,有个传说写道,真的有一种鸟,性喜群居,就叫做"木客鸟"。[4]否则,这个山林怪物就是像鬼的类人猿,但它显然比山魈更灵巧,而不像罗宾古德非罗

---

[1] 《太平广记》卷 428 页 1b 引《广异记》。
[2] 关于魈的其他记载、其他时间与地点,参看艾伯华,《古代中国的地域文化》第二卷《南部和东部的地域文化》,页 30—32。
[3] 译注:希腊罗马神话中的鸟身女妖,原文作 Harpy,据说她能使接触过的一切东西变得污浊不堪,散发臭味。
[4] 《异物志》,可能即房千里《南方异物志》,《太平御览》卷 927 页 4a 引。

那样顽皮淘气。[1]这些长着鸟一样脚爪的小精灵,在昭州荣山特别多,[2]其体形如小儿,"歌哭衣裳,不异于人。"但是,他们往往深藏不露,很难发现,虽然有人说,在高山之中,当暴雨过后,就能听到他们的歌舞之音。[3]他们善于制作器物,并以此与人类交换生活必需品。[4]正如山魈一样,这些长有爪子的小矮子,一部分是鬼,一部分是猿,一部分是非汉族土著,还糅合了鸟类特征,这很可能是因为其生活方式是居住于树上。事实上,正如我们所看到的,北部山中的莫族人并未不屑于与其通婚。[5]

对行人而言,所有这些木客都极为可怕。在这个世界的其他角落,也有他们的同类,从缅甸森林中令人畏惧的神怪[6],到古老条顿林地中可怕的木妻——那可是我们的小精灵和仙女的祖先。[7]此外,其同类不胜枚举,有些像人,但形象隐约模糊,这要么是出于恐惧的幻想与创造,要么是由于缺乏理解而描绘出的亦真亦假的形象。

---

[1] 译注:罗宾古德非罗(Robin Goodfellow),英国民间传说中顽皮而善良的小妖怪、小精灵,喜欢恶作剧,有时也喜欢帮人做事。
[2] 《元和郡县图志》卷37页1044作"紫山"。
　　译注:检原书,卷37应作卷36。
[3] 《南康记》(《说郛》),页2a。
[4] 《太平广记》卷482页6a《洽闻记》引郭仲产《湘州记》。
[5] 参看第三章所译刘禹锡诗及艾伯华,《古代中国的地域文化》第二卷,《南部和东部的地域文化》,页29—30。
[6] 哈斯廷斯(James Hastings),《宗教与伦理百科全书》,纽约:1962年,卷3,页23。
[7] 同上书,卷5,页685。

第六章 世界

世界
在心灵的气候中旋转
意象的花儿开满枝头

——华莱士·史蒂文斯,《尤利西斯的航行》

造物者

面对南越这个反常的世界，北方人缺乏一种放之四海而皆准的世界观来鼎力相助，他无法靠这种世界观，充满乐观地接受南方种种令人不快的事实。唐代的华人，也不能沾沾自喜地求助于诸如"秩序"、"和谐"、"多样之统一"甚或"美"之类形而上的原则（在我们的传统中，这些观念都是令人愉快的），使自己艰难的调适变得顺畅一些。事实上，我们很难在中古汉语中找到一种表达，可以恰当地翻译我们现在所理解的"自然"一词。[1] 在语言和思想中，"世界是什么样子的"这个问题，与"是什么造就了这个世界"这个问题纠缠在一起，而且无法解开。在一定程度上，内在的创造原则，就是中古时期的思想准则。对一些人而言，这是"天"，对另一些人而言，这是"道"；对于再一些人而言，这是"自决"。

---

[1] 李约瑟（Joseph Needham）认为中国人看到了"自然中的秩序"，但强烈反对那种看法，即认为中国人把这种秩序看作在"理性的人格神"主宰下，或者在从无而生的造物主主宰之下的法则。见李约瑟、王铃，《中国科学技术史》，卷2，剑桥：1956年，页581。

那么,"天"是什么呢?对几乎每个人而言,在某种意义上,"天"就是存在的根源,是基本分别的根源,尤其是两性分别的根源:

> 天生万物,皆有牝牡,惟蛎是咸水结成,块然不动。[1]

但是,对不同的人而言,天并不是完全一样的。对一些人,天是抽象的、无上光荣的存在,早已在国家祭祀中得到正式承认;对于另一些人,它是生机勃勃的、富有创造力的本体论原则;[2]对于再另一些人,它只是一个黯然褪色的隐喻。也许到了唐代,人们已经全然忘记"天"的原型,忘记古代那个高悬于黄土之上的上帝的天。也许,最普通的是那种几乎不可知论的看法:天很大程度上与道相同,即没有具体特征。柳宗元曾经这么表达过:"无青无黄,无赤无黑,无中无旁,乌际乎天?"[3]柳宗元和其他人都发现,这种传统的、不明确的反描写,是不能令人满意的,所以,正如我们马上要看到的,他拿不那么正统的世界观开起了玩笑。

接下来就是"道"。在唐代,道还像常规一样,受到一定尊敬,因为它就像变色龙一样,要它变成什么特性,就能变成

---

[1]《本草纲目》卷46页36a引陈藏器语。
[2] 几个世纪以来,"乾"字都是指"天"精力旺盛与造物的一面。参看卫德明(Hellmut Wilhelm),《〈易经〉中的创世原则》,《爱诺思基金会年鉴(1956)》,卷25,苏黎世:1957年,页462、475。
[3] 柳宗元,《天对》,《增广注释音辨唐柳先生集》,卷14,页6a。参看李约瑟、王铃《中国科学技术史》,卷2,页561对此段的译释。

第六章　世界

什么特性，甚至是佛教的特性，但是它仍然不够精确，故不能让上层士人保持对它的敬重。"万物由道而生。"谁还会反对道呢?[1]道至少是事物永恒的子宫，至多是事物的普累若麻[2]，是神圣的未经创造的整体。对那些沾沾自喜、没有批判力的头脑来说，只要对世界的思考恰如其分，那它就是真实的世界。

与这个伟大的、不加辨别的基本思想密切联系的，是关于自然这个自决本体的观念。这一古代观念已经变成受人尊敬的儒学信仰主流的一部分[3]，虽然它在实质上并没有为自然设计思想留出任何余地。[4]在某种程度上与西方那种超脱的创世者观念较为相近的，是关于古代神灵的思想，如创造了看得见摸得着的世界的女娲，还有诸如《易经》中的龙那样的上古创造力的象征。[5]但这些形象只对老派的人有吸引力。

也有一小部分的观点，并不满足于天真地接受这个极其丰富多样的现象世界。理智似乎要求有一个类似 A. N. 怀特海所谓"上帝"的形而上原则，这是一个关于限定、具体化、选择、确

---

[1] 关于道与赫拉克利斯的逻各斯（logos）（这是一种自然主义的泛神论，它强调自然运作的一体性和自发性）的对比，参看李约瑟、王铃《中国科学技术史》，卷2，页37—38。但是，汉学文献中充满了对道的率尔之论，几乎没有多少哲学意义。
[2] 译注：普累若麻（pleroma），意为神圣的充满，是指遥远、至高的及不为人知的独一个体神格观念。
[3] 在一些现代人看来，这只是中国人对自然的看法。参看刘若愚，《中国诗歌艺术》，页49。关于《庄子》和《淮南子》中对此术语的使用，参看李约瑟、王铃《中国科学技术史》，卷2，页51。
[4] 《论衡·物势第十四》。
[5] 卫德明，《〈易经〉中的创世原则》，页468—469。

定、个体化以及实现的原则。在古书《庄子》中，已经可以找到这样一股力量，在书中它的名字就叫"造物者"。[1]有时候，它被称为"造化者"。唐代人利用冶铜术的隐喻，对实体所扮演的形而上角色作了一次系统的阐述：

> 天地为炉，造化为工。
> 阴阳为炭，万物为铜。[2]

那么，造物者既是发明家，也是艺术家，还是工匠，有点近乎柏拉图或者诺斯替教所谓创世者，但它绝不是作为救世主的神，也不是代表正义、慈悲或者真理的神。

在柳宗元的作品中，这个造物者很突出，特别是当这位作家面对他贬谪之地的奇异风景进行思索的时候。柳宗元几乎是九世纪有教养的士人的一个完美典范，他既不是"儒家信徒"，也不是"道教徒"，也不只是"佛教徒"，他对有关人在自然界地位的各种激动人心的思想都能兼容并包。此外，他内心敏感，文才秀异。他不是李贺或者温庭筠那样繁复的意象主义者，他写得简单而精确，优雅而有风格。他的散文表现了一个真正的诗人对选用的每个字词之价值与深度，有着怎样的理解与判断，尽管大多数都是非常普通的字词。他的行文也经过深思熟虑。这两种品质，我们都可以从他贬谪南越高地之时所作的一篇文章中看到。这就

---

[1] 本节有一部分乃节选改写自薛爱华《唐代文学中关于创造自然的观念》（《东西方哲学》，卷15，1965年，页153—160），那篇文章对造物者有更精细的讨论。
[2] 《白孔六帖》，卷90，页23b。

第六章 世界

是那篇著名的《小石城山记》:[1]

> 自西山道口径北,逾黄茅岭而下,有二道:其一西出,寻之无所得;其一少北而东,不过四十丈,土断而川分,有积石横当其垠,其上为睥睨梁欐之形,其旁出堡坞,有若门焉。窥之正黑,投以小石,洞然有水声,其响之激越,良久乃已。环之可上,望甚远,无土壤而生嘉树美箭,益奇而坚,其疏数偃仰,类智者所施设也。噫!吾疑造物者之有无久矣。及是,愈以为诚有。又怪其不为之于中州,而列是夷狄,更千百年不得一售其伎,是固劳而无用。神者倘不宜如是,则其果无乎?或曰:以慰夫贤而辱于此者。或曰:其气之灵,不为伟人,而独为是物,故楚之南少人而多石。是二者,余未信之。[2]

也许,就像波德莱尔一样,柳宗元自问:这里是否有隐藏的意义。也许,自然奇观象征着某种伟大的真理,或者象征古代神灵之间的战斗,又或象征即将到来的一场巨大变革:

> 自然是座庙宇,那里活的柱子
> 有时说出了模模糊糊的话音;

---

[1] 柳宗元,《小石城山记》,《增广注释音辨唐柳先生集》,卷29,页5b—6a。
[2] 翟理斯(H. A. Giles)《古文选珍》,卷1《散文卷》(第二版,上海:1923年)页141—142;马古烈(Georges Margouliès)《中国古文》(巴黎:1926年)页229—230亦有此篇译文。翟理斯将造物者译作一个颇有基督教意味的神,并使其译文显得似乎柳宗元最终怀疑造物者的存在。我采取另一种理解。

> 人从那里过，穿越象征的森林，
> 森林用熟识的目光将他注视。[1]

如果柳宗元真是这样，那么，问题就会变得顺理成章——中国人看到了大自然处处暗含的天意。但是，柳宗元并不坚信这个预兆。造物者把这样的奇景安置于遥远的蛮荒之地，其目的究竟何在？当然不是为了安慰迁谪于此的政治家。我料想柳宗元设为此问，是要表示他反对那种把造物目的理解得很琐屑的观点。造物神并不降尊纡贵，迎合当前的趣味，亦即无意以其创造的最佳作品，满足城市居民的不时之需。神计划在这遥远边疆准备一处自然的石头杰作，就像在相类的地方准备一种罕见的鲜花，或者一条隐蔽的瀑布一样容易。

其他到南越来的行人，受到一路迎接他们的景观的激发，就会记起庄子的"造物者"。宋之问愁眉不展，翻山越岭进入南越，他认为那是一片异域之地。他看到了标志着文明与野蛮之分界的壮丽山峰，并评论其"信为造化力"。[2]吴武陵在桂州隐山洞穴中，见到了石灰岩构成的各种怪怪奇奇的动物形象，颇生敬畏，并写道："不知造物者之所变化也。"[3]对某些观察者来说，南方的奇迹需要一种解释，这解释要能够超越自发性、超越"道"的无特征的旋涡。为什么是这些特殊的现象，而不是其他现象？来到这些遥远地方的旅行者，会将自己的眼睛和

---

[1] 波德莱尔，《应和》，载《恶之花》。
译注：此处采用郭宏安先生的译文。
[2] 宋之问，《早发大庾岭》，《全唐诗》，卷51。这个边界被称为"华夷界"。
[3] 吴武陵，《新开隐山记》，《全唐文》，卷718，页13a。

第六章 世界

心灵,向造物者的杰作敞开,这是深居简出之人绝不可能做到的。顾非熊看着他船上的桅樯映衬着星光,写下这样的诗句:

> 不是长游客,
> 那知造化灵?[1]

但是,事实上,也许大多数到南越的行人,愿意把这片土地的壮丽与恐怖看作自然,看作经验之河上自发的水泡,如果他们有一点哲学思想的话;抑或在某种情况下,将其看作象征性的警示,看作是神灵们发出的具体信号。

除此之外,对自然与真实也有一些特别佛教化的看法——这些看法太多,太微妙,不胜枚举。这里只说一个普遍的看法:现象的世界是虚幻的,可知的真实世界,也许是存在于人心,而且只有摆脱了现实世界的桎梏和淫猥之后才有可能。隐退于静谧而荒无人烟之地,在那里,使人心烦意乱的环境的压力就会大大减少,这一愿景通常会更容易实现。但是,照此看来,"自然"并不是其自身追寻的目的,而只是达到更高启蒙目标的手段。[2]但是,一些中古佛教宗派并不排斥感官世界,也不曾将所谓人类经验的虚幻性过分夸大。其中一派就是在唐代流行的"华严宗",它认为现象世界与本体世界具有同等重要性;另一派是影响深远的"天台宗",它认为"一色一香,无非中道";此外还有禅宗,

---

[1] 顾非熊,《夏夜汉渚归舟即事》,《全唐诗》,卷509。
[2] 必须退隐于荒寂之地,才能得到这种解脱,关于此点,参看马瑞志(Richard Mather),《五世纪诗人谢灵运的山水佛教》,《亚洲研究学报》,卷18,1958年,页73—74。

它强调自然生活和热爱自然。[1]简言之,唐代佛教有一种更多地接受有色有味的世界的倾向。看来,在势力强大的佛教寺庙的保护下,在唐代出现的某种近乎哲学现象论的思想,与唐代文化中通常为人熟知的世俗主义结合起来,为当时人们对"造物者"(即我们所谓"创世者")兴趣的复苏提供了解释。

地 气

在诸如此类宏大的形而上规划之下,还有一种更家常也更直接的力量,常被中古时代的中国人用来解释大地上分布的众多物种之间的差异。这就是"气"的概念。在某些体系中,"气"被看作一种无限的、流动的母体,按照造物者事前的选择而赋形万物[2],但是更常见的,则被看作当地土壤地形所放射的能量,即我们现在称之为"生物群落"的活动原则。[3]这些气活动的结果,便是形成各种动物区、植物区、矿物区,甚至文化区。一位现代学者曾经注意到,在中国,"狍子的分布不超过秦岭山脉以南,而赤麂的分布则不超过云南中部以北。"[4]在中国古代,此

---

[1] 陈荣捷,《新儒学与中国科学思想》,《东西方哲学》,卷6(1957年),页310—311。
[2] 薛爱华,《唐代文学中关于创造自然的观念》。
[3] 对比薛爱华,《唐代的自然保护》,页293。此文提出这样一种看法:地(而不是天!)是万物的源泉,而水是"大地的血与气,就像在筋肉或静脉之间流淌一样到处流动"。
[4] 斯宾塞,《亚洲东南:文化地理学》,页91。

类观察司空见惯,物产因地不同,被归因于"地气"。两千年前,中国典籍中就指出,活泼而啁啾不休的鹡鸰在黄河流域找不到,而南方的橘,到了北方就变成了枳,这两种水果都是其所处环境的特殊产物。[1]在唐代,这一点曾被段成式这位观察家观察到:

> 蜀郡无兔鸽。江南无狼马。朱提以南无鸠鹊。[2]

751年,发生了一件煊赫一时的事件,连最卑微的臣子也由此注意到地气的活动,不仅如此,他们还注意到神圣的皇帝有可能控制地气。种在长安宫苑的柑子结出了美丽的果实。宰臣所上贺表这么解释这次非同寻常的事件:

> 草木有性,凭地气而潜通。故得资江外之珍果,为禁中之华实。[3]

换句话说,中国各地区(似乎是)通过地下的管道而连接在一起,透过这些管道,天子就能以其强大的力量,把遥远之地的地气输送过来,从而在通常起反作用的气候条件下,生长出奇异的植物果实。这是一种原始的生态理论,它不需要高度发达的宇宙学或本体论来解释这种现象。

---

[1] 叶静渊,《中国农学遗产选集》甲类第十四种《柑橘》上编,上海:1958年,页51,其所据为《周礼》;薛爱华,《唐代的祥瑞》,页210。
[2]《酉阳杂俎》,卷16,页126。
[3] 同上书,卷18,页146;《贺宫内柑子结实表》,《全唐文》,卷962,页15b—16b。

自然观

对自然现象的细心观察,伴随着试图解释其多样性及其地域差异的思考,但是,如果说科学思想史在西方是某种引导,那么,以这种方式得到的思想,对于自然科学的发展与"对自然的控制",亦即对于将相互滋养的科学与技术提高到新的阶段,是不会产生什么结果的。然而,它们可以推动"自然历史"的进步,而在今天的西方,自然历史作为从各个具体方面对总体环境进行严肃研究的源泉,重新获得了良好的声誉。物质的次要性质(颜色、气味、组织以及其他)又开始显得重要起来,就像它们在中古中国一样,而作用有限却极为重要的第一性质(质量、体积、速度等等)也正得到正确的观照。

在十八世纪,布封在批评笛卡儿的时候,就意识到了抽象思维的局限性。自然历史要求描写,要求研究细节,研究颜色、味道及环境改变,研究人的影响,不管其行为是否有意图。现代生态学和环境保护也需要这种考察,因为其众多根源就在古代的自然史中。[1]

---

[1] 格拉肯(Clarence J. Glacken),《关于人与地球的三个伟大传统:从上古到十八世纪地理观念史研究》,柏克莱:1962年,页4。

第六章 世界

中古中国人会赞同布封。虽然关于地球经过设计的看法根源于神话与神学,在我们自己的传统中占主导地位,但在中国却是无足轻重的——造物者凝物成形,似乎并非基于一个总体设计。中国人的确有一个传统,即注意生物与周遭的有机体及天和谐共处,这种传统在很大程度上要归因于药物学和气象学知识,亦即对星球和气候的经验主义观察。这与西方希波克拉底学派所持观点多少有些类似。[1]但是,无论在远东还是远西地区,人们对人也是改变环境的因素之一这种看法,都很少予以关注。

中古中国文人虽然只有相当有限的理论装备,却怀有对自然的深厚兴趣,他们吟诗作文,表达自己对自然界的感情。但是,我们所熟悉的、具有唐代特色的自然文学,却并非天生就有的。虽然乐山、乐水、热爱山林,早在孔子[2]和庄子[3]的经典中得到认可,但是,直到三世纪,我们才第一次获得一种简朴的自然诗,这种自然诗是与那些逃避人世烦嚣与名教制度、寻找永恒人生的道教徒们的修行和生活习惯相联系的。[4]葛洪写道:"合丹当于名山之中,无人之地。"[5]又说:"名山……上皆生芝草,可以避大兵大难。"[6]于是,一些人的眼光就转向外部世界,寻找

---

[1] 《关于人与地球的三个伟大传统:从上古到十八世纪地理观念史研究》,柏克莱:1962年,页1。
[2] 《论语·雍也》。
[3] 《庄子·知北游》:"山林与?皋壤与?使我欣欣然而乐与?"翟理斯曾翻译过此段文字。
[4] 傅乐山,《中国自然诗歌的起源》,《大亚细亚》(新刊),1960年,卷8,页73—78、102。傅乐山说,要了解这种诗歌的特征,可参阅五世纪诗人江淹模仿早期道教诗歌的那些诗作。
[5] 《抱朴子·金丹第四》。
[6] 同上。

避世之方。但是，这种原始的文学"欣赏"，与自然（也许我们应该写做大写的自然）之间缺乏老到而神秘的情感联系。这种联系直到四世纪与五世纪才开始出现，是与山水画、园林开发、追求画意的趣味以及寻找绝佳之风景胜地同步发展的。[1]古代道家的观念，也开始吸收佛教观念而有所微调，这种佛教观念认为，神秘的真实隐藏于这个世界的山水之后，只有在冥想或者入定中才能理解。[2]道允许自身在现象世界的映象浮现于敏感的心灵之上，心灵便可以由此被引领至更深层的精神境界。

在六世纪的道教美学中，自然与人们的日常渴望和追求还颇为疏远。用来表现人类将情感投射到外部那个巨大世界的、一套约定俗成的文学象征体系已经出现，"秋"代表"悲"就是一个例子。[3]但是，某些作家，比如陶潜，理解更为成熟，艺术更为主观，水平更高，在他们笔下，人类心灵与世界心灵再次融为一体。[4]

但是，汉唐之间这个时代出现的、或许最有成果也最吸引人的文学样式，是一种我们可以称之为"游记"的体式。这种形式有其生机勃勃的根源，即中国古代巫师的心灵漫游，以及宋玉和司马相如诗歌中的梦游[5]，记叙在理想化的、天堂般的世界中

---

[1] 小尾郊一，《中国文学中所表现的自然与自然观——以中世文学为中心》，页274。
[2] 傅乐山，《中国自然诗歌的起源》，页98。
[3] 小尾郊一，《中国文学中所表现的自然与自然观——以中世文学为中心》，页47—48、50—51、344。
[4] 同上书，页232。
[5] 小尾郊一，《中国文学中所表现的自然与自然观——以中世文学为中心》，页66及以下各页。

的漫游历程,这个世界可以是自然的,也可以是超自然的,最常见的则是既自然又超自然,因为真实世界就是永恒世界的影子或映象。道教徒在石灰岩洞室中寻觅稀罕的药用矿物质,同时也在神秘大地上寻找终极真实。行走在美丽的风景之中,就是行走于天堂之上。[1]这一体裁在唐代产生了广泛影响,其范围从纯粹描写自然史的一个极端,一直延伸到超越海洋、星星、山川的神仙梦幻和生命愿景的另一极端。

同时,对佛教徒来说,自然作为达到"精神"目的的功利作用,依然是首要的。旷阔的天空,静谧的森林,就像对道教徒一样,意味着超脱世俗的泥沼。但是,不仅如此,熟知涅槃之空,还使人们对颜色、声音、触觉和味觉等自然界次要性质失去兴趣,例如,在王维的作品中,这种写作和思维模式就得到了很好的体现。[2]

伴随着五世纪和六世纪人们感觉的深化,紧接而来的是,人们新的注意力被吸引到熟悉的城市和农田之外、那个令人眼花缭乱而富有意味的世界。在江南诸王朝中,这一发展尤其引人注目。但是,游记文学,不管是描写心灵旅程,还是描写身体旅行,都不是这一时期和这一地区唯一的特殊贡献。还有一类新的诗歌也在此时此地繁荣发展,这就是吟咏自然物类的诗歌(咏物)——对花鸟矿物之类作短小、生动而富有意象的描绘,这与过去那种以滔滔不绝、洋洋洒洒的语言对主题作穷尽式描写的赋

---

[1] 小尾郊一,《中国文学中所表现的自然与自然观——以中世文学为中心》,页141、275—277。
[2] 特别要参看马瑞志《五世纪诗人谢灵运的山水佛教》,页67—68。

体文学颇不相同。[1]

  这些都是唐代自然文学的基础。不管这个时代最优秀的语言有多么敏锐、多么精确,它都是以六朝时代为模型的。李白学习谢朓,杜甫则追随庾信。[2]这也是忧心忡忡地蹒跚于南越棕榈和葛藤之间的唐代文士们所继承的遗产。

---

[1] 小尾郊一,《中国文学中所表现的自然与自然观——以中世文学为中心》,页289。
[2] 同上书,页602—604。

第七章 天与气

……明亮的红色黎明,是孕生清晨之时、初次照临群山的那种红色。

——萨谢弗雷尔·西特韦尔,
《行到时间尽头》

星　辰

　　被流放的汉人面对的"自然"由大量的细节构成，早在对这一切的既定表述或明确象征产生之前，它就已经为人所知、所感。他们发现自己置身于新的天穹之下，一个"规外布星辰"的地方。[1]一位诗人在送别南迁的友人时这样写道，大致是说在人们熟悉的纬度之外，能看到那些未知的星辰。经海路到达安南港口后，沈佺期写下了"三光置日偏"。[2]"三光"即指南天星座天蝎座的三颗明星，其中就有红色星宿大火。同样，老人星也在那里随着南船座飘荡。对汉人而言，这是他们在北方从未见过的"老人星（寿星）"。而对那些乐观的北人来说，它就是在南方仙境寻求长生的指路明灯：

　　　　此处莫言多瘴疠，天边看取老人星。[3]

---

〔1〕　元稹，《和乐天送客游岭南二十韵》，《全唐诗》，卷407。
〔2〕　沈佺期，《度安海入龙编》，《全唐诗》，卷97。
〔3〕　张籍，《送郑尚书赴广州》，《全唐诗》，卷3854。

公元 723—726 年，太史监南宫说和杰出的僧人一行等人前往南越，在子午线上选取十一个地点测量纬度，而老人星正是他们观测到的最壮丽的景象之一：

> 以八月自海中南望老人星殊高。老人星下环星灿然，其明大者甚众，图所不载，莫辨其名。[1]

可以想见，这群狂热的科学家是如何在酷热的正午凝望着圭表的阴影。据史书记载，他们对交州（安南）和因陀罗补罗（林邑）等地"日在天顶北"的方位（距北回归线以南观测点的距离），以及"极高"（纬度）进行了精确测算。[2]然而，这些博学的观测者所见到的其他天象奇观却并未被记载下来。一行等人是否在老人星的清辉下，目睹过黑暗地平线上的那些星空夜景呢？我们不免会想到南天星空的两个奇特天体——麦哲伦星云，它们为中世纪的阿拉伯人所熟知（"老人星脚下的两朵白

---

[1] 《旧唐书》，卷 35，页 6a；《新唐书》，卷 35，页 5b；李约瑟、王铃、罗宾逊（K. G. Robinson）《中国科学技术史》，卷 4，册 1，剑桥大学出版社，1962 年。

[2] 《新唐书》，卷 31，页 6b。但也有人提出，关于林邑，可能还包括安南的数据，并非来自实地测量，而是通过推导得出的。1964 年 10 月 5 日，我在与同事鲍威里（Paul Wheatley）的一次私人交流中，获知他做出了更肯定的判断。他认为一行提供的南方地点的测量数据实际上来自于中国四世纪的一次探测。这与李约瑟的观点相抵牾，李约瑟认为唐代人是观测领域的先行者，其根据可见阿瑟·比尔（A. Beer）等人《八世纪的子午线：一行的圭表测量和公制体系之前史》一文，《天文学展望》，第 4 期，页 3—28，1961 年。但不管怎样，唐代史书明确记载了交州地区的实地测量活动。

云")[1]，马可波罗游记曾这样报道过，阿伯拉尔也对它们有过评述。

然而在多数人看来，这些南天球的新星对于理解南方并非至关重要。它们只不过是月亮运行轨道上的部分星体，而月亮才是南越的真正主宰。审慎的观星术远比天文学的发现来得更加重要。

岭南南部（其北部与湖南有共同的分野）历来是两个黄道带星宿"牵牛"与"婺女"的分野。"牵牛"由三颗星组成，其中最醒目的是牵牛星（天鹰座 α 星）；而更重要的是，"婺女"由四颗星组成，其中心为宝瓶座 ε 星。婺女也是唯一以"女"为名的星宿。自汉代以来一直如此，但唐史调整此地为另外两个星座的分野："星纪"统辖南越东部，原来主宰湖南一地命运的"鹑尾"，变为管辖南越西部。这是一次明显的变动，其后宋代星象学家有所保留地接受了这一改变。[2]但无论如何，人们都一般认为，南越最重要的是婺女星，即二十八星宿中位列第十的女宿。上古时代，人们大体上将其与夏天的到来相联系。同时，它还象征女性（女神与悍妇!），以及雨林中蒸腾的热气。公元837年，当可怕的哈雷彗星扫过婺女座时，唐文宗遣出宫中乐妓四十八名。[3]

---

[1] 据载，大约十一世纪初，穆斯林航海者就靠它们掌控航向。见伯希和《马可波罗行纪诠释》玛西尼翁（Louis Massignon）所作尾注（页码不详），巴黎：1963年。
译注：阿伯拉尔（Pierre Abelard, 1079—1142），法国哲学家。
[2] 《舆地纪胜》，卷89，页1b。
译注：原文云："韶、广、康、端、封、梧、藤、罗、雷、崖以东为星纪分，桂、柳、郁林、富、昭、蒙、龚、绣、容、白、罗而西及安南为鹑尾分。"
[3] 《旧唐书》，卷176，页20a。
译注：原文所标卷数疑似笔误，应在卷17下。

到目前为止，我还没有试图翻译"婺"字。我们可以发现，唐人除了将其用为诗歌比喻之外，几乎只将其视作星宿之名。然而在字典中，"婺"的解释为：1. 不繇，不顺从；2. 美女。依常理推测，这两种含义应出自同一词源，因此或许可将其译为"野丫头"（闹腾或无忧无虑的女子）或者"风流美人"（大胆或美丽的女子）。在这里，我将写一写这位以其炽热光芒照耀南越的"野丫头"或"风流美人"。

在唐代诗人的眼中，她是一种独特的象征。这位卓尔不群的星光女神，即使置身宫里那些珠光宝气的美女之中，依然出众。尤其在夜间盛会上，我们的"风流美人"成了光彩夺目的"恒星"，被周围的群星簇拥着，在狂欢中熠熠生辉。她有个专门的雅号——"宝"（宝贵；财宝；珍宝），且往往与月宫仙子嫦娥同时出现。典型的有"仙娥去月"，"宝婺辞星"。[1]在一次夜宴上，她们的光辉照亮了整片天空：

> 宝婺摇珠佩，
> 嫦娥照玉轮。[2]

（我的翻译有着令人担忧的拉丁语风格。我应该使用英语词汇 Aster 和 Selene，并将宝婺译作 gemmy minx。这句诗的意思是说，宝婺将周围的行星当作配饰，而嫦娥比起自照的月镜更加明亮。）

当一位汉族公主背井离乡，远嫁吐蕃时，亦有诗云：

---

[1] 王勃，《梓州郪县兜率寺浮图碑》，《全唐文》，卷184，页2b。
[2] 李商隐，《七夕偶题》，《全唐诗》，卷540。

第七章　天与气

月下琼娥去，
星分宝婺行。[1]

在一出长长的序幕后，我们必须开诚布公，在此处陈述一下本书的主题和象征，它们已经而且将会以各种各样的外表出现。此刻，它是红色的火星，闪耀在黑丝绒般的热带夜空。对中古时期的汉人来说，它是"赤熛怒之神"，或是"荧惑"，其地在"南方"。[2] "荧惑"成了火星的常用名，它代表赤帝，是伟大的南方之神，也是远东地区的火神。[3]

而"赤帝，体为朱鸟"。[4]

季　节

赤乌（朱雀的同类）所居住的太阳向北移动，最终到达其目的地北回归线，约在广州以北二十一英里。因此，热带囊括潮州以西和以南的所有南越沿海地区，包括珠江三角洲、雷州半岛、海南岛、今广西南部，以及安南全境。从政治地理学的角度来看，广管大约有一半在北回归线以南，一半在以北；桂管则几乎

---

〔1〕　薛稷，《奉和送金城公主适西蕃应制》，《全唐诗》，卷93。
〔2〕　《春秋纬文耀钩》，见《玉函山房辑佚书》，册43，页3b。
　　　译注：原文云："夏起赤受制，其名'赤熛怒'。"
〔3〕　《太平御览》卷78页6a引《文子》："赤帝为火灾。"
〔4〕　《春秋纬合诚图》，见《玉函山房辑佚书》，册44，页1b。

都在北回归线以北，容管基本都在以南；而邕管除了一小片北部地带之外，与安南同在北回归线以南。汉人对这片土地的划分很明确。在夏季，圭表的影子落在南面，因此安南被称为"日南"（太阳之南），为人熟知的"北户"一词也一直用来指南越人，因为他们的门户出人意料地，是从北面迎来太阳的温暖。[1]

这里是太阳永恒的国度。四季按时变换，本来是生命和人类活动的基础，也早已被数以千计的重要典籍赞美过，在这里却被一笔勾销了。尤其值得一提的是，尽管多雨多雾，但夏季的酷热却持续得太久：

> 过秋天更暖，边海日长阴。[2]

植物也并未反映出相应的、预想中的季节变化——"地暖无秋色"。[3]事实上，在这个奇特的国度里，每样事物都是颠倒的，

> 穷冬或摇扇，盛夏或重裘。[4]

宋之问在经过梧州时也写道：

---

[1] 石泰安，《林邑：其方位对占婆形成的贡献及其与中国的关系》，页173、124—126。段公路亦将所著有关南越之书起名为《北户录》。
[2] 常衮，《逢南中使因寄岭外故人》，《全唐诗》，卷254。
　　译注：《全唐诗》卷278作卢纶诗。
[3] 李商隐，《桂林途中作》，《全唐诗》，卷539。
[4] 韩愈，《江陵途中寄翰林三学士》，《韩昌黎全集》，卷1，页26b。

第七章　天与气

> 南国无霜霰，连年见物华。
> 青林暗换叶，红蕊续开花。[1]

甚至连植物的生长周期也全然不同。七世纪时，杜审言这样描述他在安南的流放地：

> 交趾殊风候，寒迟暖复催。
> 仲冬山果熟，正月野花开。
> 积雨生昏雾，轻霜下震雷。
> 故乡逾万里，客思倍从来。[2]

才华横溢的诗人许浑在广州任职时，也写过相同的主题，谈到植物生长之反季节现象：

> 未腊梅先实，经冬草自薰。[3]

在这里，人们感受不到严寒。朱庆馀曾写道，从南方到京城去的人说，在南越的冬天，盛开的红色刺桐花堆积如茵，人们行走其上，就像北方人踏在积雪上一般：

> 越岭向南风景异，人人传说到京城。

---

[1] 宋之问，《经梧州》，《全唐诗》，卷52。
　　译注：《全唐诗》卷160作孟浩然诗，题为《题梧州陈司马山斋》。
[2] 杜审言，《旅寓安南》，《全唐诗》，卷62。
[3] 许浑，《岁暮自广江至新兴往复中题峡山寺四首》，《全唐诗》，卷537。

> 经冬来往不踏雪，尽在刺桐花下行。[1]

这些花果不仅在冬天如此繁茂，它们结果的方式更让人大吃一惊。据记载，南越的茄子经冬不凋，能长成大树，必须借助梯子才能采摘。[2]

如果说南越也有季节的话，那就是雨季，它影响了从中国南部到非洲东部那温暖的海洋里与海岸上所有生命和经济活动的过程。秋末和冬季的东北季风吹过亚洲大陆，送走了从广州归去的印度和波斯的商人；其对人类情感的影响，也不及夏季猛烈的西南季风那么显著，西南季风将满载珍宝的船只带到南越来。[3]通过文学作品，我们早已了解到夏季的印度季风开始时的猛烈程度。但在中国，它的到来却与众不同。它逐步进入南越，起初时甚至难以觉察。[4]在四月份，孟加拉湾和东京湾的大量热带气团开始入侵中国南部，然而岭南地区的持续大量降雨则基本在五月份，有些地方甚至要到六月份才开始。这个雨季会持续到十月。[5]因此，南越的气候随着相应的纬度和海拔，表现出了明显的地区差异——从北部的亚热带季风气候一直到南部的热带季风气候；相应地，南部低地更加湿热，尤其在岭南西南海岸、海南岛，以及安南。[6]北方

---

[1] 朱庆馀，《岭南路》，《全唐诗》，卷514。关于"刺桐花"详见后文。
[2] 《岭表录异》，卷2，页9。
[3] 薛爱华，《撒马尔罕的金桃》，页11—12。
[4] 涂长望、黄士松，《中国夏季风之进退》，《美国气象学会通报》，第26期，页9—22，1945年。
[5] 涂长望、黄士松，《中国夏季风之进退》，页14、19。
[6] 冯世安，《广东地理》，《岭南科学杂志》，卷6（1928年），页241。马科恩（Shannon McCune），《印度支那自然地理的多样性》，《远东季刊》，卷6（1947年），页339。

第七章 天与气

来客惊奇于这里四季的缺失，实际上是因为他们还不适应南方在一年中不甚分明的季节变化。这些移民很快了解到气候温和的桂州和北方，与炎热的安南及南方之间的显著差异，以及冬季干燥的大陆季风与夏季潮湿的海洋季风之间的巨大变化。随后他就会认识到，夏季意味着大雨，冬季则意味着细雨，海边有恐怖的雷电，而山中则有致命的瘴气。北方有四季，这里则似乎减少为两季，一季比较潮湿（从四月到十月），另一季比较干燥（从十一月到三月）。但也可以算作三季，这样，在干燥与潮湿的两季之间，就多出一个闷热、多雾的过渡季节，从二月中旬持续到四月中旬。[1]

北方来的疲惫流人们很快就熟悉了闷热夏季[2]中那无尽的大雨：

> 行路雨修修，青山尽海头。[3]

而持续的潮湿带来了霉变和腐烂：

> 五岭春夏率皆霪水，沾日既少，涉秋入冬方止。凡物皆易蠹败，萌胶毡屦，无逾年者。[4]

---

[1] 葛德石，《中国的地理基础：土地及居民研究》，页353，纽约、伦敦：1934年。马科恩，《印度支那自然地理的多样性》，页341。
[2] 斯宾塞，《亚洲东南：文化地理学》，页49。
[3] 张籍，《送南客》，《全唐诗》，卷384。
[4] 《太平御览》卷416页5b引《岭南异物志》。

在长江流域南部地区,最闷热潮湿的天气出现在六月份和七月初,稍迟于岭南地区。夏初的雨水通常被称作"梅雨"。"梅雨沾衣,便腐黑。"[1]虽然这种由扬子鳄唤来的降水,与梅子成熟的时间大致吻合,但"梅雨"一词的通俗词源依然很明显,"梅"(梅子)指代的是同音的"霉"(黑霉;枯霉)。[2]无论以哪种形式出现,这一名称在唐诗中都很常见,但只适用于江南而非南越的河流湖泊,尽管南越夏季的霉变更为普遍。也许,此词所具有的空间(华中地区)和时间(从六月到七月)联系根深蒂固,使其不能兼指南越(中国南部,从五月到六月)的雨季。

风 暴

在沿海地区,人们会感受到湿润气候的强大威力。"冈州地近大海,晴少雨多,时遇甚风,林宇悉拔。"[3](冈州是一沿海州郡,地处广州以西的三角洲区域。)一年之中最猛烈的风暴,是秋季来自南中国海的台风(飓风)。韩愈对此深有体会:

飓起最可畏,

---

〔1〕 陈藏器说,见《本草纲目》,卷5,页21b。
〔2〕 涂长望、黄士松,《中国夏季风之进退》,页19—20。薛爱华,《唐代文化札记》,页63。
〔3〕 《太平御览》卷172页2b引《郡国志》。

第七章 天与气

訇哮簸陵丘。[1]

在另一篇作品中,他写到自己的贬谪之所潮州:

飓风鳄鱼,忠祸不测;
州南近界,涨海连天;
毒雾瘴氛,日夕发作。[2]

796年9月20日,一场强台风袭击了岭南首府广州。"广州大风,坏屋覆舟"。[3]这么强烈的台风,足以掀翻屋顶瓦片,有"如飞蝶"[4]。一年中可能有两三次台风[5],也可能三五十年始一见[6],但每次台风来临之前都有征兆。这种先兆是一种光圈、晕轮,或是高天云间多种彩虹,通常被称为"飓母"。[7]柳宗元记录了这种可怖的景象:

山腹雨晴添象迹,潭心日暖长蛟涎。

---

[1] 韩愈,《江陵途中寄翰林三学士》,《韩昌黎全集》,卷1,页36b。
[2] 韩愈,《潮州刺史谢上表》,《朱文公校昌黎先生集》,卷39,页5a。
[3] 《新唐书》,卷35,页2a—2b。
[4] 《岭表录异》,卷1,页1。
[5] 同上。
[6] 《唐国史补》,卷下,页18a。
  译注:原文云:"南海人言:海风四面而至,名曰'飓风'。飓风将至,则多虹蜺,名曰'飓母'。然三五十年始一见。"
[7] 《岭表录异》,卷1,页1。《唐国史补》,卷3,18a。
  译注:《岭表录异》原文云:"南海秋夏,间或云物惨然,则其晕如虹,长六七尺。比候则飓风必发,故呼为'飓母'。忽见有震雷,则飓风不能作矣。舟人常以为候,豫为备之。"

射工巧伺游人影,飓母偏惊旅客船。[1]

有人认为,狭长的雷州半岛(雷电之州或雷电之岛)得名于时常可以听到的海浪巨大的轰鸣声[2],但也有人坚信,这一地名实际上是缘于此地雨季中的雷声。

赤 天

火神国度及其使者与化身朱雀的整个基调,都是红色的。

……骄阳下的花儿芳香馥郁
绽放的比我们的艳丽百倍……
在血红色天空的斑斓色彩中,
在孔雀啼鸣的每种音调里。[3]

这就是劳伦斯·霍普笔下的热带印度那火一般的天空。无独有偶,一位现代旅行者对海南也有类似描述,只不过较为清醒而已。在一场雷电暴雨过后,整个岛屿在夕阳下成了一片红色的天地:

---

[1] 柳宗元,《岭南江行》,《增广注释音辨唐柳先生集》,卷42,页14b。
[2] 《太平寰宇记》卷169页5a引《投荒杂录》。
　　译注:原文云:"按《投荒录》云:'雷之南滨大海,郡盖以多雷为名,以其雷声近在檐宇之上。'"
[3] 劳伦斯·霍普(Laurence Hope),《柚木林》,选自《印度悲情曲》。

第七章 天与气

我几乎一下子就看见,山峦上的整个天空神奇地变成了牛血般的红色。帐篷四周明亮而半透明的森林反射着这种色彩,连我呼吸的空气都像是有形的,被染成红色的了!在每个方向——落日渐隐的西方、北方、南方,和东方,天空原来那云层覆盖的大理石灰色都变成了一色明艳的鲜红。所有这一切都如此奇特,简直不像人境。[1]

但是,红色不仅属于海南,它也是南越所有天空的色彩。这片土地上炽热的空气,神灵的气味,都是唐代诗人所熟知的。杜甫写过"五岭皆炎热"[2],又写过"南游炎海甸"[3],还写过"五岭炎蒸地"[4]等。这些诗句有多种含义。南越之"炎"一开始指天空呈现的火红色,也指沉闷的酷热,也指致命的瘴疠——这些都是赤帝的杰作。

　　戈船航涨海,旌旆卷炎云。[5]

这首诗送别一位即将启程前往瘴疠之地南方的将领。甚至在宜人的高地桂州,人们对赤天也并非不熟悉。许浑就曾写道:

---

[1] 克拉克,《海南大髻黎:生活于中国海具有重要战略意义的大岛鲜为人知的腹地的头绾大髻的野蛮部落》,页391—418。
[2] 杜甫,《寄杨五桂州谭(因州参军段子之任)》,《九家集注杜诗》,页349—350。
[3] 杜甫,《奉送魏六丈佑少府之交广》,《九家集注杜诗》,页233。
[4] 杜甫,《寄李十二白二十韵》,《九家集注杜诗》,页339。
[5] 权德舆,《送安南裴都护》,《全唐诗》,卷323。

瘴雨欲来枫树黑，火云初起荔枝红。[1]

瘴　气

热带充斥着各种腐败的雾气。今天，刚果盆地（试举一例）的雾气仅仅被视作一种极端的潮湿天气造成的困扰[2]，但在十九世纪的欧洲，人们却还将它们当作有毒气体。这是一则1881年对热带非洲的记载：

> 这里的中部峡谷密不通风，不管从哪个方向风都吹不进来，加上潮湿的空气，更加速了热带动植物的腐烂，而潮湿的空气像云层般笼罩在固定的地点，还有很多有毒的气体，也都是因此而产生的。当地居民十分清楚这些气体的毒性，因此家家都紧闭门窗，以隔绝陆地吹来的微风。他们通常在卧室里放一小盆燃烧的木炭，并不时地熄灭一会儿以确保安全，如此反复直到就寝。[3]

---

[1] 许浑，《送杜秀才归桂林》，《全唐诗》，卷536。
[2] 参考雷纳《热带森林中的原始宗教——社会地理研究》，页40—42 关于热带雾气的论述。
[3] 戈登（Charles A. Gordon），《黄金海岸的生活》，见埃文斯（Harold Evans）主编，《热带居民：殖民文集》，伦敦、爱丁堡、格拉斯哥：1949年，页17—18。

第七章 天与气

在中古时代,谪居广州的汉人也完全有可能写下这样的句子。他的体验,与在非洲的欧洲人相似,那时的广州爆发了大规模的黄热病与昏睡病,入侵者们不得不将对当地的盘剥局限于贸易和管理范围之内。[1]有位唐代官员这样说过:

  岭表山川,盘郁结聚,不易疏泄,故多岚雾作瘴。[2]

贬谪此地的诗人们对瘴雾早已司空见惯。[3]瘴雾的毒性,曾被归因于巫术。例如,据说有个叫封盈的"妖贼"(可以理解为"土著巫师"),能够唤起方圆几里的大雾。[4]

  就算是当代的法国人,也同样畏惧南越的毒气,很难分辨出这是否为一种精神上的恐惧:

  东京!……热病的丑陋传播者,
  折磨着我们的身体,冰冷了我们的嘴唇。[5]

这是诗人阿尔芒·拉弗利克的诗句,马勒雷评价说:"骄阳、潮湿与瘴气,在诗人忧郁的想象中,构建了一种坟墓的意象。"[6]

  但热带并非疾病更多,而是疾病的种类更多。生态学家马斯

---

[1] 贝茨,《那里从无冬天:热带居民与自然之研究》,页24。另一方面,在美洲与澳大利亚,主要是温带气候,白人带来的疾病使当地土著基本灭绝。
[2] 《岭表录异》,卷1,页1。
[3] 例如魏理《中国诗选》所译王建《南中》一诗。
[4] 《酉阳杂俎》,卷5,页44。
[5] 拉弗利克,《忧伤的聚会》,见《东京霜》。
[6] 马勒雷,《1860年以来法语文学中的印度支那异国情调》,页132。

顿·贝茨观察到,

> 这说明了热带地区大自然的繁盛。……与高纬度地区相比,热带地区花的种类更多,树的种类更多,鸟的种类也更多;因此,寄生虫种类也更多,因此而导致的疾病的种类就更多。但这未必意味着疾病总量就更多。[1]

唐人很清楚,传统方法对这些可怕的南方疾病疗效甚微,尽管这些方法已根据气候的不同作了调整。因此,一些医家撰写实用手册,以指导去往南方的医生和行客。可惜我们现在能看到的,只是这些开创性的热带医学书籍的存目——李继皋《南行方》三卷[2],佚名《岭南急要方》二卷。[3]

在这些恶疾中,汉人最畏惧的是瘴气(疟疾)。这是人类最严重的传染病,也是导致全球热带地区疾病和死亡的主要原因。[4]"热病"(如果《利未记》里的热病就是疟疾)[5]在人群中发生,是由具有复杂生命形式的四种原生物引起的。在东南亚,它们通过两种蚊子——微小按蚊和多斑按蚊的叮咬传播给人类。这些蚊

---

[1] 贝茨,《那里从无冬天:热带居民与自然之研究》,页135—136。
[2] 《新唐书》,卷59,页20b。
[3] 同上书,页20a。
[4] 贝茨,《那里从无冬天:热带居民与自然之研究》,页144。在温带地区,预防药物的发展更为迅速。疟疾在英国与斯堪的纳维亚曾非常普遍,而黑死病也曾在欧洲横行。
[5] 《利未记》,第26章。

第七章 天与气

子在山间溪地孳生繁殖,造成了热带山麓中疟疾的流行。[1]相对而言,根据史书中记载的人口数量来看,这种疾病在广州与河内三角洲一带似乎要少一些[2],但在背向沿海平地的密林山坡中,它却始终有极强的传染性和致命性。正是由于这一原因,这些高地山区无法保持繁密的人口。[3]

汉人发现,这一疾病常见于多雾多雨的地方,并从中找出了一种自然界的因果关系。他们认为瘴气是一种气象学现象——"瘴雨出虹蜺"[4],诗人陈陶曾这样写道,他还将疾病和南越可怖的鬼怪联系起来:

　　山妖水魅骑旋风,魇梦啮魂黄瘴中。[5]

在诗中,瘴气被描绘成打旋的、鬼怪出没的黄色薄雾。而害虫也多半化身为南越的夜行动物:

　　海秋蛮树黑,岭夜瘴禽飞。[6]

事实上,瘴气之毒归根到底只是南越这一整体有毒环境的特殊表

---

[1] 马科恩,《印度支那自然地理的多样性》,页343。贝茨,《那里从无冬天:热带居民与自然之研究》,页144。
[2] 维恩斯,《中国向热带进发》,页180。
[3] 斯宾塞,《亚洲东南:文化地理学》,页108。
[4] 陈陶,《番禺道中作》,《全唐诗》,卷745。
[5] 陈陶,《赠别离》,《全唐诗》,卷745。
[6] 项斯,《送欧阳衮归闽中》,卷554。

现，因为此地"多瘴疠，山有毒草、沙虱、蝮蛇"。[1]但是，有时候也有别的解释。有人认为，这种疾病是由于鬼魅作祟，由于五行不调，又或饮食不当造成的。[2]还有种奇怪的观点，认为空中的一些微小物体，逐渐变到车轮大小并下落，被其击中的人即会染上瘴气，因此它们被称为"瘴母"。[3]但是，人们更相信瘴气来自于当地动植物腐烂所形成的沉积物，并如晨雾般散发开来。[4]

唐代药理学家推荐的几种治疗瘴气的药物很有意思：菘[5]、乌药[6]、海豚肉[7]、与酒同服的海鹞齿[8]，以及鲮鲤甲[9]。有个方子（倒不如说是预防瘴气的方法）古老而又有趣，并与马援的威名联系起来。他在南越时"轻身省欲，以胜瘴气"，靠的是服食薏苡。[10]薏苡是一种生长在东南亚山区的谷物，既有野生品种，也可人工种植，它被人们当作一种救荒食物。[11]这种南方植物有着硕大的种子，马援将这些种子带回北方，希望其在北方

---

[1] 《新唐书》，卷 222 下，页 16a。文指"南平獠"，可能包括南越部分地区。蝮蛇也包括美洲响尾蛇；在中国南部有几种蝮蛇，包括竹叶青。
[2] 贺普利（R. Hoeppli），《中国医学中的疟疾》，《汉学》卷 4（1954 年），页 91—92。
[3] 《岭表录异》，卷上，页 1。
[4] 贺普利，《中国医学中的疟疾》，页 92。
[5] 萧炳说，见《本草纲目》，卷 26，页 29a。
[6] 陈藏器说，见《本草纲目》，卷 34，页 29a。
[7] 同上书，卷 44，页 31a。
[8] 同上书，页 31b。
[9] 甄权说，见《本草纲目》，卷 43，页 22a。
[10] 《后汉书》，卷 54，页 748a。
[11] 柏克希尔，《马来半岛经济作物辞典》，页 629—631。

第七章 天与气

也能生长,北方人普遍誉之为"南土珍怪"[1]。

有些北方人将长江以南全都视作瘴疠之地,如杜甫曾有诗云:

> 江南瘴疠地,逐客无消息。[2]

但至迟到宋代,人们就已了解到,南越部分地区,特别是桂林高地,其实并无瘴气,但"自是而南,皆瘴乡矣"。[3]即使在唐代,南越地名也能反映出当地或优或劣的环境状况,例如有一条"瘴江"在廉州[4],还有一座低矮的山峦——"瘴岭":

> 炎州罗翠鸟,瘴岭控蛮军。[5]

关于南越的瘴气,京城的决策者早已了然,从前汉人士兵因瘴气而大量死亡,他们从正史中可以读到此类详细记载。因此,627年秋,岭南部族首领冯盎在高州发动叛乱时,谏议大夫魏徵即以瘴气为由,坚决反对朝廷对当地实施武力干预。[6]879年秋,

---

[1]《后汉书》,卷54,页748a。可能正是这种植物与马援之名联系在一起:"伏波薏苡"。参照佐藤润平,《汉药的原植物》,东京:1959年。现代海南人用薏苡酿制出一种咖啡色的烈性美酒。见莫古礼,《岭南大学第六、第七次海南岛之考察》,《岭南科学杂志》第13卷,1934年,页592。
[2]《梦李白》,《九家集注杜诗》,页79。
[3] 范成大,《桂海虞衡志》,页28b。
[4]《通典》,卷184,页983b。
[5] 马戴,《送从叔赴南海幕》,《全唐诗》,卷555。
[6]《资治通鉴》,卷192,页10a。

凶残的起义军首领黄巢攻占广州，此后的疫病耗损了他百分之三十到四十的兵力。幸存的部下纷纷要求他撤离这个富裕的港口城市，他接受建议，转向劫掠湖南与江西。[1]

被贬谪来到这片炎热之地的文人大都惧怕瘴气，其中许多人不幸染上此疾。在他们作于此地的文学作品中，南越的毒雾随处可见。这是一位典型的文士官员描绘的画卷：

酒满椰杯消毒雾，风随蕉扇下泷船。[2]

多愁善感的柳宗元也是其中一位受害者。在一封明显写于814年的信中，他这样自言："今孤囚废锢，连遭瘴疠羸顿，朝夕就死，无能为也。"[3]

但柳宗元最终死于另一种疾病。他在信中告知友人，生活在南方的九年中，他逐渐染上了脚气病。[4]长期以来，这种缺乏维生素的疾病（当然，当时人不是这样描述的）被视作对南越生命的诅咒之一。"脚气"之名由来已久，而远在唐朝以前，富含维生素的植物就被用作药方[5]（和欧洲一样，"风"与"气"在早期中国医学中也被看作致病媒介）。五世纪末，道教名医陶弘景

---

[1]《资治通鉴》，卷253，页14a；《酉阳杂俎》，卷89，页4b。
[2] 陆龟蒙，《和寄琼州杨舍人》，《甫里先生文集》，卷9，页27b。
[3] 柳宗元，《与史官韩愈致段秀实太尉逸事书》，《增广注释音辨唐柳先生集》，卷31，页2b。
[4] 柳宗元，《答韦中立论师道书》，《全唐文》，卷575，页13a。
[5] 译注：薛爱华此处作"Liu and Needham, 1951, 14—15"，但后附参考书目未见。恐有误，应为"Lu and Needham"，即鲁桂珍、李约瑟，《中国营养学史上的一个贡献》，《爱雪斯》，卷42（1951年4月），页14—15。

曾用木瓜治疗脚气[1]；一个世纪后，另一位道教真人、博学的药王孙思邈推荐了浸酒的葫芦汁液[2]；八世纪时，陈藏器有所创新，以杏仁为药方[3]，同一世纪，还有位道士认为槟榔仁可治疗脚气引起的肿胀[4]；到了九世纪，诗人李珣认为海藻对治疗脚气肿胀有效，而孟诜则认为其对壮阳大有裨益。[5]唐人相当重视对脚气病的研究，一批专论此病的论著还被收入皇家藏书，其中包括李暄所著的医理、药方各一卷，以及苏鉴、徐玉等人编集的脚气综论医书一卷。[6]

如何治疗热病和病状凶险的亚洲霍乱，同样受到了古人的高度重视。值得注意的是，唐朝的药典始终都用辛辣、温热的药物来治疗霍乱这种历来被视作"寒性"的疾病。除了新鲜的泉水或天然的温泉水之外[7]，还有如下一些药方：蜣螂转丸[8]、高良姜（蛮姜）[9]、薄荷[10]、蓼[11]、干生姜[12]、胡椒[13]、樟[14]，以及

---

〔1〕　《本草纲目》卷30页6a引《名医别录》，陈藏器也有类似论述。
〔2〕　鲁桂珍、李约瑟，《中国营养学史上的一个贡献》，页15。
〔3〕　陈藏器说，见《本草纲目》卷29，页1b。
〔4〕　《本草纲目》卷31页14b引《外台秘要》。
〔5〕　李珣、孟诜说，见《本草纲目》，卷19，页4a。
〔6〕　《新唐书》，卷59，页20b。
〔7〕　陈藏器说，见《本草纲目》，卷5，页24a。
〔8〕　同上书，页27b。
〔9〕　《本草纲目》卷14页36a引《外台秘要》。
〔10〕　《本草纲目》卷14页43a引《唐本草》。
〔11〕　甄权说，见《本草纲目》，卷16，页22a。
〔12〕　甄权说，见《本草纲目》，卷26，页31a。
〔13〕　李珣说，见《本草纲目》，卷32，页17b。
〔14〕　陈藏器说，见《本草纲目》，卷34，页29a。

诃子[1]。在这些药物中，生姜极受欢迎。感染霍乱而垂死的病人，只要服下用酒煮过的鲜生姜，同时将生姜榨汁外用，那就仍有生还的希望。[2]有时，还会用些稀奇古怪的药方，如将少女月经血布烧成灰，和酒服下。[3]令人同样惊讶而更为有趣的，是陈藏器提到的一个药方，因为他提到远东文化史上的一种重要东西——厕纸，又称"厕筹"。这些厕筹必须放在霍乱病人床下烧掉，而这样的熏蒸消毒方式也可用于治疗难产。[4]

与霍乱一样，由虱子引起的伤寒和高热，对人们来说既熟悉又困惑。在古代，人们认为它多发于一年之中较冷的时段，因此断定它是由严寒（这在南越很少见！）所导致的，并给它起名"伤寒"。汉代时出现了针对伤寒的专著，晋朝的王叔和对这一经典进行了整理和扩充，这部医书直到唐代仍然广泛使用。[5]最好的药物无疑当属道家炼制的真丹（此物对霍乱同样有效）。[6]此外，还有些东西对治疗头痛及其他相关症状也有帮助：普通石膏[7]以及闪亮的方解石[8]、人参[9]、薄荷[10]、豆豉[11]、山

---

[1] 苏恭说，见《本草纲目》，卷35下，页39a。
[2] 《本草纲目》卷26页31b引《外台秘要》。
[3] 《本草纲目》卷52页40a引《千金方》。
[4] 陈藏器说，见《本草纲目》，卷37，页55b。
[5] 《新唐书》，卷59，页19a。
　　译注：原文云："王叔和《张仲景药方》十五卷，又《伤寒卒病论》十卷。"
[6] 《本草纲目》卷9页38a引《外台秘要》。
[7] 甄权说，见《本草纲目》，卷9，页41a。
[8] 甄权说，见《本草纲目》，卷11，页7b。
[9] 甄权说，见《本草纲目》，卷12上，页15a。
[10] 《本草纲目》卷14页43a引《唐本草》。
[11] 陈藏器说，见《本草纲目》，卷25，页27b。

第七章　天与气

葡萄[1]，以及贝母[2]。

黑死病在远东同样出名，但我没能在唐代文献中找到其专用名称。毫无疑问，它隐藏在"鼠疫"、"瘟疫"之类的统称背后。682—683年冬天，造成两京地区尸横满街的恶性传染病，大概就是此病。[3]除了灵丹之外[4]，芳香类物质（香味越重越好）通常被用来驱散各种"恶气"与邪气，这些疫病属于恶气、邪气的一种。来自海外的"鹰嘴香"虽然稀罕，却最为有效。据一位见多识广的舶主称，只要点一颗鹰嘴香（因其形状而得名），就能使全家免遭时疫。在八年后一场席卷广州的瘟疫中，他的话得到了验证。[5]

在南越，有些北人坚信自己找到了免受这些恐惧的地方，尽管并非人人都能自由选择居于何处。有人就认为，生活在山中远比在电闪雷鸣的沿海更加健康，这也许是因为山间气候更接近他们的北方故乡。有时候，高山上甚至还会下雪！柳宗元曾谈论湖南南部和南越北部的特殊气候，并用了"蜀犬吠日"这个成语：

> 仆往闻：庸、蜀之南，恒雨少日，日出则犬吠。予以为过言。前六七年，仆来南。二年冬，幸大雪踰岭，被南越中数州；数州之犬皆苍黄吠噬，狂走者累日，至无雪乃已。然

---

[1]　苏恭说，见《本草纲目》，卷33，页21a。
[2]　甄权说，见《本草纲目》，卷46，页38b。
[3]　《新唐书》，卷36，页12b。
[4]　《本草纲目》卷9页38a引《外台秘要》。
[5]　《清异录》，卷中，页60a。

后始信前所闻者。[1]

在北回归线以北,柳宗元罹患热病,不幸早逝。而其好友刘禹锡,在写到差不多相同纬度的连州时说:"罕罹呕泄之患,亟有华皓之齿。"[2]尽管柳宗元遭逢不幸,但是,桂州、连州、韶州等州相对凉爽,就在进入南越的五岭之下,被迫生活在南越这片荒蛮致病之地上的汉人,最喜欢在此定居。宋之问虽然对这几个州郡都不喜欢,却在某个秋日里,对桂林发出这样的感怀:

桂林风景异,秋似洛阳春。
晚霁江天好,分明愁杀人。[3]

---

[1] 柳宗元,《答韦中立论师道书》,《全唐文》,卷575,页13a。
[2] 刘禹锡,《连州刺史厅壁记》,《刘梦得文集》,卷27,页2b。
[3] 宋之问,《始安秋日》,《全唐诗》,卷55。

第八章 陆地与海洋

我盯着水蛇,
它们闪着白光游动;
每当它们竖起蛇身,
波光明灭,霜花飞溅。

——柯勒律治,《古舟子咏》

陆 地

当一个真正的汉人——一个生活在黄河流域及其周边的汉人开始南行时,他会意识到周围自然环境的显著变化。对于这些他并不意外,因为关于奇怪的南方的传说由来已久,他早已熟知。他已做好充分准备,置身于那个风土人情与秦岭以北得天独厚的黄土地截然不同的自然环境。他即将踏入的那片国土,雨水充足,植物生长的季节更长,水稻远比谷子、小麦重要,自然界的绿色植被覆盖更多的山岭;那里沟渠纵横,各种水路通达,成为最主要的风景,人们像坐马车一样乘船出行,水牛取代了驴和骡子;那里的人们说着奇怪的语言,举止野蛮,敢于冒险[1],——整个世界都更加丰富、丰饶,令人应接不暇。北方古老的文明中心与稍后发展起来的长江及其支流地区之间的种种对比,人们早已熟知。而在更遥远的南方,这些差异则愈发明显。在古典时代先民的心目中,曾经由奇特而又温暖的两湖楚地以及东部沿海的吴越王国所扮演的角色,都被更加陌生、更加温暖的南越大地所取

---

[1] 葛德石,《中国的地理基础:土地及居民研究》,页15。

代。然而这种过渡并非一蹴而就。南越北部类似江南南部,比起南方腹地,北方人大体上更偏爱这种亚热带的边缘地区。南越以南则是酷热难当的林邑、扶南和爪哇国——正如"象林"在一千年前的秦始皇帝的士兵眼里那样,在唐代地方官员眼中,那里的少数民族也同样不可思议。总之,这种固有的想象与反应模式被持续地向南推进了。

人们在进入南越的途中,会看到、踩到并攀登大量的岩石。因此,让我们就从作为其基石的岩石开始,来看看这片全新的天地。

当行人在约北纬 25 度,越过江南与南越的分水岭——五岭中的那些低矮山冈后,他会意外地看到一片抬升过的、褶皱状的、被深深剥蚀的古代内陆海床。这沟壑纵横的土地上,有的是砂岩,即硬化的原生砂子,有的是石灰岩,那是数以亿计的微小海洋生物的钙质残骸,它们在水流、天气和地壳运动的重新塑造下,形成了震撼人心的各种美景,有如雕塑而成。其中有一个砂岩峡谷简直就是"小型美国大峡谷";还有一条贯穿石灰岩的很深的河道,其中布满了"美轮美奂的洞穴状通道,里面有石钟乳、石柱和石帷裙"。[1]

行人从江南出发,不管选择东、西哪条道路,大部分人的目的地都是富庶的港口城市广州。这座城市建在一片广阔、富饶的三角洲地区,它也是岭南三江(从东部流来的河源水、从北部流

---

[1] 冯世安,《广东地理》,页 243。第一例指丹霞山谷,第二例指连江峡谷。冯世安还在 249 页这样描述北部边界地区:"一个游遍世界的人会同意这样的说法——再找不到比这更美的景色了。"

来的溱水及从西部流来的郁水）的交汇处。在这里，有些岛山（部分是被埋藏的更原始的地貌）通过沉积物凸起，令原本平淡无奇的平原有了多样性。陪伴它们的是海边无数的基岩岛，它们远离不断扩张的淤泥质海滩。[1] 在这些基岩岛之外，就是茫茫的大海，航行着从金色的印度群岛来的商船。

运气欠佳的官员或士兵，会被派往西部的三处蛮荒之地，即桂管、容管和邕管，位于现在的广西及广东西部沿海地带。在那里，他们会发现自己处于长长的河谷之中，周围尽是绵延的高地。在过去的上千年中，这些河谷被侵蚀得沟壑纵横。在其东面，这片丘陵地带主要由砂岩和类似的不溶性沉积物构成[2]，没有引起迁客们多大兴趣。然而，在其西部和西北部，陆地上升为断裂的高地陆台，它位于神秘的黔中高原和云南高原南面，那里就是爨人的土地。在这里，遭遇困厄而喜爱自然美景的人可以获得某种补偿。这片高原的大部分地区，被海中沉积的石灰岩刻画成壮观的美景——耸立于红色与黄色平地之上的险峻石林和奇异石山。这就是广西著名的、激荡人心的喀斯特地形。[3]

越过南方的地平线，靠近雷州半岛南端的，是高峭的热带岛屿海南岛。对那些郁郁寡欢的汉人迁客来说，这是一个不折不扣的恶魔之岛。这里怪石丛生，群山耸峙，丛林密布，只有嗜血的

---

[1] 斯宾塞，《亚洲东南：文化地理学》，页34。
[2] 同上书，页32。
[3] 葛德石，《中国的地理基础：土地及居民研究》，页349。斯宾塞，《亚洲东南：文化地理学》，页32—34。维恩斯，《中国向热带进发》，页11—12、15—16。

野人或者来自海盗聚居地的健壮猎手才能出入自如。[1]从北面望去，异乡人或开拓者会把它看作大陆悬挂的一颗绿宝石，正如印度人看待斯里兰卡那样。然而若从地图上看，我们就能够看到它的全貌。它面积比西西里岛大，地处河内以南，越南海岸之外，是一个典型的热带大岛。[2]

如果有人足够疯狂，不走通往安南的沿海官道，而试图往南或往西穿越少数民族聚居区，那么这蛮勇的行人将会骑马或徒步经过一片低矮的丘陵。石芽从古结晶岩错落的断裂带突出，装点着这片土地，而潺潺的溪流以及闪亮的瀑布，则赋予这片土地以灵气。[3]

行人，无论是出于疯狂的冒险精神（绝对不可能！），还是因被任命到此任职而不堪重负的地方官吏，很快就会发现自己经过一段不算艰辛的旅程之后，来到了南越的第二大三角洲。其主要河流，我们称为"红河"，其水流中混着远山中铁锈色的泥沙，染红了远处的海湾。[4]广阔的红河三角洲（此名的年代已无从知晓）在海岸上沉积起一个下沉的港湾。这条重要的河流有两大支流，现称之为明江（左岸）和黑水河（右岸）。红河倾泻出一条

---

[1] 克拉克，《海南大髻黎：生活于中国海具有重要战略意义的大岛鲜为人知的腹地的头绾大髻的野蛮部落》，页391—418。
[2] 我对宋代之前是否已有"海南"一名尚存疑惑。可参照伯希和《马可波罗行纪诠释》，卷1页243。司马光在《资治通鉴》中写到唐代时使用"海南"，如"海南獠"，见卷201，页13a，但仍然无法断定唐代时这一名称已经存在。
[3] 布洛德里克，《小中国：安南》，页110。斯宾塞，《亚洲东南：文化地理学》，页25。维恩斯，《中国向热带进发》，页11。
[4] 布洛德里克，《小中国：安南》，页41。

第八章 陆地与海洋

狭窄的深沟，与云南雪山中的长江大峡谷直接相连。[1]在这些难以想象的高山与温暖的河口之间，河水蜿蜒而过，流经崎岖的陆地，而地下则是神秘的大理岩溶洞，正是它们终结了绵延的安南山脉。[2]

在唐朝很少有人能见到红河以南的险要边陲，而只能看到通往林邑的那条潮热的沿海道路。但当那些挥汗如雨的士兵，举步维艰地走在帝国这模糊的边界线上时，会发现在他们的左侧，有地势平坦的三角洲，宜人的泊地，以及迷人的海岛；在他们的右侧，则有丘陵通往瘴气弥漫的陡峭山岭。这些山脉的北部由长年侵蚀的古代沉积物构成，南部则由早已冷却的火成岩构成。[3]

这片奇异大地有很多低地，在两大三角洲的冲积层以外，这里的土壤大都是呈红色或黑灰色的热带雨林土壤，富含丰富的铁和铝元素。这就是古老而又贫瘠的红土地，其中的有机物早已被冲刷殆尽（因此极易被制成坚硬的砖块，用以建造印度支那的红色庙宇）。同时，在这片被长期耕作的低地上，淋溶土亦是随处可见。[4]

---

[1] 布洛德里克，《小中国：安南》，页110。斯宾塞，《亚洲东南：文化地理学》，页36。
[2] 同上书，页54、110。马科恩，《印度支那自然地理的多样性》，第6期，1947年，页337。斯宾塞，《亚洲东南：文化地理学》，页25。
[3] 马科恩，《印度支那自然地理的多样性》，页336、338。斯宾塞，《亚洲东南：文化地理学》，页25。
[4] 布洛德里克，《小中国：安南》，页267。马科恩，《印度支那自然地理的多样性》，页342。斯宾塞，《亚洲东南：文化地理学》，页77。麦妮尔（Mary McNeil），《砖红性土壤》，《科学美国人》，卷12（1964年11月），页97—98。

海　洋

陆地以外是大陆的终结，是茫茫的大海，居住在真正热带的人，对此再熟悉不过了，而南越的山地居民却对它十分陌生。在这片汪洋之中，人们打交道最多也最近的是南海，"南海"也曾是广州城的古称。我在前面已经对南海神做了介绍。十世纪初，曹松在《南海》一诗中描绘了它的浩瀚无边以及生物的丰富多样：

> 倾腾界汉沃诸蛮，立望何如画此看。
> 无地不同方觉远，共天无别始知宽。
> 文鲵隔雾朝含碧，老蚌凌波夜吐丹。
> 万状千形皆得意，长鲸独自转身难。[1]

从象征性意义上看，我们可能会将它视作叶芝《拜占庭》诗中那"被海豚撕裂、钟声搅扰的海洋"，那一片光怪陆离、危险声音迭出的多岛海域的遥远延伸。而以中国人的眼光来看，南海只是这个无边无际、文明人遥不能及的海洋之较为靠近的部分而已。华人将这片遥远而又可怕的海洋，一片真正的大海，称作"涨海"。中世纪的阿拉伯航海家熟知"涨海"这一名字，他们在

---

[1] 曹松，《南海》，《全唐诗》，卷717。

地志中称其为"Sankhay"（更早的为"Cankhay"）。[1]在汉语中，"海"意为"海洋"，而"涨"是指包括河流在内的所有水面的涨满升高。因此，"涨海"意为涨潮的海洋。南海是南越的一部分，北起五岭，南至涨海。[2]它只是中国众多海域的其中之一。在涨海、南海之外，东北方还有个著名的海，叫做"沧海"。[3]"沧"意为"冷的、蓝色的"，我们把这种铁蓝色称为"浅蓝"。沧海波浪冲击着岸边的道家仙岛。沧海在北，涨海在南，南北正相对应。涨海"渺漫无际"[4]，它的洋流在富饶的印度群岛周围形成漩涡，带来远至红海的商船，又将它们带往谁也不知道的遥远奇怪的国度。被流放到安南驩州的沈佺期对涨海十分熟悉：

北斗崇山挂，
南风涨海牵。[5]

（崇山或说在湖南南部，一说位于南越。）杜甫描写北飞的野雁，也说它们"见花辞涨海"[6]，意思是说，一旦春信来到，这些大雁就从南海飞回北方。

南海有一个特征，沿岸居民都很熟悉，那就是它的潮汐。通常，潮汐都被理解为由于太阳和月亮的作用而产生，"夫潮之生，

---

[1] 费琅，《阿拉伯波斯突厥人东方文献辑注》，页7。
[2] 《旧唐书》，卷41，页24a。
[3] 《初学记》，卷6，页6a。
[4] 《旧唐书》，卷41，页26a。
[5] 沈佺期，《度安海入龙编》，《全唐诗》，卷97。
[6] 杜甫，《归雁》，《九家集注杜诗》，页544。

因乎日也,其盈其虚,系乎月也"[1],这固然没错;但这只指的是北方以及南方与之相同的那种潮汐。南越当地有一种罕见的潮汐,并时常对沿海居民造成困扰。这是一种台风的继发效应,有时飓风会在横扫南海之后再次带来大量的海水,额外造成一次巨大的海潮,毁坏船只、屋舍和农田。这种灾难性的潮汐被称作"踏潮"[2]。刘禹锡有诗记叙公元815年发生的一次踏潮,但他仅仅是从别人口中得知的。[3]

南海另一个激动人心的节目,即是其间歇性的"烟火表演"。一百年前,有一位西方学者为我们也为中国人描述了这种荧光:

> 海洋虽然是最大的灭火器,但竟也能产生夺目的光焰。这亮光照耀了整个黑夜,映衬出道道波纹,分割出层层海浪。点点亮光居然能穿透海洋,或者说这巨浪中的闪光丝毫不比天空中的闪电黯淡。这一切足以使人浮想联翩,流连忘返,并且生出无尽的感慨。[4]

海洋里的光有多种形式。有些像飞溅的火花,也有些童话般地呈现出柔和的绿色,又或如月亮局部为云遮蔽,发出忽明忽暗

---

[1] 卢肇,《海潮赋》,《全唐文》,卷768,页2a。
[2] 《岭表录异》,卷上,页1。
[3] 刘禹锡,《踏潮歌》,《刘梦得文集》,卷9,页6b—7a。《舆地纪胜》,卷89,页10b。
[4] 科林伍德(Cuthbert Collingwood),《一位博物学者的中国海域与海滨随笔:1866、1867年英国舰队在中国、台湾、婆罗洲、新加坡等地航行中之博物学观察》,伦敦:1868年,页391。

的闪光,还有的在海水中形成了大片的乳白色。[1]造成这些绚丽奇观的是各种各样的海洋生物,主要有小甲壳类动物(切甲亚纲)、鞭毛虫类(夜光虫)以及被囊类动物(火体虫)。[2]它们被中古时期的中国人统称为"阴火"。"阴"可用于指所有黑暗的、影影绰绰的、夜间的事物,而"阴火"则是指隐藏于地底或海洋表面下的火焰。这个词还可以指硫黄泉、火山的喷气孔等地下资源,以及其他或真或假的隐匿的火焰,但它尤其被用来指海洋里的生物发光。孟琯在《岭南异物志》中描述了这种人们在南越海边见到的光:

> 海中所生鱼䱇,置阴处有光。初见之,以为怪异。土人常推其义,盖咸水所生,海中水遇阴晦,波如然火满海,以物击之,迸散如星火,有月即不复见。[3]

元稹在送别远赴岭南的友人时,也从腐肉、冬眠的蛇、锯齿状的云层和闪着磷光的海面等几个方面描绘这位友人的新住处:

> 莺跕方知瘴,蛇苏不待春。
> 曙潮云斩斩,夜海火燐燐。[4]

这就是南海神的火焰,它为北方人描绘了一个崭新的光明海国,

---

[1] 科林伍德,《一位博物学者的中国海域与海滨随笔:1866、1867年英国舰队在中国、台湾、婆罗洲、新加坡等地航行中之博物学观察》,页393。
[2] 同上,页394—401。
[3] 《太平广记》卷466页3b—4a引《岭南异物志》。
[4] 元稹,《和乐天送客游岭南二十韵》,《全唐诗》,卷407。

海面上照耀着他们所熟悉的月光。[1]

山与洞穴

和其他地区的高山一样,南越的群山充满了灵性。一方面,他们是显见的大陆架挤压形成的产物;另一方面,它们又饱含天地灵气,这种灵气在其顶峰周围时有显现。[2]

大体而言,山越大,其钟毓的神力就越多,而其中神力最大的就是名山。它们之所以是名山,不光是由于美景鉴赏家眼中的那些超级动人可爱的景色,更是由于佛道之人将其视作神仙居所。南越虽然多山,但有很多尚未开发,故其特性和价值大部分亦尚未为中国人了解。然而,依然有些唐人喜爱的山名一直流传到今天,例如广州附近低矮的山脉黄岭,其时即被尊为"名山"。[3]昭州有目岩山,其岩石如人目,瞳子黑白分明,凝视着过往行人,其附近还有荣山,以乳穴闻名。[4]

此一区域最著名的灵山之一是九嶷山,位于江南和南越边界。它有时也被称作"苍梧山",相传大舜葬于此处。关于"九

---

[1] 关于大海的传统意象,包括磷光现象,最早始于著名的"大海狂想曲"——晋代木华(木玄虚)的《海赋》。其他作品如顾况《送从兄使新罗》,《全唐诗》,卷266。
[2] 苏远鸣,《罗浮山宗教地理研究》,页51—52、63、68—71。
[3] 位于广州宝安县,见《唐六典》,卷3,页25a。
[4] 《通典》,卷184,页980a。

嶷"之名，有个古老的解释说它的山峰都很相似，令人困惑，以致"游者疑焉"。[1]在汉代，人们认为它是区分文明的陆地居民与水上蛮人的分界线：

> 九嶷之南，陆事寡而水事众，于是民人被发文身，以象鳞虫。[2]

这么说，它具有与韶石山、鬼门关及马援柱相同的作用。因此，唐朝的元结在《九嶷山图记》中，建议以此山取代衡山（位于九嶷山之北的湖南境内）作为"南岳"，也就不足为奇了。同时，他还认为，应将远在中亚的昆仑神山称为"西岳"。[3]

然而，九嶷山的名气还远比不上闻名遐迩无与伦比的罗浮山。撇开官方和半官方的各种封号不论，它仍是南方最出类拔萃的灵山——它是南越的奥林匹斯山。罗浮山地处广州以东，在循州最西边，紧靠北回归线南侧，今增城市和博罗县之间。其山麓绵延曲折，从东北一直向西南延伸。传说它有"峻天之峰"四百三十二座[4]，最高峰靠近其锯齿形山脊的最西端，海拔4000多英尺。[5]山名罗浮两字是这样解释的：很久以前，海中有两座浮山漂向南越，它们不仅在这片炎热的陆地上扎下根来，并且融为一座大山，双峰并峙，称为"罗浮"。有关浮山的海上传说特别

---

[1] 《水经注》，卷38，页5a。
[2] 刘安，《淮南子》，卷1，页7a。
[3] 元结，《九嶷山图记》，《全唐文》，卷382，页5a。
[4] 李吉甫，《元和郡县图志》，卷34，页1011。
[5] 苏远鸣，《罗浮山宗教地理研究》，页2。

多,一说它原是道家仙岛蓬莱的一部分,后来才漂移离开。[1]中国有不少这一类的浮山,有些是真实的,也有些是虚构的。它们有的是浅水区的岩石和沙洲,还有的是陆地上的船形峭壁。即使双峰之山,其他地方也并非没有。广州就因其有"番"、"禺"二山而被称作"番禺"。这些山峰都被视作神奇的一对,一公一母,是阴阳这两种形而上力量以山岩的形态结合在一起。[2]

在刘禹锡笔下,罗浮山是适合神灵居住之所:

海黑天宇旷,星辰来逼人。[3]

这位诗人还记载了一个神奇而又持久流传的传说——午夜时分,人们能够在罗浮山看到太阳。对于这个故事有很多种解释。有人说那是在罗浮山顶看到的最早的日出;也有人认为看到的其实是月亮,被人误认为是夜里的太阳;而道家则相信这是神秘洞天中的阴阳颠倒。[4]事实上,罗浮山确实是一处道教圣地,其声名在信奉道教的唐玄宗时期达到了顶峰。公元714年,唐玄宗在罗浮山上修建圣坛,并在此举行了多次官方祈雨活动。[5]本书多处提到这座山如此辉煌的原因。

与这些大山相类似而体量较小的,是那些卓立的、单块的岩石。与崇山峻岭相比,这些微型的假山没有那么多的神异之气。

---

[1] 李吉甫,《元和郡县图志》,卷34,页1011。
[2] 苏远鸣,《罗浮山宗教地理研究》,页51—52、63、68—71。
[3] 刘禹锡,《有僧言罗浮事,因为诗以写之》,《刘梦得文集》,卷1,页9b。
[4] 苏远鸣,《罗浮山宗教地理研究》,页97—98、103。
[5] 苏远鸣,《罗浮山宗教地理研究》,页112。

第八章 陆地与海洋

而且由于空间的局限，对它们更适合作快捷的禅意的解读。公元九世纪，围绕奇石，一种时尚应运而生。人们付出巨大的代价，将各种千姿百态的玲珑巨石运往贵族园林。[1]而被侵蚀的石灰岩则是其中的上品。迁谪岭南的唐代诗人们发现，在南越西部到处都有这些岩石。沈佺期就曾提到端州的"奇石""飞泉"[2]，而许浑在描述附近美景时，也写下了"泉到石棱分"的诗句。[3]

在安南的浅海水域中，也演奏着同样美妙的岩石狂想曲。一个二十世纪的游人这样描述它们：

> 于是，我们穿过那些巨大的岩石，它们有如手指，指向天空。从下龙湾、拜子龙湾直至以北，在那片蔚蓝的海面上，耸立着成千上万座陡峭的石灰岩小岛。……有石桥拱起在水面之上，还有无数狭长而隐秘的水湾，以及许多岩洞。……数小时中，我们一直在这片难以置信的仙境中漫游，在由千种样式构成的无数光怪陆离的灰色岩塔中捉迷藏。[4]

可惜啊，唐代作家本来有可能对它们作恰当的描绘，却终于一个也没有。柳宗元只写到内陆的山丘，这些热带小岛还没有找到属

---

[1] 薛爱华、沃拉克，《唐代土贡研究》，《东方研究丛刊》，卷4（1957—1958年），页213—248。
[2] 沈佺期，《峡山赋序》，《全唐文》，卷235，页9b。
[3] 许浑，《岁暮自广江至新兴往复中题峡山寺四首》，《全唐诗》，卷537。
[4] 罗伯特·摩尔（W. Robert Moore），《印度支那古官道沿线》，《国家地理杂志》（1931年8月），页199。
译注：下龙湾位于越南北部，其景色酷似中国的桂林山水，有"海上桂林"之称。拜子龙湾为其周围的小海湾之一。

于自己的诗人。

然而最迷人的还是有着钟乳石岩洞的群山。"瘴水蛮中入洞流"[1]——对当地风物保持敏感的记述者们早就注意到它们。这些山有几座位于昭州,其他一些分布在蒙州周边。[2]昭、蒙二州南边的梧州,有座山由于石英石和钟乳石而闪闪发亮。[3]而最负盛名的石灰岩洞,则是在桂州,其中一部分原因,只是因为在南越各州中,流人最喜爱桂州,故此州在最优秀的文学作品中得到精彩描绘。靠近桂州州城有八九个岩洞,掩映在幽深的"绿竹青松"之间,慕名而来的游客往往撰文赞颂不已。他们瞠目结舌地注视着这些球场大小、站得下数百人的洞穴。洞穴内有清泉激流,更重要的是有"怪石嵌空",形态各异。[4]种种人形、动物形的千奇百怪的方解石,是这些宝洞的魅力所在。在如痴如醉的游人面前,这些岩石清楚地揭示了《庄子》中万物无恒常变的道理,同时也显露出了自身作为可辨识形象的日久年深。如桂州白龙洞中就存留着史前雨蛇的化石,其"蜕骨如玉"。[5]曾有胆大者手持火把,深入盘龙山中的洞穴,结果发现身边满是白化的蝙蝠。盘龙山中的金沙,还是有丹朱色腹部的蝾螈的栖息地,这可能是一种长尾蝾螈(洞穴蝾螈)。此"皆神化所致,不可以类而

---

[1] 张籍(一作杜牧),《蛮州》,《全唐诗》,卷386。
译注:原诗云:"瘴水蛮中入洞流,人家多住竹棚头。一山海上无城郭,唯见松牌记象州。"
[2] 李吉甫,《元和郡县图志》,卷37,页1044、1053。
[3] 《舆地纪胜》,卷108,页4a,引自《南越志》。
[4] 《桂林风土记》,页2。
[5] 李渤,《南溪诗并序》,《全唐诗》,卷473。

称也",而且,这些岩洞"盖神仙之窟宅"。[1]

隐山之得名,缘于其隐秘的洞穴,它是桂州州城附近最能激动人心的岩洞。762年,修筑灵渠的李渤来到这里,他探寻幽深无底的山涧之源,芟夷榛莽芜秽,看到"石林磴道,若天造灵府"[2]。825年9月18日,诗人吴武陵也探访了这些神秘的地下溪流。他怀着宗教的敬畏,将隐山视作"怪物"之所,而墨绿色的潭水则是"虬螭之所宅"。他看到了楼阁状、人形和动物状的各种岩石,并对云集在他周围的众多白蝙蝠惊奇不已。当然,他也强烈推荐将这些洞穴作为观赏和郊游之地。[3]

柳宗元在柳州之时,也热爱那里的自然美景,他对靠近州治的平地上那些凸起的、没有山峦或山麓的喀斯特地形,曾做过简短的概述。在这些山的岩洞中,怪异的石灰岩构成种种形状,引人注目:

> 古之州治,在浔水南山石间。今徙在水北,直平四十里,南北东西皆水汇。北有双山,夹道崭然,曰背石山。有支川,东流入于浔水。浔水因是北而东,尽大壁下。其壁曰龙壁,其下多秀石,可砚。
>
> 南绝水,有山无麓,广百寻,高五丈,下上若一,曰甑山。山之南皆大山,多奇。
>
> 又南且西,曰驾鹤山,壮耸环立,古州治负焉。有泉在

---

[1]《北户录》,卷1,页17a—20a,关于"蝶螺"(鳎),见《广韵》,卷5,28 韵。
[2]《太平寰宇记》,卷162,页4b—5a。
[3] 吴武陵,《新开隐山记》,《全唐文》,卷718,页12b—15a。

坎下，恒盈而不流。南有山，正方而崇类屏者，曰屏山。其西曰四姥山，皆独立不倚。

北流浔水濑下。又西曰仙弈之山。山之西可上，其上有穴，穴有屏、有室、有宇。其宇下有流石成形，如肺肝，如茄房；或积于下，如人，如禽，如器物，甚众。东西九十尺，南北少半。东登入小穴，常有四尺，则廓然甚大，无窍，正黑，烛之，高仅见其宇，皆流石怪状。由屏南室中入小穴，倍常而上，始黑，已而大明，为上室。由上室而上，有穴，北出之，乃临大野，飞鸟皆视其背。其始登者，得石枰于上，黑肌而赤脉，十有八道，可弈，故以云。其山多柽[1]，多楮[2]，多筼筜之竹[3]，多橐吾[4]。其鸟多秭归。

石鱼之山，全石，无大草木，山小而高，其形如立鱼，尤多秭归。西有穴，类仙弈。入其穴，东出，其西北灵泉在东趾下，有麓环之。泉大类觳雷鸣，西奔二十尺，有洄在石涧，因伏无所见，多绿青之鱼，多石鲫[5]，多鯬[6]。

雷山两崖皆东西，雷水出焉，蓄崖中曰雷塘，能出云气，作雷雨，变见有光，祷用俎鱼、豆虀、修形、糈稌、阴酒，虔则应，在立鱼南，其间多美山，无名而深。峨山在野

---

[1] 柽柳。
[2] 青桐。
[3] "筼筜之竹"，可能是麻竹。
[4] 大吴风草。
[5] 胡椒鲷。
    译注：此处疑有误。
[6] 与雅罗鱼相关的鲤科鱼类。

中，无麓，峨水出焉，东流入于浔水。[1]

奇怪的是，尽管柳宗元意识到这些美景巧夺天工非由人力，但他却对岩洞的神圣性只字不提。对大部分中古时代的人来说，这些黑暗而深幽的神仙窟宅，岩石形如溪水喷射，大理石柱成排[2]，整个洞穴由于遍布着起泡状或冰冻状的方解石而闪闪发光——这就是通往神仙世界和地下洞天的前殿，穿过长长的石灰岩走廊，便可探寻到道家的奥秘。[3]在唐玄宗统治的盛世，神奇的老子就曾现身于这样一个缩微的岩石洞天。[4]事实上，在他们眼中，每个穿洞都是一重天地，神仙显灵是很自然的事情。"洞"这个字暗含"空"、"穹"、"窟窿"等意义，与表示拱、空的众多词语都属于古老的同源词。"崆峒"是一个山名，中国有很多山都用此名，从某种意义上说，大部分山都当之无愧，因为它们都拥有通往神仙洞府的密道。在南越，人们尤其容易走近这些神圣的通道，因为整个南方正是神奇地宫的门廊。有很多相关的例子，略举数例即可。有代表性的如端州石室山洞，终年笼罩在神秘的云雾中，充满了一种奇特的能量，还有两扇"石门"，通往"仙之下都"。[5]韶关附近的芙蓉岗上"深莫可测"的岩洞，洞中常有神力仙灵出

---

[1] 柳宗元，《柳州山水近治可游记》，《增广注释音辨唐柳先生集》，卷29，页6b—7a。
[2] 薛爱华，《贯休游仙诗中的矿物意象》，《大亚细亚》，卷10（1963年），页102。
[3] 石泰安，《远东缩微花园》，页42—45，《法国远东学院学报》，1942年。苏远鸣，《罗浮山宗教地理研究》，页88—96。
[4] 《白孔六帖》，卷6，页10a。
[5] 《太平御览》卷172页3b引《十道志》。

现，相传汉末道士容康即在此修道成仙，后来也显灵于此。[1]

然而，最幽深、最神圣的岩洞还在广州东面的罗浮山，比如我们前面提及的一处岩洞，常有五百花首真人齐聚于此。据说这座神山共有七十个这样的石室，皆有"神禽玉树"[2]，其中最为神奇的是朱明洞。它位于浮山深处，而浮山自海上漂浮而来，与罗山合并，并称罗浮。据说朱明洞也是通往广州城西浮山另一个隐秘洞天的入口。"浮山"就是"浮于水面的山丘"，很显然，两山虽然分别在广州这座大城市的东边与西边，其神妙却如出一辙。[3]罗浮山是著名的山岩天堂，是圣人至高无上的避难所，而恶人靠近则十分危险。[4]据说在宋代，罗浮山由真人朱灵芝掌管，他的道号很响亮，也富有内涵，其大意为"朱红色的灵芝"。[5]朱明洞有过一位无畏的探险家，那就是八世纪时的道士申太芝。他坐在柳筐中，慢慢下降，进入了深不可测的洞口。当被拉上来时，他说自己实际上进入了一个地下世界，天空以及日月星辰无不悉备。[6]

河与泉

河流也有神灵。南越有自己的水神，并且按照等级高下，而

---

[1] 《舆地纪胜》卷90页8b引《郡国志》。
[2] 《白孔六帖》，卷5，页27a。
[3] 《舆地纪胜》，卷99，页4b、13a。
[4] 同上书，页3b。出处及时间不详。
[5] 苏远鸣，《罗浮山宗教地理研究》，页25。我无从得知这一传说的渊源。
[6] 《白孔六帖》，卷5，页28a。苏远鸣，《罗浮山宗教地理研究》，页93—94。

享有不同的祭祀和崇拜。但远谪的文人却很少记录水神显灵的事件，他们描述更多的是在激流飞瀑间跋涉的危险，他们对这些危险更为谙熟。例如803年，韩愈被贬连州，他并没有为连江水神撰写祷文，而在820年，韩愈被贬潮州时，却为南海神写下了祷文。在前一场合，他更关注的是个人的安危，而不是祭祀神灵。那时，他对南越也比较陌生：

> 陆有丘陵之险，虎豹之虞，江流悍急，横波之石，廉利侔剑戟，舟上下失势[1]，破碎沦溺者，往往有之。[2]

同年，他描写水流穿过连州附近的险峻峡谷，此峡因相传古城墙有石为上古神女所化而得名，那就是《贞女峡》：

> 江盘峡束春湍豪，风雷战斗鱼龙逃。
> 悬流轰轰射水府，一泻百里翻云涛。
> 漂船摆石万瓦裂，咫尺性命轻鸿毛。[3]

但事实上，在这些汉人的心目中，南越的河流并不像其北方家乡的河流那么有意义。北方河流的故事古老而又丰富，他们早已耳熟能详。南方的大部分水神则带有异域色彩，其特性亦有待了解。唐代文献中罕见关于他们的记载。即使像桂江这么重要的

---

[1] 因所据版本不同，文字略有差异。
[2] 韩愈，《送区册序》，《韩昌黎全集》，卷21，页1a。
[3] 韩愈，《贞女峡》，《韩昌黎全集》，卷3，页5b。

河流（其灵渠我们已在前文讨论过），也依然没有被人格化，甚至也没有自己的个性特征（除了伏波将军马援对其有全面统领大权之外）。尽管迁谪到此的诗人们，顺着这条与人方便的江流一路南行，对它颇有观察：

> 驿路南随桂水流，猿声不绝到炎州。[1]

在唐代历史中，除了将其作为行政管理与工程建设对象外，人们对壮丽的郁江（今称西江）也鲜有关注。但郁江拥有自己的英雄。公元710—711年，吕仁高率人修建引渠，在郁江通过邕州州治时对其进行分流。在此之前，邕州在夏秋两季往往洪水泛滥，屋毁人亡，当地人只能住在河岸的一侧。修建引渠后，过量的江水被安全地分流，自此以后，农人屋舍遍布沿江两岸。[2]

南越分布着众多的泉水、间歇泉以及天然喷泉。在现代旅游指南中，它们受到充分的关注，然而在唐代游记里，却只有少数泉水有名字。其中就有梧州城附近的冰泉，诗人元结曾作《冰泉铭》。他提到，酷暑时节，清凉甘甜的冰泉之水，备受梧州人喜爱。冰泉附近还有座火山，有烟从深陷的裂缝中冒出。然而，

> 火山无火，冰井无冰。[3]

---

[1] 刘长卿，《江楼送太康郭主簿赴岭南》，《全唐诗》，卷151。
[2] 《新唐书》，卷43上，页4b。《太平寰宇记》，卷166，页3b。
[3] 元结，《冰泉铭》，《全唐文》，卷382，页13a—13b。

第八章　陆地与海洋

　　在南越泉水中名气最大的，是前往广州途中的石门贪泉。此泉（如其名所示）有恶名，且由来已久。许多传说都与其相关，包括有一个早期传说，称由汉朝将军率领的一支南侵的军队都淹死在这里。不过，这个名字也暗示着一个事实，那就是来到南越的官吏都会变得腐败不堪，声名狼藉，他们开始大肆敛财、巧取豪夺——或因为翻过大庾岭后地气有变，或由于饮贪泉水而受到了污染。[1]

　　火山投影于梧州城对岸那片澄澈的深潭之中，此山是古代一次火山喷发造成的。每隔三五天，就有一种如"野花之状"的夜光，从南越古代土壤的暗火中升起，出现于火山之上。"或言其下有宝珠，光照于上如火。"在火山温暖的坡地上，甘甜的荔枝也较早成熟。[2]但地火通常会转化为水，故南越温泉众多，只要查看各处地名，便可得知。比如有汤州，下领汤泉县。[3]在南越西部，还有个边陲小州，就叫温泉州，那里的居民非汉人，其贡品为黄金。[4]而南越东部的循州，则有条江名叫热水。[5]早在五世纪时，王韶之就曾描述过韶州温泉之与众不同。幸运的是，他这部小书还有片断留存。此为其中一段：

　　　　灵水源有温泉，涌溜如沸，时有细赤鱼出游，莫有获

---

〔1〕《舆地纪胜》，卷89，页10b。
　　译注：此处原文献引《南越志》云："昔汉将田千秋征南越，全军覆没之处。"薛爱华误解"覆没"为淹死。
〔2〕《岭表录异》，卷上，页1。
〔3〕《通典》，卷184，页983c。
〔4〕《新唐书》，卷43下，页13b。
〔5〕《舆地纪胜》卷91页5a引《舆地广记》。

者。[1]

又一段云：

> 云水源有汤泉。下流多蛟害。疠济者遇之，必笑而没。[2]

人们很早就认识到了温泉的医疗价值。在温泉中浸泡，或者饮用温泉，都是渊博的医家推荐的良方。推陈出新的唐朝药物学家陈藏器（虽然在这个方面他并无创新）认为这些地下热水应归功于硫黄的作用：

> 下有硫黄，即令水热，犹有硫黄臭。硫黄主诸疮，故水亦宜然。当其热处，可烊猪羊、熟鸡子也。

他还建议在温泉中洗浴，以治疗各种风湿和皮肤疾病：

> 诸风筋骨挛缩，及肌皮顽痹，手足不遂，无眉发，疥癣诸疾，在皮肤骨节者，入浴。浴讫，当大虚惫，可随病与药，及饮食补养。非有病人，不宜轻入。[3]

---

[1]《初学记》卷7页7b引《始兴记》。
[2]《太平御览》卷930页5b引《始兴记》。
[3] 陈藏器说，见《本草纲目》，卷5，页23b。

然而，在遥远南方的这片怪兽出没的水域，并不能吸引那些富有的风湿病患者。北方也有一些为人熟知的温泉，由与华人同族的仙女们守护着，还足够人们使用很多年。

描述与欣赏

几个世纪以来，长于文字的汉人逐渐适应了长江与湖南地区的温暖气候，这使得他们对热带的高温有所准备，他们对南方自然美景的大胆猜想也许也已长达数个世纪。从四世纪到六世纪，前往亚热带区域的行人主要依赖有关荆州（就在三峡之下的长江流域盆地）风物的十一种地志和有关湘州（荆州以南的湖泊江河地区，主要位于湖南境内）的八种地志。[1]当时人们对南越所知不多，也鲜有书籍能给予那些不得不前往南越的、或者感觉迟钝的行人以引导，更不能使他们在穿越这片危险景区之时，增加某种同情或理解。汉晋时期出现了几种南越地志，现在皆已亡佚，但可以顾名而思义：汉代陆贾的《南越行记》，晋代裴渊的《广州记》以及晋代黄恭的《交广二州记》。四世纪时，南海太守袁宏怀着对长生的渴望，写成了《罗浮记》，此举开创了广州地方志著述之先河。后来，这座南越仙山的风景指南层出不穷，而此

---

[1] 小尾郊一，《中国文学中所表现的自然与自然观——以中世文学为中心》，页414—415。

书是第一部。[1]

公元一世纪时，遥远南方的旅人还没有多少随身手册可作参考，但已有一些开创性的著作，即一些关于自然史、民族学以及当地各种奇观的有趣记载，有助于他领略在那个难以想象的环境中，人们所拥有的新奇的行为与生活方式，这些对汉人永远具有吸引力。这些书已经亡佚，但是，从唐宋著述的引录中，我们可以了解其部分内容。事实上，此处论述要高度依赖这些书籍。其中最为重要的，有汉代杨孚的《南裔异物志》、三国吴国万震的《南州异物志》、晋代嵇含的《南方草木状》和刘宋沈怀远的《南越志》。[2]

到了唐代，关于南越的书籍突然不再稀罕了。自唐朝初期起，官方就积极开展舆图学与地理学活动，其范围覆盖整个帝国，标准地图和方志书籍相继出版，其中包括对道路、建筑、古迹和民俗的相关记载，但这个时候，其内容绝大部分还局限于帝国的中南部，亦即长江流域和浙江地区。唐代这类出版物大都以图经（附有图表的标准文本）的形式出现，且由地方官员编纂，这是其例行公务的一部分，其时多在八世纪中叶以后。但是，这些州郡地理志中却不包括南越，尽管当地官员肯定也呈送了相关图经，因为当时全国性的图志已经关注到了南越，如于704年、715年和813年由政府发行的全国地图《十道志》[3]以及志书《郡国志》，而这两部图志也成为宋代类书编纂者的重要依据。这

---

[1] 小尾郊一，《中国文学中所表现的自然与自然观——以中世文学为中心》，页390。
[2] 晋代王范《交广春秋》似为史书。
[3] 青山定雄，《唐宋时代交通与地志地图研究》，页457。

些原书现今都已亡佚，其中包括七世纪的一部十卷本的佚名地志，以及两部稍后的著作，其中一部的作者为曹大宗。[1]

关于唐时南越的专门研究，我们必须依赖私人的、不那么陈陈相因的研究成果。这些包括一系列观察入微、内容丰富的佳作，它们大部分都是由具有好奇心和想象力的官员在南方任职期间所作。其中最重要的是刘恂的《岭表录异》和段公路的《北户录》，这两部书都记载了南越的气候、景观、风物、民族等各个方面，尤其是其与北方的不同之处。[2]莫休符（活跃于899年）著有《桂林风土记》一书，从姓氏推断，此人可能是当地的莫族人，当时居住于桂林。他肯定已经完全汉化了，因为书中重点记载了与汉族名人有关的旅游景点，著名的建筑和庙宇，以及张九龄等名人的趣闻逸事。在令人叹惋的已亡佚的故书中，最有价值的可能是房千里（活跃于840年）的《南方异物志》与《投荒杂录》，以及孟琯（九世纪）的《岭南异物志》。从被他书（如大型类书《太平广记》）引用而留存下来的大量文本来看，这些书应该类似于刘恂和段公路的著作。[3]（尽管房千里这些有价值的著述已经不存，但他对我们来说并不神秘。在赴任途中所作诗篇的序文中，他表达了对爱妾赵氏的情感，以慰释她的孤独愁苦。）[4]唐

---

[1] 《新唐书》，卷58，页18a。《宋史》，卷204，页4994a。张国淦，《中国古方志考》，页85—86。

[2] 段公路多处引用陈藏器的论述，可以说，这位唐代的药理学家为我们了解唐代的南越做出了重要贡献。

[3] 《南方异物志》与《岭南异物志》各一卷，见《新唐书·艺文志》，卷58，页18b。

[4] 房千里，《游岭徼诗序》，《全唐文》，卷760，页20b—21a。《寄妾赵氏》，《全唐诗》，卷516。

朝其他有关南越的书（实际上，我们无从知晓其内容），还包括达奚通的《海南诸蕃行记》，[1]赵昌的《六十二洞归降图》[2]，竺芝的《扶南记》[3]，以及佚名的《南海异事》[4]等等。

当这些了不起的地方官记录其治下的奇人轶事时，少数能诗擅赋的官员开始将生动的、多雨的景色酝酿成诗句和畅达的散文。诗人元结就是其中一位。他十分喜爱湖南南部和南越北部葱郁的群山，还特地修整和完善森林中的岩洞，以便可以乘舟观赏。[5]这一新的审美趣味最终在八九世纪时定型于南方的石灰岩上，并对中国园林的审美产生了深远的影响。刘禹锡同样喜爱这样的美景。韩愈也事先致书韶州当地的一位友人，要他准备好图经，以便他能够细细领略那里的无限风光。他信中写道："曲江山水闻来久。"[6]

在流放者中（撇开满怀激情的克里奥人，如张九龄等不谈），柳宗元率先将这些高地胜境写成奇妙的文章。但与本书前面引用的作品不同，他创作的不是诗歌，而是散文。柳宗元的永州与柳州游记简洁明澈，显示了《水经注》等古代地理书的影响，并对此后的南方游记产生了深远影响。[7]柳宗元深切地感到，风景鉴

---

[1] 《新唐书·艺文志》，卷58，页18b。
[2] 青山定雄，《唐宋时代交通与地志地图研究》，页526。807年夏，海南部族归降，《六十二洞归降图》被献于皇帝。
[3] 《新唐书》，卷58，页18b。
[4] 《宋史》，卷204，页4994a，列于唐代地志中。
[5] 《舆地纪胜》，卷92，页7a。
[6] 韩愈，《将至韶州先寄张端公使君借图经》，《韩昌黎全集》，卷10，页10b。
[7] 小尾郊一，《中国文学中所表现出的自然与自然观——以中世文学为中心》，页453。吴文治《柳宗元评传》，页248—249。他认为与永州系列的文章相比，柳宗元描写柳州的系列文章更着重客观的描述。

赏家们忽视这些低矮荒僻的小山，是非常错误的，他迫切希望能改变人们的这种态度。他在一篇文章中表达了这一基本观点，此文描述了建于湖南永州荒山之上的一个简朴的茅亭。[1]这间茅亭避开了所有人为虚饰，以免干扰周边罕见的天然景致：

> 是山举然起于莽苍之中，驰奔云矗，亘数十百里，尾蟠荒陬，首注大溪，诸山来朝，势若星拱，苍翠诡状，绮绾绣错。盖天钟秀于是。

在文章的结尾，他又惋惜地表示，这样过于远僻的郊野，没法形成游览山水的风气：

> 是亭也，僻介闽岭，佳境罕到，不书所作，使盛迹郁湮，是贻林间之愧。故志之。[2]

在岭南北部，柳宗元还注意到当时有一种看法流传甚广，其实是错误的，这种看法认为置身帝国某处熟悉的环境中，便可尽揽天下美景。南越的山峰是独一无二的：

> 大凡以观游名于代者，不过视于一方，其或傍达左右，则以为特异。至若不骛远，不陵危，环山洄江，四出如一，

---

[1] 译注：此处原文有误，应为广西邕州。
[2] 柳宗元，《邕州马退山茅亭记》，《增广注释音辨唐柳先生集》，卷27，页2b—3b。

夸奇竞秀，咸不相让，遍行天下者，唯是得之。桂州多灵山，发地峭坚，林立四野。

他继而赞扬中丞裴行立于漓江巉岩累累的沙洲之上修建优雅的亭台楼宇，四望皆有无上之美景。朝廷对裴行立于此洲宴乐之事的态度，远比我们想象的更加开明。裴行立率众人伐"恶木"、除"奥草"，建造漂亮的亭阁，并陈设当地古代文物，风景更加雅致非凡。而且，小洲也有一些地方保留原貌，比如"抗月槛于回溪"。在这篇散文结尾处，柳宗元既对这些做法大加推崇，同时又进行了严肃的哲学思考，肯定人力可以弥补天工之不足：

噫！造物者之设是久矣，而尽之于今，余其可以无藉乎？[1]

在柳宗元这样杰出作家的作品里，我们开始领略到文学作品对南越的鉴赏，这是由来已久的对江南美景鉴赏的延伸。但是，激发文人情感和创作，进而形成这种文学鉴赏的，仍然只是那片较为凉爽的越北高地，那是一片过渡地带，从西部的桂州到东面的韶州，而这个地区与江南最南端并无截然不同。直到此时，依然没有一位大作家真正地赞美过热带地区的沿海平原。

广西的动人美景首次出现于绘画之中，很有可能也是在唐代。我们看惯了后世画作中云烟缭绕的石灰岩山峰，但却很难证

---

[1] 柳宗元，《桂州訾家洲亭记》，《增广注释音辨唐柳先生集》，卷27，页1b—2b。

明这些画作的原型在中古早期就已出现了。或许我们可以根据史实作出合理推论，即在八九世纪，南越已经涌现出一大批优秀的山水画家。其中一位是陈昙[1]，八世纪末曾任连州刺史及邕管经略使。他虽然是一位高官，却被人形容为"野逸不群"，朝廷曾要求其将所绘南越山水作为贡品，每岁进贡。[2]九世纪后期有人认为，当时的审美趣味偏好荒寒孤峭的山峰，而在这位经略使的作品中却难得一见。相反，陈昙所绘山水往往"繁碎"。[3]我们的疑问是：他曾经画过广西的石灰岩山吗？很难相信他没有画过。不管怎样，他是我们知道的第一位描绘南越风景的画家。还有萧祐，从827年到830年，他曾在北人偏爱的桂州任观察使，并卒于任上。其书法与绘画一样备受推崇，被称为"甚有意思"。他被同僚引为"山林友"，也因此让人怀念。[4]此外还有唐代山水画大师之一的杨炎，他才华秀异，后来贬谪崖州，并被迫自尽于此。[5]对所有这些画家，我们都怀着相同的疑问。遗憾的是，由于原画作已佚，唐代画评家的评说也只寥寥数语，对我们没有多大帮助。

---

[1] 本书中作"陈昙"，据《历代名画记》，卷10，页7a。一作"陈谭"，见《唐朝名画录》，页11a。
[2] 《唐朝名画录》，页11a。
[3] 《历代名画记》，卷10，页7a—7b。
[4] 《新唐书》，卷169，页9a。《历代名画记》，卷10，页10a。
[5] 《唐朝名画录》，页7b—8a。

第九章 矿物质

整块的、纯绿的,就像阿月浑子果,
世界上碧玉有的是。

——罗伯特·布朗宁,
《圣普拉西德教堂的主教吩咐后事》[1]

---

〔1〕译注:此处引用飞白译文,《英国维多利亚时代诗选》,湖南人民出版社,1985年。

热带岩石与土壤中富含矿物质，刚果盛产铜和铀，就是一例。但很少有矿物质是热带所独有的。[1]原始地球上的浓稠岩浆从哪里喷涌而出，与纬度毫不相干。中世纪时汉人在南越发现了黄金，但从地理学上说来，那里出现黄金纯属偶然，正如在寒冷的克朗代克（Klondike）黄金储量充足也是偶然一样。热带地区锡矿储量倒是特别丰富，但康沃尔（Cornwall）地区也曾经有过锡矿。与其他矿物不同，铝土矿作为氧化铝的混合物，是一种在热带、亚热带气候条件下岩石风化的特殊产物。然而，从铝土矿中提炼铝的技术，是直到现代才发现的。

有用矿藏和岩石的储存量，在南越本身十分丰富，但其中大部分如铁、煤、钨、砷[2]直到现代才被开采（只有贵金属除外），中古时期中国人对它们的关注相对较少。那里尤为充足的是奇特的石灰岩和大理石[3]，但我们会发现，唐朝人对其药用价值比其技术应用更感兴趣。而且，南方群山中的宝藏必定是唐朝向南扩张的一个重要因素。人们对南越的宝石和有用金属的关

---

[1] 贝茨，《那里从无冬天：热带居民与自然之研究》，页236。
[2] 冯世安，《广东地理》，页241。
[3] 同上。

注,也体现于成百上千个与之相关的地名中。虽然大多数地名是在一部宋代地志中找到的,但很多地名可能在唐代就已存在。"金山"、"银江"、"铜石山"、"铅坑岗"、"宝山"和"磁石山"等,不胜枚举。[1]此外,有位中央政府官员的言论也反映出南越相对充足的金属及其他矿藏。他反对以钱币纳税的新法,主张以实物纳税;他认为,以钱币纳税会造成钱重物轻,这显然是不合理的。若实施新法,对岭南的影响尤为恶劣,因为那里人们更习惯用金、银和丹砂(更不必说象牙)作为交易媒介,而不是使用官方钱币。[2]

中古时期的中国人从岩石中得到的启迪和发掘的功用,与在特定矿物质中获得的一样多。对于许多岩石的构成我们并不了解,但石灰岩显然是他们格外喜爱和推崇的。对他们而言,形状奇特的石头最具吸引力——有些来自于仙人洞窟,其他的零星散布于树木与竹林之间。我方才所参考的那部宋代地志,指出南越盛产灵石、怪石和奇石。这些玲珑的怪石在岭南北部地上随处可见,或许可以肯定地说,尽管不是所有如"盘龙石"、"骆驼石"、"虹霓石"[3]之类的宋代名称都已在唐代出现,但在唐代必定已有许多类似的说法,只是我们无从得知而已。这些令人眼花缭乱的石头或被视作动物所化,或被视为神圣的古代遗物,抑或是玄妙的神迹而备受尊崇。

有一类灵石很是特别,那就是神秘的"霹雳楔",前文已经

---

[1]《舆地纪胜》,卷98,页5b(恩州);卷103,页8a(桂州)。
[2] 薛爱华,《撒马尔罕的金桃》,页9。
[3]《舆地纪胜》,卷90,页8b。

提到过。此石也有其他名称,例如"霹雳碪"[1]、"雷斧"[2]。一些学者认为这是大气扰动的产物。药理学家陈藏器注意到,这些铁砧往往会在雷击处的地下数尺找到。它们可能是陨石,有时随"雷震"落下。[3]这位自然哲学家又继续说:"其形非一,有似斧刀者,锉刀者,有安二孔者。"[4]他并不知道这些是新石器时代的工具,不过,他提到:"一云出雷州"(雷州是一个雷电多发地区),并认为它们有助于"除魔梦不祥"。但也有人提出,这些像工具的石头可能是人造工具,因为陈藏器写道:"或言是人间石造,纳与天曹,不知事实。"[5]今天,博物馆中人可能会称其为"礼器",而陈藏器引述的无名氏,则理当视作这种理论的首倡者。当然,此时的中国人所有的观点,显然与中古地中海世界人们的观点不谋而合:

> 古希腊人和古罗马人不认识早期人类石器的实际功用。凿过的痕迹没有引起他们的注意;他们将打磨过的石斧看作从天上落下来的雷石,这种迷信遍布于世界各地。他们还相信雷石有治病的功效。公元 1081 年,拜占庭皇帝亚力克赛一世就将一块镶以黄金的雷石赠予了德国皇帝亨利三世。[6]

---

[1] 此处指整块的"砧"。
[2] 李咸用,《石版歌》,《全唐诗》,卷 644。
[3] 陈藏器说,见《本草纲目》,卷 10,页 6a。有关唐代流星与陨石的详细研究可参照章鸿钊《石雅》,《地质专报》,第 2 期,1921 年,页 324—325。
[4] 陈藏器说,见《本草纲目》,卷 10,页 6a。
[5] 同上。
[6] 格里格森(Geoffrey Grigson),吉布斯(C. H. Gibbs-Smith),《物:衡量文明的人类天才发明》,纽约:1957 年,页 376。

陨石实在很罕见。我们暂且撇开它们，只考虑人造的石斧。遗憾的是，人们对南越石器的类型和年代知之甚少。也许在中古时代，没人发现南越西部中石器时代的磨制卵石[1]是人工制作的。而新石器时代的石斧、有段石锛、叶状箭头、磨石等，有许多在技术上与远至菲律宾的石器都是同源的，其年代极其模糊。[2]但由中古时代南越农民挖出的雷石，却有可能出自包括当时在内的任一时期。到了汉代，其他地方早已冶炼出了青铜器，而安南地区却仍在使用石锄，石板和石磨也在这一时期这一地区使用。[3]因此之故，"显然直到宋代，印度支那都仍然有人使用有肩石斧。"[4]唐代华人在新耕泥土中挖出的石斧，也许已有两千年的历史，也许属于去年刚被驱逐走的当地蛮族。他还无法分清到底是哪种情况。

与雷石大体相似的，是著名的青石。这是个在岩石学上模糊不清的概念。它可以指碧色的岩石，某些用来装饰仙宫熠熠生辉的墙壁的，即属此类。[5]但青石通常表示一种特定的"青石"矿物，周代和汉代的东夷人用其制作有毒的箭簇。有人认为这是一种燧石[6]，在中国人眼中，这种青石十分珍贵。[7]我

---

[1] 张光直，《太平洋视野下的中国史前史》，页104。
[2] 麦兆良（Raphael Maglioni），《中国南方考古研究》，《东亚研究杂志》卷2（1952年），页3—5。莫稚，《广东宝安新石器时代遗址调查简报》，《考古通讯》，卷18，第6期，1957年，页9—10。
[3] 秦西（Olov R. T. Janse），《印度支那考古研究》（前言），哈佛燕京丛书，坎布里奇：1947年，页17。
[4] 同上书，页54—57。
[5] 《神异经》，页9a。
[6] 章鸿钊，《石雅》，页145。
[7] 《后汉书》，卷115，页896c。薛爱华，《杜绾〈云林石谱〉评注》，页78—79。

第九章　矿物质

无法断定唐代梧州用来制造刀剑和妇女环佩[1]的青石到底是什么，但它肯定是一种质地坚硬的岩石，也许是一种可以被高度抛光的黑硅石。

南越石灰岩为一种极为贵重的乐器即古石磬或石琴提供了制作材料。用它制成的磬跻身于中国最古老、最受推崇的乐器之列，虽然早已不再流行于民间，却仍长期在神圣的礼仪场合使用。在诸如委内瑞拉、埃塞俄比亚和希俄斯岛等遥远的地方，都曾发现与此类似的乐器。萨摩亚少女用卡瓦敲击的石乐器，或许与孔子时代祭祀用的石磬有着遥远的关联。[2]事实上，石磬的出现比孔子的时代还要早上千年，在中国北部就曾出土了一组用于祭祀商王或神灵的石磬。[3]这种中国风格的石磬，最大者现存于越南的孔庙。[4]此外，越南还出土了另一组古石磬[5]，它们如木琴般呈横向排列，音色精准清亮。唐时在韶州乐昌的昌山发现了制作石琴的优质石料，七世纪初，曾有陨星"如银"坠于此处。[6]而在与林邑边境相邻的安南爱州，也出产优质的乐石，被认为更胜于江南湘州之石。[7]

在北方的寺庙中，罗浮山的石灰岩同样奏出了庄严的音调。

---

[1]《太平御览》卷172页4a引《郡国志》。《舆地纪胜》，卷109，页2b。
译注：此处有误，应指藤州。
[2] 萨克斯（Curt Sachs），《乐器史》，纽约：1940年，页168—169。
[3] 哈里希·施耐德（Eta Harich-Schneider），《中国音乐起源及日本残存》，《日本文化志丛》，卷11（1955年），页91。
[4] 萨克斯，《乐器史》，页168。
[5] 哈里希·施耐德，《中国音乐起源及日本残存》，页91。
[6]《舆地纪胜》卷90页7b引《九域志》。
[7]《元和郡县图志》，卷38，页1086。

浙江有座佛寺中的乐器据说可追溯到六世纪。八世纪的僧人灵一写诗赞曰：

> 水击罗浮磬，山鸣于阗钟。[1]

对中国人来说，于阗是玉石的主要产地，看来寺庙的钟有时也由这种美玉制成。

罗浮山也为九世纪那些品位超前的鉴赏家们提供了制作假山的精美园林用石。这些精选的石料大多出自浙江湖滨。南越对唐代人来说虽然新奇，却相隔遥远，其作为审美对象之石还远不能与其灵石及矿藏相比[2]，但仙山罗浮的石灰岩已经开始声名鹊起。才华横溢而"性狷介"的青年诗人张祜，为避开俗世而筑室种树而居。他酷爱奇石，从南越带回了罗浮山的"石笋"装点幽居。但这位不善谋生的年轻人不到二十岁就去世了，留下一位怀有身孕的姬妾，独自欣赏这独特的园林。[3]富于创造力和想象力的权贵李德裕，将这种新奇的嶙峋怪石的部分精品，引进到他位于洛阳附近的著名园林之中，并不令人惊讶。他曾题诗于石，诗云：

---

[1] 灵一，《静林精舍》，《全唐诗》，卷809。
[2] 宋初，韶州河床出产一种灰石，经处理后颜色发青，备受人们喜爱。见薛爱华《杜绾〈云林石谱〉评注》，页66。
[3] 陆龟蒙，《和过张祜处士丹阳故居序》，《全唐诗》，卷626。
译注：原文称张祜"死未二十年，而故姬遗孕，冻馁不暇"，薛爱华称张祜不到二十而死，理解有误。

第九章 矿物质

> 清景持芳菊，凉天倚茂松。
> 名山何必去，此地有群峰。[1]

　　岩石也被用来制成文人书斋中的砚台，这些被用来磨墨挥毫的石材同样珍贵。端州在广州西边，其深山之中，有一种光洁的深紫色岩石，以之作为砚材，备受文人喜爱，早在九世纪时，人们就开始开采。端石的名气越来越大，至十三世纪达到了顶峰，被誉为石中之冠。而与此同时，唐人最为喜爱的端州"紫石"，到了宋代，渐为附近开采的"鸲鹆眼"和"鹦鹉眼"等各种眼石所取代，成为宋代鉴赏家的新宠。这些都是三叠纪的石灰岩，"眼"便是清晰可见的海底化石之迹。[2]有两位唐代的大诗人赞美过南越的紫石砚。刘禹锡曾写下"端州石砚人间重"的诗句，来形容他人赠予的一方砚台（可能是他自南越携回）。[3]而年轻的鬼才诗人李贺，则用整整一首诗的篇幅，以最为瑰丽的辞藻，描绘一方端砚。诗的开头是：

> 端州石工巧如神，踏天磨刀割紫云。[4]

仅此两句已足以显示出李贺对转喻和双关手法的痴迷：在高高的采石场上，石工们手可摩天，石灰岩就像是紫色的云彩；同

---

[1] 李德裕，《题罗浮石》，《全唐诗》，卷475。
[2] 洪业，《中国文学传统中的砚台》，《燕京大学不定期论文集》之三（1940年5月7日）页14。薛爱华，《杜绾〈云林石谱〉评注》，页82—83。
[3] 刘禹锡，《唐秀才赠端州紫石砚以诗答之》，《刘梦得文集》，卷4，页4b。
[4] 李贺，《杨生青花紫石砚歌》，《全唐诗》，卷392。

时，这门技艺"如神"的特性，也要求他们像神灵一样，在云中行走自如。这首诗还预示了宋代对斑纹石（眼石）的喜爱。李贺诗中所写的已不再是纯色砚石，而是一块"青花紫石"。

潮州开采并进贡朝廷的"石井银石"，显然是光亮的云母片岩，但其用途还不清楚[1]，极有可能也是用来制作砚台的。

天然石灰最受人们喜爱，因为其对人体有益，而药效最佳者则是在仙洞中缓慢形成的石钟乳。它具有提神、固元和催情的作用，能够"壮元气，益阳事"。[2]将它与酒同服，是道教医家最喜欢开的药方。[3]石灰岩洞周围的泉水也具有相似的功效，它富含天然的钙质："人多取水作饮酿酒，大有益。其水浓者，称之，重于他水。煎之上有盐花，此真乳液也。"[4]但医学大师孙思邈告诫说，这种药的药性因地点不同而千差万别。其"清白光润，罗纹、鸟翻、蝉翼"者皆可入药，其产地不明者，则"慎勿服之，杀人甚于鸩毒"。[5]但至少迁谪岭南的作家认为，最好的石灰岩出于南越东北部。柳宗元说过，连州和韶州出产的石钟乳举世闻名；[6]而刘禹锡则证实了他的说法。刘禹锡写道，由于灵液渗透到连州山脉之中，因此，其石钟乳药效最佳。[7]宫中十分清

---

[1] 薛爱华、沃拉克，《唐代土贡研究》，《东方学》，卷4（1957—1958年），页228。
[2] 甄权说，见《本草纲目》，卷9，页44a。
[3] 《本草纲目》卷9页43b引《外台秘要》。
[4] 陈藏器说，见《本草纲目》，卷5，页23b。
[5] 孙思邈说，见《本草纲目》，卷9，页43b。
[6] 柳宗元，《零陵郡复乳穴记》，《增广注释音辨唐柳先生集》，卷28，页1a。可比较《与崔连州论石钟乳书》，《增广注释音辨唐柳先生集》，卷32，页2b—4a。
[7] 刘禹锡，《连州刺史厅壁记》，《刘梦得文集》，卷27，页2b。

楚这种方解石的奇妙益处，因此要求韶州、连州及比较靠海的广州、春州每岁进贡若干两。[1]

在唐代南越所发现的矿物质中，从中国传统来看，朱砂是最赫赫有名的。对道士来说，这种红色的硫化汞是神石，它能迅速变成能够冶金、延寿的闪亮水银，这是一种真实的奇迹。朱砂还被用来制作朱红色的颜料，这是生命、鲜血和永生的色彩，古人将其用在尸体、灵柩以及神像等一切神圣之物上，后来也用于世俗的绘画当中。同时，它被当作一味治疗重病的药物，有人视它为真正的仙丹。有医书将它作为治疗南越特有的霍乱病的药方：

> 霍乱转筋身冷，心下微温者。朱砂（研）二两，蜡三两。和丸，着火笼中熏之，周围厚覆，勿令烟泄。兼床下着火，令腹微暖，良久当汗出而苏。[2]

在唐朝的官方药典中，"越砂"被单独作为一类：

> 别有越砂，大者如拳，小者如鸡鸭卵，形虽大，其杂土石，不如细而明净者。[3]

尽管最多、最好的朱砂出自陕西和湖南的大矿，但我们还是注意

---

[1]《元和郡县图志》，卷34，页1004、1019。薛爱华、沃拉克，《唐代土贡研究》，页57—58、228。昭州钟乳石也享有盛名。《舆地纪胜》卷107页6b引《元和郡县图志》。

[2]《本草纲目》卷9页38a引《外台秘要》。

[3] 苏恭说，见《本草纲目》，卷9，页37b。

到，南越朱砂产量丰富，足以作为货币流通，甚至有一种古老的影响甚大的传说，认为南越朱砂品质最优良，此观点未得到唐代太医们的支持。葛洪曾在这片朱雀之土上寻找这种本地产的朱砂，或许他真的找到了也未可知。但无论孰优孰劣，北方和南越东部的朱砂都被朝廷列为岁贡物品。[1]

滑石因其块状及其富有光泽的外形，而又被称为皂石，它广泛分布于帝国的多个地区。例如，山东出产一种质地粗糙、带有斑纹的浅蓝色皂石，人们用它来制作器皿。桂州始安的滑石则因其具有药用价值而更胜一筹。这种滑石"白如凝脂，极软滑"，[2] 甄权正是根据类推的哲学原理，推荐滑石为治难产之药，令胎滑易生。[3] 但南越也不乏皂石所制的炊具，如容江上游地区就使用滑石锅来煮鱼。[4]

唐朝官方药物学家苏恭写道，来自海南崖州和由商船从遥远的印度支那运来的"扁青"，实际上就是"绿青"，即一种源于孔雀石的绿色颜料。十六世纪的李时珍在简明实用的药典《本草纲目》中指出，"扁青"其实是来自于蓝铜矿的"石青"，苏恭当年弄错了。我同意他的说法。但不管怎样，它都是一种天然形成的碳酸铜化合物。[5] 很显然，当时韶州优质的带状孔雀石矿还没发现，直到宋代它才被人们开采使用。

---

[1] 薛爱华、沃拉克，《唐代土贡研究》，页227，图13。
[2] 苏恭、陈藏器说，见《本草纲目》，卷9，页42a。
[3] 甄权说，见《本草纲目》，卷9，页42a。
[4] 《舆地纪胜》卷104页6a引《旧唐志》。
　　译注：据原文献，此处应指容管北流县，而不是容江上游。
[5] 《本草纲目》，卷10，页3a。薛爱华，《杜绾〈云林石谱〉评注》，页81。《撒马尔罕的金桃》，页213。

第九章 矿物质

自晚周以来，人们就将加工过的铅白当作颜料或化妆品来使用。到了唐代，人们除了用它修饰脸部之外，还将其涂于胸部，形成了一种新的时尚。[1]在岭南北部的富州城附近，有个白土坑，其土质白腻，当地人一直取土贩卖，其储量丰富，仿佛取之不竭。南越妇女把它当作化妆品使用。[2]我们几乎可以肯定，这种物质与铅白、重矿物碳酸铅以及当地所产碳酸铅有密切关联。

元稹曾经列举南越的各种奇珍，其中有用石棉制造的不可燃的火浣布、木棉和桄榔面。[3]

在广州西边的康州和春州，有些煤炭被开采出来。它有时被称作"焦石"，但更为人周知的名称是"石墨"或"石炭"。这些词语含义相同——通常的墨都是炭黑所制，而它则截然不同。"石墨"之名表明了它的主要用途。[4]

盐是我们最后谈到的一种实用矿物。唐代的盐是从海水中制取的，由政府管控，多在沿海地区（钠盐中难免会混杂镁盐和钙盐）。此外，人们也从盐矿采盐。在南越的潮州沿海，产盐业相当发达，"百姓煮海水为盐，远近取给。"[5]恩州盐场产有一种红盐，"色如绛雪"，但其成分和用途依然是个谜。有时普通的岩盐

---

[1] 薛爱华，《中国早期的铅粉与化妆品》，《通报》，卷44（1956年），页430—436。
[2] 《岭表录异》，卷上，页3。
[3] 薛爱华，《撒马尔罕的金桃》，页200。
[4] 《太平寰宇记》卷158页10a引《郡国志》（成书于806—820年）。李时珍《本草纲目》卷9页45a引《岭表录异》。
[5] 《元和郡县图志》，卷34，页1013。薛爱华，《撒马尔罕的金桃》，页216—217。

（氯化钠）也会呈红色，[1]但更常见的是杂卤石的颜色，这是一种含钾、钙、镁的可溶性硫酸盐，在德国、奥地利和美国西部均有分布。

最令人渴望的矿物是宝石，它明亮、坚硬、色泽艳丽，象征永恒和仙境的光鲜。[2]凡夫俗子永远无法见到其中最可爱的珍品。在中古诗歌中，典故比比皆是，通常都是隐喻精美、古老的宝石，其来历神秘，是今天的珠宝望尘莫及的。其中最突出的是"瑶"。在汉代以前，这个字可能是指一种真实的矿物质。因为那时它常用来指镶嵌在礼器上的饰物，因此，它可能是绿松石或孔雀石，又或兼指两者。[3]汉代之后，其特殊的矿物成分似乎被逐渐淡忘，而其与碧绿色的关联却一直延续下来。这个字始终是一个形容水和草的好字眼，由此就可以看出，至少对很多文人来说，这种联系直至唐朝还没有完全忘却。另一方面，在某些使用场合，它又似乎与颜色毫不相干，只取其常用义"美如宝石"。也许用一个古老的英语词汇"smaragd（祖母绿）"来翻译这个字比较适合。与"瑶"相近的还有"琼"，而它的古义则更难捉摸。我猜想它可能是某种红色的宝石，而中古英语中"carbuncle（红宝石）"一词，或许符合此物意象。也许与"镶着绿松石和石榴石"的描述相比，"嵌以祖母绿与红宝石"更适合古人用来描绘美丽的宝塔。

对中古中国人来说，撒马尔罕的玛瑙、塔什干的天青石等异

---

[1]《北户录》，卷2，页10b—11b。
[2] 有关这一主题的演变，详见薛爱华，《贯休游仙诗中的矿物意象》，页100。
[3] 同上文，页96。

第九章 矿物质

域珍宝[1]，介于天然岩石与仙境宝石之间。许多华人带着这样的想法来到广州，希望从聚集在那里的印度巨贾的货箱中找到它们。当然，代表朝廷与国库的官府表现出了更浓厚的兴趣。但南越本身处于半异域化的位置，南越所产宝石也带着些许异域特质，正如美国文化中的加州玉和阿拉斯加翡翠那样。在某些人看来，这些古代奇珍异宝似乎与南越奇景异境有天然联系。刘禹锡曾这样描述连州丰富的自然资源：

> 林富桂桧，土宜陶旊。
> 石伴琅玕，水孕金碧。[2]

"琅玕"与"碧"都是古代的矿物名，但它们缺乏"瑶"与"琼"那样古色古香的魅力，因为前两者在汉唐之间仍然被用来表示特定的岩石种类。但"琅玕"也是一种宝石，和玉、珍珠，甚至和瑶、碧一起，生长在仙境的宝树上。[3]它有时又指红色的珠子，可能是进口的地中海珊瑚珠。有位权威认为它是红色的尖晶石，也叫"巴拉斯琍（balas ruby）"。[4]但在中古时代，它最通常指一种产自中国海的珊瑚，有时白色，出水之后会变为灰紫色，有时也呈青绿色。[5]一位唐代的药物学家认为"琅玕树"是

---

[1] 薛爱华，《撒马尔罕的金桃》，页228。
[2] 刘禹锡，《连州刺史厅壁记》，《刘梦得文集》，卷27，页2b。
[3] 《淮南子》，页4a、2a—2b。
[4] 章鸿钊，《石雅》，页24—25、30。《禹贡》、《尔雅》、《山海经》中都提到了"琅玕"一词。
[5] 薛爱华，《杜绾〈云林石谱〉评注》，页94—95。

317

一种微红色的珊瑚，会慢慢地变为青黑色。[1]而另一位则提到了云南蛮地一种琉璃状的琅玕。[2]另一方面，"碧"虽然仍是古雅之词，却已不再炫丽，也毫无异域特色了。在六朝初期，它还仍然是一种矿物（绿石英？）名。[3]到了唐代，它的地位进一步下降，退化为一个单纯色彩词（古雅的用典除外），而且显然是一种高饱和、低亮度的蓝色或绿色，我有时将它译为"青绿色"或"靛蓝色"。刘禹锡显然只是从艺术和用典的角度，用它指代一种南越的宝石。

不管琅玕是什么，珊瑚却是没有歧义的，它出产于唐代的南越，可能是某个红色的品种。[4]事实上，有几株极为贵重的多枝珊瑚树，约十二三尺高，曾作为南越王赵佗的礼物进献汉朝，装饰了汉宫园林。[5]在南越传说中，珊瑚还有另一个光荣的地位：罗浮山有一口井，称为"葛洪珊瑚井"。相传葛洪开始炼丹时，海神曾将珊瑚赠与他作为礼物。[6]南越自身也有优质珊瑚，有些呈红色，但与从地中海进口的宝贵的"红珊瑚"截然不同。实际上，从现代日本海直到苏禄海，都能找到可爱的红珊瑚的样本。[7]

---

[1] 陈藏器说，见《本草纲目》，卷8，页35b。
[2] 苏恭说，见《本草纲目》，卷8，页35b。
[3] 《太平御览》卷809页2a引《晋太康地记》，将云南作为其产地。并引《广雅》，指出"碧"为浅青色或绿色，产自越地和云南。
[4] 苏恭、苏颂说，见《本草纲目》，卷8，页35b。
[5] 苏颂说，见《本草纲目》，卷8，页35b。
[6] 薛爱华，《一部十四世纪的广州方志》，页74。
[7] 鲍威里，《宋代海上贸易之地理注解》，《皇家亚洲学会马来亚分会学报》，第32卷，第2期（1959年），页79。

此外，梧州出产无色的石英，我们称之为水晶[1]，而泷州则因其完美的紫石英而闻名，唐代药物学家确认它只是一种带有颜色的石英石，是很正确的。[2]

韶州曲江玉山所产之"玉"究竟为何物，我们也许永远也无法得知。[3]在真正的玉石中，一种透明的白色软玉最为人喜爱，[4]但就我们所知，在中古时代，这类玉都来自西域的于阗。"玉"字往往被误用在一些相似的岩石上，如很受人爱重的"蓝田美玉"，实际上，它是一种硅质大理岩，或为绿色，或为白色。[5]在中古时代的南越，人们发现了少量真正的玉石矿，这些矿石很快就被开采殆尽，此事虽非不可能，但仍令人惊讶。这似乎更有可能是一种硅质蛇纹石。

然而，南越最受欢迎的珍宝并非矿石。和珊瑚一样，珍珠是由海洋生物所产。但也有特例，少数椰子会在它们发育受阻的胚芽周围产出珍珠："它和牡蛎中的珍珠一样，由碳酸钙构成。这些不寻常的椰子很是稀有，在东方它们十分昂贵，只有皇家巨贾才能拥有。"[6]在马来人看来，这些珍珠具有魔力。[7]在唐代文献中，我没有看到有关这种椰子珍珠的明确记载，但当时从印度进

---

[1] 《元和郡县图志》，卷37，页1040。薛爱华、沃拉克，《唐代土贡研究》，页57—58。
[2] 《岭表录异》，卷上，页3。
译注：原文引文称泷州，误，应为陇州。
[3] 《元和郡县图志》，卷34，页1019。
[4] 薛爱华，《贯休游仙诗中的矿物意象》，页96。
[5] 薛爱华，《撒马尔罕的金桃》，页223—227。
[6] 费尔切尔德（David Fairchild），《东方的花园岛屿：郑和船队在菲律宾、印度采集植物种子》，纽约：1944年，页124—125。
[7] 柏克希尔，《马来半岛经济植物辞典》，页613—614。

口的许多珍珠,光彩耀眼,颇为神奇,其形成也稀奇古怪,很可能就包含这种珍珠。就此而言,并非所有动物所产的珍珠都来自软体动物。所谓的"明月珠"或"夜明珠",此类超自然的凝固物,因其自身能够反射月亮的光线而在夜里发出光芒。它们是海龙王的玩物或鲛人的眼泪,它们是真正的海洋瑰宝。[1]事实上,它们是某些海洋动物尤其是鲸鱼的眼睛,能够闪闪发光。对于这些庞然大物,唐人曾这样描述:

> 鼓浪成雷,喷沫成雨,水族畏,悉逃匿。

接着又说,"眼为明月珠。"[2]显然,这些珍贵的磷光体大多来自水神那伽统治的印度洋,但是,南越东部的循州同样也向朝廷岁贡"大鱼睛"。[3]孕育珍珠的软体动物,并非只有牡蛎。中古时代的中国人早就知道,淡水河蚌同样也能孕育珍珠。李珣这样描述蜀中的珍珠:"是蚌蛤产,光白甚好,不及舶上者彩耀。"他还补充说:"欲穿(此珠),须得金刚钻也。"[4]但我们和唐代人所熟悉的大部分"真"珍珠,都产自珠母贝属的蚌蛤。[5]而李珣则断定"南海真珠"是产自鲍鱼(石决明)。尽管鲍鱼、鹦鹉螺和其他许多软体动物的确能孕育优质珍珠,但我认为,鲍鱼并不是

---

[1] 康德谟,《伏波》,页58—66。
[2] 马缟,《中华古今注》(《丛书集成初编》),页38。
[3] 《元和郡县图志》,卷34,页1010。
[4] 《本草纲目》,卷46,页37a。柏克希尔,《马来半岛经济作物辞典》,页1733。
[5] 《本草纲目》,卷46,页37a。

一种常见的珠母。[1]

在古代合浦（大致位于当今雷州半岛西面的北海市），沿海居民以采珠为生。从公元前二世纪开始，此地就为遥远北方的官员及其妻子供应珍珠，还有象牙、龟甲与白银。[2]唐代在此设廉州和白州，而白州的珍珠产量似乎更大。[3]这一重要产业的副产品是蚌肉干，在南越西部，此物常被串在篾竿上随处出售，当作下酒菜。[4]采珠业的繁荣，既依赖珠蚌的充足资源（供），也取决于北方城市的时尚潮流（需）。有时，过度开采会使珠蚌繁殖地资源枯竭，为此朝廷不时会颁布法令限制采珠。历代正史中记载了这些法令，并无规律可言，如655年12月25日停止进贡珍珠[5]；714年夏季再次暂停[6]；八世纪后期，设立朝廷监管机构[7]；八世纪末和九世纪初，有一时期曾要求居民交纳白银来替代珍珠[8]；863年，取消无限期的禁采令，以恢复当地人的生计。[9]

周期性的资源枯竭是一种常见的现象，几百年前，还因此造就了一位受人爱戴的英雄，人们将他奉若神明，因为他采取了英

---

[1] 柏克希尔，《马来半岛经济作物辞典》，页1730。
[2] 薛爱华，《合浦采珠业》，《美国东方学会会刊》，卷72（1952年），页155。
[3] 《新唐书》，卷43上，页8a—8b。仅列出白州进贡珍珠。
[4] 《岭表录异》，卷上，页2。
[5] 《新唐书》，卷3，页3a。
[6] 薛爱华，《合浦采珠业》，页161。
[7] 彭大翼，《山堂肆考》，册62，卷42，页1b。这一明代书籍中记载，代宗时，"容州海渚亦产珠，置官掌之。"但容州并非沿海地区，我推测此处是指容管。这应该是指唐代首次在合浦设立机构以管理珍珠。我尚未搜集到此说所依据的唐代史料。但早在三世纪，此地就有了管理珍珠的机构。见薛爱华，《合浦采珠业》，页157。
[8] 《通典》，卷6，页37c。薛爱华，《撒马尔罕的金桃》，页244。
[9] 《新唐书》，卷9，页2a。薛爱华，《撒马尔罕的金桃》，页244。

明的保护措施，恢复了珍珠生产。[1]另一次类似的灾难发生在742年，由于有司管理不善，当地的珍珠生产直到764年才得以恢复。[2]几年以后，在唐代宗时期，朝廷设立了监管机构，大概就是因为统治者意识到只有对采珠严加控制，才能保证珍珠业年复一年持续发展。元稹在其《采珠行》中，描述在某段珍珠枯竭期中，当地采珠人因为珍珠都被海神采去，徒劳无获地死去：

> 海波无底珠沉海，采珠之人判死采。
> 万人判死一得珠，斛量买婢人何在。
> 年年采珠珠避人，今年采珠由海神。
> 海神采珠珠尽死，死尽明珠空海水。
> 珠为海物海属神，神今自采何况人。[3]

除了合浦这处著名的珠池，在海南东北沿岸的崖州，也有一个采珠场，虽然规模较小，但其产量依然足够向京城定期供应珍珠。[4]很少有记载提到中国最南端这片荒蛮沙滩的珍珠业，除了张籍，他至少写了一首律诗《送海南客归旧岛》，诗中提到珍珠：

> 海上去应远，蛮家云岛孤。
> 竹船来桂浦，山市卖鱼须。
> 入国自献宝，逢人多赠珠。

---

[1] 薛爱华，《合浦采珠业》，页157。
[2] 宁令先，《合浦珠还状》，《全唐文》，卷438，页5a。
[3] 元稹，《采珠行》，《全唐诗》，卷418。
[4] 薛爱华、沃拉克，《唐代土贡研究》，页57—58、228。

却归春洞口，斩象祭天吴。[1]

（天吴是一位海神，只有一部中国古书提到过。[2]诗人用这个神来指代某位不知名的神灵，这位海南行客将会出人意料地献上一只大象［在海南！］，以感谢神灵保佑他平安返回家乡。）

到了唐代，南越已成为贵金属黄金的重要来源。富人们需要用黄金来装饰自己的财富：用金珠和金丝镶嵌珠宝；用金沙和金箔装点绘画和漆器；用黄金来装饰诸如名贵古琴之类的木器；按照波斯工艺，将黄金敲打成箔后嵌入薄壁花瓶和大口水壶之中[3]；模仿佛像金身，为各种圣像涂上金粉。[4]

在文学象征体系与民间传说之中，黄金的地位举足轻重。在各种黄金意象的遮蔽之下，黄金产地及其拥有者黯然失色。道家炼金术士在其炼金炉中费力寻找，他们深知，黄金具有不朽和永恒的特质，他们渴望将这种特质转移到人身上。[5]黄金既有黄色的，也有赤色的，但它们象征着同样的事物——阳性物质、火、鲜血、心灵之光以及生命能量。黄金也有不好的一面，"生金"尤其危险，此种金矿见于南越山脉之中：

南人云：毒蛇齿落在石中，又云：蛇屎著石上，及鸩鸟

---

[1] 张籍，《送海南客归旧岛》，《全唐诗》，卷384。
[2] 《山海经·海外东经》。
[3] 薛爱华，《撒马尔罕的金桃》，页251—252。
[4] 薛爱华，《贯休游仙诗中的矿物意象》，页92。
[5] 同上书，页91—92。

屎著石上，皆碎，取毒处为"生金"。有大毒，杀人。[1]

显然，"生金"是一种脱色的含金石英，而黄金则与之不同，它可能是产自砂矿的高纯度、闪亮的块金，是完全无毒的。中古人的看法和现代安南传说颇为相近，他们认为，黄金是一种神力丰富而强大的物质，它由"黑铜"而来，而黑铜又是从岩石中得来。它给矿工带来极大的危险，而对巫术却很有帮助。[2]看来这些超自然的危险只属于开采岩金（矿金）的矿工，采集沙金的工人也很多，但无此危险。

我们不知道在南越黄金矿藏中，砂金与矿金比例各占多少。当然，唐代文献提到更多的是冲积型金矿。确实，人们想出各种精巧的方法，从河水中提取"金沙"。有些人用毡布来淘洗[3]，而广州有个村子，村民非常幸运，因为他们能轻易地从鸭鹅的粪便中淘到黄金。[4]偶尔，人们也会从奔流的溪水中捞到金矿石，他们用牙咬来识别，因为真金是柔软的、有延展性的。[5]

金矿大都集中在山路崎岖的南越西半部，但也有一些在广管的最西端。在海南岛、桂管的蒙州和融州，以及容管的四个州都有金矿，但最积极的开采者都远在邕管和安南都护府的蛮族州郡。[6]在

---

[1] 陈藏器说，见《本草纲目》，卷8，页31a。
[2] 普祖鲁斯基（Jean Przyluski），《起源与神力：安南民间传说研究》，《法国远东学院学报》第14卷第5期（1914年），页16。
[3] 陈藏器说，见《本草纲目》，卷8，页31a。
[4] 《岭表录异》，卷上，页2。
[5] 陈藏器说，见《本草纲目》，卷8，页31a。
[6] 薛爱华、沃拉克，《唐代土贡研究》，页228、230、238，图11。《元和郡县图志》，卷37，页1049、1053；卷38，页1079、1083、1086、1090、1091。

邕管的河畔与溪边，砂金储存尤为丰富，那里的所有居民都以淘金为业。据说邕管澄州所产砂金最佳，甚至在夜间都能看到它闪闪发亮。[1]在邕州，有个官府管理的金矿十分重要。[2]安南南部诸州则以出产金箔著名，大量金箔从这里运往长安城，到了宫中的工匠手里。[3]

在九世纪，阿拉伯的地理学家伊本·库达特拔指出，传说中的伉克伉克岛富产黄金，岛上居民人人都穿着黄金织成的长袍，甚至连他们用的狗链和猿猴项圈都由这种贵金属制成。[4]据说这座仙岛远离中国海岸，但其究竟在哪里，却一直是个恼人的问题，我姑且妄断它就是盛产黄金的海南岛，只怕是治丝益棼。

白银那神奇的白色光芒，是一种属于仙岛的色彩[5]，而世俗人间却用它来制作精致的瓶罐。[6]在中古时代，除了南越之外，金银并不是一种普遍的交易媒介，但在南越却广为流通。[7]在这片全新的土地上，白银和大象一样早已司空见惯，引不起人们丝毫的新奇感，就像北方人看到铜和马一样。[8]尽管白银矿藏在南越分布广泛，但"银与金，生不同处"。[9]在九世纪初期，

---

[1] 《岭表录异》，卷上，页2。
[2] 薛爱华、沃拉克，《唐代土贡研究》，页238。《新唐书》卷7页1b记载德宗即位后，于779年8月18日重开此矿（没有记载关闭多久）。
[3] 薛爱华、沃拉克，《唐代土贡研究》，页230。《元和郡县图志》，卷38，页1086、1090。
[4] 费琅，《阿拉伯波斯突厥人东方文献辑注》，页30—31。
[5] 薛爱华，《贯休游仙诗中的矿物意象》，页92—93。
[6] 薛爱华，《撒马尔罕的金桃》，页255—256。
[7] 韩愈，《钱重物轻状》，《全唐文》，卷549，页7b。
[8] 薛爱华，《撒马尔罕的金桃》，页80。
[9] 苏恭说，见《本草纲目》，卷8，页31a。

这种白色金属基本取代了在八世纪作为"土贡"的精美纺织物，这很可能是因为在桂管发现了新的银矿，而当时的白银生产主要集中于这一地区。[1]大部分白银，哪怕不是全部，都是采用灰吹法从闪光的方铅矿中提取而来，但据说与河南的旧银矿相比，江南和南越新银矿出产的白银更容易受到铅的污染。[2]

铜与铜锡合金的青铜在中国历史悠久，为人熟知。在上古时期的冶炼术中，铜是唯一被称为"金"的金属。古人对这种金属的谙熟，赋予青铜一种独特的魅力。中古中国人喜爱覆满青绿色铜锈的古铜镜、古寺铜钟，尤其是神秘而高贵的铜剑，它们深埋地下数百年，静静等待着自己的主人出现。[3]即使此类青铜制造的日常物品，也可能散发着异域之魅惑：汉人在南越发现了一种当地的青铜文化，它与汉人的青铜文化截然不同，蛮族首领家族所持铜鼓表现得尤其突出。我将在后面的章节中，再来讨论这种铜鼓。印度支那的青铜文明似乎并不十分古老，它是在中国汉代青铜器冶铸术的影响下，在新石器时代的基础上发展而来。它通常被称为"东山文化"，因越南清化省东山遗址为其典型而得名。[4]虽然汉人在南越发现了多件青铜器，但他们似乎并未找到可供开采的铜矿资源。在唐代，大型的国有铜矿集中在长江口附近，主要是在

------

[1] 薛爱华、沃拉克，《唐代土贡研究》，页227，图12。《元和郡县图志》卷34页1016—1017、1038—1079将开元年间的土贡与元和年间的土贡作比较。
[2] 苏恭说，见《本草纲目》，卷8，页31a。
[3] 薛爱华，《贯休游仙诗中的矿物意象》，页91—92。
[4] 戈鹭波（V. Goloubew），《论铜鼓的起源及分布》，《东亚史前研究》（远东史前学第一次会议），河内：1932年，页137。秦西：《印度支那考古研究》，页 xviii。张光直，《华南史前民族文化史提纲》，页75—103。

第九章 矿物质

今天的江西省境内。[1]

而青铜的另一种成分——锡,则另当别论。锡矿或锡石(亦即氧化锡),在岭南中北部的贺州和广州都有发现。在贺州山中有两座炼锡厂,当地人从中获利甚多。[2]

与青铜器相比,古代南越铁器的考古发现则要少得多,仅在东山发现了一把有着人形青铜护手盘的铁剑。[3]但尽管如此,有关雌雄铁剑成神的传说主题还是在印度支那各个地区广为流传。在这一传说中,这两柄宝剑必定由一个部落的建立者,一个注定要称王的人所铸造。有个典型的例子,说的是四世纪占婆第二王朝的创建者的冒险故事。他曾捉到两条神奇的鲤鱼,鲤鱼变成铁之后,他将其打造成威力无比的双刀。[4]南越有着丰富的铁矿藏,但在唐代仅有一部分被开采和冶炼,我们知道,在九世纪时广州和贺州都有铁矿。[5]

至于其他矿藏,在广州北部还有一座铅矿[6],而在连州和容州则发现有水银(水银总是与朱砂连在一起)。[7]

---

[1] 薛爱华、沃拉克,《唐代土贡研究》,页238,图13。
[2] 《元和郡县图志》,卷34,页1006;卷37,页1042。
[3] 秦西,《印度支那考古研究》,页48。
[4] 《晋书》,卷97,页1337b。石泰安,《林邑:其方位对占婆形成的贡献及其与中国的关系》,页285、290。
[5] 《元和郡县图志》,卷34,页1006;卷37,页1043。这些矿藏位于怀集县、桂岭县。后者自隋代起便开始开采。
[6] 《元和郡县图志》,卷34,页1006。位于化蒙县。
[7] 薛爱华、沃拉克,《唐代土贡研究》,页57—58、229,图13。

第十章 植物

大地的芬芳从植物根部散发
在亚细亚美妙的月光中汇聚；
藏红花，龙舌兰，还有野肉桂，
总是绚烂，带着阳光的味道。

——A. C. 史温朋，《圣·多萝西》

热带森林

重现中古早期对南越低地森林的记忆已不大可能，如今，除了在海南岛幸存的某些种类外，它们几乎全都被已开垦的田野取代了。一个植物群落消失了，我们再见不到那些热带丛林，看不到那些旷野、草原和落叶林地。但我在这里使用了一个不恰当的词——"丛林"（jungle）。虽然我们对这个词语耳熟能详，在浪漫主义文学中，这个名词指的是炎热、潮湿而又神秘的森林，但这一用法还是难以得到当代生态学家的肯定。如果说它有确定含义的话，那也是指盘根错节、难以穿越的植物群，它们占据了曾经刀耕火种的荒地，林中满是食草的昆虫，以昆虫和植物为食的蜥蜴、鸟类和啮齿动物，以及靠捕食小动物为生的较大的食肉动物，例如蛇和鹰等。[1] 南越的生态群落，与至今依然存在于委内瑞拉、刚果以及印度尼西亚等地的真正热带雨林的顶级群落不同，那是一个幽暗而宁静的国度，空旷得如同大教堂一般，地面上满是快速腐烂的树叶，板状的树干撑起高高

---

[1] 贝茨，《动物世界》，页121、284。

的树冠，里面居住着色如火焰的有翅动物，从下面仰望，却几乎难见踪迹。[1]

> "丛林"一词承载了所有关于雨林的错误概念：茂密的植被，毒蛇，成群的咬人昆虫，以及构成"绿色地狱"的其他所有要素……而对闯入雨林的人来说，雨林给他的整体感受并非恐怖，而是幽暗。[2]

但是，我还是固守己见，会不时使用"丛林"一词，大致是表示"热带森林"的意思。

热带雨林一致的外表，很容易让人迷惑。其实，大片的绿色植被，隐藏着数目惊人的物种多样性。除了绿色之外，无论是鸟类、动物种类还是花卉品种，谈到规模效应，都是很不常见的。一百多年前，伟大的罗素·华莱士曾对西里伯斯岛的热带雨林进行了考察：

> 仅仅靠书本和植物园认识热带的读者，会想象这个地方有许多其他各种自然美景。他们会以为我一定是忘了提那些艳丽的花朵，那一大片赤金色或蓝色的花海，盛开在翠绿的峭壁上，悬挂于瀑布边，点缀着山间清流岸边。但事实是怎样的呢？我的目光徒劳地越过那巨大的绿色屏障，越过那些

---

[1] 贝茨，《那里从无冬天：热带居民与自然之研究》，页196—197。《动物世界》，页120—121。

[2] 贝茨，《动物世界》，页120—121。

第十章　植物

枝蔓横生的匍匐植物和浓密的灌木丛，它们或在瀑布周围，或在河岸两旁，又或在幽深的洞穴与黑暗的岩缝中——没有一棵树、一丛灌木或匍匐植物，有哪怕一朵鲜艳夺目的花，可以成为整个景色中的亮点。视线所到之处，只有绿色的植被与斑驳的岩石。在这里，植物的颜色与形状千差万别，各种巨石蔚为壮观，所有植被都生意盎然，但就是没有艳丽的色彩……也许有人会问，我们所知道的那些鲜艳花卉真的是热带花朵吗？温室中所培育的那些美丽的热带花木，是从各个地方搜罗汇集而来的，这就给人一种极其错误的认识，以为随便哪个热带地区花木品种都这么丰富。实际上其中有许多品种十分稀有，而其他的也只生长在某些特定区域……我与茂密的热带植被打了十二年交道，却从未见过有什么能比得上我祖国的风景，那里有荆豆、金雀花、石南花，还有野风信子、山楂树，以及紫色的红门兰与金凤花。[1]

事实上，除了某棵孤零零的树上偶尔会开出黄花或紫花外，赤道森林区里能够碰到的花，大部分都是不显眼的绿色或白色。[2]动物的情况与植物相同。引用一位现代观察者的话来说：

　　有时你会遇见一群猴子；第二天，你又会发现几株漂亮

---

[1] 华莱士（A. R. Wallace），《马来群岛自然科学考察记》，纽约：1869年，页244—245。参看马勒雷，《1860年以来法语文学中的印度支那异国情调》，页137。
[2] 华莱士，《热带自然及有关论文》，伦敦：1878年，页60—61。

的兰花，或看到一对金刚鹦鹉。你所寻找和欣赏的每一种动植物，都只是个别现象。除了幽暗、压迫然而壮观的森林之外，规模效应是极为罕见的。[1]

同样这个纬度，在海拔约4000英尺的地方，真正的热带雨林就被雾气弥漫的森林所取代。这就是凉爽的"云林"。在这里，每样东西永远都透湿欲滴，每样东西都被苔藓、蕨类和附生植物所覆盖，包括装点了我们的热带温室的大多数名贵兰花。[2] 在这些湿润而偏远的高山上，生活着许多色彩极其斑斓的鸟类，其中包括新几内亚的极乐鸟，其纹路和羽毛泛着金属的光泽；委内瑞拉的蜂鸟，其颈部斑纹如火；还有咬鹃，其身上满是斑驳而浓艳的红色和翠绿色羽毛，南北半球的热带地区均可寻见。[3]

在中古时期的南越，可能并不存在纯粹而古老的热带雨林。在纬度较高的热带地区，由于降雨量随季节发生明显的变化，这里的原始森林大约应当属于"季风雨林"的一个亚种。它有自己的动植物群，介于典型的热带雨林与亚热带、亚温带的生物群落之间。[4] 同样地，古代南越瘴气弥漫的山丘与沿海山岭中的云林也有所不同。相比起来，它们更加干燥，生长着来自气候更温和、更北方地区的生物群体。不管怎么样，一位现代学者将这片

---

[1] 贝茨，《那里从无冬天：热带居民与自然之研究》，页179。
[2] 贝茨，《那里从无冬天：热带居民与自然之研究》，页184—185。《动物世界》，页120、236。
[3] 贝茨，《动物世界》，页236。可能马斯顿在此处有些夸饰之词。
[4] 贝茨，《动物世界》，页120。

存留至今的中古森林遗迹称为地球上最壮观、最迷人的森林景观。[1]

在唐代，那些初到南越的汉人很可能由于心有旁骛，而无暇分辨沿途的各种林地，但一般说来，他们从未错过两个方面的观察：大量的常青树木（"桂林无落叶"）[2]，以及奇花异草的数量，他们甚至将其中一部分带回本地园林中培植。（"海花蛮草连冬有，行处无家不满园。"）[3]

然而，汉人初到南越，最先迎接他们的是更北方、更凉爽的森林，他们很可能因此有一种宾至如归的感觉。在今天，这些古老的森林只有一部分存活下来，其余大都已被土著畲田者烧毁，林地已为茂密的草地所取代。[4] 颇为奇怪的是，直到晚近时代，致力于保护树木并种植树木，企图以此重现古代森林的，都是当地的土著民族，而非汉人。[5] 看来正是因为这个缘故，一些古老的针叶林，它们具有部分旱生特征，特别是杜松、紫杉、罗汉松、一种南方松（马尾松），以及独特的远东杉木（它们被错误地定名为"中国冷杉"），才能至今耸立在南越北部的山岭中。[6] 从现有的林木遗存来看，构成这片亚温带森林的常见树种，有锥栗、鞣皮栎树、樟科植物（香叶树和肉桂）、木兰、黄兰、山茶

---

[1] 格·芬茨尔（G. Fenzel），《广东自然条件对引种农业经济作物的影响》，《岭南科学杂志》，卷7（1929年），页78。
[2] 刘长卿，《送裴二十端公使岭南》，《全唐诗》，卷147。
[3] 张籍，《送侯判官赴广州从军》，《全唐诗》，卷385。
[4] 维恩斯，《中国向热带进发》，页11—12。
[5] 华莱士，《马来群岛自然科学考察记》，页244—245。
[6] 格·芬茨尔，《广东自然条件对引种农业经济作物的影响》，页78。

属以及木荷属植物。[1]这种古老森林与部分属于落叶性的东南亚热带季雨林似乎少有共同点,它更类似于中国中部的森林,而非阿萨姆和缅甸的柚木林。[2]在八世纪后期,被贬此地的官员诗人元结描绘了这片过渡区域独有的景色,他写道:

> 水无鱼鳖,林无鸟兽。时闻声如蝉蝇之类,听之亦无。往往见大谷长川,平田深渊,杉松百围,榕栝并茂,青莎白沙,洞穴丹崖,寒泉飞流,异竹杂华。[3]

在中古时期,这片高山森林那长满翠竹的山坡和迷人的针叶林岭向下延伸,与真正的季风雨林混合起来。对于这一混交林的外围,亦即我们浪漫丛林之旅的开始,柳宗元在永州曾有这样的观察:

> 阴森野葛交蔽日,悬蛇结虺如蒲萄。[4]

北回归线以南的海岸上,必定有过属于季雨林类型的广阔的常绿阔叶林。现存与之最为近似的,也许是阿萨姆的季风雨林。这两处森林有部分植物相同,如木棉(木棉属)、秋枫(重阳木属)和合欢(合欢属)。[5]与桂州和韶州相对稀疏而干燥的

---

[1] 格·芬茨尔,《广东自然条件对引种农业经济作物的影响》,页56。
[2] 见雷纳对森林树种的描述,《热带森林的原始宗教——社会地理学研究》,页27。
[3] 《九嶷山图记》,《全唐文》,卷382,页4b。
[4] 《寄韦珩》,《全唐诗》,卷351。
[5] 格·芬茨尔,《广东自然条件对引种农业经济作物的影响》,页110—111。

针叶林不同，这种早已消失的热带森林对唐人而言并没有什么吸引力。尽管有些山川因为有人类长期居住，因为有上百个典故脍炙人口，而被尊为高贵神圣之地，但幽暗潮湿的森林依然受人排斥——除了或许偶然有一二怪人，乐于住在他人望而生畏的丛林之中，以野菜为生。[1]因此，我们无法从现存的中古自然史著述中，找到南越沿海地区季风雨林中那些典型树木的名称。他们把香桂树或是粗糠柴叫做什么？米仔兰或树兰呢？金钱草或山马蝗属呢？猫尾木属呢？山竹的亲缘植物藤黄科呢？又或是扁担杆属、假鹰爪属和马钱子属呢？这些都是低地草原和森林的标志，但我们所了解的仅限于它们的现代名称。

在更加炎热而茂密的海南森林中，有着大量的藤属、兰属和秋海棠属植物，然而我们对这些植物的中古名称所知更少。[2]偶尔有些关于海南岛的诗作，也都是一些老生常谈，只会提到一些最著名的常用植物名。皮日休有一首写给琼州友人（或同僚）的诗，也是如此。首句即以"德星芒彩瘴天涯"预示南方的凶险，随后，他又写到"酒树"，此物可以使旅人精神振作，诗中还提到了一种海南的寻常食物"桄榔面"，以及明艳的"豆蔻花"。但这些都不过是惯常的文学意象，并没有展现出与更文明的广州相比，琼州这一荒蛮之地有多少独特之处。[3]

地处南越大陆最南端的安南也是如此。纬度较低的越南东京

---

[1] 有关汉人隐士的清苦，可参照小尾郊一，《中国文学中所表现的自然与自然观》，页268—269。
[2] 关于海南森林的印象，可见克拉克，《海南大髻黎：生活于中国海具有重要战略意义的大岛鲜为人知的腹地的头缩大髻的野蛮部落》，页399、406。
[3] 皮日休，《寄琼州杨舍人》，《全唐诗》，卷614。

森林和岭南南部森林一样，介于亚温带森林和真正热带雨林之间，其大部分树种都与热带植物有亲缘关系。那里的多种高地植物和低地植物在岭南也可见到（米仔兰属、野桐属、樟属、安息香属、藤黄属、罗汉松属及杉木属）。安南和岭南南部一样，其沿海森林里生长着种类丰富的棕榈科植物、藤属植物和附生植物，而那里的山岭森林里则由于生长着橡木、木兰和女贞而变得柔和起来。[1]但安南同样也有这种情况：虽然我们知道这些树木的现代越南语名称，但其中大多数在古代文献中仍是空白一片，或无从识别。

神奇植物与有毒植物

草本植物受唐人关注，主要是由于其用途。那时还不存在纯粹的植物学研究，审美反应也与我们今天不一样。在我们眼中，温带地区的温室中那些名贵的兰花，凝聚着热带之美的精华，但是，没有证据表明，唐朝的华人也以同样的态度来看待南越的兰花。大量兰花从岭南中部，亦即从广州以西与以北诸州郡分别运往京城[2]，并非为了将它们放在温室中精心培育，而是用来给

---

[1] 古尔罗（Pierre Gourou），《印度支那的土地使用》，巴黎：1940年，页366—367。

[2] 《元和郡县图志》，卷34，页1004、1009；卷37，页1042。薛爱华、沃拉克，《唐代土贡研究》，页221，图5。这些兰花出自广州、贺州、韶州、泷州、封州、春州和勤州。

长安的贵族们治病。泷州兰花据说是这样的:"茎如金钗股,亦药中之上品。"[1]南越进贡的这些兰花,虽然官方列在石斛兰名下,却很可能是另一种兰花,只不过与石斛兰和"野生姜"(细辛)比较相似而已。这种兰花俗称"金钗花",学名"叉唇钗子股"。其根部所含的植物碱被用作解毒药,尤其可治毒虫的叮咬。[2]

植物所具有的巫术、宗教及象征的用途,很难与其医学用途区别开来。一片神奇的树叶,同时也是一片疗效甚佳的树叶。中古医家借助于陈藏器和李珣开列的草药新方,很快就能学会开发利用南越这些奇异植物的药性。其中必须提到的,是当地土著用以制作符咒的植物。"枫树"之名,可以指两种中国南方的树木,以及从中提炼出的芳香树胶。其中一种是常见的枫香树,它是中国苏合香的来源之一;另一种是櫄树,一般生长在南越和印度支那的高山上,也用于制造一种苏合香,同时它也是名贵的木材。[3]这些树上所溢泌出的芳香物,足以证明其树木的神奇。然而不止于此。极其老练的"越巫"会利用老枫树上长出的瘤瘿(据说是在暴雨中长成的),将其雕刻成他们的神灵模样,谓之"枫人",据称十分灵验。[4]

南越有一种攀援植物,在英语中被称为"印度甘草"或"念珠豌豆",其拉丁学名为"鸡母珠"(*Abrus precatorius*),这是另一

---

[1] 《南部新书》,卷5,页42。
[2] 《本草纲目》,卷13,页31b。斯图亚特(G. A. Stuart),《中国药物志》,上海:1911年,页249。
[3] 柏克希尔,《马来半岛经济作物辞典》,页116—121。陈嵘,《中国树木分类学》,上海:1957年,页398—400。
[4] 《岭表录异》,卷中,页11。

种北方人熟知的药用植物。其种子呈红色,有毒,通常被用来穿成珠子,我们把它叫做"念珠"或 jequirity seeds(一种美洲印第安人的叫法)。[1]其汉语名称为"相思子"(思念某人),或者径称"红豆"。[2]在南越,这种藤本植物沿着篱笆而种。将这种植物的某个部分,可能是红色果实,与樟脑混合起来,就会香气持久,其叶子据信可以治愈严重的刀伤。[3]但其最重要的用途,却正如其汉语名称所示。虽然王维用精妙的语言将红豆描写为永久友谊的象征,但它其实是爱情的符咒:

> 红豆生南国,秋来发故枝。
> 愿君多采撷,此物最相思。[4]

广州人在端午节时沿街售卖的"相思"药,可能就是从这种植物中提炼而来的:"鬻于富妇人,为媚男药。"[5]南越还有一种开浅紫色花的匍匐植物与此相似。妇女们将其晒干,贴在脸颊上作为面靥,"形如飞鹤状","南人云是媚草,甚神。"[6]

---

[1] 斯图亚特,《中国药物志》,页1—2。柏克希尔,《马来半岛经济作物辞典》,页4—9。伊博恩(B. E. Read),《本草纲目药物考证》(第三版),北平:1936年,页110。

[2] "相思"一词还用于两种树木,海红豆和朴树。见 G. F. 撒奥尔(G. F. Sauer),《岭南大学校园植物名录》,广州:1947年,页41、49。

[3] 《北户录》,卷3,页16b—17a。

[4] 王维,《相思》,《全唐诗》,卷128。

[5] 《太平广记》卷483页5a引《投荒杂录》,亦见于《岭南丛书》卷36页14a。

[6] 《北户录》,卷3,页12b—14a。
译注:据此处所引原文,此为"鹤子草,蔓花也"。

菩提树也是神树,但属于另外一目。佛祖曾于菩提树下悟道。与其他本土神木相比,此树是后来才被开发利用的。早在唐代以前,菩提树就从神圣的摩伽陀国的摩诃菩提寺移植到中国,赋予这片刚刚改变信仰的土地一种庄严的信仰象征。[1]中国最伟大的那棵菩提树可能是一棵智慧树,早在502年就已在广州抽条发芽,这一时间远远早于唐代,但此树在当时乃至今天备受尊崇,则是由于其与唐代高僧慧能的关系。今天在广州光孝寺中摇曳生姿的那棵菩提树,是十八世纪晚期才种植的,已非原物。原来的那株,在九世纪时就装点着慧能当年所驻的法性寺。[2]诗人李群玉在游览法性寺之后,用富于异域色彩的语言对它进行了描述,他特意使用两个外来词("茉莉"即印度茉莉;"菩提"指佛教智慧)形成对偶:

　　天香开茉莉,梵树落菩提。[3]

然而,尽管菩提树具有异域魅力和超凡能量,它却并不是真正的南越树木。

"有些人能看到兰花的罪恶,却看不到金凤花的罪恶。"[4]奇花炫人眼目,但却可能有危险,而家常花朵既安全,又对人友好。有关外来的邪恶植物最突出的实例,都集中在炎热的南方。我们自己也有关于剧毒的热带树木的传说,在十八世纪最为

---

[1] 《酉阳杂俎》,卷18,页149。薛爱华,《撒马尔罕的金桃》,页122—123。
[2] 罗香林,《唐代广州光孝寺与中印交通之关系》,页147、154、156—157。
[3] 李群玉,《法性寺六祖戒坛》,《全唐诗》,卷569。
[4] 西特韦尔,《行到时间尽头》,卷1《迷失于黑树林》,页216。

流行：

> 在荒原那恐怖的寂静里，
> 生长着致命的九头蛇树——见血封喉。
> 看！从一个树根开始，在周边地下，
> 一千条植物类的毒蛇在生长。[1]

不用说，这种见血封喉的致命毒树还没有污染到周围的土地和空气。这一传说根深蒂固，可以追溯到马来人涂在飞镖上的毒药"一步"（*ipoh*），它由真正的"见血封喉"——箭毒木提炼而成。[2] 热带丛林中这些天生妖艳却剧毒的花朵，就像与之类似的蛇蝎美人一样，其故事有许多版本，而且这些故事牢不可破，因为人们总能找到相关的浪漫事实为其佐证。这里就有个印度支那的版本，故事复杂而又翔实[3]：

> 在我周围，香蕉树围成一个圆圈，油亮的树叶遮蔽着喇叭状的花冠，花色猩红，就像是那些会叫的蜥蜴的腹部。海芋的长柄呈现出红色，曼陀罗细长的枝蔓有着致命的浅绿，白色的木兰花蕊粉红，这种种颜色和气味在我头顶欢唱，如同一场音乐会。黝黑粗糙的树干上，长着一溜剧毒的马钱

---

[1] 伊拉斯穆斯·达尔文（Erasmus Darwin），《植物园》之"植物之恋"。
[2] 格里格森、吉布斯，《物：衡量文明的人类天才发明》，页726—732、865—866。
[3] 布沃尔维勒（Albert de Pouvourville），《绿色处女地》，见马勒雷，《1860年以来法语文学中的印度支那异国情调》页137引。

子，还有，那使人麻痹的兰花。

这些情绪，似乎就是从穿越令人忧心忡忡的南越大地的中古中国人的旅行经验中产生的。他觉得，他的鞋子踩过可怕的草丛，他的衣袍拂过有毒的植物。但是，要想通过研究中古《本草》类书籍来证明这种感觉有道理，却是很困难的，因为书中所列举已知有毒植物绝大多数生长于北方。有毒植物种类包括商陆、乌头、牙子、大戟、虎掌、半夏、蚤休、射干，等等。当我们查阅唐代医书时，会发现找到南越毒草的解药比找到南越有毒植物本身要容易得多。但偶尔也会碰上个别含糊的名称，如冶葛。("冶"是"妖冶"还是"冶炼"?)"岭南风俗，多为毒药。令老奴食冶葛死，埋之土堆，上生菌子。其正当腹上，食之立死；手足额上生者，当日死。""全远者，或二年、三年，无得活者。"[1]而解药触手可及，就生长在冶葛周围。[2]这就是白花藤（白花丹）的根，是同样有毒的泻药。此种白花藤在旧大陆的热带地区分布广泛，也包括南越湿地。[3]当地的另一种万能解药是吉财，这种草药产自新州，神效无比，能"解诸毒及蛊"。[4]有一种匍匐植物陈思岌（显然是为纪念一位当地英雄而命名），有时也叫石黄香或千金藤，同样药力强大。[5]除此以外，还有神奇的玳

---

[1] 张鹫，《朝野佥载》，卷1，页2a。
[2] 同上。
[3] 苏恭语，见《本草纲目》，卷18，页49a。柏克希尔，《马来半岛经济作物辞典》，页1775—1776。伊博恩，《本草纲目药物考证》，页110。
[4] 《太平广记》卷408页4b—5a引《投荒杂录》。
[5] 陈藏器语，见《本草纲目》，卷18，页46b。

瑁甲,可"解岭南百药毒"。[1]

有用植物

尽管汉人基本上关注的是南越的毒药与解药,但他们却并未忽略这片全新土地所拥有的树木资源。南越坚硬而漂亮的木材,是汉人建筑师、车匠和木匠们都需要的。然而,他们对南越特有的树木所知甚少,大体上只会开采那些他们已经熟悉的、比较温和的江南地区的树种。

其中最为壮丽的是杉木属(Cunninghamia)。中国南部这种高大的针叶树被误称为"冷杉",它在南越扮演了松树在北方的文化角色——

象斗缘溪竹,猿啼带雨杉。[2]

这种树木在描写南方的中古诗歌中并不罕见,在皮日休的诗作中尤为突出。(杉有时可能指柳杉,其紫铜色的针叶和森林巨人杉树并不十分相似。)但南下的汉人并没有将其审美触角延伸到这一陌生的树木,即使偶有关注,也只是作为中原蟠曲的松树的影子和可怜的复制品:

---

[1] 陈藏器语,见《本草纲目》卷45,页34a。
[2] 元稹,《送崔侍御之岭南二十韵》,《全唐诗》,卷406。

> 桂水饶枫杉，荆南足烟雨。
> 犹疑黛色中，复是洛阳岨。[1]

这是一首题画诗，这幅山水画必定描绘了桂州那烟雨迷蒙的石灰岩山（多希望能够看到这幅画！）——但这位诗人看到的却不是原画，而只是幻觉中的故乡洛阳的山山水水。而且，尽管杉树在唐代已经引人注目，但却没有证据表明它如同今天这般发挥着重要的经济作用。

唐人在书中提到了一些南方的硬木，因为它们可用来制作家具，供富贵人家使用。海南和安南出产深色而芳香的榈木（黄檀属），这种木材与从南海运来的贵重紫檀相像，可锯开来制作精致的桌凳。[2]有几种山胡椒属树木（樟科）和各种月桂属树木都被伐取利用，如香叶子树[3]，汉语称为"乌药"，其苦涩的黑色树根很是名贵，因其含有与印第安箭毒类似的生物碱，可治疗霍乱。[4]另一种樟科树木被砍伐锯为船板以造船[5]，但人们认为，

---

[1] 皇甫冉，《题画帐二首》，《全唐诗》，卷249。
[2] 陈藏器语，见《本草纲目》，卷35，页41b。薛爱华，《撒马尔罕的金桃》，页136。如海南榈木"花梨"，"木材沉重，呈暗红色，树心芳香。……可用来制造家具和雕刻，极为珍贵。"见莫古礼，《岭南大学第六、第七次海南岛之考察》，页586。关于其他海南硬木，亦请参看此文。
[3] 樟叶木防己的别名。见柏克希尔，《马来半岛经济作物辞典》，页594。伊博恩，《本草纲目药物考证》，页163。贾祖璋、贾祖珊，《中国植物图鉴》（第2版），页765。陈嵘，《中国树木分类学》，页357。
[4] 陈藏器、李珣语，见《本草纲目》，卷34，页29a。
[5] 苏恭、陈藏器语，见《本草纲目》，卷34，页29a。汉语名称为"钓樟"。中国中部与南部分布有多种钓樟属树木，如大叶钓樟（陈嵘，《中国树木分类学》，页355），和绢毛山胡椒（伊博恩，《本草纲目药物考证》，页157）。

就造船而言，它不及樟木。[1]色彩斑驳的金荆生长在南越山中，木工们对它评价极高，称其"色艳于真金"，"贵于沉、檀"。[2]"荆"既可指黄荆，又可指紫荆，而带有异域色彩的金荆很可能是南越的一种羊蹄甲属植物，是紫荆（也可能是纹路优美的龙须藤）的近亲。

有一类名符其实的热带植物得到了应有的认可。在我们看来，美丽的棕榈树赋予丰饶的热带植物某种典型的特征[3]，然而，它们似乎对中古中国人的想象力影响甚微。南越的汉人一定见过成片的棕榈树，但是否懂得欣赏其美丽还值得怀疑。可以肯定的是，他们绝不会有二十世纪人的这种看法：

> 欣赏棕榈树的时候，你要将其当成一件艺术品来欣赏，仿佛你在欣赏一座大理石雕像，又或是一件青铜器那样。……它们那优雅的灰色或棕色树干修长而笔直，带着一圈圈的环状叶痕，就像雕塑那模糊的质感，对与它们住在一起的人来说有着独特的魅力。但棕榈叶更是它的荣耀，其构造与普通树叶如此不同，甚至连它们反射的月光都那么夺目，那是一道道的亮光，而非一个个的光点。此外，棕榈叶的窃窃私语，也与松针叶的大声

---

[1] 陈藏器语，见《本草纲目》，卷34，页29a。在唐代樟木（香樟）似乎比樟脑更受重视，但不如西印度群岛进口的"龙脑"香。见薛爱华，《撒马尔罕的金桃》，页166—167。

[2] 《太平御览》卷959页3b引杜宝《大业拾遗录》。石泰安《林邑：其方位对占婆形成的贡献及其与中国的关系》，页161—162 曾引此文。不过，他将此段引文的"中夏"（即华北）一词误释为"在夏天"。

[3] 我将这种发现归功于贝茨，《那里从无冬天：热带居民与自然之研究》，页180—181。同时要感谢艾弗·布朗"丰富"了我们的词汇。

第十章　植物

呼啸或是橡木、枫木的窸窣作响不同，自有一种别样的温柔。[1]

尽管中古时代的华人完全不曾想到，棕榈树可作为谈情说爱、柔情万千或者骚人墨客构思诗赋的绝佳背景，但他们还是如黎人和俫人那样，很快意识到了南越棕榈树的广泛用途和多种功能。事实上，不管是古代还是现代，在整个热带世界，有多达1500种的棕榈树作为食物、燃料、布料和建造住所的原材料，当之无愧地受到高度赞扬。[2]芭蕉也深受人们喜爱，它宽大、绽开的蕉叶摇曳在多愁善感的文人学士的书斋外，比棕榈更早地拨动了汉人的心弦。棕榈树本身则一直隐匿在文学舞台的幕后，但仍有一些棕榈树在文学创作中扮演过适当角色，这是因为它们与某种高级的工艺技术相关。其中一种就是蒲葵，这是南越的土产，它甚至也经常出现在北方人描写贵妇与名妓的诗作中：

　　游童苏合带，倡女蒲葵扇。[3]

南越还有一种本地棕榈，可制成性能极佳的防水绳索。[4]

---

[1] 大卫·费尔切尔德，《东方的花园岛屿：郑和船队在菲律宾、印度采集植物种子》，页163—164。
[2] 贝茨，《那里从无冬天：热带居民与自然之研究》，页182。
[3] 李端，《春游曲》，《全唐诗》，卷26。参看白居易，《立秋夕有怀梦得》，《全唐诗》，卷452。关于中国重要棕榈种类之研究，见陈嵘，《中国树木分类学》，页88—100。
[4] 陈藏器语，见《本草纲目》，卷35，页41b。他列出了岭南的多种棕榈，我们仅能识别其中部分种类，如桃榔、槟榔、椰子等。有些无法识别，如冬叶、虎散、多罗。

著名的扇叶树头榈,其树叶上曾书写过神圣的印度佛经,被成功地引种到长安。[1]事实上,还有另一种"贝多枝"。"贝多"一词与梵文 pattra 同源,其木材弹性极佳,可用来制造石弓,据说在安南也有生长。[2]

古人最为推崇的是可生长食物的棕榈树,其中首屈一指的当属椰树。公元前二世纪时,就有文字记载这种美丽而实用的树木。[3]椰子旧称"胥邪",到了唐代,开始被简称为"耶(椰)"。[4]尽管汉人早已熟知古代扶南国的椰叶女王是龙王之女[5],熟知邻国林邑分为椰子部落与槟榔部落[6],但对他们来说,椰子的神话仍然充满了异域色彩。而俗称椰子为"越王头"[7],更是强调了椰子与南越之间的联系。这类名称中"越王"大多数指的是最著名的越王赵佗,但在这个例子中,相关的古老传说却与赵佗的历史并不相符。这是一则林邑国王刺杀越王的故事:

> 昔林邑王与越王有故怨,遣侠客刺得其首,悬之于树,俄化为椰子。林邑王愤之,命剖以为饮器,南人至今效之。

---

[1] 贝多树引种于兴善寺。张乔《兴善寺贝多树》,《全唐诗》,卷639。参照薛爱华,《撒马尔罕的金桃》,页270—271。
[2] 《酉阳杂俎》,卷18,页150。
[3] 《史记》、《汉书》,均引司马相如。参考韩淮准,《椰语》,《南洋学报》卷3(1946年),页36。
译注:此指司马相如《上林赋》:"沙棠栎槠,华泛𣏌栌,留落胥余(邪),仁频并间。"
[4] 韩淮准,《椰语》,页36—37。
[5] 译注:按原文献应为"柳叶女王",疑薛爱华将"柳"误作"椰"。
[6] 石泰安,《林邑:其方位对占婆形成的贡献及其与中国的关系》,页259。
[7] 《酉阳杂俎》,卷16,页26b。

当刺时,越王大醉,故其浆犹如酒。[1]

在唐代,人们打磨椰子的内壳,露出其天然的纹理,或者"以白金涂之,以为水罐子,珍奇可爱"。[2]

椰杯、美酒可以解毒雾。[3]时人对"椰乳"评价很高,其原因在于其"似酒,饮之不醉"。[4]李珣在一首描写南越的稍涉艳情的词中,写到了这种异域色彩的饮品:

> 山果熟,
> 水花香,
> 家家风景有池塘。
> 木兰舟上珠帘卷,
> 歌声远,
> 椰子酒倾鹦鹉盏。[5]

("木兰"是一种木兰科植物,而"木兰舟"应是有伎乐的游船。)

椰树的其他部分也各有其用途。林邑国人用椰叶制席[6],在南越肯定也知道这种做法。此外,椰花可酿成一种醉人的饮品,发酵的椰子酒或椰子汁。这种酒不同于从花芽中提取汁液来

---

[1]《南方草木状》,卷下,页2a—2b。
[2]《岭表录异》,卷中,页12。
[3] 陆龟蒙,《和袭美寄琼州杨舍人》,《甫里先生文集》,卷9,页27b。可对比下文皮日休诗本书页354注5。陆龟蒙诗中所指应是椰酒,而非椰汁。
[4] 李珣语,见《本草纲目》,卷41,页14b。
[5] 李珣,《南乡子》,《全唐诗》,卷896。
[6]《新唐书》,卷222下,页1a。

酿制的野枣椰酒,与从糖椰子和尼巴椰子的花梗处提取汁液来酿造的酒也不一样:[1]

> 椰花好为酒,谁伴醉如泥。[2]

尽管椰树给汉人这么丰厚的馈赠,它却并没能为他们带来能够慰释乡愁的家园意象。遭贬谪后一直郁郁寡欢的沈佺期,曾因安南迷人而且实用的椰树而感到一丝慰藉,认为它们值得引种到北方,但他却没有承认这种南方植物能够像真正的家乡树木那样温暖人心。起码,它并不比另一种古老的、已经本土化的外来植物——石榴更能温暖人心。在下面引用的这首诗中,沈佺期称石榴为"涂林"。这显然是个古老的伊朗名称,与梵语"dalima"同源。据说它是由汉代伟大的探险家张骞在好多世纪以前带到中国来的。[3]

> 日南椰子树,香袅出风尘。
> 丛生调木首,圆实槟榔身。
> 玉房九霄露,碧叶四时春。
> 不及涂林果,移根随汉臣。[4]

在中国,有种槟榔树形态十分优美。这一名称源自印尼语

---

[1] 李时珍,《本草纲目》,卷31,页15a。柏克希尔,《马来半岛经济作物辞典》,页610—611。
[2] 殷尧封,《醉赠刘十二》,《全唐诗》,卷492。
[3] 劳费尔,《中国伊朗编:中国对古代伊朗文明史之贡献》,芝加哥:1919年,页282—283。
[4] 沈佺期,《题椰子树》,《全唐诗》,卷96。

"pinang"。[1]这种树原产于马来半岛，后被引种到中国南部，以及最远西至索科特拉岛和马达加斯加岛的广大地区。[2]在唐代，"槟榔子"（准确地说，应该是槟榔的种子）主要产自安南，交州、爱州和峰州的贡品保证了朝廷的供给。我们举个例子来看一看所需贡品的数量：在九世纪第一个十年中，爱州每年进贡五百颗槟榔，十根孔雀尾，一百根翠羽，以及二十斤犀角。[3]据称在今天的中国，南方人都嚼槟榔。[4]尽管在中古时代的岭南，槟榔已广为人食用，但还不清楚，是否这里的许多汉族移民也有了这种嗜好。不管怎样，槟榔的魅力在于它温和的兴奋作用（它对神经系统的作用类似于尼古丁）。[5]当地人习惯了和着扶留藤（蒟酱叶，在安南分布广泛）咀嚼槟榔[6]，人们常用其下酒，也常将它当作饭桌上的调味品。[7]北方的城市对槟榔也有需求，这或许是因为它公认的药用价值。蒟酱叶和其他胡椒科植物一样，可用来治疗胃部不适[8]，而槟榔则用来舒缓脚气病的痛楚。[9]

　　林邑国人还用槟榔汁制作一种特别的酒[10]，南越汉人对此一定不会陌生。他们还了解到槟榔对印度支那居民来说十分重

---

[1] "pinang"即槟榔。柏克希尔，《马来半岛经济作物辞典》，页223。我不知道海南腹地的"山槟榔"也是这样。见陈嵘，《中国树木分类学》，页99。
[2] 柏克希尔，《马来半岛经济作物辞典》，页223—230。
[3] 苏恭语，见《本草纲目》，卷31，页14a。《元和郡县图志》，卷38，页1083、1088。薛爱华、沃拉克，《唐代土贡研究》，页217。
[4] 艾伯华，《古代中国的地域文化》，卷2，页291—292。
[5] 柏克希尔，《马来半岛经济作物辞典》，页223—230。
[6] 苏恭语，见《本草纲目》，卷14，页37a。
[7] 薛爱华，《撒马尔罕的金桃》，页151。
[8] 同上。
[9] 李珣语，见《本草纲目》，卷31，页14a。
[10] 《新唐书》，卷222下，页1a。

要,甚至被当作一种嫁娶仪式上的礼品。例如,真腊的高棉人还用它和香蛤以及龙脑来待客。[1]

高大的"桄榔"(砂糖椰子),可用以制作面粉和粗糖。(我们必须先了解相关的词汇:西谷[*sago*]是棕榈所含的淀粉,粗糖[*jaggery*]是棕榈糖,"多迪"[*toddy*]是棕榈汁,"古姆提"[*gomuti*]是桄榔纤维。)通过人工种植和灵猫粪便所携种子传播,如今的桄榔已遍布于印度尼西亚和印度支那。其价值主要在于茎干中所含的淀粉,这种淀粉转化为糖分,并在树汁里积聚,人们再让它从桄榔花的花梗中流出来。在蔗糖出现以前,可能正是桄榔给人们提供了糖分。[2]桄榔所含淀粉使其在十八到十九世纪期间多了一个英印语的名称"*sagwire*",该词从葡萄牙语"*sagueira*"转化而来,而"*sagueira*"又是"*sago*"的衍生词。[3]桄榔面通常可与牛奶搭配食用,也可以做成饼。[4]但是桄榔不只可以作为食物,桄榔木有着美丽的紫黑色纹理,是制作棋盘的常用材料[5];桄榔树心是治疗烧灼的主要原料[6];从桄榔树叶和树干中提取

---

[1]《新唐书》,卷222下,页3a。伯希和认为"真腊"一词可能有个词源,见薛爱华,《撒马尔罕的金桃》,页5。
[2] 柏克希尔,《马来半岛经济作物辞典》,页230—236。
[3] 玉尔、伯内尔,《英印语日常用语词典》,页590。"桄榔"一词还可用来指椰子酒。但我还未发现唐代有关这种椰子酒的文字记载。
[4]《酉阳杂俎》,续卷10,页249。亦可见于《北户录》,卷2,页9b。《岭表录异》,卷中,页11。陈藏器语,见《本草纲目》,卷31,页15a。参照薛爱华,《撒马尔罕的金桃》,页133。柏克希尔认为这种西米椰子会导致腹泻。
[5]《北户录》,卷2,页9b—10b。《岭表录异》,卷中,页11。
[6]《北户录》,卷2,页9b—10b。
译注:检核《北户录》原文云:"其心似藤心,为炙,滋腴极美。"薛爱华此处理解有误。

的黑色纤维,被称作"古姆提",可制成笤帚,也用作捆绑甲板的绳索。[1]据我所知,桄榔只在浪漫场景中出现过一次——在李珣的《南乡子》中,它曾为一位俏丽的姑娘遮风避雨,形象鲜明:

> 携笼去,
> 采菱归,
> 碧波风起雨霏霏。
> 趁岸小船齐棹急,
> 罗衣湿,
> 出向桄榔树下立。[2]

许多种棕榈树都出产淀粉,苏铁类植物也是如此。[3]但严格说来,品种最好的似乎应该说是印度尼西亚的西谷椰子。我不清楚这种实用树木在今天的南越地区是否有,但是唐代的时候,那里生长有"莎木",这可能是"沙谷树"(西谷椰子)的简称,是典型的汉语缩写方式,或者与其有关。可能从"沙谷树"衍变为广东(尤其是海南)地区的"面木",于是有了"莎木"之名[4],它同样富含一种轻滑美味的白面,也可做成面饼,据说比桄榔面口感更佳。[5]

---

[1]《北户录》,卷2,页9b—10b。《岭表录异》,卷中,页11。《英印语日常用语词典》,页590。柏克希尔,《马来半岛经济作物辞典》,页230—236。
[2] 李珣,《南乡子》,《全唐诗》,卷896。
[3] 大卫·费尔切尔德,《东方的花园岛屿:郑和船队在菲律宾、印度采集植物种子》页194。
[4] 陈嵘,《中国树木分类学》,页100。
[5] 陈藏器、李珣语,见《本草纲目》,卷31,页15b。

在今天中国的最南方，生长着另一种海枣属植物，这就是举世闻名的海枣树。[1]九世纪时，广州城内就已经种植这种树木，它们三年结一次美味的椰枣。据说这种果实很像中国的枣子，但略小一些，被称为"波斯枣"。[2]

除了南越的瘴气、木客、豆蔻花和桄榔面之外，皮日休还写到了"酒树"："酒树堪消谪宦嗟。"[3]无疑，他描写的是海南风物，但要想判断酒树是什么树，却并非易事。它肯定是一种棕榈树，但很多种棕榈树都可用来酿酒。其中有一种著名的酿酒棕榈，是生长在低地的尼巴椰子，其分布范围从恒河流域一直到澳大利亚的海滩[4]，但还不能断定它是否和许多动植物一样，在中古时代就开始向北延伸。海南的这种酒树更可能是短穗鱼尾葵（*Caryota mitis*），一般生长于今天的广东，也生长于亚洲东部的热带地区。[5]从这种常见植物的花梗中，可提取出"一种叫做'粗糖'的美味棕榈糖，比麦芽糖还要甘甜"。[6]jaggery（粗糖）与sugar（食糖）来自同一词根，它泛指各种可以发酵酿酒的棕榈糖，特别是在我们祖先眼中品质最佳的鱼尾葵属棕榈糖。[7]假若

---

[1] 陈嵘，《中国树木分类学》，页99。除此之外，古埃及人还用枣椰树制成一种性能优良的绳索。见格里格森、吉布斯，《物：衡量文明的人类天才发明》，页333。我不知道在中国是否也有类似做法。

[2] 《岭表录异》，卷中，页11。薛爱华，《撒马尔罕的金桃》，页121—122。

[3] 皮日休，《寄琼州杨舍人》，《全唐诗》，卷614。唐代外来酒类可参照薛爱华，《撒马尔罕的金桃》，页142。

[4] 柏克希尔，《马来半岛经济作物辞典》，页1557—1561。

[5] 陈嵘，《中国树木分类学》，页100。

[6] 格里格森、吉布斯，《物：衡量文明的人类天才发明》，页174。

[7] 玉尔、伯内尔，《英印语日常用语词典》，页340—341。英语"jaggery"一词与梵语"sarkara"有关。

皮日休所说的酒树不是这种粗糖，那它至少也是可出产粗糖的棕榈树。

藤本植物与兰科、海芋属、姜科以及蕨类植物一起，构成了印度支那热带植物群中最具特色的部分。[1]在南越，它们虽不像棕榈树那样富有营养，但却几乎和棕榈树一样重要。棕榈藤是最突出、最有代表性的藤本植物，这是一种攀援棕榈，其中有省藤属、黄藤属、角裂藤属、美苞藤属、钩叶藤属、类钩叶藤属、柯莎藤属。[2]这些植物的茎被广泛地用来编织篮筐，或制作家具。它们在棕榈科的地位，与竹子在禾本科的地位相当类似。[3]我们无从得知在中古时代的南越，棕榈藤是否像华莱士在西里伯斯岛看到的那样盘根错节，但他的描述至少可以帮助我们想象一种这样的景色：

> 一个人首先会想知道它们怎么能长成如此奇怪的形状；但很明显，这是由它们之前攀援的树木腐败和倒塌所造成的。此后它们沿着地面生长，直至找到另外一棵可以攀援的树干。因此，一大群缠绕的活藤葛是个标记，表明在这之前某个时期曾有一棵大树倒下了，尽管可能已看不出一丝痕迹。……因为它们，森林的样子大为改观，变得与从海岸处

---

[1] 华莱士，《马来群岛自然科学考察记》，页148。
[2] 柏克希尔，《马来半岛经济作物辞典》，页1869。
[3] 贝茨，《那里从无冬天：热带居民与自然之研究》，页182。中国南部这些重要的藤本植物有些开花，有香气，为假鹰爪属。如广东和海南的"山指甲"，其名与指甲花有关。我没有找到唐代关于这种植物的相关记载。可参照柏克希尔，《马来半岛经济作物辞典》，页796。陈嵘，《中国树木分类学》，页314—315。

远观的样子大相径庭；它们用高过大树的纤薄柔软的树冠改变了树木原本单调的树梢，且每株的叶穗都定格在一种直立状态，如同一根根避雷针。[1]

紫藤是一种真正的南越藤属植物，可能黄藤也是如此。[2]八世纪中期，黄藤被列入融州贡品。[3]紫藤的概念则含混不清。北方人用紫藤来装饰庭院，"紫"是形容它的花。[4]但这个词也可指他们在佛寺中点燃的一种从印度尼西亚进口的香，"紫藤香"（小花黄檀）。[5]皮日休在一首描写佛寺的诗中，曾以"紫藤"与"红荔"相对[6]，我们可由此推断他指的是一种南越的藤葛，很可能是黄藤。[7]省藤的树皮呈红色，其枝干富有柔韧性，可制作皮带或绳索[8]，可能是黄藤的亲缘植物，分布在广东与东印度群岛之间。[9]从麒麟血藤中提取的"麒麟竭"，我们称为"龙血"，在唐代，这一物品通常是从印度尼西亚进口的。今天的广东就有这种麒麟血藤，如果说在唐朝那里还没有这种植物的话，那它

---

[1] 华莱士，《马来群岛自然科学考察记》，页276。
　　译注：西里伯斯岛，是印度尼西亚苏拉威西岛之旧称。
[2] 陈嵘，《中国树木分类学》，页96。
[3] 《元和郡县图志》，卷37，页1049。
[4] 陈藏器语，见《本草纲目》，卷18下，页51b。
[5] 薛爱华，《紫檀、龙血及虫胶》，《美国东方学会会刊》，卷77，1957年，页134。
[6] 皮日休，《初夏游楞伽精舍》，《全唐诗》，卷609。
[7] 陈嵘，《中国树木分类学》，页96。《南方草木状》卷中页5b指出，南越出产一种可制成香料的紫藤，可能即是这一种类，但我不清楚黄藤是否具有芳香性。
[8] 陈藏器语，见《本草纲目》，页18b，页51b。
[9] 陈嵘，《中国树木分类学》，页96。

很可能是十世纪时才移植到广东。[1]还有些南越的藤类未能辨别出其品种，如贺州的"千金藤"[2]；安南和海南路边的"含水藤"，路人可以在这种藤中找到清凉的汁液[3]（事实上，当时海南有些地区缺乏泉水和井水，因此植物汁液是当地人必需的日常饮品）[4]；还有安南多刺的"人子藤"，其种子或浆果呈人形。[5]南越的藤器尤被北方富家所看重，其中最为珍贵的是循州五彩缤纷的藤箱[6]，以及海南新州和琼州的红色藤席和五色藤盒等，这些藤器上都编织有鸟兽图样，其精美程度堪比锦绮刺绣。[7]

然而对热带世界的人民来说，最有用的还是竹科植物。关于这一点，其他人所做描述比我更为仔细。这是十九世纪中期亨利·玉尔笔下的缅甸：

> 我所谓竹屋，是指墙和柱子、壁板和椽子、地面和屋顶，以及连接这些部分的枝条，全部都是用竹子做的。事实上，几乎可以说，在印度支那各国，人们都依靠竹子生活。脚手架和梯子，行船的码头，捕鱼的设备，灌溉的水车、水勺，船上的桨、桅杆和横杆，矛和弓箭，帽子和头盔，箭弦

---

[1] 薛爱华，《紫檀、龙血及虫胶》，1957年，页133—134。
[2] 《元和郡县图志》，卷37，页1042。
[3] 李珣、陈藏器语，见《本草纲目》，页18b、51a。《交州记》中最早记载了这种植物。
[4] 《酉阳杂俎》，卷4，页36。
[5] 《酉阳杂俎》，续卷9，页246。
[6] 《元和郡县图志》，卷34，页1010。薛爱华、沃拉克，《唐代土贡研究》，页57—58、230、图16。
[7] 《北户录》，卷3，页6b—7a、10a—10b。

和箭袋、油壶、水钵、餐盘、泡菜、蜜饯,以及音色柔美的乐器,还有火把、足球、绳索、风箱、坐席、纸——这些还只是竹子制成的东西中的一小部分而已。[1]

同一时期,在印度尼西亚的华莱士写道:

几乎所有的热带国家都出产竹子,而只要是竹子充足的地方,当地人都会将它们派上各种各样的用场。它们强韧、轻盈、光滑、笔直、易弯折且内部中空,它们能被灵活、整齐的劈开,它们有各种大小,能连接成各种长度,它们很容易被砍断,或中间穿洞,但外面却很坚硬,它们也没有什么明显的味道或气味,它们产量丰富,生长迅速,这些特性使得它们有着上百种不同的用途,若要使用其他材料,则要多付出很多劳动和准备。竹子是热带最神奇、最美妙的物产之一,也是大自然赐予未开化的人类最宝贵的礼物之一。[2]

竹子是神灵赐予的礼物,对南越人来说,这一点是显见的。当地流传着这样的传说,一位当地女子在南方的一条河边洗衣时,于顺水漂流的竹节中发现了一个男婴。这个男婴后来成为土著部落的首领,南越各地都有供奉这一图腾的"竹王祠"。[3]

在中国,竹子的分布绝不仅限于热带,它们也大面积地生长

---

[1] 玉尔、伯内尔,《英印语日常用语词典》,页41。
[2] 华莱士,《马来群岛自然科学考察记》,页87。
[3] 《太平寰宇记》卷162页9a引《郡国志》。

在气候温和的中部地区。即便是竹子稀少的北方，也长期使用各种精美的竹制品。实际上，南越各地都将其竹制品送往黄河流域，特别是竹席和竹布，后者大多数产自岭南北部。[1]一部宋代早期地志曾这样描述循州人：

> 织竹为布，人多蛮獠，妇人为市，男子坐家。[2]

有一种竹名为"婆娑摩"，出自广州猊山，它坚硬、沉重，被当地人用来制作弯弓。[3]林邑国的士兵身披藤甲，用竹弓、竹箭来作战[4]；唐朝士兵则使用一种制作精良的弓箭，同样是由南方的竹子制作而成。[5]生长于南越西部湿地的方竹，可用来制作坚固耐用的竹杖。[6]有些竹子也可作美食，比如南越大量种植的麻竹，可生长一种鲜嫩的竹笋，它们是美食家的最爱。[7]在十世纪时，人们还注意到了海南有一种稀有而美味的短笋，他们称之为"平头笋"。[8]

此外，还有一批南越的竹子，或者因其独具特征，或者因其

---

[1]《元和郡县图志》，卷34，页1004、1009、1042。薛爱华、沃拉克，《唐代土贡研究》，页217、220、229、234，图15。
[2]《舆地纪胜》卷91页3b引《太平寰宇记》。
[3]《元和郡县图志》，卷34，页1007。
[4]《旧唐书》，卷222下，页1a—1b。
[5]薛爱华，《撒马尔罕的金桃》，页264。
[6]澄州和融州。见《北户录》，卷3，页10b—11a。可能是今天的方竹。见贾祖璋、贾祖珊，《中国植物图鉴》，页1184。陈嵘，《中国树木分类学》，页83。
[7]贾祖璋、贾祖珊，《中国植物图鉴》，页1184。陈嵘，《中国树木分类学》，页86—87。
[8]《清异录》，卷上，页29b。

有悠久传说，而引起好事者的注意。箣竹便是其中的一种[1]，它生长在人迹罕至的密林之中，当地人和汉人移民都将它种植在城池周围，以抵御外敌的入侵。[2]严州山上美丽而修长的越王竹，可砍来制成酒筹（饮酒时用以记数行令）。传说此竹来自越王扔掉的一根酒筹，这里的越王可能（而且通常）是指赵佗。[3]罗浮山上也均匀地分布着形形色色的竹子，其种类堪称惊人。有一种巨竹为罗浮十三岭所独有，据说一根这种竹子的竹茎周长就可达二丈，因此曾有逃犯乘坐用它做成的竹筏，躲过了官兵的追捕。[4]八世纪的吴筠在其描写中国著名竹子的《竹赋》中，指出了罗浮神山的另一个傲人之处——"罗浮比色于黄金"。[5]这应该是一种枝干呈金黄色的竹子，即现代植物学家所说的金竹。[6]但即使这么漂亮的金竹，其名气仍还远不及斑竹，斑竹分布于江西南部以南直到安南之间的广大地区。[7]此竹有用，竹茎上带有紫色的斑点，相传这是湘水之神亦即舜的两位妃子在寻找舜帝遗

---

[1] 箣竹，今天被人们作为防风植物，种植在房屋周围。见陈嵘，《中国树木分类学》，页85—86。
[2] 《岭表录异》，卷中，页10。《酉阳杂俎》，卷18，页145。
[3] 《南方草木状》，卷下，页6a—6b。《北户录》，卷3，页14a—14b。
[4] 《岭表录异》，卷中，页10。赞宁，《笋谱》，页13a。可能是亚洲南部的印度麻竹，分布于广东一带（陈嵘，《中国树木分类学》，页87），但其竹茎直径只有五到七寸。
[5] 《全唐文》，卷925，页9a。
[6] 贾祖璋、贾祖珊，《中国植物图鉴》，页1183。
[7] 有人工栽培品种。薛爱华、沃拉克，《唐代土贡研究》，页220。龙头竹分布极为广泛，也被称作"斑竹"。"一种观赏竹类，竹茎有条纹和斑点"的黄金间碧竹，据认为可能原产于中国。柏克希尔，《马来半岛经济作物辞典》，页300。我不确定这两者间是否有联系。我猜想振州和富州进贡的"斑布"是否以这种美丽的竹子为原料。

360

第十章　植物

体之时流下的泪水化成的[1]，"斑竹初成二妃庙"[2]，心灰意冷的流放者，很容易把这些神奇的斑点看作是自己的眼泪。刘长卿就是怀着这样的心情，写下很多咏竹诗：

> 苍梧在何处，斑竹自成林。
> 点点留残泪，枝枝寄此心。[3]

斑竹是很多唐代诗人最为喜爱的主题，其中包括王维、杜甫、柳宗元、韩愈、元稹，特别是白居易。斑竹被制成贵族的各种日常用品，尤其是毛笔管，有的还被镶以象牙、黄金、白银和紫檀。[4]此外，斑皮竹笋更是被视作胜过其他任何笋类的无上美味。[5]

南越还为人们提供了其他的常用木材和纤维，如一种常绿硬木柯树（木荷属）。在广东，这种坚硬耐用的木材至今仍发挥着重要作用，正如在整个东南亚地区，山茶科的其他树种也都举足轻重。柯树那美丽的白色花朵也深受人们喜爱。[6]在唐代，南越港口的波斯海员最喜欢用这种优质的木材来造船。[7]

彩绘或者镀金涂漆的木屐，是用松软的枹树根制成的。枹树

---

[1]《北户录》，卷2，页19b—20a。艾伯华，《古代中国的地域文化》，卷2，页12a。
[2] 元稹，《奉和窦容州》，《全唐诗》，卷413。
[3] 刘长卿，《斑竹岩》，《全唐诗》，卷148。
[4] 薛爱华，《撒马尔罕的金桃》，页134。
[5]《北户录》，卷2，页19b—20a。
[6] 柏克希尔，《马来半岛经济作物辞典》，页1973—1974。陈嵘，《中国树木分类学》，页820。
[7] 李珣语，见《本草纲目》，卷35下，页42a。关于广州的波斯人，详参薛爱华，《撒马尔罕的金桃》，页10、15，及他页。

显然是一种落羽杉属树木，它生长在南越东部的河中，在潮州和新州分布最为集中。在多雨的夏季，贵族们穿着这种雅致的木屐，可以避开雨天的泥水。据载，每一个新到广州就任的官员都会被赠与一双这样的枹木屐。[1]

从四世纪起，波斯商人就把柿木和乌木等柿属植物从印度群岛带到中国。[2]唐代时，交州也出产一种同属树木，这是一种有美丽花纹的黑木，中国人称它为"乌文木"。[3]

一种苏木属的心材——巴西红木（或称苏木），为布料和木制品提供了极佳的染料。它是从印度支那进口的，也是安南爱州的特产之一。在宋代初期，海南也有这种苏木。唐朝时，海南地区的大海盗冯若芳曾经劫掠过涨海，他拥有大批这种宝贵的木材，很可能他是自南越当地而不是过往商船上，获取这些苏木的。[4]

有一种热带树木磨成粉之后名为"黄屑"，人们用来制作上好的黄色或红色染料，同时也用它治疗霍乱。这其实就是由紫檀（紫檀属）磨制而成。其木材纹理漂亮，色泽深暗，木匠用以打造精美绝伦的家具，被称为"紫檀木"。这种树在东南亚分布广泛，据说在海南岛也有，但在唐代，"黄屑"却主要产自安南。[5]

---

[1] 《岭表录异》，卷中，页11。《北户录》，卷3，页9b。今天的枹树指一种耐旱的橡树，与此处的枹树完全不同。
[2] 薛爱华，《撒马尔罕的金桃》，页138。玉尔，伯内尔，《英印语日常用语词典》，页110。
[3] 《苏氏演义》，卷下，页28。《太平御览》引崔豹《古今注》，卷961，页6b。
[4] 苏恭语，见《本草纲目》，卷37，页55b。《太平寰宇记》，卷169，页10a。薛爱华，《撒马尔罕的金桃》，页211。
[5] 陈藏器语，见《本草纲目》，卷37，页55b。《元和郡县图志》，卷38，页1083、1086、1090。陈嵘，《中国树木分类学》，页539。薛爱华、沃拉克，《唐代土贡研究》，页57—58、238，图19。

第十章 植物

南越还有其他染料植物,如一种靛蓝植物,它不是真正的"印度蓝"即木蓝,而是一种蓼属植物。[1]在端州,有种草被用来制成"山花燕支",据说这种草开的花很像蓼花,花的红色萃取物可用来化妆,也可当作丝绸染料。[2]

漆器在当时并不算南越有名的特产,但是,在广州增城长有许多漆树。[3]

在唐代,苎麻的生产中心集中在长江流域,但精美洁白的麻布却出自南越的连州和桂州。[4]用来制作麻布、纸和一种常用药的原材料——野葛(葛藤属),在长江流域也有生长,但品质最佳的野葛却来自南越。李贺曾写过一首晦涩难懂的诗,赞美罗浮山上一位隐士制作的葛布,其精美有如鬼斧神工。[5]最后一点,到了八世纪,人们开始种植和使用棉花。最早的证据出现在王建的一首诗中,大意是说当时的广州家家都纺织棉花,这种场景就像红蕉种植一样随处可见。[6]而在九世纪则出现了确凿的证据,白居易用"桂布白似雪"来形容他新制的布裘。[7]此外,安南还出产一种玫瑰色的棉布。[8]有时候,这种奇妙的新棉布会与木棉(另一

---

[1] 苏恭语,见《本草纲目》,卷16,页21a。
[2] 《北户录》,卷3,页11a—22a。
[3] 《元和郡县图志》,卷34,页1007。
[4] 《元和郡县图志》,卷38,页1075。薛爱华、沃拉克,《唐代土贡研究》,页57—58、238、图19。
[5] 李贺,《罗浮山人与葛篇》,《全唐诗》,卷391。
[6] 薛爱华,《撒马尔罕的金桃》,页206。
[7] 白居易,《新制布裘》,《全唐诗》,卷424。参照薛爱华,《撒马尔罕的金桃》,页205。
[8] 薛爱华,《撒马尔罕的金桃》,页206。伯希和在其典雅、博学的《马可波罗行纪诠释》中,对远东棉花历史的见解最为精深,见卷1页425—531。

种南方特产）混淆起来，但木棉不宜纺纱。[1]

食用植物

所有伟大文明的主食都原出于热带——稻米来自旧大陆的热带；玉米来自新大陆的热带；而小麦，尽管现在主要在温带种植，但它很可能起源于阿比西尼亚的高原热带地区。[2]热带居民基本以植物为生，他们饲养的猪和鸡是为节日而准备的，这一点与北方草原大量饲养牲畜恰恰相反。[3]事实上，人类种植的绝大多数食用植物、主食植物等，都起源于几个热带核心地区：中美洲和南美洲的热带地区，以及亚洲和非洲的热带地区，还有（热带以外的）古代近东地区。[4]人类的"高度"文明所依赖的谷物可能并非最古老的食用植物。从总体上看，人类最重视植物的根茎，它们在今天某些相对简单的文明中仍然是最基本、最重要的——美洲的木薯（树薯），美洲和大洋洲的甜薯，亚洲热带的甘薯，以及东亚和波利尼西亚的芋头。[5]如果我们将视线集中在亚洲东南部，并暂时忽略那些分布广泛的基本作物，就能够划出一条不那么明晰的种植区域的界线：（1）印度尼

---

[1] 薛爱华，《撒马尔罕的金桃》，页200。
[2] 贝茨，《那里从无冬天：热带居民与自然之研究》，页58。
[3] 同上书，页155—156。
[4] 同上书，页58。
[5] 同上书，页55、156、162。

西亚至印度支那，重点种植作物为椰子、甘薯、芋头、木菠萝、面包果、山竹果和榴莲；（2）中国华南地区和越南东京地区（中古时期属于南越），典型作物有柑橘、香蕉、茶树、荔枝、龙眼、甘蓝菜、桑葚，也不乏甘薯、芋头和椰子；与此形成对照的是，（3）中国华中地区，主要种植柿子、梨、杏、桃、小米和大豆。[1]

但是，南越的主食是水稻。从新石器时期开始，中国北方就已经认识了这种有益的谷类，但正如小米和小麦象征北方一样，水稻一直都是南方的象征。长期以来，水稻在南方占据了绝对的统治地位，并且十分高产。当地土著居民每年固定收获两季稻米，桂州的烊牁蛮和南部边境的林邑国人也是如此。[2] 汉人可能正是借鉴了他们的做法，公元1011年，北宋皇帝下诏将一种耐旱的"占城稻"从福建推广到长江流域。由此可知，这一品种至迟在十世纪就已被广泛种植于中国南部。[3] 在广管西部的新州、泷州，农民的稻米文化十分复杂，他们在稻田里放养了鲩鱼子。[4] 食草的鲩鱼幼苗能使水田不长杂草，而鲩鱼长大后就捕捞起来，出售获利。[5]

人们种植的另一种源自印度支那的古老而又重要的食物，是芋头（天南星科）富含淀粉的块茎，通常被称为"芋艿"，今天

---

[1] 斯宾塞，《亚洲东南：文化地理学》，页83—84。
[2] 《旧唐书》，卷197，页1b，4a—4b。
[3] 薛爱华，《闽帝国》，页70。
[4] 鲩（草鱼），鲤科常见饲养食用种类，在英语中也叫 Grass Carp。与欧洲圆腹雅罗鱼相似。
[5] 《岭表录异》，卷上，页3。陈藏器语，见《本草纲目》，卷44，页27a，在中国中部湖泊地区也有分布。

它的种植和食用范围已远至夏威夷。和水稻一样，这种植物需要大量的水，这证明了它与潮湿的热带地区有着特殊的联系。但是，未经人工培养的野生芋艿口感不佳，里面含有一种针状的晶体，有刺激性。[1]从汉代起，汉人对芋艿逐渐熟悉起来，到了五世纪，它的种植范围已向北延伸至浙江地区。[2]尽管如此，文献中却少有相关记载。芋艿的叶子硕大而光滑，类似于荷叶，奇怪的是，如此独特的叶子竟未能引起诗人们丝毫的关注。但是，热带食物通常都没得到他们的充分关注。唐人将芋艿分为六类："青芋"、"紫芋"、"真芋"、"白芋"、"连禅芋"（我无法解释这一名称）和"野芋"。他们认为前五种毒性轻微，只要淖水过滤干净，与肉同煮，便可烹制成美味的肉羹。而野芋的毒性可致人死，不可食用。[3]

南越这些典型的水生作物——水稻、芋艿、荸荠、莲藕，都需要特定的土壤种植技术，这与传统的北方农学截然不同。例如，"在北方某些地区，稻田在冬季被种上了别的庄稼，但是收成并不好。因此，人们在夏季收割完麦子之后，就任由田地在冬天闲置。"[4]

显然，薯蓣科植物是人们种植的另一类块茎作物，也是来自印度支那。与芋艿不同的是，它不需要大量的水。它有多个品种，其中重要的品种有大薯（参薯），在南越由野生转为人工种植；有刺甘薯，在印度支那种植已久的本地品种，个头较小；有

---

[1] 柏克希尔，《马来半岛经济作物辞典》，页638—642。
[2] 陶弘景语，见《本草纲目》，卷27，页37b。
[3] 苏恭语，见《本草纲目》，卷27，页37b。
[4] 斯宾塞，《亚洲东南：文化地理学》，页77—78。

第十章　植物

白薯莨，含有有毒的生物碱，必须在食用时将其淖水过滤，在亚洲热带地区只作为救荒食物。[1]自古以来中国中部就有薯类植物，并称之为"薯蓣"。唐代官方药典认为白色的薯蓣最佳，而青黑色者较次。前者在医学上占有一席之地，人们将它们晒干后磨成粉用作补药。[2]

和芋芳一样，薯类几乎没在纯文学中引起过关注，但杜甫曾"屈尊"提到过它，将它视作旅人的一种家常食物。[3]汉代以后的典籍中曾提到一种"甘薯"，如今它已经成了个谜。[4]现代有人认为这可能就是红薯，其来源颇有些神秘——它似乎是一种美洲植物，但它有可能在哥伦布以前就被引入到波利尼西亚么？还有些人认为它来自非洲。但最可信的说法是到了十六世纪，人们才将甘薯从菲律宾引种到中国。[5]

当我们大多数人想到热带的食用植物时，许多人会甜蜜地幻想着各种令人愉悦的水果。啊！考察过摩鹿加群岛的华莱士对此有独到的见解，他将这看成是人们对温暖伊甸园的幻想：

> 在欧洲人的印象里，热带森林中满是香甜美味的水果。毋庸置疑，他们会惊讶地发现，这个广大而怡人的群岛，虽然其植被堪与世界上大多地方相抗衡，但论真正的野生水

---

[1]　柏克希尔，《马来半岛经济作物辞典》，页814、818—819。
[2]　苏恭语，见《本草纲目》，卷27，页37b。
[3]　杜甫，《发秦州》，《九家集注杜诗》，页90。
[4]　《南方草木状》，卷上，页3a。亦可见于《齐民要术》。
[5]　这些观点主要基于沃拉克多年前关于甘薯、薯蓣的研究，该研究未曾公开发表。

果,与英国相比,这里几乎每个岛上的水果在数量和质量上都要逊色。[1]

这位伟大的科学家对英国的苹果、浆果等充满了热爱,但他也并非不愿意赞美独特的热带水果,尤其是美味但难闻的榴莲。然而,他的观点早已在漫长的历史进程中烟消云散。在热带,水果文化的发展比在温带要快得多。也许,大部分种植水果,如榴莲、山竹等都来自印度支那和印度尼西亚,而其他很多水果如凤梨、鳄梨、番石榴和木瓜等,则来自美洲的热带地区。[2]

南越甘甜的水果也让我们无法同意华莱士的观点,尽管它们的原产地并不一定是热带。在南越生长着品种优良的梨、栗子和柑橘。[3]在位于过渡性气候带上的韶州,还生长着花红[4],我们很难将这种梨果视作外来品种或是特例。人们将它们浸在蜂蜜和丹砂末中,当作饭后点心与酒同服,这显然是一种有强大药力的灵丹。[5]

然而,南国"水果之乡"的美名,更多的是缘于可口多汁的柑橘类水果,其中有些在近代早期就已享誉世界。在欧洲启蒙运动的"中国风"中,来自中国的柑橘是重要的构成部分,这远远早于西方园林中为人熟知的中国山茶、杜鹃花和扶桑花。在十七八世纪英国富人的庄园中,柑橘树散发着遥远的广州的香味,安

---

[1] 华莱士,《马来群岛自然科学考察记》,页374。
[2] 贝茨,《那里从无冬天:热带居民与自然之研究》,页166—167、169。
[3] 《北户录》,卷2,页13a—14b。
 译注:此处薛爱华的理解与原文献有出入。
[4] 花红,又名"林檎"。《北户录》,卷2,页13b。
[5] 《清异录》,卷上,页39a。

妮女王所建的肯辛顿宫雷恩橘园就是其中著名的一例。[1]

虽然亚洲热带的甜橙直到晚近才进入西方,但其亲缘植物中有几种却早已为人熟知,比如古典时代的香橼,以及十字军时期的柠檬和酸橙。

就中国自身而言,最早期的文献中就有柑橘类植物的相关记载。[2]这些植物多在南方,而带刺的酸橙则是一个重要的特例。对西方人而言,它具有很高的价值,但在中国,它的声望还达不到第一等。在汉语中,它被称作"橙"。无论是过去还是现在,中国的柑橘类主要可分为两种。其一是分布广泛的酸橙,它是塞维利亚柑橘(或称 true orange)的祖先,也是制作橘子酱的最佳原料。九世纪或十世纪时,人们把它带到了地中海地区。[3]其二是品种众多的甜橙或橙子,直到十四世纪才传入欧洲,西方人熟悉的瓦伦西亚橙和脐橙正是由此转变而来。[4]

中国人更珍视有着芳香果皮的金色香橼(枸橼),印度尼西亚称它作"水牛橙",其原产地印度称其为"turunj"(梵语)。在亚历山大远征后,希腊人了解了这种水果。[5]它和南越的柚子[6]都在早期就被引进中国。[7]在刘恂的书中,我们见到了对南越枸橼的

---

[1] 贝茨,《那里从无冬天:热带居民与自然之研究》,页166—167。
[2] 《禹贡》,《周礼》等。见叶静渊主编,《中国农学遗产选集:柑橘(上编)》上海:1958年,页2。
[3] 酸橙 *Citrus aurantium*。柏克希尔,《马来半岛经济作物辞典》,页566—567。
[4] 甜橙 *Citrus sinensis*。柏克希尔,《马来半岛经济作物辞典》,页574—575。
[5] 柏克希尔,《马来半岛经济作物辞典》,页571—572。陈嵘,《中国树木分类学》,页570。
[6] 陈藏器说,见《本草纲目》,卷30,页9b。
[7] 关于枸橼,见《南方草木状》,卷下,页4b。其后《齐民要术》亦有记载。

详细描述：

> 枸橼子，形如瓜，皮似橙而金色，故人重之，爱其香气。京辇豪贵家钉盘筵，怜其远方异果。肉甚厚，白如罗卜。南中女工竞取其肉雕镂花鸟，浸之蜂蜜，点以胭脂，擅其巧妙，亦不让湘中人镂木瓜也。[1]

"木瓜"即榲桲，"湘"即湖南省湘江流域。

在唐代的汉人看来，柑橘类果树中以柑、橘为最佳。柑橘类有许多优良的品种，主要被归为两大类："柑"（*Citrus nolilis*，"柑"实际上与"甘"同义），以及"橘"（*Citrus deliciosa*）。[2] 它们都不只产于南越，四川和福建也有优良的柑橘品种，如朱柑、乳柑、黄柑、石柑、沙柑、朱橘、乳橘、塌橘、山橘，以及黄淡子。[3] 在南越新州有一种特别的柑子，其皮极薄，"有苞大于升者"。[4] 有两则记载证明了中古时代橘文化的高度发达：人们将优质的柑橘用纸包裹起来[5]，就像用纸包密封上好的茶叶一样，以保存其香气。[6] 另外，在南越集市上，黄柑蚁窠的买

---

[1] 《岭表录异》，卷中，页12。陈藏器语，见《本草纲目》，卷30，页10a，亦有简略记载。
[2] 柏克希尔，《马来半岛经济作物辞典》，页573—574。陈嵘，《中国树木分类学》，页579、582。
[3] 陈藏器语，见《本草纲目》，卷30，页9b。
[4] 《北户录》，卷2，页2a。
[5] 唐代四川柑橘进贡时，皆用纸包裹。《太平御览》卷966页2a引《大唐新语》。
[6] 陆羽，《茶经》，见《唐代丛书》，卷10，页35a。

卖十分兴旺。人们利用黄柑蚁来防治柑橘园中的红色小介壳虫害，这种蚂蚁为害虫分泌的蜜露所吸引，这样的话，它们就能保护柑树结出甘甜的果实。[1]

南越的柑橘理所当然地引起了南迁诗人们的注意，柳宗元便是其中突出的一位。他不仅在柳州城的西北角种植了两百株黄柑，他有一首诗自豪地谈到此事[2]，而且还写了另一首律诗，热情地赞颂南方的橘柚，将自身境遇与之相比——诗人自己和柑橘一样，都受奇特的命运支配，流落到南越炎热之地，但他在温暖氤氲的香气中，依然心向着寒冷的北方：

> 橘柚怀贞质，受命此炎方。
> 密林耀朱绿，晚岁有余芳。
> 殊风限清汉，飞雪滞故乡。
> 攀条何所叹，北望熊与湘。[3]

"熊"、"湘"都是湖南古代的山名，标志着中原与南越的边界。此诗第三句"密林耀朱绿"与安德鲁·马韦尔的一行诗句异曲同工。马韦尔在其诗作《百慕大》中，赞叹了上帝将金色的橘林与周围环境完美地融合为一体的审美眼光：

> 他将明亮的橘林放在一片树荫中，

---

[1] 《岭表录异》，卷下，页24。《酉阳杂俎》，卷18，页146。
[2] 柳宗元，《柳州城西北隅种柑橘》，《增广注释音辨唐柳先生集》，卷42，页18a
[3] 柳宗元，《南中荣橘柚》，《全唐诗》，卷353。

正如金色的明灯悬于碧绿的夜色里。

大约一个世纪之后，歌德重塑了这一意象，但没有涉及神灵，"金橘的光芒闪烁于幽绿的叶子中。"可以想见，柳宗元亦在橘林中领悟了造物者的精妙所在。

南越最有名的柑橘生长在圣山罗浮山上，这一点并不让我们感到惊讶。相传早在唐玄宗时期，这种仙果就生长于罗浮山的一座寺院中，后来此山建了一座御用果园，其果实成为贡品定期进献皇宫。[1]罗浮道士轩辕集则让这种神圣进贡的路程大大缩短——他当着唐宣宗的面，用法术变出了罗浮山的柑子，宣宗品尝之后大为高兴。[2]事实上，这位人间君主的心灵与迷人的罗浮柑之间，有某种特殊的联系。在他避难蜀中的那一年，罗浮山的柑子就不再结果了。[3]在另一则传说中，八世纪后期的德宗、九世纪的僖宗逃离京都时，这些充满灵性的橘树也都拒不结果。[4]

产自罗浮山的不仅有这种仙柑，还有一种冬季成熟的柑橘与之齐名，被称作"金橘"、"山橘"或"卢橘"。"金橘"即是西方的金桔，而"卢橘"则是我们所说的枇杷（对我们来说，它不属于

---

[1]《唐国史补》，卷下，页19b。《元和郡县图志》，卷34，页1010。苏远鸣，《罗浮山宗教地理研究》，页5。

[2]《杜阳杂编》，见苏远鸣《罗浮山宗教地理研究》页6引。

[3]《太平御览》卷966页1b引《旧唐书》。《酉阳杂俎》，卷18，页146。《唐国史补》，卷下，页19b。
译注：吃了轩辕集所变柑子的是唐宣宗，幸蜀的是唐玄宗，原文此句似乎将二人混淆了。

[4]《太平寰宇记》卷157页4b引《续南越志》。著者不详，但此书应成于十世纪左右。

第十章 植物

柑橘类)。在唐代,卢橘的概念已经模糊,人们有时用它指金橘,有时又用来指我们所谓的枇杷。[1]但在南越,它似乎专指罗浮山及周边地区在冬天出产的一种金柑[2]——"黄柑未摘,卢橘又花"。[3]在罗浮山东面的潮州,漂亮的金橘产量甚丰。在八世纪的一位宫廷诗人眼中,金橘是金碧辉煌的长安宫中奢靡的象征与样榜。[4]南越人引以为豪的,还有金橘皮和椰子干,他们喜欢将橘皮浸在蜂蜜中食用,认为它们色如琥珀,滋味绝佳,无与伦比。[5]

比起上述植物,香蕉则更像是个植物分类学问题,而非文化史问题。在中古时期,香蕉对包括中国人的南亚居民来说,意义最为重大。但要精确论述 banana 一词却并非易事。古人似乎是用不止一种野生芭蕉培育出多个食用品种,这些野生芭蕉在亚洲与非洲都有分布。[6]不管怎样,食用植物学要求我们分辨出两类或两群重要的芭蕉属植物。其一是香蕉,在温带地区,人们只把它当作一种餐桌上的黄色水果,而在热带饮食中它也不甚重要。其二是大蕉,比香蕉更大,富含淀粉,呈绿色,是热带东部地区居

---

[1] 筱田统(Shinoda Osamu),《唐诗植物考》,《中国中世科学技术史研究》,东京:1963 年,页 356—357。他认为唐诗中的"卢橘"通常都应指枇杷,对此我持保留意见。
[2] 叶静渊主编,《中国农学遗产选集》甲类第十四种《柑橘》上编,页 71—72。一些金橘属植物分布在安徽以南的沿海省份。山金柑和长叶金柑生长在南越。见陈嵘,《中国树木分类学》,页 566—567。
[3] 于邵,《送房判官巡南海序》,《全唐文》,卷 427,页 19b。
[4] 王建,《宫词》,《全唐诗》,卷 302。
[5] 《北户录》,卷 3,页 3a—3b。
[6] 注意大卫·费尔切尔德由于习惯了人工栽培的无子香蕉,因此在见到哈马黑拉岛的野生香蕉后感到十分惊奇,他说:"这和我之前吃过的任何香蕉都不同,这种铜色的水果在成熟后自动裂开,厚厚的外皮又缩回去,像一朵硕大的黄花,而它黄色的果肉里满是黑色的种子。"

民烹调中的主食之一。如果从科学植物学的角度对这种粗浅分类有所质疑的话，那么，哪怕是中国的学者，也很难在可敬的林奈氏分类法中，找到与各种芭蕉属植物一一对应的学名。[1]以下为一种尝试性的分类："芭蕉"即芭蕉，是观赏植物；"甘蕉"即香蕉，可以食用；"美人蕉"似乎就是红蕉。[2]凭借着娇艳动人的红花，红蕉在古代诗词中备受赞美，它与这片朱雀的领土相得益彰。"芭蕉"一词可能与其学名 Musa 有遥远的同源关系，而 Musa 则出自印度语 moca，但它的最终词源来自哪种语言，我还不知道。唐代高僧玄奘将 moca 一词引入中国，他在游记中将其译为"茂遮"。[3]然而，这一系列名称的特定用法依然十分复杂。在马来语中广泛使用 pisang 这一名称，但它是指哪种香蕉呢？艾弗·布朗悻悻地写道：

> 作为一个土生土长的马来人，我从小就学会把一种香蕉叫做 peesang。……因此，我也学会了对主导国内市场的西印度香蕉颇为不屑。这种马来东部的 peesang 香蕉，……比我们通常见到的香蕉更小巧，更精致。但在东亚，人们却认为它只配用来喂马。[4]

---

[1] 柏克希尔，《马来半岛经济作物辞典》，页 1507—1518。贝茨，《那里从无冬天：热带居民与自然之研究》，页 168。鲍威里，《宋代海上贸易之地理注解》，页 107。柏克希尔认为有个栽培品种"musa nana"原产于南越。
[2] 陈嵘，《中国树木分类学》，页 101—102。
[3] 雷诺兹（P. K. Reynolds）《香蕉文化的早期证明》，《美国东方学会会刊》（增刊），卷 12（1951 年 12 月），页 23—24。
[4] 艾弗·布朗（Ivor Brown），《季节絮语》，伦敦：1961 年，页 43。

无论如何,早在史前时期的亚洲热带地区和印尼群岛,有些芭蕉属植物就已经被人类当作食物,但人工种植芭蕉的最早证据,却存在于古印度的文学艺术作品中。也许某些芭蕉是南越的土产,但直到东汉时期,它们才引起汉族文人的注意。写于公元六世纪时的一部农书,依然将其当作外来植物。[1]但到了这个时代,芭蕉属植物已成为诗歌中的常见意象,到了唐代,它们更是南越经济的重要组成部分——不是作为食物,而是作为一种纺织原料。所有芭蕉属植物的叶茎都可制成一种纤维,被广泛用于制造绳索和布匹,如我们熟知的菲律宾蕉麻或马尼拉麻。[2]在唐代,大批质地优良的"蕉布"从南越运往京城。这一产业在相对"开化"的岭南东部、中部地区以及安南的交州最为发达。[3]

无论在南方还是北方,芭蕉高高悬挂、随风轻摆的长叶以及下垂的花序,都早已成为园林中的装饰。在广州,你可以欣赏到"乳蕉花发讼庭前"的美景[4],你也能品尝到这种水果,"甘蕉出岭南者,子大味甘;北间者,但有花无实。"[5]十世纪中叶,南越最优美的园林之一是广州的苏氏园,此园的一大景观是"绿蕉林"。颇有活力的南汉小王国的一位国主(应是末代皇帝刘鋹,

---

[1] 雷诺兹等,《中国文学中的香蕉》,《哈佛亚洲研究学报》卷5,1940年,页167。雷诺兹,《香蕉文化的早期证明》,页405,页12。此处提及的两部著述为杨孚《南裔异物志》及《齐民要术》。
[2] 柏克希尔,《马来半岛经济作物辞典》,页1508、1516。
[3] 见《元和郡县图志》记载开元贡物,卷34,页1004、1013、1016、1017;卷37,页1042;卷38,页1075、1083。薛爱华、沃拉克,《唐代土贡研究》,页217。
[4] 皮日休,《送李明府之任海南》,《全唐诗》,卷614。
[5] 苏恭语,见《本草纲目》,卷15,页10b。

此人奢淫无度，尤为宠爱一位波斯女子），曾与宠姬李妃来到绿蕉林小憩。这位宠姬有个奇特的称号——"蟾妃"，似乎是故意为之，以取得诙谐的效果。[1]或许蟾并非如我们所想的那样令人生厌，而是暗指月宫里的蟾蜍。我们可以想象，这位美人肌肤胜雪，光洁如玉，双瞳剪水，宛若月宫仙人。而诗人笔下的芭蕉，最多的还是一种园林中的观赏植物。激发诗人想象力的，是芭蕉的叶子和花朵，而不是果实。当然，北方园林中的芭蕉并不结果。在英语诗歌中，芭蕉的意象出现得更少，仅有的几例也与中国的用法截然不同。我再次引用艾弗·布朗的话：

> 在道格拉斯·达夫·安斯利创作的小夜曲中，我注意到了这两行诱人的诗句：
>
> 她迷人的大腿
>
> 形如香蕉果的曲线。
>
> 我想知道为什么香蕉在我们的诗歌中如此鲜见。它们的精神与肉体一样温和。为什么却是桃子、樱桃和苹果之类的词语，在表达情感的词汇中占据了那么重要的地位？显然，没人会爱慕香蕉色的脸颊，但对抒情诗人来说，若以甜蜜与饱满为主题，成熟的香蕉果肯定也是一个令人愉悦的意象。[2]

汉语中的芭蕉意象，与人类（包括爱人）的形象没有什么关系。（白居易有一首诗是个罕见的例外，诗中的红蕉是一位年轻女子

---

[1]《清异录》，卷上，页27a。
[2] 艾弗·布朗，《碎语》，伦敦：1953年，页18—19。

的化身,我们稍后再作讨论。)就营造一种独特氛围来说,硕大的蕉叶发出的声响,比芭蕉的形状和色彩更为关键。风吹蕉叶沙沙作响,雨珠从蕉叶上滴落,与幽暗、风雨、衰败、秋日联系起来,更强化了那种淡淡的哀愁或省思的情愫。唐诗中典型的诗句,略选几例。如:

雨滴芭蕉赤,霜催橘子黄。[1]

再如:

芭蕉为雨移,故向窗前种。[2]

尤其是下面这句:

风弄红蕉叶叶声。[3]

此句将风吹蕉叶的那种寂寞而悦耳的声音,与红蕉优美动人的身姿结合在一起,这一切让诗人对其情有独钟。然而,尽管芭蕉的异域魅力足以激动人心,但它却依然难以慰藉北方的游子,正如柳宗元在一首题为《红蕉》的诗中所写到的:

---

[1] 岑参,《寻阳七郎中宅即事》,《全唐诗》,卷200。
[2] 杜牧,《芭蕉》,《全唐诗》,卷525。
[3] 杜荀鹤,《闽中秋思》,《全唐诗》,卷693。

> 远物世所重,旅人心独伤。[1]

在李绅的绝句《红蕉花》中,红蕉也是这样一个既可爱又可恨的角色:

> 红蕉花样炎方识,瘴水溪边色最深。
> 叶满丛深殷似火,不唯烧眼更烧心。[2]

但是,到了十世纪,南方已完全被视作朱雀的领地,人们也有可能在欣赏鲜艳的红蕉时,不再带有挥之不去的排斥或感伤。韩偓的《红芭蕉赋》正是这个时代和这位作者的代表作。在这篇辞藻华丽的文章中,诗人将红蕉花比作仙鹤的红顶,深红的鸡冠,以及其他类似之物。[3]在十世纪关于南越的文学浪漫主义觉醒中堪称典型的,是为人熟知的红色和绿色的象征物,从热带植物转移到了绝色女子的衣着和身体,诗人兼药学家李珣的《南乡子》一词正是如此,这一点并不出人意料:

> 拢云髻,
> 背犀梳,
> 焦红衫映绿罗裾。
> 越王台下春风暖,

---

[1] 柳宗元,《红蕉》,《增广注释音辨唐柳先生集》,卷43,页13a—13b。
[2] 李绅,《红蕉花》,《全唐诗》,卷483。
[3] 韩偓,《红芭蕉赋》,《全唐文》,卷829,页16b—17a。

第十章 植物

花盈岸,

游赏每邀邻女伴。[1]

在中国,荔枝被视作果中珍宝。(而在美国,除了夏威夷早就出产荔枝之外,近来,荔枝才被引种到佛罗里达,这才最终纠正了我们对这种小小的、美味的水果不该有的忽视态度。)[2]在唐代,尽管福建和四川生长着品种优良的荔枝,但南越才是它真正的家乡(对这一说法,其他省份的人会大声提出争议)。在南越,荔枝的中心产地是广州以西的沿海地带,包括新州、高州和潘州,那里的水果成熟期在农历五六月份,大致是公历的六七月份。而在这些地方以北的梧州,荔枝由于生长在富含地热的火山上,成熟期反而会提前一个月。有一个特别培育的优质品种,果实个大,晶莹透明,无核,还有一种颜色微黄,被称为"蜡荔"。[3]南越地方官员送到大明宫去的荔枝肯定已经不大新鲜[4],因为李珣曾这样描述荔枝,"一日色变,二日味变"。[5]但相传杨贵妃

---

[1] 李珣,《南乡子》,《全唐诗》,卷896。
[2] 荔枝学名是 Litchi(或 Nephelium)chinensis。关于该词的起源,可参看《太平广记》卷406页2b引《扶南记》。"佛罗里达的果农们正在种植推广一种几乎被遗忘了的中国水果——荔枝。荔枝为鲜红色,果皮凹凸不平,果实与梅子相似,味道甜美,佛罗里达人用它作沙拉和餐后水果。1958年,当地荔枝总产量为45000磅,其中三分之一被销往纽约。于是,果农将1959年的总产量预设到100000磅。"《萨克拉门托蜜蜂报》,1959年1月12日。
[3] 《岭表录异》,卷中,页12。《北户录》,卷3,页1a—2a。
[4] 《元和郡县图志》,卷34,页1004。薛爱华、沃拉克,《唐代土贡研究》,页220。
[5] 李珣语,见《本草纲目》,卷31,页12b。

379

要求用驿马从南越运送新鲜荔枝。[1]至少有一位中古作家不相信这个罗曼蒂克的故事：

> 杨贵妃生于蜀，好食荔枝。南海所生，尤胜蜀者，故每岁飞驰以进。然方暑而熟，经宿则败，后人皆不知之。[2]

不管荔枝有没有变样（干荔枝与鲜荔枝一样美味），这位玄宗的爱妃对荔枝必定情有独钟，而她的这一喜好更是被无限尊崇。在长安城外的温泉行宫，宫廷乐师献给玄宗夫妇的一支新曲就被取名为《荔枝香》。[3]可疑的是，宫廷以外的寻常北方人竟然也能领略荔枝的独到之处，其实，他们根本无从品尝到新鲜的荔枝。在生于岭南的大臣张九龄眼中，这一家乡特产远胜于其他任何水果。他说，他曾极力说服同僚相信荔枝是最好的水果，可惜徒劳无功。他还说道，其中有个人幼时曾在广州住过一段时间，他对荔枝那无与伦比的滋味记忆犹新，慨叹连连。张九龄在《荔枝赋》序言中引述了此人的评论。在赋中，他称颂了荔枝的美味，还对果实累累的荔枝树大加赞赏，称其颜色红艳，与生长的炎方之地相得益彰——"实禀精于火离"[4]（在《易经》中，"离"是烈日的神秘象征）。九世纪末，荔枝成熟的季节成了广州人的节日。人们选出最优秀的果园、园林，挂上各式喜庆彩条，以表

---

[1] 薛爱华，《撒马尔罕的金桃》，页119。
[2] 《常侍言旨》，见《唐代丛书》卷4，页18a。
[3] 《新唐书》，卷22，页2b。
[4] 张九龄，《荔枝赋》，《全唐文》，卷283，页2a—3b。

第十章　植物

达他们对"叶中新火"、"树上丹砂"[1]的喜爱。在这里，荔枝与芭蕉争红斗艳。十世纪时，不幸的南汉末代皇帝刘鋹（在著名的绿蕉林中，我们刚与他有过一面之缘），每年设"红云宴"来庆贺这种深红色水果的成熟与收获，使荔枝节臻于极盛。[2]晚唐诗人许浑则将红壳荔枝与南越可怕的红色瘴雾联系起来。许浑是这么写的：

瘴雨欲来枫树黑，火云初起荔枝红。[3]

但是，与朱雀领地中的其他红色植物群不同，这幅画面并未提供任何有情色意味的意象。或许是我错过了——在十世纪的时候，李珣这位诗人也许已对这种意象作了进一步的拓展。而在近来的诗人中，我看到西印度出生的克里奥人勒贡特·德·李斯勒这样描述道：

在茂密的荔枝树那黑色的阴影里
有着比鲜红的唇色稍淡的果实。[4]

这样的比喻同样适用于十世纪的南越荔枝。

偶然的联系也能赋予一首诗特别的意趣。这首诗是白居易所写，他在蜀地的一家酒肆中独自饮酌，窗外挂满了成熟的荔枝：

―――――――
[1]　曹松，《南海陪郑司空游荔园》，《全唐诗》，卷717。
[2]　《清异录》，卷上，页40b。
[3]　许浑，《送杜秀才归桂林》，《全唐诗》，卷536。
[4]　勒贡特·德·李斯勒（Leconte de Lisle），《蛮野集》。

381

> 荔枝新熟鸡冠色，烧酒初开琥珀香。
> 欲摘一枝倾一盏，西楼无客共谁尝？[1]

词汇学行家们会注意到，"烧酒"一词与德语中的 *Branntwein* 及荷兰语中的 *brandewijn* 同义，而英语中的 *brandy*（白兰地）正是来自这两个词。事实上，数百年后，"烧酒"一词在汉语中仍然是白酒或蒸馏酒的通称。但是，很多学者都认为，中国的蒸馏酿酒术是在蒙古人征服中国之后才被引入的。十六世纪后半叶，李时珍就曾提到"烧酒非古法也"，并将其列入元代的发明。[2]但大家通常都忽视了白居易的这首诗（在我看来，这是没有任何理由的，除了说这诗很难懂）。而还有一句诗提到"烧酒"，出现于另一位九世纪诗人的诗作中。雍陶在进入四川首府城市后写道：

> 自到成都烧酒熟，
> 不思身更入长安。[3]

由此看来，到九世纪时，中国西部就已经掌握了蒸馏酿酒法，但当时烧酒仅仅是鲜为人知的地方特产。大约五百年后，这种技术才被作为一种新工艺重新引进，有新的流程，也冠以新的名称。人们一度把用米发酵蒸馏而成的酒叫做"阿剌吉"，直到"烧酒"这一旧名再占上风。[4]显然，烧酒和荔枝在四川联袂出现，相得

---

〔1〕 《荔枝楼对酒》，《全唐诗》，卷441。
〔2〕 《本草纲目》，卷25，页25a。
〔3〕 雍陶，《到蜀后记途中经历》，《全唐诗》，卷518。
〔4〕 白居易的诗句尽人皆知。感谢约翰·詹姆森博搜集了雍陶诗。

第十章 植物

益彰,但在南越却没有这样的配搭。

有两种南越水果是荔枝的亲缘植物,但它们并没有荔枝那样的美名。其中较为人知的是龙眼。和荔枝一样,它在汉代就为人所知,但在文献中却鲜有提及。[1] 龙眼俗称"荔枝奴",这是因为它的成熟期紧随荔枝之后,"荔枝奴"的意思就是说它跟随荔枝之后,宛如奴仆跟在主人身后。[2] 宫廷药学家苏恭曾形容龙眼"树似荔枝,叶若林檎,花白色"。[3] 与荔枝相类的另一种水果是红毛丹,这种果实十分可爱,略带酸味,被称作"韶子"。[4] "韶子"之名意味着这是帝舜的水果,或者是舜迹所至之地韶州的水果。在三者之中,韶子最不为人注意。

以上就是南越的主要水果种类,那么,芒果又如何呢?这种热带佳果在印度群岛的水果中位列第一,在南亚的神话传说与典礼中也极为重要。"芒果很可能是人类最早种植的果树,肯定是最早的之一。"[5] 新鲜的芒果因其香气而为人喜爱,其种子在医学中也被广泛使用。现在它已随处可见,尤其是用它腌制的印度酸辣酱。和棉花一样,芒果树最适宜生长在雨季与旱季区别明显(亦即有明显的季风气候,如爪哇岛的东部)的热带地区。[6] 一份现代的芒果分布图显示,它最北可到越南中部、海南、雷州半

---

[1] 在英语中名称不同,有"Nephelium longana"或"Euphoria longana"。
[2] 《南方草木状》,卷下,页3b。
[3] 苏恭语,见《本草纲目》,卷31,页13a。
[4] 红毛丹。印度尼西亚红毛丹与之类似。陈藏器语,见《本草纲目》,卷31,页16a。柏克希尔,《马来半岛经济作物辞典》,页1543—1548。
[5] 贝茨,《那里从无冬天:热带居民与自然之研究》,页166。
[6] 柏克希尔,《马来半岛经济作物辞典》,页1402—1406。

岛的西南端，也就是唐代南越地区的最南部。[1]但显然，唐人只知道这是一种来自异域的水果，产自真腊。[2]玄奘法师将其列为印度树种之一，其梵语名称为"菴没罗"。唐代有一部佛教辞典，则只称其是一种来自异域水果。[3]此外，直到宋代，芒果才真正地出现在文献之中，但也仅限于医学典籍。在唐代，除了虔诚的佛教徒外，人们都忽视了这种香气独特、美味多汁的红、黄色水果，除了那些厕身海南蛮荒之间的流人，然而，他们心存焦虑，受尽苦楚，虽然能享受这种美味，却绝不会在家书中对它费心描述。

涩嘴的诃子属植物在古印度被称为"三果"。另一方面，这些地道的植物药剂，却是唐人所熟知的。由于诃子属的分类出了名的模糊而又复杂，有些不择手段的商人便用印度支那的品种冒充神圣的印度品种，但中国的医药学家只用三种古老而又可敬的印度名称就将它们分辨开来。"余甘子"生长在广州和安南地区，它被当作贡品运往朝廷，以充实宫廷的珍稀药材储备。[4]"毗黎勒"只生长在安南地区，除此以外，我们对它一无所知。[5]而诃子即"诃

---

[1] 斯宾塞，《亚洲东南：文化地理学》，页84。
[2] 《隋书》，卷82，页2534a。
[3] 《大唐西域记》，卷2。《一切经音义》，卷8。玄奘列举了三种树木印度名称的汉语音译，这三种音译都极为相似，即"菴没罗"、"菴弭罗"、"阿末罗"。第一种似乎是芒果，但在其他汉语文献中，其音译"菴罗"更为常见，如《本草纲目》卷30页7a。第二种音译据说与桠柳（amla）一词相符，第三种则与余甘子（amala 或 amalaki）相符，见戴密微《法宝义林》，东京：1929年，页30；苏慧廉、何乐益，《中国佛教术语词典：附梵文与英文对译及梵文巴利文索引》，页387。
[4] 苏恭语，见《本草纲目》，卷31，页13b。《元和郡县图志》，卷34，页1004。薛爱华，《撒马尔罕的金桃》，页200。
[5] 苏恭语，见《本草纲目》，卷31，页13b。

梨勒"（现在有时也使用其波斯语名称"卡布尔诃子"）[1]则截然相反，关于它的故事在南越广为流传。广州早在三世纪就开始种植这种树木，五世纪时，一位印度游人在一处寺院中发现了它的身影，这座佛寺即是后来唐代著名的法性寺。[2]在法性寺中，一度有四五十株诃子树。僧人取诃子五枚、甘草一寸，用纯净的井水，煮成有益健康的诃子汤来款待贵客。[3]据航海的高僧鉴真记载，在八世纪中叶，那里只剩下两株古诃子树，结出了硕大的果实。[4]虽然宋代时人们进行了补种，但到十七世纪的清初，原树皆已绝迹。到了现代，又重新种植诃子，这些后来栽种的诃子树中，有一株显然已超过一百年，至今仍竖立在法性寺，即现在的光孝寺中。[5]

　　冬花采卢橘，夏果摘杨梅。[6]

这两句诗的第一句，让我们认识了一种迟熟的柑橘，而第二句诗中写到的常绿的杨梅，则为南越较为凉爽的北方山区所特有。我们外国人有时也称之为 strawberry tree。故老相传，这种诱人的果

---

[1] 玉尔、伯内尔，《英印语日常用语词典》，页465。
[2] 罗香林，《唐代广州光孝寺与中印交通之关系》，页17、147。显然它们自然生长在安南。参考苏恭说，《本草纲目》，卷35，页39a。
[3] 罗香林《唐代广州光孝寺与中印交通之关系》页148、149引《岭南异物志》。《南部新书》，卷7，页71。
[4] 罗香林，《唐代广州光孝寺与中印交通之关系》，页151—152。薛爱华，《撒马尔罕的金桃》，页145—146。
[5] 罗香林，《唐代广州光孝寺与中印交通之关系》，页151，插图32、33。
[6] 宋之问，《登粤王台》，《全唐诗》，卷53。

树在瘴疠之地长得最好[1]，唐代张泌的诗句可以为证："高林带雨杨梅熟"。[2]近海的潘州地区，则出产一种又大又甜的白色杨梅。[3]

南越还有一种真正的中国梅子（有时被称为"李子"）。[4]当地人用盐、豆蔻花、枸橼子、朱槿腌制成一种干蜜饯，朱槿将梅子染成了可爱的深红色，岭北人称之"红梅"。岭南人还将较大的梅子腌制起来，将它们雕刻成小瓶罐或腰带等精致的形状。[5]

早在东汉初期，人们就认识了一种酸味的黄色水果，它与梅子颇为相似，南方人常以蜜煮之，或用以佐酒。人们根据它的形状，将其称为"麂目"，也就是"鹿眼"的意思，但我怀疑这种水果的名称也可用来比喻女子脉脉含情的双瞳。它的另一个名称"鬼目"[6]似乎是音近之讹。我不知道这究竟是什么果树。

在中古文献中，也留下了关于其他一系列水果及坚果的记载，尽管不是所有品种都能够辨识出来。南越生长有一种野生的"山胡桃"[7]（胡桃在欧洲也很常见，它很早即被引种过去），我们也可以称之为"灰胡桃"。有种滋补的阿月浑子果来自伊朗，

---

[1] 陈藏器引《博物志》，见《本草纲目》，卷30，页10a。
[2] 张泌，《晚次湘阴县》，《全唐诗》，卷742。
[3] 《北户录》，卷3，页5a。应为水晶杨梅。见陈嵘，《中国树木分类学》，页133。海南所产的青杨梅，似乎在唐代文献中没有记载。
[4] 李惠林《中国园林花卉》页48称梅"在植物学上应归为杏属，而非李属植物"。
[5] 《北户录》，卷3，页6a—6b。
[6] 《太平御览》卷974页3b引《南方草木状》。陈藏器语，见《本草纲目》，卷31，页15b。
[7] 斯图亚特称其为吉宝胡桃，见其《中国药物志》，页224。伊博恩《本草纲目药物考证》则认为是胡桃楸。

第十章 植物

九世纪时在南越已有种植。[1]我们能从唐代文献中了解到这种美食,但芳香可口的"都咸子"[2]和端州的"猪肉子"(据说"猪肉子"烤后味同猪肉)到底是什么,我们还不知道。[3]

接下来是关于南越蔬菜的一些简单罗列。有种甜瓜名为"越瓜"[4],果肉白色,有时生吃,有时用酒腌制。[5]"苦茄"长在一种带刺的灌木上,它有个现代英语名称 bittersweet,即"又苦又甜"[6],但我偏爱用古老而动听的英印语称这种茄子为"brinjaul"。[7]南越人认为这种酸茄能治瘴气,根还可用来汤浴,很受欢迎。[8]水蕹菜(*Ipomoea aquatica*,汉人称其为"蕹菜"),与甜薯是近亲,是一种水生植物,开白花,多生长在浅水或沼泽地中。人们用它来制作一种泡菜。[9]海南出产一种大葫芦,叫做"儋崖瓠",还有一种高大的"儋崖芥",其种子也大。[10]孟琯曾买过这种芥菜,放在家中,好几天不曾想起。结果芥菜种子长出

---

[1] 薛爱华,《撒马尔罕的金桃》,页147。
[2] 陈藏器语,见《本草纲目》,卷31,页16a。伊博恩,《本草纲目药物考证》,页88,他将其视作腰果,一种美国植物!
[3] 《元和郡县图志》,卷34,页1016。
[4] 伊博恩,《本草纲目药物考证》,页15。
[5] 陈藏器语,见《本草纲目》,卷28,页40a。
[6] 伊博恩,《本草纲目药物考证》,页29。
[7] 玉尔、伯内尔,《英印语日常用语词典》,页86—87。
[8] 陈藏器语,见《本草纲目》,卷28,页40b。
[9] 《南方草木状》,卷上,页7b。《北户录》,卷2,页18b—19b。陈藏器语,见《本草纲目》,卷27,页34a。
译注:此处薛爱华对"九月藏入土窖中……"的文字有所误解,这并非制作泡菜的方法,而是蕹菜的种植法。此外,上文中的"酸茄"一词与原文献也有出入。
[10] 《酉阳杂俎》,卷10,页251。

了头、尾、四条腿,长长的躯干像螳螂一样,还能爬行——这是一个雨季后生物形态发生改变的实例。[1]"睡菜"的根具有轻微的麻醉作用,这种植物像荷花一样长在塘田里,人们将其腌制后当作催眠药物使用;在英语中,它被称作"沼泽豆"(bogbean)和"沼地三叶草"(marsh trefoil)。[2]另一种可食用的水生植物与洋葱类似,生在池塘之中,中国人称之为"水韭"。[3]淡水蔬菜固然重要,但是,海洋也为南越人提供了丰富的食物:在遥远的南方,人们食用各种咸水藻类,他们将其称为"海藻"。他们认为这些海藻可增强男性的生殖能力,但却会使北方人身体虚弱。[4]

南越在当时并不被视为一等好茶的产地,好茶只产自福建。但在岭南中部的山区,当地人把一种嫩树叶叫做"瓜芦"、"皋芦"、"过罗"、"物罗",它产自与栽培茶树类似的野生茶树,被制成一种苦涩的饮品。当地人十分看重这种饮品,认为它能够提神醒脑、驱赶睡意。[5]另一种茶的替代品,特别流行于容州黄家洞,称为"竹茶",其所用树叶形似竹叶,用它泡出的茶味道十分甘美。[6]

自周代、汉代开始,人们就认识到南越出产甘蔗。自三世纪以来,安南就开始将甘蔗汁暴晒,制成小饼状的"石蜜"。到了

---

[1]《太平广记》卷416页5b引《岭南异物志》。
[2]《北户录》,卷2,页17b—18a。斯图亚特,《中国药物志》,页263。
[3]《北户录》,卷2,页18a—18b。《酉阳杂俎》,卷19,页160。贾祖璋、贾祖珊,《中国植物图鉴》,页1242。
[4]《重修政和证类本草》卷9页12b引孟诜说。
[5]《茶经》(见《唐代丛书》,卷10),页35a。陈藏器语,见《本草纲目》,卷32,页20a。应作"皋芦",参见伊博恩,《本草纲目药物考证》,页77。贾祖璋、贾祖珊,《中国植物图鉴》,页422。
[6]《太平寰宇记》卷167页3b引《茶经》。

唐代，甘蔗种植已远及四川和浙江等地区。[1]当时分为两个品种。一种红甘蔗名为"昆仑蔗"，这表明它和马来西亚有特殊渊源；另一种称为"荻蔗"或"竹蔗"。[2]虽然有迹象表明早在晚唐时期，四川就已开始生产精制的透明蔗糖，但这一技术直到宋代才真正普及。[3]

芳香植物

华莱士怀着诗意的心情描述热带的植物：

> 甜蜜的甘蔗，奇妙的橡胶，芬芳的香料；
> 这片沃土挤满了植物中的珍宝。
> 除了那一个个小小的金橘，
> 还有热带的骄傲，那宽叶的大蕉。[4]

他尤为关注香味、气味独特的植物，这完全符合古人与现代人对热带最有价值产物的判断。这些植物的木材、种子、树叶或花朵散发出诱人的香气，构成了南越异域风情非常重要的一部分。它们带有几分神圣、有益的特质，同时也有着致命、邪恶的可能。

---

[1] 薛爱华，《撒马尔罕的金桃》，页152—153。
[2] 孟诜说，见《本草纲目》，卷33，页21a引。
[3] 薛爱华，《撒马尔罕的金桃》，页154。
[4] 华莱士，《热带自然及有关论文》前言，伦敦：1878年，页5。

唐代时，无论是在豪门大户，财力雄厚的寺院，还是普通的药铺，甚至在名妓的客厅中，都随处可见它们的踪影。

在南越的香草类和香木类中，首先要提到的是几种豆蔻（与我们熟悉的植物一样），这主要是它们非凡的味道和香气与这片土地伟大的标志性色彩——红色密不可分。一般来说，南越和印度支那的"黑豆蔻"或"苦豆蔻"（Amomum amarum，益智）的种子，可"蜜煮为粽食"，其药效可刺激心智，也可控制膀胱。[1]通常豆蔻一词指的是"真"豆蔻（Elettaria cardamonmum）即小豆蔻，外来的则叫肉豆蔻，为唐代庞大的药材贸易提供了树叶、树皮和果实。这种豆蔻主要来自安南。九世纪初，峰州贡品中包括3300颗豆蔻，100合艳丽的翠羽，以及40斤犀角。[2]另一种是中国豆蔻或草豆蔻（Amomum globosum），主要也出自安南。[3]这种草豆蔻中有其他的开黄白色花，与其他豆蔻一样，其最典型的特征是开红花[4]，这成为九、十世纪诗人眼中南越最具特色的视觉意象之一。对李珣这样的诗人来说，它甚至比红蕉花或红荔枝果更富于异域的魅力。[5]李涉在梧州和老友一起陶然自乐把酒共赏的，也许正是这种草豆蔻的红花：

---

[1] 陈藏器语，见《本草纲目》，卷14，页37a。薛爱华，《撒马尔罕的金桃》，页184。
[2] 苏恭、李珣语，见《本草纲目》，卷14，页36a。《元和郡县图志》，卷38，页1088。薛爱华、沃拉克，《唐代土贡研究》，页218。薛爱华，《撒马尔罕的金桃》，页184—185。
[3] 《元和郡县图志》，卷38，页1083。
[4] 苏恭语，见《本草纲目》，卷14，页36a。
[5] 见前注，轩辕集在唐宣宗面前献上豆蔻和荔枝，应是为了展示家乡这两种美丽的植物。

瘴山江上重相见,醉里同看豆蔻花。[1]

而对李珣来说,他笔下那幅典型的水乡画面,则是一位采珠人(我理解采珠人为女性,唯一原因是李珣词中所有身份明确的人物都为女性)乘着夜色驾舟归来,相当富有中国韵味:

> 归路近,
> 扣舷歌,
> 采真珠处水风多。
> 曲岸小桥山月过,
> 烟深锁,
> 豆蔻花垂千万朵。[2]

还是这位诗人,记述了对一次甜蜜约会的期待:

> 红豆蔻,
> 紫玫瑰,
> 谢娘家接越王台。
> 一曲乡歌齐抚掌,
> 堪游赏,
> 酒酌螺杯流水上。[3]

---

[1] 李涉,《与梧州刘中丞》,《全唐诗》,卷477。
[2] 李珣,《南乡子》,《全唐诗》,卷896。
[3] 李珣,《南乡子》,《全唐诗》,卷896。

在本书前面部分，我曾试着将李珣与南越联系起来，尽管人们通常认为他是一位蜀地诗人。我认为，珍珠、豆蔻，最重要的还有整个氛围的烘托，让我们现在可以断定，这位诗人李珣与南海医药学家李珣是同一个人。

但红豆蔻并非仅止于此。另外还有一种生姜样的植物，即高良姜（*Alpinia officinarum*）与豆蔻颇为类似，其花白色、红心，其块茎在中国海上贸易术语中被称为"蛮姜"，后又作"高良姜"。这种植物生长在岭南西部和海南，用它制成的药物供不应求。其大籽略带红色，包裹着辛辣芳香的种子，即我们所说的高良姜豆蔻。在唐代，它们被称作"红豆蔻"，可用以解酒。[1]它的近亲，开粉色花朵的"山姜"（*Alpinia japonica*）的块茎则不可食用，但岭南人取其叶食之。[2]他们也食用所谓的"廉姜"，廉姜与真正的生姜并无关联。[3]在对味道、颜色和声音十分敏感的作家如韩偓、杜牧和吴融等人诗中，"豆蔻"、"红豆蔻"频频出现，不可能都指草豆蔻花，有时也指廉姜的红点花朵，甚至是它的棕红色蒴果。[4]

---

[1] 苏恭、李珣语，见《本草纲目》，卷14，页35b。《元和郡县图志》，卷34，页1004。贾祖璋、贾祖珊，《中国植物图鉴》，页1015。薛爱华、沃拉克，《唐代土贡研究》，页219。

[2] 《南方草木状》，卷上，页2b。甄权语，见《本草纲目》，卷14，页35b。《元和郡县图志》，卷34，页1004。斯图亚特，《中国药物志》，页31。伊博恩，《本草纲目药物考证》，页207。

[3] 陈藏器语，见《本草纲目》，卷14，页35b。斯图亚特，《中国药物志》页226将它描述为根与山柰相似的植物。

[4] 参照薛爱华，《撒马尔罕的金桃》，页184—185。

第十章　植物

　　据说当桂州山中的桂树开花时，整个森林里都充满了香气。[1]很久以前，南越王赵佗就将采自深山中的"桂蠹一器"献于汉廷。[2]在五世纪时，最芳香的桂皮出自桂林，名为"龟甲香"。[3]到了八世纪，桂林以南直至海边到处都有桂树，但人们要再往南走一些，到柳州和象州，才能见到真正茂密挺拔的桂树林。[4]到了宋代初期，在桂林已经完全看不到桂树，而桂林曾是桂州地区的古称。那时候，要想找到古代漂亮的桂林，就得远赴桂州西南面的宜州和宾州。[5]看来汉族采伐者和当地火种刀耕的土著一起，已使得生长在相对宜居的南越北部的原始桂树林大量消失了。

　　上文中的"桂"（cinnamon）字指肉桂，其树皮即见于贸易的"桂皮"，但"桂"也可指其他树种。"桂"这一名称不止包括其他某些樟属植物，甚至有些非月桂属植物也在其中。[6]在唐代，南越西部每年都会向北方进贡大量的"桂心"和"桂子"。桂心可

---

[1]　《太平御览》卷 957 页 6a 引《地理记》（不详）。桂州指桂阳郡，即湖南最南端的郴州，与中古桂州毗邻。《南方草木状》卷中页 2a—2b 谓岭南桂木丛生，林间无杂树。
[2]　《汉书》，卷 95，页 604b。
[3]　《太平广记》卷 408 页 4b 引《述异记》。
　　译注：原文云："龟甲香即桂香善者。"
[4]　陈藏器说，见《本草纲目》，卷 34，页 26a。苏恭也曾提到桂、融、韶、交的肉桂，见《本草纲目》，卷 34，页 25b—26a。
　　译注：原书引嵇含《南方草木状》云："桂生合浦、交趾，生必高山之巅，冬夏常青，其类自为林。"
[5]　《舆地纪胜》卷 103 页 9a—9b 引《桂海虞衡志》。
　　译注：原文云："《虞衡志》云：桂林以桂名，地实不产，出于宾、宜州。"
[6]　桂树的分类十分复杂，如樟树、肉桂、天竺桂、月桂等。历史上对桂树的定义也经常有矛盾之处。可参照陈嵘，《中国树木分类学》，页 332 等。

治疗由风寒引起的身体疼痛,极受欢迎,桂子则指风干的幼果。桂心是一种上好的肉桂,它是从肉桂树的嫩枝上剥取的里层树皮。[1]这些桂心大多得自荒蛮的羁縻诸州,其中最有意味的一处地名为"古桂",位于桂州城以西。[2]南越还生长一种独特的"天竺桂",其树皮带有辛味,但药物学家认为其暖性和药性与其他桂树品种相同。[3]诗人注意到桂树,大都因为它有浓郁的香味。桂树不再是专指遥远南方的意象,因为它已被种植于北方的园林之中。它和月亮的关系十分古老——事实上,人们想象可以看到月宫中生长的桂树。[4]因此,对中古文人来说,借月光来吟咏任何一种桂树,都十分自然。但月宫中的桂树是不是肉桂树,还存有疑问,它更有可能是在远东地区极受欢迎的、花香馥郁的桂花。桂花在秋季开放,人们也将它与月亮联系起来,这与李惠林对它的赞美及古老的月宫传说都相吻合。但桂花多为白色或淡黄色,而所谓的"丹桂"据说是明代才出现的品种。[5]

九世纪时,李德裕从神山天台山附近的剡溪,移植一株红桂到他位于洛阳郊外的著名园墅中,以增加其花木之美。[6]我们如何辨识这种红桂呢?显然,他对这株奇树十分得意,曾作诗以记之,诗序中描述了这株红桂的花,周边红色,而中心却是白的。

---

[1] 陈藏器说,见《本草纲目》,卷34,页26a。《元和郡县图志》,卷37,页1049。薛爱华、沃拉克,页218。
[2] 《新唐书》,卷43下,页13b。
[3] 李珣、陈藏器说,见《本草纲目》,卷34,页27a。韶州贡品"兰桂"(《元和郡县图志》,卷34,页1019),不知是何品种。
[4] 《酉阳杂俎》,卷1,页6。《太平御览》卷957页5a引《淮南子》。
[5] 李惠林,《中国园林花卉》,页151—153。
[6] 李德裕,《平泉山居草木记》,页48a,见《唐代丛书》,卷7。

第十章 植物

诗云:

> 欲求尘外物,此树是瑶林。
> 后素合余绚,如丹见本心。
> 妍姿无点辱,芳意托幽深。
> 愿以鲜葩色,凌霜照碧浔。[1]

这首诗充满了道教意象和纯洁的仙境色彩。或许可以这样来解释:

> 我渴望一棵树,有着梦幻的色彩,装点我的园林;
> 这一株无疑配得上仙境中的那片玉林。
> 白色的花,饰以明艳的红边;
> 仿佛以红色的灵丹雕成,有着纯净的内心。
> 它被赋予了神话般的圣洁完美,
> 在稠枝密叶形成的幽暗之中,定能感受到花朵的芬芳
> (如同玄奥的智慧一般)。
> 我将把这有着深红色花的完美之物——生命和重生的色彩,
> 当夏天已去,种在幽寒的水边,映现着太阳的温暖。

我们无法断定这株"瑶林"红桂到底属于哪个品种。在现代,红

---

[1] 李德裕,《红桂树》,《全唐诗》,卷475。
译注:"如丹见本心"指花有"丹心","丹"似无灵丹之意,薛爱华译释似误。

桂可指多种木樨属植物，我认为李德裕笔下的这棵仙树正是其中一种。在九世纪一个正在崛起的园林中心——天台山地区，这种桂树得到了改良，或是产生了变异。

红桂的故事也没有结束。起码在现代，"红桂"还可指其他桂属植物的近亲——菠萝蜜。大洋洲珍贵而美丽的面包树与它也是同属。这个外来品种移种到南越由来已久，唐代广州南海神庙之前就有这一树种，引人注目。[1] 如今，广州四处都种植着它们的同属本地植物，海南岛上还有些野生品种。[2] 但我没有确切的证据来断定唐代的红桂就是菠萝蜜。它有可能是月桂树的一种，最有可能是一种木樨属植物。

我们再来谈谈樟科植物。在唐帝国壮丽芬芳的宫殿和庙宇中，最珍贵的芳香物当属沉香木，我们的先辈称其为 garroo，其中品质最好的被称为 calambac，更不必说它还具有催情与兴奋的作用。[3] 林邑国定期供应瑞香科植物那幽黑、芳香、浸满树脂的病态树心，（因其重量）被中国人称为"沉香"。唐代帝王命广州、骧州地方官员进贡此物[4]，而官吏则向当地的森林居民征收沉香。广州进贡的沉香数量有些可疑，因为瑞香科植物是真正的印度支那树种，在岭南并无出产。据说海南有这种树木，但人们在判断是否属于这

---

[1] 薛爱华，《唐代文化札记》，《华裔学志》，第 21 期，1962 年，页 220。
[2] 可能与撒奥尔所说桂树相同，见《岭南大学校园植物名录》，页 50。
[3] 薛爱华，《撒马尔罕的金桃》，页 163—165。calambac（沉香）一词与马来语 kelembak 有关。我认为汉语中"迦楠"、"伽蓝"（可能在唐代以后才出现）的词源是来自占语的 gahlao。可参照玉尔、伯内尔，《英印语日常用语词典》，页 110。
[4] 《元和郡县图志》，卷 34，页 1004；卷 38，页 1086。薛爱华、沃拉克，《唐代土贡研究》，页 221。

一品种时也常常存在问题。[1]然而，唐代有许多关于岭南沉香的记载。例如，据称九世纪早期，广州生长着大量能够出产沉香的树木。[2]在此之前很久，唐太宗也曾询问沿海高州酋首冯盎："卿宅去沉香远近？"冯盎答曰："宅左右即出香树，然其生者无香，唯朽者始香矣。"[3]这听上去当然便是沉香。但岭南还有一种沉香木——牙香树，这可能是唐代罗州的一种栈香树，其树皮可制成有斑点的灰白色香皮纸，交州的蜜香木也有完全相同的用途。[4]

我要在此处提到"中国橄榄"，主要不是因为橄榄树那成熟于深秋的果实，尽管南方人酷爱橄榄的香气，认为它比丁香更能清洁口气。他们还将橄榄加入一种肉汤中煮食，用来醒酒。有一种滋味特别、价格高昂的"银坑橄榄子"，得名于其生长在高凉的旧银矿旁。[5]我们把橄榄树叫做 kanari，其专用名为 *Canarium*。[6]橄榄树的主要产物是油性树脂形成的榄香脂或胶脂，这种树脂因其粒状结构而被汉人称为"橄榄糖"。人们将这种橄榄糖调制成优

---

[1] 陈嵘，《中国树木分类学》，页871—872。鲍威里，《宋代海上贸易之地理注解》，页69—72。除沉香外，南洋棱柱木也出产类似物品。
[2] 《元和郡县图志》，卷34，页1008。
[3] 《太平广记》卷414页2a引《国史纂异》。
[4] 《北户录》，卷3，页7b—9a，描述了栈香木，与《南方草木状》卷中页4b—9a所称蜜香相同。《本草纲目》卷34页28a引陈藏器语，认为安南的蜜香木在被砍伐后制成珍贵的香料，可保存五年不坏。现在，安南的土沉香都由人为操作而产生树脂，来满足人们的需求。莫古礼，《岭南大学第六、第七次海南岛之考察》，页588。鲍威里，《宋代海上贸易之地理注解》，页69—72。我没有找到唐代关于这种做法的记载。陈嵘，《中国树木分类学》，页871—872，记载这种牙香树主要来自广州东面的东莞。
[5] 《北户录》，卷3，页3b—4b。
[6] 两种橄榄分布于岭南，尤其是海南：青榄和乌榄。

质的胶漆,用来涂补海船的破损之处。[1]尽管橄榄对南方人有着双重意义,它却很少出现在唐代的文学作品中,我只在白居易的一首诗中见到过这种水果,但也无法证明它属于南越的芳香植物之一。我把它放在这里,仅仅是由于榄香脂的缘故——甜甜的榄香混杂着柠檬和松节油的香气,当地土著和汉人都十分喜爱这种树脂胶,并将其作为神圣仪式上焚香的主要原料。汉人将这种神奇的榄香起名为"詹糖香","詹"显然与现代越南语中的"tram"词源相同。[2]橄榄树分布在南越多个地区,但主要是在海南的儋州。[3](橄榄有个不起眼的亲缘植物,叫做"木威子"。它的果实比橄榄硬,须去壳以后才能食用。[4])

产自安南的丁香理当跻身于南越最珍贵的芳香植物之列(人们根据其形状,也叫它"鸡舌香"、"丁子香")。它可以清新口气,也可与各种神奇的药剂和烟雾混合使用。[5]有种植物"郁金"被误认作"郁金香",因其医学和烹饪用途而备受珍视,并给晚唐诗人提供了一个金色的意象。据说它生长在南越,但真正的郁金香却来自异域。[6]它可能是一种移植过来的姜黄或莪术。最奇妙的当属"白茅香",我们更习惯称其为香茅。海外的商船

---

[1] 薛爱华,《撒马尔罕的金桃》,页165。
[2] 同上书,页166。
[3] 苏恭语,见《本草纲目》,卷34,页31a。《十道志》,卷中,页23b。薛爱华、沃拉克,《唐代土贡研究》,页222、230。
[4] 陈藏器语,见《本草纲目》卷31,页13b。他的说法主要基于古老的《广州记》。伊博恩,《本草纲目药物考证》,页99,他认为这可能是乌榄。
[5] 苏恭语,见《本草纲目》,卷34,页28a。薛爱华,《撒马尔罕的金桃》,页171—172。在唐代,"丁子香"亦指丁香花,尤其是在诗歌中。显然,这一名称也得自这种小花的形状。
[6] 苏恭语,见《本草纲目》,卷14,页38a。

将它从印度群岛带到中国,但它也生长于安南。道家将它视作一种理想的香料,用其沐浴以令体香。[1]

观赏植物

南方到处都有芳香的树木、树叶和树根,但唐代文献却很少记载南越的芳香花卉。少数受人注意的花卉,都是从印度洋沿岸移种过来的,并非南越森林本有的花卉。远在唐代以前,南越就栽种有波斯茉莉和印度茉莉,可能是由波斯航海者带到中国来的。[2]这种原产拂菻和波斯的"野悉蜜"(大花茉莉)吐出清雅的香气,弥漫在整个岭南。[3]人们将这种茉莉香比作宜人的詹糖香,象征着美人的爱情。[4]而香气袭人的印度茉莉(梵文 Mallika 小花茉莉)可能更受欢迎。皮日休曾描绘过一场月光下的宴会,它设在茉莉花丛中,远处传来阵阵铜鼓声。[5]有一则逸事说明了印度茉莉在十世纪的地位。独立的南汉王国国主曾对北方使臣夸耀茉莉为"小

---

[1] 陈藏器语,见《本草纲目》,卷14,页40a。在印度与印度支那著名的品种有:柠檬草、鲁沙香茅和亚香茅。见柏克希尔,《马来半岛经济作物辞典》,页724—728。我不能确定安南是否还有其他本地品种,或是否曾将以上某种外来品种引进到中国来。
[2] 薛爱华,《茉莉名称考》,《美国东方学会会刊》,卷68,1948年,页61。
[3] 《酉阳杂俎》,卷18,页153。《南方草木状》,卷上,页2b。
[4] 参照马来语"melati"(茉莉花)。柏克希尔,《马来半岛经济作物辞典》,页1265—1266。
[5] 皮日休,《吴中言怀寄南海二同年》,《全唐诗》,卷614。

南强",但当他被虏至洛阳后,不得不承认那里的牡丹是"大北胜"。[1]如今,印度茉莉作为夏威夷语中的pikake,为人们所熟知。

对一个西方人来说,最能使他联想起西印度群岛那芬芳香气的是鸡蛋花(frangipani),乍听之下,这个名字像是来自大洋洲的某种方言,但其实它来自十六世纪的穆齐奥·弗朗基班尼(Muzio Frangipani)侯爵之名。这种植物有时也被叫做red jasmine(红茉莉、赤素馨),然而它并非真正的素馨属植物。在过去的几百年间,用它制成的香水以及芳香的杏仁酪点心一直备受人们喜爱。现在温带地区也已广泛种植鸡蛋花,但它仍然属于美洲热带的本土植物,其学名plumeria rubra成了夏威夷人的日常用语,对他们来说这种花很是常见。它也广泛分布于印度支那、印度尼西亚等地,在那里它被称为champaka(金香木)。[2]这个名字更适合另一种富有东方异国情调的植物,雪莱曾在《印度小夜曲》中描写到它,堪称相得益彰:

> 漂游的乐曲昏迷在,
> 幽暗而寂静的水上,
> 金香木的芬芳溶化了,
> 像梦中甜蜜的想象。[3]

由此可见,与我们西方人深爱的鸡蛋花混为一谈的,不仅仅有茉

---

[1]《清异录》,卷上,页32a。
[2] 柏克希尔,《马来半岛经济作物辞典》,页1776—1778。
[3] 译注:此处引查良铮译文,《雪莱抒情诗选》,人民文学出版社:1993年,页77。

莉,还有古典的印度金香木,即黄桷兰。它的花香气幽雅,形似木兰,人们常将其当作发饰或佩饰使用,或置于庙宇中供奉神明。[1]唐人已经认识了这种异域植物,有时还在诗中提到这一印度的外来植物,并音译为"薝葡(薝卜)"。[2]九世纪的晚唐诗人李群玉则一反常规,用这一外来词语象征中国南方的香气:

> 宁假喻芭蕉,真成嗅薝卜。[3]

这或许不好理解,但它却透露了这样的事实:南越当地有中国的含笑属植物。[4]"花呈淡黄色,边缘略带紫晕,香气袭人,气味颇似香蕉。"[5]看来李群玉没能一眼认出他发现的这种南越含笑,还特意使用"薝卜"这个外来的名称。另一方面,十世纪时,有一位鉴赏家将薝卜香与檀香相比(正如将木樨香与龙脑,含笑香与麝香作比一样)[6],他所指的可能才是真正的印度黄桷兰。(唐人认为栀子花是一种本土化的薝卜花,这使得鸡蛋花、茉莉、薝卜三者的概念更加混乱,但栀子花实际上是一种古老的中国植物。[7]鸡蛋花在唐代南越并未为人所知,也许不值一提,它在这

---

[1] 玉尔、伯内尔,《英印语日常用语词典》,页167—168,英印语名称为"chumpuk"。柏克希尔,《马来半岛经济作物辞典》,页1464—1466。李惠林,《中国园林花卉》,页148—149。现代汉语中名为"白兰花",可能即指其形似另一种花白玉兰。其他含笑属植物见陈嵘,《中国树木分类学》,页299。
[2] 皮日休诗中曾这么写到。见薛爱华,《撒马尔罕的金桃》,页129。
[3] 李群玉,《湘中别成威阇黎》,《全唐诗》,卷568。
[4] 含笑花,又称香蕉花。唐代文学作品中未曾出现这一现代名称。
[5] 李惠林,《中国园林花卉》,页149。
[6] 薛爱华,《撒马尔罕的金桃》,页157。
[7] 《酉阳杂俎》,卷18,页147。

里出现,确实有些时间错乱,但可以强化相关的蓍卜意象。)

在南越以颜色著称的植物中,红色植物最为尊贵,这一点不足为奇。在这些红色植物中,最引人注目的是"刺桐"。从名字上来看,这种刺桐属植物似乎与梧桐、油桐以及可爱的花桐有关。[1] 在南北半球的热带地区,刺桐属植物都是土生土长的植物,它们通常被称为"珊瑚树"(coral tree),但在美洲,人们更经常称其为"不凋花"(immortelle)。它们成片的红花覆盖了特立尼达岛上的可可种植园,也同样遮蔽着岭南的道路。可能在唐代以前,刺桐就被引种到中国南部,但直到唐代后期,在从南越北至福建的驿路上,人们才渐渐熟悉它那浓密的树叶和明艳的花朵。[2] 在现代,福建的刺桐树由于一种纯粹的语言学因素而更加出名。马可波罗称福建港口城市泉州为 Zayton,这无疑是源于当地方言对泉州城的俗称——"刺桐城",意即这是一座刺桐或不凋花之城。这个城市以明艳的刺桐而闻名,这些刺桐是在九世纪中期从南越引进的。九世纪诗人陈陶对当时的盛况赞叹不已,并补充说:"越人多种刺桐花",他用一种古典然而贴切的意象称其为"赤帝宫中树"(赤帝是南方之神),同时也是南方的"丹凤"栖息的良木。[3] 一百年以后,正如我们所期待的,这种灿烂的不凋

---

[1] 刺桐在南亚均有分布,但名称不同,可能不止一个种类。见柏克希尔,《马来半岛经济作物辞典》,页945—949。

[2] 《太平广记》卷406页3a—3b引《岭南异物志》。王毂,《刺桐花》,《全唐诗》,卷694。李珣指出了它的另一名称"海桐",见《本草纲目》,卷35,页35b。

[3] 陈陶,《泉州刺桐花咏兼呈赵使君六首》,《全唐诗》,卷746。"刺桐"与zayton之间的关联最早由桑原隲藏指出,而伯希和在《马可波罗行纪诠释》卷1,页583—597中论述尤为详尽。但伯希和仍然不能肯定这一论断。

花出现在李珣《南乡子》所描写的一个新场景里：

> 相见处，
> 晚晴天，
> 刺桐花下越台前。
> 暗里回眸深属意，
> 遗双翠，
> 骑象背人先过水。[1]

在《南乡子》组词中，李珣没有使用第一人称或其他人称代词，但我在翻译时选择了第一人称，而不是第三人称，因为在明亮的刺桐花叶下出现的这位黑眸的本地姑娘，显然是诗人梦中出现的倩影。尤其在这首词中，他的语言升华为一种纯粹的幻想，并在末句那骇人的大象出现时到达了顶峰。这里异域色彩是如此丰富（刺桐花、越王台、翠羽、骑象），以至于这阕词看来几乎就是虚构的，不存在诗人运用真实的联系进行再加工的可能。

在中国这些明媚的红花中，我们最熟悉的是山茶。这种外来植物象征了十九世纪中期的欧洲园林，正如柑橘代表着十八世纪的欧洲园林一样。对萨谢弗雷尔·西特韦尔来说，山茶与十九世纪四十年代有种特殊的联系，在他看来，白色山茶花与肖邦更是密不可分。他这样描写一种花瓣上带有条纹的山茶：

> 人们想知道，是谁在那儿建立起了这山茶花的第二帝

---

[1]《全唐诗》，卷896。

国。在这里，它们远离了肖邦，他的音乐很容易让人联想起苍白、柔弱的山茶花，然而这些带有条纹的山茶花则与古诺的音乐更为相衬。[1]

一百年后，在云南一座寺院中，一个全新的山茶品种被引种到欧洲，使得各种精心培育的粉色、白色山茶（大多数是我们所熟悉的那种山茶的变种）几乎全都黯然失色，这就是滇山茶。这种灌木高可及树，明艳的红花直径能达到九英寸。[2]在讨论山茶在中古南越的地位之前，我们必须明确两点：首先，多数分类学家认为不需再将山茶从茶科植物中单列出来，且更倾向于称其为茶属，而不是山茶属；第二，尽管山茶更像是南方植物，而不是北方植物，但把它称为热带植物则是错误的，因为它的生长范围一直延伸至中国中、西部地区。不过，有些山茶品种在热带生长得特别繁盛。那些来自长安的流人步履维艰，穿行在南越的高山密林之中，他们或许曾睁大双眼满怀好奇地注视着这些山茶——玫瑰色的香港红山茶（越南、香港都有分布），洁白的海南山茶，以及其他多个品种。[3]

如同众多源自南方、而后为中国人所熟悉的园林花卉一样，山茶在九世纪前根本不为人知。即便到了九世纪，它的普及度也

---

[1] 萨谢弗雷尔·西特韦尔，《历史上的名花》（第2版），伦敦：1948年。
译注：肖邦（Frederic Franccedilois Chopin, 1810—1849），波兰音乐家。古诺（Charles Francois Gounod, 1818—1893），法国作曲家。
[2] 美国1948年有了首株滇山茶。
[3] 陈嵘，《中国树木分类学》，页810—815。中国山茶可参照李惠林，《中国园林花卉》，页79—85。

还不足以引起诗人的关注。然而，洞察万物的段成式却没有错过它，为它取名"山茶"（这种叫法中国人一直沿用至今），他注意到其深红色的花朵，将其与石榴花相比，并指出山茶的花期在农历十二月开始（大约在公历一月），且主要分布在桂州和四川。（四川很早就与中原融合，四川的植物使北方人对南越的新奇事物有了准备。这两个地区不仅都有山茶，而且都有柑橘、荔枝，以及许多其他亚热带的宝藏。）[1] 段成式的府主、贵族李德裕，显然是将山茶引种到北方的第一人（至少是有重要意义的第一人），不过他将大部分新树种都用来充实其华丽的私人园林。他引种的桂花、金钱松、红豆、南天竹等[2]都产自长江以南的沿海地区，尤其是天台山，但其中他最为珍视的奇物是"番禺山茶"，即广州的山茶。[3] 我所能找到的最早在诗歌中提到山茶的例子，是天才诗僧贯休的一首绝句，他历经了唐末的战火，到十世纪时仍然出现于割据的前蜀王朝中。在一座仙境般的种植园中，贯休见到了许多山茶，它们鲜艳的花朵让他想起一种深红色纺织物，其名为"猩血红"。[4] 除此以外，山茶直到宋代都再没有出现于文学作品之中。[5]

如果说有一种热带花卉足够美丽，能够激发现代西方人的想象力，那就是蜀葵和其他锦葵属植物的近亲——木槿花。在某些方面，我们可能要归功于夏威夷和好莱坞。事实上，我们所熟悉

---

[1]《酉阳杂俎》，卷10，页250，续卷9，页245。
[2] 薛爱华，《李德裕与杜鹃花》，页108，《亚洲研究》卷18/19，1965年。
[3] 李德裕，《平泉草木记》，见《唐代丛书》，卷7，页48b。
[4] 贯休，《山茶花》，《全唐诗》，卷827。
[5] 黄庭坚有《茶花赋》，梅尧臣有诗。

的木槿并不是夏威夷群岛的本土植物。这并不意味着它在美国也是一种外来植物，可的确很少有人能认得出美国南部的秋葵浓汤中的秋葵荚，而这种秋葵也并非为美国所独有。这种在世界上众多热带和亚热带园林中深受人们喜爱的华丽灌木，主要源自中国。南越有四种著名的木槿属植物：开粉色或白色花的"木芙蓉"[1]；色系与之相似的"木槿"，有时被称作"蜀葵"（虽然它实际上不是蜀葵），[2]人们认为这种蜀葵样的花朵就是古书中记载的"槿"；红色的朱槿（扶桑）；以及"日落芙蓉"或黄槿，这正是我们熟悉的夏威夷河畔的芙蓉花（hau）。

这些有着美丽花朵的灌木都生长在南越，但前三种也分布在更北方的地区，只有黄槿是纯正的热带植物，其分布范围不超越南越以北。[3]在唐代文献中它们都很不起眼，只有朱槿受到了一定的关注，但和其他南方花卉一样，这种关注几乎都集中在九世纪。李商隐极其喜爱朱槿花，并写下了许多优美的诗句，其中包括两首专咏朱槿花的诗歌。要流畅通达地翻译这两首诗十分困难，因为《朱槿花二首》中充满了关于红色与火焰的艰深的历史典故，如说汉代宫殿被火焚毁，后来听从越巫建议而修复，又谓

---

[1] 柏克希尔，《马来半岛经济作物辞典》，页1167—1172。陈嵘，《中国树木分类学》，页764—766。暹罗语中有时将木芙蓉称为"pud-tan"，而马来语中为"botan"。柏克希尔，《马来半岛经济作物辞典》，页1167。这些名称都让人联想到古代中国的"牡丹"，及由此而来的日语中的汉字"牡丹"。尽管原因还无法解释，但是否有可能这种中国牡丹的名称，是由印度支那的木芙蓉名转化而来？
[2] 这种树木及名称通过叙利亚向西传入广大的欧洲地区。
[3] 黄蜀葵与黄槿的区别不太清楚。它们都被称为中国"黄槿"。

在浙江有一座名为"赤城"的山峰。[1]刘恂则将南越的朱槿比作蜀地的大锦葵,并记述了村姑采售朱槿的事情——数十朵朱槿才能换来一枚铜钱。[2]至迟到九世纪,朱槿这种植物已经被长期种植在气候温和的北方园林中。它曾与青桐出现在同一首诗里[3],在另一首诗中,它攀缘在篱笆上,与绿杨相对。[4]扬子鳄的鸣叫,使后一首诗的画面生动起来,我们可由此看出它描写的是中国中部的湖泊地区。

然而,南越这种深红色植物的魅力,大多是来自于它的神话渊源,神话催生了它在南越的名称——"扶桑",或者说,"扶桑"之名又促进了神话的传播。扶桑之名在千百年前就已家喻户晓,它是太阳神树,是东方地平线之外那虚无缥缈的仙境,扶桑树在那里伸展着巨大无比的枝干。苍茫的东海之外,是海水甘甜、不咸苦的碧海(古老传说如此),而扶桑正在碧海之中。扶桑树的果实为道家仙人食用,使他们的身体放射金光,使他们有力量像雄鹰一样在九天飞翔。[5]这株神树名中的第二字为象形文字"桑",人们认为它和中国的桑树有某种相似之处。孜孜不倦的段成式记载了"桑槿"这一复合词(既不是扶桑,也不是朱槿),说这是一种有着复瓣花朵的朱槿,因

---

[1]《全唐诗》,卷541。
译注:原诗云:"莲后红何患,梅先白莫夸。才飞建章火,又落赤城霞。不卷锦步障,未登油壁车。日西相对罢,休瀚向天涯。"
[2]《岭表录异》,卷中,页13。
[3] 刘威,《秋日寄陈景孚秀才》,《全唐诗》,卷562。
[4] 喻凫,《怀乡》,《全唐诗》,卷543。
[5]《十洲记》,页9b—10a。

其树叶与桑树相似而得名。[1]乍看之下似乎有些奇怪，一种开红花的南方灌木，怎么会被人们当作遥不可及的东方神树？但当我们想起最初的扶桑树是红日升起和落下之地，其中凝结着南方的红色之精，这一疑惑便迎刃而解。诗人们也没有忽视这一主题。事实上，在朱邺那篇华丽的《扶桑赋》中，这一主题得到了充分的发挥。[2]如今，扶桑已经遍布于世界上较为温暖地区的园林之中。

在唐代文献中，关于南方其他红色植物的记载更是少之又少。如木莲属，虽然这只是一个小的种类，但它们从西里伯斯岛直到中国都有分布，是印度支那植物群的典型构成之一。[3]其树开粉色花，气味芳香，中国人称为"木莲"。段成式将它的树叶比作辛夷，将它的花比作莲花，并将四川作为它的产地。[4]白居易则喜爱生长在蜀道上的木莲，他在给一位在朝为官的友人去信时，曾作了一番诗的描述，他将木莲花比作红莲与紫牡丹。[5]但南越更多样、更丰富的木莲属植物却被忽视了。同样，中国龙船花花型密集，花色耀眼，在印尼的山林中也有分布，但尽管《唐

---

[1]《酉阳杂俎》，续卷9，页247。

[2]《全唐文》，卷901，页2b—3b。

[3] 柏克希尔，《马来半岛经济作物辞典》，页1407—1408。木莲分布在中国南部所有地区，细柄木莲和香木莲分布在广西。陈嵘，《中国树木分类学》，页297—298。李惠林，《中国园林花卉》，页147—148。

[4]《酉阳杂俎》，续卷9，页245。

[5]《旧唐书》，卷166，页15a。白居易，《画木莲花图寄元郎中》，《全唐诗》，卷441。

译按：原诗云："花房腻似红莲朵，艳色鲜如紫牡丹。唯有诗人能解爱，丹青写出与君看。"

本草》已将其列入南越植物之中[1]，唐代诗人却没有注意到它。它依然默默无闻。另一抹绚丽的红色来自广州园林中的一种大树，这就是所谓的"孔雀豆"[2]，中国人称之为"海红豆"，并将其果子与本地的相思豆相比。它应该来自更遥远的南方，由于李珣曾经记载，四川晚近才开始种植这种树木，因此，我们应该可以推想，李珣（也许还有其弟）对海红豆树传到中国西部是有功的。[3]

在南越潮湿的森林中，喜阴的秋海棠可谓是其中的珍宝。但遗憾的是，这种植物也被唐代诗人完全地忽视了，而在南越众多红花植物中，它本该成为一种最具代表性的符号。[4]

现在，我们且撇开在南越植物中占主导性的红色植物，来看一看汉人在那里发现的其他外来植物，它们的颜色都不那么鲜艳。"波斯紫丁香"（楝树）由于其芳香、尤其是其宜人的绿荫，被赋予了"中国树"、"印度骄傲"等动听的名字，其种植范围遍及南亚地区，包括中国南部在内。在中国它也被简称为"楝"。古书记载，它的果实是一种神鸟专享的食物[5]，但唐代的博物

---

[1] 苏恭说，见《本草纲目》，卷36，页51b。在中国又被称为"卖子木"。斯图亚特，《中国药物志》，页221，其学名为"lxora stricta"，而陈嵘《中国树木分类学》页1133将其学名称为"仙丹花"。
[2] 陈嵘，《中国树木分类学》，页503—504。贾祖璋、贾祖珊，《中国植物图鉴》页582将海红豆学名列为"鸡冠刺桐"，但鸡冠刺桐是一种秘鲁的本地树种。
[3] 李珣语，见《本草纲目》，卷35，页43a。
[4] 尽管李惠林《中国园林花卉》页173—174认为它在中国的栽培历史悠久，并补充说"在中国是一种浪漫的花。有个古代传说"云云，但宋代以前秋海棠并未出现在文献之中，可能直到宋元时期才被引种到中国。
[5] 《庄子》。

学者和诗人却没有注意到它,就像他们忽视了南越其他楝属植物一样。宫廷药学家们却注意到,楝树可分为雌雄两种,雄楝的根有剧毒。[1]白色的"夜合花"气味芳香,与含笑颇为相似。它清晨开花,夜间吐出香气。现在,这种花遍植于中国热带地区,它的花可用来增添茶香,或作为女子的发饰。在一首描写夏夜情思的诗中,诗人窦叔向写下了"夜合花开香满庭"的诗句。[2]这种植物很可能也叫做夜香木兰。[3]

黄色的"金钱花"是一种伞状花序的菊科植物,它还有个印度名称visesa,这是一种本土化了的外来植物。据说它在六世纪被引种到广州,那里的女孩们将它串在五彩的细线上出售。[4]然而,它那与菊花相似的习性并不符合热带花卉的特有意象。我们将这种植物叫做"土木香"。[5]皮日休曾将它的小圆盘状花朵想象成造物主所铸造的钱币:

阴阳为炭地为炉,铸出金钱不用模。[6]

---

[1] 柏克希尔,《马来半岛经济作物辞典》,页1441—1445。陈嵘,《中国树木分类学》,页598。苏恭语,见《本草纲目》,卷35上,页36a。陈嵘列出了一种南岭楝树。
[2] 窦叔向,《夏夜宿表兄话旧》,《全唐诗》,卷271。
[3] 柏克希尔,《马来半岛经济作物辞典》,页1393。陈嵘,《中国树木分类学》,页295。"夜合花"还指一种含羞草科的合欢树。见陈嵘,《中国树木分类学》,页497。李惠林,《中国园林花卉》,页154—155。我主要依据陈嵘的看法。
[4] 《北户录》,卷3,页16a。参照《酉阳杂俎》,卷19,页161。显然有种北方本土植物,与这一外来品种相混淆了,它们有亲缘关系。
[5] 旋覆花属。
[6] 皮日休,《金钱花》,《全唐诗》,卷616。

从精神上看,金色的花与金色的南方还算般配,虽然从气候上看其特征模糊。

还有些外来植物比较容易辨识。比如睡莲,人们经常在民间与正式的图像中,将它与神圣的印度莲花相混淆。它为唐人所熟知,尤其是克什米尔溪谷中的蓝色品种,这是真正的 nila-utapala(泥楼婆罗,即青睡莲),也是我们所说的 nenuphar(睡莲)。[1]但是南越当地有一种睡莲十分娇羞,非外来品种。它们基本上呈白色,偶尔也有其他颜色。人们称其为睡莲,是因为夜晚时它们会在池塘的水面下闭合。[2]九世纪时,一种生长在南越的植物被叫做"指甲花"[3],这就是《圣经》里芬芳洁白的散沫花,古埃及妇女曾用它们来染指甲。虽然段公路不了解这个名称的由来,但很显然,它与时尚女性用植物汁液染指甲的做法有关。有几种夹竹桃分布在从葡萄牙到日本之间的广大地区,它们或为当地原有,或是后来引种。这些夹竹桃有的花朵艳丽,有的香气扑鼻,有的则具有毒性。其中有一种生长于唐代的桂州,可能是来自波斯,它带有甜香味,树叶呈竹叶状,被称作"俱那卫"。[4]

还有一些人们喜爱的开花植物,今天却更难以识别。有种名

---

[1] 薛爱华,《撒马尔罕的金桃》,页131—132。
[2] 《北户录》,卷3,页17b。《酉阳杂俎》,卷19,页159。斯图亚特,《中国药物志》,页288。
[3] 散沫花。《北户录》,卷3,页16a—16b。柏克希尔,《马来半岛经济作物辞典》,页1323—1325。撒奥尔,《岭南大学校园植物名录》,页22。李惠林,《中国园林花卉》,页194—195。李惠林发现,同一名称至少从十三世纪起,就被用来指凤仙花,一种印度的外来品种,具有相同的用途。
[4] 《酉阳杂俎》,续卷9,页245。柏克希尔,《马来半岛经济作物辞典》,页1550。陈嵘,《中国树木分类学》,页1072。

为"黄环"的匍匐植物,是南越花园中大量种植的一个本地品种。尽管它在现代被认作紫藤(它们都有一种少见的颜色!)[1],但它具体是哪种植物依然是个疑问。另一种开白花的缠绕植物在中世纪时就已经成了无名之物,被称作"无名花"。[2]在南越,还有成百上千种真正的无名之花。

有些植物是热带的标志,尽管它们没有艳丽夺目的花朵。它们枝繁叶茂的习性,恰好表现了这片永远炎热而潮湿的土地上看似异乎寻常的生存压力。榕树就是这些当仁不让的热带象征之一。即使我们今天在印度与中国的神话里,看不到榕树那繁茂的枝干和大片的绿荫,我们仍然可以回想起《失乐园》。在这部长诗中,弥尔顿显然认为伊甸园靠近印度洋,在那里,亚当和夏娃用无花果树(榕属植物中的一种)的树叶遮住了他们那令人惊讶的私处:

> 他们在那儿选了无花果树,
> 不以果实知名的树,
> 但至今印度无人不知,
> 盛产于玛拉巴、德康地区,
> 树枝长且宽,弯曲的树枝扎根于地下,
> 子树生长在母树的周围,
> 圆柱高耸,树荫成穹,

---

[1] 苏恭语,见《本草纲目》,卷18,页44a。斯图亚特,页492。陈嵘,《中国树木分类学》,页546。
[2] 《北户录》,卷3,页15a—16a。

第十章 植物

在其中步行便起回音。[1]

在今天的广东、海南和越南北部，生长着三种榕树[2]，但我们已无从得知在唐代或唐代以前，南越主要州郡广泛种植的究竟是哪一种。[3]对于熟悉传统的人来说，无论是哪种榕树，今天都已成为一个真正的问题。在唐代，"连理"树（即共用树液、两个树干交抱的树）被视作国家的祥瑞之兆。然而对南越人来说，枝干纵横交错的榕树随处可见，毫无向朝廷报告（如同法令要求的那样）的必要。[4]尽管长期以来，榕树广泛种植在南越大地之上，但迁谪到此的北方诗人却对它不屑一顾，只有柳宗元是个特例（他总是这么与众不同）。有一年三月，暴风雨不时而至，柳州榕树落叶纷纷。柳宗元利用这个时机，倾吐了胸中的悲苦和迷惘。[5]

高大有用的树木，是许多新国土的鲜明特征。人们对这些树木相对忽视，但是事实上，若相较于唐人对世界上所有热带植物中最典型的代表——红树林[6]的漠不关心，这种相对的忽视可以算是极大的重视了。红树林与芒果、山竹等热带植物的英语名

---

[1]《失乐园》，第九卷。
　　译注：此处引用朱维之译文，《失乐园》，上海译文出版社：1984年，页356。
[2]　正榕、山榕、大叶榕。见陈嵘，《中国树木分类学》，页235—236。
[3]《岭表录异》，卷中，页10。《南方草木状》，卷中，页1b。
[4]《岭表录异》，卷中，页10。道教对清凉遮阴的榕树的诠释，见薛爱华，《李纲的〈榕木赋〉》，《东方》，卷6，1953年。对于"连理树"在唐代祥瑞中的地位，参照薛爱华，《唐代的祥瑞》，页201。
[5]　柳宗元，《柳州二月榕叶尽落偶题》，《全唐诗》，卷352。
[6]　这一名称也被用来指另一种植物，其产地和生长习性与之相似，但隶属于红树属。

413

称一起，形成一个互谐头韵的系列。它与榕树一样，依靠无数拱形树根的支撑，通过独特的吸水方式，茂密地生长在沿海含盐的湿地里。它让我们想起了北美的落羽杉。近几百年来，红树林的树皮被东南亚工匠视作上佳的制革原料。据说早在十五世纪，用它提炼出的"卡奇"[1]（cutch 作为商品名称，是这么称呼的）就为郑和的船队提供了一种优质的红褐色染料。可惜唐人忽视了它。显然，这片炎热的海岸沼泽地对他们没有任何吸引力。最令人讶异的是，如段公路这样的南方奇物异闻的记述者，都不曾留意到这一地地道道的热带沿海生物群落的指标性树种。

---

[1] 费尔切尔德，《东方的花园岛屿：郑和船队在菲律宾、印度采集植物种子》，页93。

第十一章 动物

耸入云天的海墙外,远隔万里的海门间,
是流动的海水,沉没的巨船,深藏的死亡,
在羽翼和海洋的覆盖下,在深渊中变得巨大。
隐形的潮汐驱使着,满是难以言说的事物,
白色的眼睛,有毒的鱼鳍,
鲨鱼的牙齿,蛇一样的蜿蜒,
在前路那白茫茫的风中,整个世界波涛翻滚。

——A. C. 史温朋,《冥后之歌》

无脊椎动物

我们对古代南越动物的认识，肯定是不完整的，因为中古观察者各有偏好，因为南越动物种类繁多，也因为文献存留颇有随机性。这里，各种生物将交替登场，而不考虑动物与植物群落的系统划分。山羚羊会紧挨着长臂猿出现，现代生态学仿佛不存在一般。让我们先从进化阶梯的最底层出发，来看一看这些五花八门的无脊椎动物。

　　　　溪荒毒鸟随船啅，洞黑冤蛇出树飞。[1]

当张蠙的友人从安南这样一个险象环生之地侥幸归来，他写了这样的诗句。致命的飞禽和有翼的毒物，构成了这片季风雨林的一部分，这些都在意料之中。而另一首诗描述南越各种动物生活，在动物学上似乎更煞有介事，野象、雷声隆隆的毒龙、

---

[1] 张蠙，《喜友人日南回》，《全唐诗》，卷702。

兴风作浪的巨鳌以及水底巢穴中惊人的蜃蛤，往来奔涌。[1]甚至连比较平实的散文，都力图在记叙中突出各种爬行动物和无脊椎动物，乃至所有在南越潮湿的土地上或炎热的海水中生活的各种可怕怪兽。[2]尽管唐代文献更细致地描绘了哺乳动物和鸟类，但仍给我们留下了这样的印象，那块土地上满是不知名的爬行动物，和其他种种面目可憎的同类动物。关于某些特殊昆虫和软体动物的记载寥寥无几，而与原生动物相关的描述则是一片空白。

我们首先从一种海洋中的腔肠动物开始。在唐代，南越海蜇被称为"蛰"，有时称为"海镜"[3]，最常用的名称是"水母"。其中有一种细薄的蜇，也许是海月水母属，被视作"阴海凝结之物"[4]，热带的海边居民并不排斥这种湿黏的食物，且在烹制时常用野姜、豆蔻、桂皮、花椒调味。[5]然而，水母为汉人所知，却主要是由于他们注意到小虾寄生于水母柔软的伞盖之下，据说这些小虾像水母的眼睛一样，能够察觉危险。[6]这种独特的共生关系有一种显而易见的寓意，即感觉不够灵敏的大型动物，也会受益于警觉的小型动物。杨涛有一篇精心构撰的赋，以"相须而后济"为韵，即以此为主题。[7]

---

[1] 元稹，《送岭南崔侍御》，《全唐诗》，卷412。
[2] 《岭表录异》卷下列举了多种南方的鱼类、爬行类、甲壳纲、软体动物，等等。
[3] 译注：此说有误。据《岭表录异》，"海镜"可能是一种蛤类动物，与寄居于内的小蟹共生。
[4] 《岭表录异》，卷下，页22。
[5] 《北户录》，卷1，页22a—22b。《岭表录异》，卷下，页22。
[6] 《岭表录异》，卷下，页22。
[7] 《水母目鰕赋》，《全唐文》，卷950，页20a—21a。

第十一章 动物

软体动物在进化的阶梯上更高一级。在探讨最可信的软体动物之前，我们先来认识一下赫赫有名的一种，那就是神秘的蜃。它与守护海中珍宝的海龙有亲缘关系，但它通常被古人想象成一个张着大口、孕育珍珠、怪兽般的双壳类动物，我们或许可将其视为一种生长于热带海洋的巨蛤，即偏口蛤属，或砗磲属动物。这是一种有名而且让人浮想联翩的生物，能让采珠人魂牵梦萦。不过，采珠人日常所关注的是与其有亲缘关系的一种较小的蛤，尤其是雷州半岛以西海岸边的珠母贝。珠母贝所产珍珠在北方很受青睐，有一位作家却抱怨，北方人领略不了与之亲缘相近的牡蛎鲜美的肉质，而这是南越人喜爱的一道美味。南方人将牡蛎烹煮、剥壳，然后享用这一美食。[1]他们最喜欢将它作为下酒菜[2]，相反，住在水边的卢亭人则将它们穿起来，拿到集市上换酒。[3]这种可食用的牡蛎，名称中的第一个字"牡"意为"公牛；雄性"，但段成式敏锐地指出，使用具有雄性字义的这个"牡"字纯属偶然，牡蛎实际上是一种"咸水结成"、无须雌雄交配的动物。[4]他认为这是个特例，他显然不曾留意到当时有一个人提出水母也是自生的。唐人虽然分不清珠母贝和食用牡蛎，但日常语言中，这些海洋咸水生物与南越的淡水河蚌（有时也孕育珍珠）却有着明确的区分。[5]后者称为蚌，属于蚌（*Unionidae*）科。

---

[1] 孟诜说，见《重修政和证类本草》，卷20，页8a。在宋代医书中，这种食用牡蛎与珠母贝被区分开来，但有些资料认为珠母贝的肉质同样可口。
[2] 薛爱华，《撒马尔罕的金桃》，页140。
[3] 《岭表录异》，卷下，页21。
[4] 《酉阳杂俎》，卷17，页140。
[5] 尤其是中国河蚌。

在远东地区，贝壳（宝贝属）的名气由来已久。正如在世界其他地方一样，它美丽的外壳在史前时期被作为通货，尤其是在远离海洋的地方。[1]据李珣记载，甚至到唐代时，"贝子"仍是云南地区常见的交易媒介。[2]在南越，"紫贝"最为珍贵[3]，药物学家苏恭这样描写道："紫贝出东南海中。形似贝子，而大二三寸，背有紫斑而骨白。南夷采以为货市。"[4]如果我们采信陆龟蒙的诗句，那么，南越地方官员应该接受甚至要求用这种宝贝来交纳税赋："赍税尽应输紫贝"。[5]早于这一诗句数百年前，大名鼎鼎的赵佗就曾将紫贝五十（及白璧一双，翠鸟一千）作为南越国礼献于汉廷。[6]确实，紫贝成了皇室甚至神圣的象征。耿沣描写元日早朝，把雄伟的皇宫想象成水下宫殿，那是古老的黄河神河伯的宫殿：

　　紫贝为高阙，黄龙建大牙。[7]

（根据古老的传说，这座宫阙在黄河深处，由紫贝制成，而紫贝可能是来自南海诸王的贡品。黄龙也是一种属于黄河与河伯

---

[1]　关于远东贝子的历史，见伯希和，《马可波罗行纪诠释》，卷1，页531—563。
[2]　《本草纲目》卷46页38b引李珣语。
[3]　黄宝螺。
[4]　《本草纲目》卷46页38b引苏恭语。
[5]　陆龟蒙，《和袭美送李明府之任南海》，《甫里先生文集》，卷9，页26b—27a。
[6]　《汉书》，卷95，页604b。
　　译注：原文献作"紫贝五百"，此处紫贝数目与原文献有出入。
[7]　《元日早朝》，《全唐诗》，卷269。

的动物。)[1]

在南海其他带壳的软体动物中,有一种腹足纲动物,其外壳被制成甲香,并与麝香、沉香混合起来,为北方的大寺庙焚香所用,也可与蜡调和出宜人的香味,用于妇人的唇膏。[2]而可爱的朱红色"鹦鹉螺",被制成了雅致的酒杯,其外壳上缀满了蓝绿色斑点,里面则闪烁着珍珠般的光泽。[3]这显然就是今天宝贵的鹦鹉螺[4],一种产于南海的美丽的有腔室的头足纲动物。

南越另外有一种没有外壳的头足纲动物广为人知,那就是墨鱼,又称"乌贼"[5],这一名称形象地说明了这种弛缓性动物的掠食特点,以及它特有的墨汁:"海人云,昔秦王东游,弃算袋于海,化为此鱼。故形犹似之,墨尚在腹也。"[6]岭南沿海居民非常喜爱用乌贼做成的美食,他们把捕捞上来的乌贼油炸,并加上生姜和醋食用,将其视为格外鲜美的菜肴;也有的将乌贼腌渍晒干保存。[7]他们还会把乌贼几丁质的"骨头"或"壳"(我们将它放到金丝雀笼中)"刻为戏物",现在已经很难想象这些造型了。[8]

---

[1] 历史上真正的黄龙于公元229年出现在夏口,孙权因此改年号为"黄龙",并以此号令三军。《三国志》,卷62,《吴书》17,页1066a。
[2] 从杭州到安南都出产甲香,《元和郡县图志》,卷34,页1004、1010、1013;卷38,页1089。薛爱华、沃拉克,《唐代土贡研究》,《东方学杂志》卷4,页232,图8。薛爱华,《撒马尔罕的金桃》,页175。
[3] 《岭表录异》,卷下,页20。
[4] 杜亚泉,《动物学大辞典》(第2版),上海:1933年,页2630。
[5] 有几种乌贼,其中"*Sepia*"最为出名。伊博恩在《上海食用鱼类图志》中,将"*Sepiella japonica*"定作"乌贼",上海:1939年,页44。
[6] 《本草纲目》卷44页37a引陈藏器语。
[7] 《岭表录异》,卷下,页18a。
[8] 《酉阳杂俎》,续卷8,页239。

在南越温暖的海洋中，与大眼睛的头足纲动物相伴的，还有节肢动物。其中最有趣的是与三叶虫同样古老的一种原始动物——"皇帝蟹"，或"马蹄蟹"。其实它与蟹毫不相干，事实上，有些分类学家认为它更接近蜘蛛。[1]中国人称其为"鲎"，而我们应采用其学名"剑尾目"，这表明它有着长剑般的尾巴。刘恂曾简要地描绘过这种以蠕虫和软体动物为食的浅水动物："其壳莹净，滑如青瓷碗，鳌背，眼在背上，口在腹下，青黑色。腹两旁为六脚，有尾，长尺余，三棱如棕茎。"[2]这个作者还告诉我们，这种动物长剑般的尾巴里有一颗栗黄色的珍珠，雄性的珠子更大，能浮于水面。鲎尾则被南方人用作如意杖。[3]曾流传有不少关于它们雌雄有别的传说，或说雌鲎总将雄鲎负于背上，或说雌鲎没有眼睛，总要靠雄鲎为其引路。不管怎么说，捉到其中一只，就很容易捉到另一只。[4]我个人不曾品尝过剑尾目动物，了解其肉质，一如我也不了解乌贼的肉质，但南越人却更喜爱用这些鲎鱼制成的鲎子酱。[5]

在甲壳纲动物中，到南越的汉人尤为关注一种他们名为"蟛蜞"的大型蟹类："大者长尺余，两螯至强。八月，能与虎斗。"[6]

---

[1] 现在常将其归入单独的"剑尾目"，其中包括中国南海的鲎类。过去的分类名称"鲎属"已经很少使用。
[2] 《岭表录异》，卷下，页17。
[3] 《酉阳杂俎》，卷17，页139。
[4] 《岭表录异》，卷下，页17。《酉阳杂俎》，卷17，页139。《本草纲目》卷45页35b引陈藏器语。
[5] 《岭表录异》，卷下，页17。《酉阳杂俎》，卷17，页139。
[6] 《酉阳杂俎》，卷17，页139。

而且，有一位权威还补充说："往往夹杀人也"。[1]尽管有这种动物凶残成性的传说，实际上，它只是海蟹中的一种；有如梭子蟹，它的最后两足呈鳍状，而非爪状。有些蟳蜅的确相当大，但还远远不能吃人或杀虎。[2]它们显然也可食用。[3]

海南沿海的红蟹叫法很多，各不相同，如"拥剑"、"召潮"，也可以以"蟳蜅"名之。[4]这些名称显然反映了当地方言的变化。红蟹的蟹壳有十二个红色斑点为天然装饰。人们用红蟹壳以及赤黄条纹的虎蟹壳制成迷人的酒杯。[5]红蟹和"黄膏蟹"的肥厚的蟹黄，调以"五味"（甘、酸、咸、苦、辛），历来都是有名的美食。[6]

南越人也喜爱小虾，他们将小虾与青菜和浓酱料和在一起生食。[7]沿海州郡出产一种红色的大型十足目动物（可能是龙虾），其壳可制成杯子和其他容器，有些还镶以"白金"边。[8]

在中古时期的文献中，我们所能读到的有关南越昆虫生活的记载少之又少，这也许会让人觉得讶异，因为在热带，昆虫的种类和数量远远多于其他任一地区。但是，到目前为止，在现存的昆虫种类中，也仅有大约百分之十曾有过科学的描述。热带昆虫

---

[1]《岭表录异》，卷下，页21。
[2] 杜亚泉，《动物学大辞典》，页1960。
[3]《云仙杂记》，卷5，页4b。
[4]《北户录》，卷1，页12b。
[5]《北户录》，卷1，页12b—13b。《岭表录异》，卷下，页20。杜亚泉，《动物学大辞典》，页818—819。
[6]《岭表录异》，卷下，页20。
[7]《岭表录异》，卷下，页19。
[8]《北户录》，卷2，页2a—3a。

大都隐藏在树皮中或土壤里,不易为人察觉。[1]但是,无论在唐代还是今天,比较艳丽而可憎的昆虫都能立即引起人们的关注。745年,在广州附近,有一只巨型蜈蚣(严格地说,它不能算是昆虫)被冲到了岸边,一只爪子就有120斤肉[2],这只是一种异乎寻常的野生节肢动物,匪夷所思。但是,怪虫和巨蚊,聚集于从广州到河内之间那幽暗的密林里,其形状令人恶心[3],但它们却没能在唐代的博物学著述中留下任何痕迹。它们大多只是被笼统地称作"毒虫",这个词语虽然可怕,却过于习见。

热带的昆虫要想引人注目,就必须让中国人懂得它的价值所在。安南和真腊的紫胶虫正是这类受人珍爱的动物。它为中国著名的五彩织锦提供了上好的染料,也为美人提供了化妆品。[4]因此,它在唐代文献中就有了显著的位置。自然,"可食"也是永葆声名的好理由。因此,我们听说广州地区有一种青色的昆虫,其形似蝉(不能确定是什么),"辛美可食"。[5]还有一种用蚂蚁卵和盐腌制的酱,也是罕有的美味,只有蛮族首领的亲友或来访的官方宾客才能享用。[6]但昆虫最上乘的用途还是与医学或巫术有

---

[1] 贝茨,《那里从无冬天:热带居民与自然之研究》,页186。《动物世界》,页132。
[2] 《南部新书》,卷5,页50。
[3] "catawumpuses"一词源于1897—1899年在非洲西部生活的玛丽·金斯利,由哈罗德·埃文斯引用,《热带居民:殖民文集》,伦敦、爱丁堡、格拉斯哥:1949年,页102。"gallinippers"一词出自安东尼·特罗洛普,他曾于1859—1860年在西印度居住,该词亦由埃文斯引用。
[4] 薛爱华、沃拉克,《唐代土贡研究》,页323。薛爱华,《撒马尔罕的金桃》,页210。
[5] 青蚨。《本草纲目》卷40页10a引陈藏器语。
[6] 《岭表录异》,卷下,页24。《太平广记》卷479页1a引《投荒杂录》。

关，蜜蜂和黄蜂在这一方面最为突出，而且毫不费力。岭南有一种黄蜂，黑头，红翅，穿土为窠，能吃蜘蛛，药学家们对其颇为了解[1]，还有一种罕见的黑色独脚蜂，总是固定地栖息在树根上，也是药学家所熟知的。人们将后面这种独脚蜂烤熟、研磨并和油外用，可以治疗各种疔疮痈肿。[2]还有一种十分危险的黑色毒蜂，由一种毒蘑菇变化而成，其口器呈锯齿状，能"断人心系"。[3]另有一种蜂极受人欢迎，但很难将其与可制造清漆的橄榄树的叶子形状分辨开来，它可以制成媚药。[4]然而，在所有这些种类不明的膜翅目动物中，也许没有一个能比得上勤劳的安南蜜蜂，它们是蜂蜡的制造者。蜂蜡经过日晒漂白，被中国人用来止住产后出血，妇女们还用它来染黑丈夫那花白的头发。[5]

然而，南方昆虫最受人喜爱的属性，是其艳丽的色彩，这又是许多昆虫都有的。有一种在日本被叫做"宝石金龟子"的金绿色甲虫，它五彩斑斓的鞘翅被用来装饰名贵的家具，亦用于女性化妆。对它的这种持续需求，驳斥了一则"死则金色随灭，如荧光也"的传说。[6]这种会飞的绿宝石也被当作配饰，用作媚药。[7]但热带昆虫，尤其是蝴蝶身上闪耀着的金属色泽，却很少见于温带地区

---

[1]《本草纲目》卷39页6b引陈藏器语。杜亚泉将其定义为赤翅蜂。
[2]《本草纲目》卷39页6b引陈藏器语。杜亚泉，《动物学大辞典》，页2018。
[3]《酉阳杂俎》，卷17，页142。
[4]《太平广记》卷478页7a引《投荒杂录》。
[5]《元和郡县图志》，卷38，页3091。薛爱华、沃拉克，《唐代土贡研究》，页233。薛爱华，《撒马尔罕的金桃》，页193。
[6]《北户录》，卷1，页16b。参照薛爱华，《撒马尔罕的金桃》，页115—116。可能为金吉丁属。
[7]《本草纲目》卷41页16b引陈藏器语。

的昆虫身上。在落叶林里,雨林蝴蝶的缤纷色彩被飞蛾暗淡的土黄色取而代之。事实上,热带森林里艳丽的蝴蝶比花卉的颜色更加多彩。华莱士对印尼雨林做过经典研究,他为它们描绘了一幅最美的画面:

> 我们见到了最浓烈的金属蓝色,最纯粹的绸缎般的绿色,最明亮的深红色。这些色彩不是小小的点,而是大片大片的出现,以黑色的边缘或背景为衬托。此外还有许多颜色恰成对照,如蓝色和橙色,深红与绿色,或是软缎般的黄色与天鹅绒般的黑色之间的反衬。不少蝴蝶蝶翼上布满了金属绿色的鳞片,显得金光闪闪,有时又渐渐加深,形成蓝色、金色或深红色的斑点。其他的蝴蝶也都有斑点和标记,看起来就如融化的金子或白银一般。还有一些竟然可以变幻色彩,像闪光的丝绸或五彩的猫眼石。[1]

最令人震撼的是热带美洲的大闪蝶,除此以外,还有印度尼西亚和新几内亚的鸟翼蝶。[2]而南越虽然也有属于自己的色彩斑斓的蝴蝶,但这些飞舞于高大树冠之下的真正的森林珍宝,似乎并没有被南下的汉人注意到。在著名诗人中,李商隐对蝴蝶最为痴迷,但吸引他的并非热带蝴蝶。罗浮山中五色斑斓的仙蝶,最初是由道家仙人葛洪扔掉的道袍变化而来,但这样的记载直到宋代

---

[1] 华莱士,《热带自然及有关论文》,页73—74。关于其他热带昆虫,尤其是甲虫的颜色,可详见页96—98。
[2] 贝茨,《那里从无冬天:热带居民与自然之研究》,页186—187。《动物世界》,页132、186。

才开始出现。[1]这些在空中飞舞的纤小生命,为觉醒的道家修行者提供了完美的寓言:"蝴蝶是苦行者,它来自食物最为匮乏的早期",因此,"这种生物全都没有嘴巴、肠胃,顺理成章地,也就可以不吃不喝。这种简单的生存方式,一定是这种无须营养的'空气之花'的一部分。"[2]它们甚至比道教仙人更加超然,因为仙人也还要靠空气和甘露补充营养。它们是庄周的真正子孙,是造梦精灵,是天使,类似于神圣的南方那些光彩照人的鸟儿。因此,罗浮山的神蝶,在心理上是属于南越的。唐人可以在那里见到它。当然,人们对蝴蝶的变化能力早已熟知。尤其值得注意的是,它们是由动物变成植物的样本,抑或从植物变回动物。段公路曾在南越某条河边见到一棵五彩缤纷的树,可当仆人为他折来树干时,他才发现上面尽是大小不一、颜色各异的蝴蝶,有"大如蝙蝠者",有"金眼者",还有"丁香眼者"。这位醉心南方风物的学者断定是这些树的叶子变成了蝴蝶。他记载这段奇闻时,还引用了其他有关蝴蝶树的传说,并最终认为:"皆造化使然,非虚语也。"[3]虽然我无法给出其具体名称,但是,中国的确有若干种"蝶树",段公路看到的奇异蝴蝶,很可能是其中一种。[4]华莱士在苏门答腊岛也见过一种类似的昆虫——枯叶蝶,它的保护色"偏紫色,又带烟灰色,在前翅上还有一条宽阔的深橙色条纹";当这种昆虫展翅飞行时,翅膀很显眼,但当它停在树上时,

---

[1] 苏远鸣,《罗浮山宗教地理研究》,页34。
[2] 布朗,《季节絮语》,页44—45。
[3] 《北户录》,卷1,页14a—15a。
[4] 撒奥尔,《岭南大学校园植物名录》,页47、58、67。

却很难将其与枯叶区分开来。[1]

古老的养蚕术则适用于另一种南方的毛虫,南越妇女将其喂养在梳妆盒中,并饲以它们喜爱的叶子。在化蛹之后,它们会蜕变成赤黄色的蝴蝶,满心希望的女子将其佩戴在身上,称为"媚蝶",这是另一种爱情魔法。[2]

鱼与蛙

至于脊椎动物,由于从总体上看比无脊椎动物更大、更引人注目,对人类的感官和活动影响更直接,因此它们在文献中的呈现也就更加充分。这种情况存在于唐代的南越,在别的地方和其他时期也是如此。然而,其中的鱼类,由于它们的生活环境与人类不同,与陆地动物即爬行类、哺乳类和鸟类比起来,其得到的关注相对较少,但这并不影响中国人和淡水鱼类之间古老而又亲密的关系。远东地区的鲤鱼养殖甚至可以追溯到公元前,直到今天,在稻田、荷塘以及其他各种水域养鱼,都仍然是中国南部一种多产而高效的农作方式。[3]鲤鱼等养殖鱼类(暂且不谈同一片水域中适合养殖的软体动物和甲壳纲动物)为人们提供了一个重要的饮食补充。盐腌则是常用的腌制方法[4],虽然印度支那的

---

[1] 华莱士,《马来群岛自然科学考察记》,页140—143。
[2] 《北户录》,卷3,页12b—13a。《岭表录异》,卷中,页9。
[3] 斯宾塞,《亚洲东南:文化地理学》,页102。
[4] 同上书,页104。

辣鱼酱也被引介给那些敢于到最南方来的北方人。我没有个人经验，无法判断，但似乎中国南方的腌鱼"鲊"，并不像现在越南的鱼露一样气味浓烈，而鱼露因为味道类似虎尿而出名。唐代药学家陈藏器警告说，食用鲊可能会导致疮疡。[1]

今天，大型公共水族馆和家庭养鱼箱都配有热水和其他便利设施，我们大多数都已领略到热带鱼类的艳丽色彩和匪夷所思的外形。世界上温暖的水体，不管是淡水还是海水，包括南中国海和东京湾的海水，都有着种类繁多的鱼类。南越的浅水海岸鱼类丰富，但总体看来，北方水域鱼类的数量较多，而南方水域鱼类的品种较多。[2]古人是否纯粹出于消遣而养殖这些美丽的南方生物，我说不出来。但据说"天堂鱼"在中国已经被人工养殖了几个世纪。这是一种美丽的鱼类，与家养的丝足鱼有亲缘关系。特别是它们的交配过程十分有趣，更不用说它们用泡沫为后代建造的浮巢。[3]在现代汉语中，它名为"斗鱼"，但目前还没有发现唐代有关于它的记载。

唐代人注意到的南越鱼类大都有着怪异或迷人之处，这是当时的风气使然，不足为奇。在这些怪物中，最惊人的是一种巨型海鳅，最小的都有一千尺以上；有时商船上的人们看到它们出现在安南的海边。但是刘恂断然否认它们大可吞舟。[4]

---

[1] 石声汉，《〈齐民要术〉概论》，北京：1958年，页89。《本草纲目》卷45页32b引陈藏器语。
[2] 斯宾塞，《亚洲东南：文化地理学》，页98。
[3] 佐伊纳（Frederick E. Zeuner），《动物驯养史》，伦敦：1963年，页482—483。
[4] 《岭表录异》，卷下，页19。
　　译注：刘恂原文谓"吞舟之说，固非谬也"，此处薛爱华理解有误。

429

和我们一样，中古中国人觉得温暖的海水孕育出飞鱼等奇妙的动物，是很自然的事。而在唐代以前，占婆国海岸的飞鱼就见于记载。据称这种闪闪发光、"翼如蝉"的鱼类，能"飞则凌云空"，也可翔入海底。[1]陈藏器在概述南海时也提到它们，并补充说，当地人将其视为台风的前兆。他还指出捕到飞鱼后，将其烧成灰，和酒服用，可以助产，这显然是依据一个神奇的理论——飞鱼既然能轻易地从水底世界飞到空气世界，就能帮助胎儿实现同样的转换。[2]在潮州和循州沿海捕捉的小海马（中国人称为"海马"，也称"水马"），也有完全相同的用途。陈藏器认为它们是一种虾类。[3]

南方海中另一种神奇的生物是"鱼虎"：

> 头如虎，背皮如猬有刺，着人如蛇咬。亦有变为虎者。[4]

这应该是一种能自我膨胀的刺鲀或刺猬鱼，它们广泛分布于世界各地的热带海洋之中。而中古时代的"剑鱼"则不太能够识别。段成式写道："海鱼千岁为剑鱼。一名琵琶鱼，形似琵琶而喜鸣。"[5]古代琵琶形如梨子，到琴颈部分逐渐变细。与今天某些书中所称的"剑

---

[1]《说郛》函61册124引《林邑记》，《林邑记》应与《林邑国记》为同一部书。
[2]《本草纲目》卷45页31b—32a引陈藏器语。《酉阳杂俎》卷17页138有类似记载："朗山浪水有之，鱼长一尺，能飞。飞即凌云空，息即归潭底。"此类鱼有很多，胸鳍极为发达，如非洲到夏威夷之间的海蛾，以及非洲淡水鱼类齿蝶鱼。可详参赫勒尔德，《世界现存鱼类》，纽约：1962年。
[3]《本草纲目》卷44页32a引陈藏器语。《元和郡县图志》，卷34，页1010、1013。薛爱华、沃拉克，《唐代土贡研究》，页226。
[4]《本草纲目》卷44页32a引陈藏器语。
[5]《酉阳杂俎》，续卷8，页243。

鱼"相比，这一描述更符合热带海洋中真正剑鱼的真实形状。[1]

南越还有一些鱼虽然比较小，却有好名声，但仅仅作为食用鱼。比如扁平、银色的鲳鱼，烤食起来十分肥美。[2]但恩州出产的微小的"鱙"是什么鱼，我不得而知，这种小鱼晒干之后，用盐腌藏，滋味绝美。[3]还有一种最小的鱼，长不盈寸，捕之不尽。这种小鱼聚集在安南一条发源于西藏的冰冷山溪中，人们将它们大把地放入锅中，炖煮做汤。[4]

爬行动物

在中国的爬行动物中，龟类的地位最为尊崇，这主要缘于神圣而古老的占卜传统。这种占卜将烧热的棍棒插入龟甲之中，神灵藉由龟甲上的裂纹以示意。在此之后，整个龟类动物都蒙上了一层神化的色彩。在唐代，南越潮州出产一种特别适宜占卜的名龟。[5]那里也有其他种类的神龟和灵龟。某些传说称大海龟之巨背能驮起仙岛，很可能是人们对于体形巨大的革龟（棱皮龟）的夸张，革龟广泛分布在热带海洋里，有文献记载它们出现在中国

---

[1] 杜亚泉，《动物学大辞典》，页1898，将其定义为无剑状物的"叉尾深海带鱼"，与段成式描述不符。
[2] 《本草纲目》卷44页28a引陈藏器语。
[3] 《北户录》，卷2，页9a—9b。《中华古今注》卷下页39记载了浙江的一种同名鱼类。
[4] 《朝野佥载》，卷4，页6b。
[5] 海阳县。据《元和郡县图志》，卷34，页1013。

南部的沿海地区。[1]广州有一眼喷涌的泉水,有幸由一只戴着铜环的软壳龟（鼋）守护,"有秽此水,则便澍雨。"[2]这只自洁的灵龟,其实就是古老的雨龙的变形。广东沿海也出产一种大型"鹗龟",但它只是模样稍显奇怪——"如鹗"（无论"鹗"是什么动物）,并不是什么灵龟。[3]在雷州半岛以北的罗州和辩州,有一种生活在淡水中的"赤鳖",生性凶残无比。"无问禽兽水牛,入水即被曳深潭,吸血死。或云蛟龙使曳之,不知所以然也。"[4]南越另有一种"朱鳖",腹部赤红如血,则不那么凶猛。比海马大的动物,它就捕猎不了。男人捕到这种鳖后,将其带在身上,作为护身符,可免受刀剑之伤,而女人佩之则益添美色。[5]讲到这里,就不能不谈谈药用龟。有一种尚未识别的"灵龟散",是潮州贡品,它可能用于皇家药材,而广州则进贡一种软壳龟的龟甲,但其用途不知为何。可能它们也是作为宫廷的药材储备。[6]从一种叫做"矛"的爬行动物身上,我们可以了解到更多:

　　　　蛇头鳖身,入水缘树木,生岭南,南人谓之矛。膏至

---

[1] 波普（Clifford H. Pope）,《中国爬行动物:龟、鳄鱼、蛇、蜥蜴》,《中亚博物志》卷10,纽约:1935年,页21。苏远鸣,《罗浮山宗教地理研究》,页55—56。薛爱华,《中国古代食用龟》,《美国东方学会会刊》,卷82（1962年）,页73。
[2] 《元和郡县图志》,卷34,页1007。
[3] 《本草纲目》卷45页34a引陈藏器语。
[4] 《太平广记》卷467页4a引《朝野佥载》。
[5] 《本草纲目》卷45页35a引陈藏器语。
[6] 《元和郡县图志》,卷34,页1013。薛爱华、沃拉克,《唐代土贡研究》,页226。

利，铜瓦器贮浸出，惟鸡卵壳盛之不漏。主肿毒。[1]

这可能是一种南越当地的软壳龟"山瑞"，它有着长长的、奇怪的鼻子，其肉十分珍贵。[2]

对汉人来说，很多种淡水软壳龟都有悠久的历史。北方人很早就懂得鲜嫩多汁的龟肉是不可多得的美味。但是，热带海洋那些大而重要的海龟品种，如玳瑁、红海龟、绿海龟等，在古典文献中往往形象模糊，语焉不详。到了唐代，它们的种种优点已被发觉，进而加以利用。最负盛名的是"玳瑁"，它带斑点的龟甲被制作成精美的玳瑁甲，出现在海上贸易之中。安南和海南是这种物品的主要供应中心，但只有海南南部、地处迎风海岸的振州出产的玳瑁，才能与海外商船带来的进口玳瑁相媲美。[3]无论是在海外还是国内，玳瑁都有多种用途。最重要的是制成女性佩戴的头饰，或用以镶嵌富家的木制家具，还可用作弹奏琵琶的琴拔。[4]玳瑁的另一个优点是其强大的解毒功效，据说在这一方面它与驰名的婆萨石不相上下。从活玳瑁身上取下的龟甲功效尤著，能解岭南百毒。[5]据说九世纪最后十年，住在海边的卢亭人曾将一只活玳瑁献给时任岭南节度使的嗣薛王，这位李唐宗室将这只玳瑁养于池中。他从其身上揭下两片玳瑁甲，戴在胳膊上用以辟毒，随后将其交还卢亭人放归大海。[6]在晚唐诗歌中，"玳

---

[1]《酉阳杂俎》，卷17，页143。
[2] 波普，《中国爬行动物：龟、鳄鱼、蛇、蜥蜴》，页63—64，图4。
[3]《元和郡县图志》，卷38，页1089。
[4] 薛爱华，《撒马尔罕的金桃》，页245。
[5]《北户录》，卷1，页2a。《本草纲目》卷45页34a引陈藏器语。
[6]《岭表录异》，卷上，页3。

433

瑇"一词频频出现,但都是指用玳瑁甲制成的带有斑点、半透明的精美物品,如温庭筠以浪漫笔墨描写杨贵妃温泉离宫之中的床帷,写到那褰起"芙蓉帐"的"玳瑁钩"[1],又或引申为其他带有类似花斑的东西,如园中的花卉。[2]而作为受人喜爱的龟类本身,玳瑁的名字在散文以外几乎很少出现。

玳瑁的亲缘动物,体形硕大的红海龟,中国人称为"蠵蠵"。这种海龟大到其背上可以载人。广州人用此种龟甲来制作梳子和杯子,但这种原料却没有玳瑁那样的美誉。蠵蠵的产地主要在潮州和循州,即广州东北面的沿海地区。[3]

在我们这个时代,以龟甲为饰品已不再流行,被称作"世上最珍贵的爬行动物"的绿海龟逐渐成为其中翘楚。[4]从其腹甲处得到的一种叫做 calipee 的淡绿色凝胶,可以制成著名的美味可口而又易于消化的羹,在八九世纪的中国和十八九世纪的英国,都极受欢迎,虽然两地能够捕获到的这种海龟在数量上有所不同。[5]在这方面,中古中国人与今天的印度支那人不同,印度支那人只食

---

[1] 温庭筠,《过华清宫二十二韵》,《全唐诗》,卷580。
[2] 薛爱华,《撒马尔罕的金桃》,页245。
[3] 《岭表录异》卷下页23将其称为"山龟之巨者",但目前还没有发现陆龟能大到足以负人。李珣听说,这种雌龟会回到海边产卵。《本草纲目》卷45页34a引陈藏器语,则认为"蠵蠵生海水中"。参照薛爱华,《中国古代食用龟》,页74。
[4] 帕森斯(James J. Parsons),《人类与绿海龟》,盖恩斯维尔、佛罗里达:1962年,页1。
[5] 《元和郡县图志》,卷34,页1004;卷38,页1089。薛爱华、沃拉克,《唐代土贡研究》,页225。薛爱华,《中国古代食用龟》,页74。帕森斯,《人类与绿海龟》,散见各处。这种海龟名为"龟鼊"、"蚼蠛"或"係臂"。这些名称,尤其是较晚近的名称"蚼蠛"与 calipee 有很有趣的相似之处,calipee 一词据认为起源于西印度群岛。

用龟卵，而不食其肉。[1]唐人或者当地土著在南越海中捕捉这种爬行动物，其环境十分危险：

> 入海捕之，人必先祭。又陈所取之数，则自出，因取之。若不信，则风波覆船。[2]

在这里，我们又一次看到了一种生活在水中的爬行动物，其实就是千变万化的龙之化身。

而在唐代南越的陆地爬行动物中，除了蛇以外，只有一种受到关注，那就是蛤蚧。关于它外表和习性的记载各式各样，彼此差相符合，也许各自记载的是不同的种类。一说蛤蚧呈土黄色，头似蛤蟆，生活在树中或墙内。[3]又一说它是淡绿色的，身上有着"古锦文"般的土黄色斑点，多居于古木之中。[4]还有一说认为它夜间从水中出来，栖息于榕树之上。[5]但无论究竟如何，蛤蚧都被剖开、晒干，在药物市场上出售，可治疗肺部疾病。[6]蛤蚧的身份还是个谜。它应该是一种"蟾头蜥"（沙蜥属），但这种蜥蜴生活在中国北部和蒙古的干旱地区。[7]南越还有一种眼睛极其明亮的动物，呼为"篱头虫"，长得像变色龙，其身体可变幻

---

[1] 帕森斯，《人类与绿海龟》，页1。
[2] 《酉阳杂俎》，卷17，页139。
[3] 《岭表录异》，卷下，页21。
[4] 《北户录》，卷1，页11b—12a。
[5] 《本草纲目》卷43页23a引李珣语。
[6] 《岭表录异》，卷下，页21。《本草纲目》卷43页23a引李珣语。
[7] 伊博恩，《中国药物志（卷7）：龙与蛇》，《北平博物杂志》，卷8（1934年），页326。

颜色,时红时黄,以有剧毒著称。[1]

对于与蜥蜴有亲缘关系的那些无足动物来说,它们虽然不大引人注目,但也有不少相关的详细记载。房千里对自然界的观察可谓谨慎,但他却得出了一个令人震惊的结论:"新州西南诸郡,绝不产蛇及蚊蝇。余宰南方十年,竟不睹蛇。"蛇之所以罕见,他的解释是蛇都被当地人吃掉了。[2]但南越的蛇千奇百怪,最诡异的是出没于韶州及其以北地区的"两头蛇",据说是由蚯蚓变化而来。[3]这并不是神话传说中的两头蛇,而是一种生活在南越竹林中的钝尾两头蛇,其尾巴酷似头部,当它遇到危险时,尾巴就会极富攻击性地移动起来。[4]南越山区也是致命的"蓝蛇"出没的地方,它的尾巴就是其头部毒液的解药。[5]有一种有着孔雀般金蓝色的蛇,还有一种血红色的蛇,都出产于雷州,都呈现出热带地区特有的艳丽色泽。[6]此外,还有一种"报冤蛇",会一直跟着踩了它的人。如果此人把蛇杀了,那他会被上百条它的同类团团围住。[7]

"圆重如锡"的"蛇黄",是从南越蛇腹中提取而来的,人们认为这是治疗小儿惊厥和妇人难产的良药。[8]但蛇黄还远远不能

---

[1]《太平广记》卷479 页6b 引《投荒杂录》。
[2] 同上。
[3]《太平广记》卷456 页4a 引《岭南异物志》。参照《北户录》,卷1,页10—11b。
[4] 伊博恩,《中国药物志(卷7):龙与蛇》,页326。波普,《中国爬行动物:龟、鳄鱼、蛇、蜥蜴》,页306—308,图12。
[5]《本草纲目》卷43 页25b 引陈藏器语。
[6]《北户录》,卷1,页10b—11a。
[7]《朝野佥载》,卷5,页6a。
[8]《本草纲目》卷10 页6a 引苏恭语。

第十一章　动物

与皇室所用药蚺蛇胆相比。南越黑尾蟒的蛇胆不仅能治疗腹泻出血和其他致人伤残的出血症状,并为此而被大量运往长安,还能保护南越居民免受瘴疠之害。[1]（人们常用猪胆或虎胆代替蚺蛇胆,但它们是否也有类似的药效,则不能确定。[2]）通常的做法是用竹扦将大蟒蛇刺死,或者把活蟒固定住,再用利刃取出其胆囊。[3]在最南端的罗州和雷州,专业养蛇的农户定期从饲养的蟒蛇身上获取极其珍贵的蚺蛇胆。[4]

在中古时期,鳄目动物是中国动物群落中的一个重要构成部分,但经过数百年的捕杀,今天的它们早已不再扮演这样的角色。古人对长江流域和湖泊地区的"鼍"十分了解。当春天来临时,它们从泥泞的巢穴中爬出来,仿佛是带来春雨的龙。如今,在这片区域,这种短吻鳄已经十分罕见[5],但汉人在古代文献中,却屡屡提起这种古老的爬行动物。另一方面,那些长有锯齿状牙齿、生活在南越海滩和河口地带的吃人鳄鱼,则与古老文化关联不大。在唐代,它之所以有名,主要是因为有一个人为它写过文章。其命运甚至比"鼍"更加悲惨——在古时候它曾经栖息的地方,如今却再也看不到它的身影了。[6]在民间传说中,熊是

---

[1] 这种贡品出自南方沿海地区,尤其是广西。可见《元和郡县图志》,卷34,页1004、1010、1013;卷37,页1042;卷38,页1083、1088。《本草纲目》卷43页24a引甄权语。又:"权曰:'度岭南,食蚺蛇,瘴毒不侵。'"
[2] 《本草纲目》卷43页24a引孟诜语。
[3] 《北户录》,卷1,页9a。《岭表录异》,卷下,页22—23。
[4] 《南部新书》,卷5,页42。
[5] 《岭表录异》,卷下,页10。薛爱华,《唐代文化札记》,页199—201。
[6] 《太平广记》卷464页5a—5b引《洽闻记》,记载在岭南沿海鳄鱼数量尤多。参照《舆地纪胜》,卷121,页4b。薛爱华,《唐代文化札记》,页201—203。

鳄鱼唯一的死敌[1]，但人类才是造成这一种群灭亡的真正原因，被放逐岭南的韩愈就是灭绝鳄鱼的典范。819年，他前往潮州赴任，职事艰难，在途经泷州时，他已经预料到了那里的恐怖，其中一个威胁就是鳄鱼。他最终向鳄鱼宣战。他用诗句记录了一位泷州小吏的警告：

> 下此三千里，有州始名潮。
> 恶溪瘴毒聚，雷电常汹汹。
> 鳄鱼大于船，牙眼怖杀侬。[2]

到达沿海的潮州之后，韩愈向这凶恶的爬行动物发布了著名的檄文。[3]在文中，他首先讲述了上古先王如何将"虫蛇恶物"驱逐到四海之外，而到了后世，随着君王德威衰减，这些怪兽又从四海之外逐渐逼近。如今，英明仁慈的大唐君王将它的统治范围扩展到了南蛮之地，在这些黑暗的动物和天子的代表之间，没有和平共处的可能。因此他喝令所有鳄鱼远离他管辖的潮州，如果这些鳄鱼拒不听命，他将命人用毒箭将其射杀。[4]

---

[1] 见《太平广记》卷464 页5a—5b 引《洽闻记》。
[2] 韩愈，《泷吏》，《朱文公校昌黎先生集》，卷6，页5b—6a。
[3] 韩愈，《祭鳄鱼文》。翟理斯《古文选珍》（上海：1923年，页128—130）、马古烈（Georges Margoulies）《中国古文》（巴黎：1926年，页217—219）都对此文进行了翻译。
[4] 韩愈，《祭鳄鱼文》，《朱文公校昌黎先生集》，卷36，页5b—7a。

第十一章 动物

龙及同类

在中国,有一种动物与鳄鱼极其神似,或者说本来就是同一种爬行动物,它十分神秘,变化多端,被人们称为"蛟"。蛟通常被视作一种龙,但有时它又会幻化成人形,有时又变成鱼的模样。它的各种变形是可以互通的,现在我们就依次来看蛟的种种化身。

很难给蛟找到一个合适的译名,因此,我将继续使用"蛟"这一古代词汇。dragon 一词常被用来翻译"龙",实则"龙"的含义更为广泛;kraken 一词比较适合,它指的是一种威力无比的海中怪兽,但最近我们才决定用它来表示巨大的章鱼。也许我们可以将"蛟"称作"蛇怪"或"双足飞龙",或是"鸡蛇兽"。又或者我们可以借用蛟的亲缘动物——两头、鳄鱼颌的印度"摩伽罗"之名,至少在九世纪的爪哇,摩伽罗在一定程度上呈现出中国龙所具有的那种呼风唤雨的特征。[1]然而,所有这些方案都有其不足,这就像以 dragon 译"龙",虽然现在已为大家接受,但仍有其不足。而且,dragon 在我看来是一个总称,它不仅包括蛟,也涵盖了其他多种水中的怪兽,比如"螭",我们从柳宗元的文章中得知,这种动物曾在邕州兴风作浪,"覆船杀人",并预

---

[1] 柯罗尔 - 雷暮萨(Gilberte de Coral-Remusat),《印度支那、马来群岛以及中国的神奇动物》,《法国远东学院学报》,卷 36(1936 年),散见各处。

示了身为邕州刺史的一位皇室后裔的死亡。[1]作为一个权宜的统称，dragon 一词囊括了所有水中的怪兽，而在远东地区，这些水中怪兽都被看作龙的化身。八世纪中期的岭南节度使何履光，是海南崖州人。他在海边有一所房子，他曾谈起在其住所附近见到的三大怪象：其一，一条巨鱼被夹在海中的两座山之间，其声如雷鸣，喷出的泡沫像浑浊的雨水，整个天空都被它吐出的气雾所遮蔽；其二，一座巨岛上有只怪兽，形如巨形蟾蜍，它在夜间吐出的白气几乎可"与月争光"；其三，一条足有几百里长的大蛇，常盘踞在一座海岛上，饮海水，但有一天，它和小岛突然被未知的某种怪物吞噬了。[2]海客怪谈中的主角大都如此，这些奇闻中的某些动物，也是阿拉伯和波斯的水手们所熟知的[3]，尽管这些动物形似鲸鱼、蛇和鳄鱼，却都一概被称为"龙"。龙的确能够变化无穷，它能化成纤纤细竹，名曰"笼葱"，庇护僚人先祖人丁兴旺。[4]而这种生殖崇拜的另一端，则是在古老的华夏文明中，龙又变作一位美丽的彩虹仙子，或是"百眼巨人"般的仙境守卫者。[5]无论在南方还是北方，它都是降雨的精灵，掌管着稻田的丰收和蛮族妇女的生育。对它的崇拜，过去采用的是一种"龙舟"仪式，现在依然如此。在二十世纪，这一仪式的遗迹则是赛龙舟，即人们在一种平底木壳船上比赛，这些船两边各有一

---

[1] 柳宗元，《邕州刺史李公志》，《增广注释音辨唐柳先生集》，卷10，页3b。
[2] 《太平广记》卷464 页1b—2a 引《广异记》。
[3] 伊本·库达特拔记载了达牙瓦格山中的巨蛇吞食人、牛、象的故事，见费琅《阿拉伯波斯突厥人东方文献辑注》，页26。
[4] 苏远鸣，《罗浮山宗教地理研究》，页41—42。参照艾伯华，《古代中国的地域文化》第二卷，页422。
[5] 薛爱华，《贯休游仙诗中的矿物意象》，页90—91。

排人划桨驱动，由长长的船尾控制方向。[1]在古代，"赛龙舟"更是一个重大的事件，涉及以人为牺牲之旧俗，此俗似乎可以一直追溯到屈原投江的传说。[2]这种祭祀在东南亚和大洋洲普遍存在，婆罗洲雕着鳄鱼头的独木舟，以及暹罗镀金的皇家游船，都是其进一步的发展[3]，中国的祭祀方式很可能只是其中的一种形态。与之类似却未必相关的，是维京海盗的龙船。我不知道唐代的龙船样式如何，但我注意到有一个古老的神话传说，与这一龙舟仪式有关，到十世纪这一传说仍在南越流传。很久以前，康州有一位妇人在河边发现了一只巨蛋，并将其带回家中。蛋中孵出一只奇怪的小东西，长一尺。后来它长到了五尺左右，善于在水中捕鱼，尤其喜欢戏水。妇人有一次不小心弄断了它的尾巴，它离开了，但一年后再次归来，浑身金光闪闪，于是他们又重归于好。秦始皇得悉后，命妇人将小龙献给朝廷，但当他们出发时，小龙总是将船只拽回来，最终他们都没有离开南越。小龙的保护者去世之后，这条龙在她坟前筑起了沙丘，"土人谓之掘尾龙。今南人谓船为龙掘尾，即此也。"[4]这个传说的另一个版本流行于九世纪，在这个版本中，小龙成了五龙之一。悦城一位织布为生的寡妇将一些蛋带回家，五龙正是从这些蛋中孵化出来的。这位

---

[1] 毕士博，《长屋与龙舟》，页416。
[2] 同上书，页417。艾伯华，《古代中国的地域文化》第二卷，页423。文崇一，《〈九歌〉中的水神与华南龙舟赛神》，《"国立中央研究院"民族学研究所集刊》，卷11（1961年），页79。关于龙舟文化可参照文崇一《〈九歌〉中的水神与华南龙舟赛神》，尤其是页70—71、80、83。这种祭仪范围北达长江流域。
[3] 毕士博，《长屋与龙舟》，页417—419。
[4] 《太平寰宇记》卷164页4a—4b引《南越志》。

妇人因其有神力而远近闻名,被人们尊为"龙母"。[1]她显然是一位女神,是郁江的庇佑者。她是一位真正的龙女,对她的祭祀一直延续到二十世纪。[2]

现在,我们还是来仔细谈谈"蛟"。它是龙的一种,南方人对其最为熟悉。很多世纪以前,博学的郭璞就试图将蛟从其他具有神性的爬行动物中区分出来,但不是很成功:

> 匪蛇匪龙,
> 鳞采晖焕,
> 腾濯涛波。[3]

尽管它们在狂怒的大海上嬉戏,但蛟的洞穴却在深不可测的海底,正如一位唐代诗人所说,"轰霆搅破蛟龙窟"。[4]在杜甫的诗中,这些奇怪的生灵也不时地从其水中领地探出头来。[5]

和其他"龙"一样,蛟的形状千变万化。更重要的是,它要经历成长过程中的改变,关于这一点人们说法不一。很久以前,人们认为水蛇活过五百年,就会变成蛟[6];再过一千年,就会

---

[1] 《岭表录异》,卷上,页7。
[2] Ng Yong-sang(吴永生,译音),《龙母:中国西江流域的保护神》,《中国学志》,卷25(1936年),页18—20。
[3] 郭璞,《蛟赞》,《全上古三代秦汉三国六朝文》,卷123,页4a。
[4] 司空图,《狂题十八首》,《全唐诗》,卷634。
[5] 如杜甫,《咏怀二首》,《九家集注杜诗》,页240。
[6] 中国南海有许多海蛇类毒蛇,如黑尾海蛇,分布在广东到波斯湾之间。见波普,《中国爬行动物:龟、鳄鱼、蛇、蜥蜴》,页356。

蜕变成一条真正的龙。[1]但根据一位唐人的说法,一条鱼活过三百六十年,就会变成蛟龙,并能飞离水面。[2]无论说法如何,蛟在人们眼中都是一种灵物,是中国众多最神圣的动物中的贵族:

> 丹丘凤凰隐,
> 水庙蛟龙集。[3]

对北方人来说,以蛟龙与凤凰相对,似乎有些唐突冒昧,但对这首诗的作者、一个十世纪的岭南人来说,它却顺理成章。在南方的传说中,蛟是可怕的动物,它就像在丛林中端好架势的蛮人一样,时刻准备着扰乱由真正的龙所建立的文明秩序,而龙正是中国帝王的精神象征。[4]在汉人眼中,它象征了水的破坏性与毁灭性,而龙则代表着水造福于人的一面。[5]蛟的后代至今犹存,它就是现代越南语中那种可怕的 thuong-luong,以及越南岱依族传说中的那个黑身红顶的水中爬行动物 tu-nguoc,这些怪物不仅吃人,还会把人间女子掳到水下屋宇中,为它们繁衍后代。[6]

自远古以来,南越沿海居民就在身体上文上这些大海主宰的

---

[1] 《述异记》,卷上,页6a。
[2] 《酉阳杂俎》,卷16,页126。段成式曰:"鱼满三百六十年,则为蛟龙,引飞去水。"
[3] 陈陶,《番禺道中作》,《全唐诗》,卷745。
[4] 康德谟,《伏波》,《汉学》,卷3,页36。
[5] 同上书,页2。
[6] 博尼法西,《东京怪兽神话新考》(第三辑),《法国远东学院学报》卷18(1918年),页19—22。

图案,据一位唐代作家所言,这样可以"避蛟龙之患"。[1]这个方法颇为有效,渔民和潜海者行之有年。据称直到十四世纪,安南国王身上还都文有龙形图案,以显示他们与海中龙王一脉相承。[2]在报复汉人入侵者时,这些凶猛的南越守护者有着各种隐匿的手段。据说八世纪时,有位执行使命的太监在返京途中,随口喝了路边的溪水,之后便发起高烧。宫中一位高明的太医根据他的古怪症状,判断他受了蛟龙之害,即用硝石、雄黄为药进行治疗,病人随即吐出一条幼蛟,长约数寸,鳞甲具备。[3]

元稹曾写到"蛟老变为妖妇女"[4],我们由此可知,蛟可变为妖妇,年龄可大可小。要避免把这种充满诱惑的妖妇,看作是莎士比亚笔下美丽的地中海仙女涅瑞伊得[5],或是帕拉塞尔苏斯笔下水的精灵昂丁,又或是莫特-福克男爵童话中那迷人的水下女神。蛟其实是一种东方的美人鱼,她同时具有鲨鱼、鳄鱼以及南越土著的特征。在南越,除了"蛟妇"之外,还有"鲛人"。下面就是一段对鲛人的经典描述:

南海中有鲛人室,水居如鱼,不废机织。其眼泣,则出珠。[6]

---

[1]《酉阳杂俎》,卷8,页62。参照刘咸,《海南黎人文身之研究》,页221。陈序经,《疍民的研究》,页13。康德谟,《伏波》,页2。海南黎族至今仍有文身习俗,但没有明显的龙形图案。他们认为这样可以避邪,这种做法在女性中尤其盛行,用以装饰,并只有文身后才能结婚。
[2] 哈斯廷斯,《宗教与伦理百科全书》,页538。
[3]《太平御览》卷930页7a引《明皇杂录》。
[4] 元稹,《送岭南崔侍御》,《全唐诗》,卷412。
[5]《暴风雨》,第1幕第1景。
[6]《述异记》,卷下,页20a。

鲛人织就的布匹，可能比他们的珠泪更加珍贵。有一份传奇式清单，开列宰相杨国忠宅第里的各种奢靡陈设，其中最为贵重的宝物，是一座屏风和一顶鲛绡帐。[1]屏风上刻古代美女之像，镶嵌以玳瑁水犀押，并饰以珍珠和天青石。鲛绡轻薄无比，且冬暖夏凉。[2]这是南越蛮族首领进献的礼品。据我推测，这种来自南海鲛人的纺织品，实际上就是大名鼎鼎的 pinikon （鲛丝）。这种肉桂色兼带金色的布料，是用江珧的足丝织成，而这种动物生活在印度洋和波斯湾温暖的水域中。要想解释这种神秘的纺织品，除了广为人知的"水羊"和"冰蚕"神话之外[3]，我们必须再加上这一鲛人织绡的传说。

近几个世纪以来，疍民由于一些似是而非的理由，比如他们居住在水上船中，又有不少与龙蛇相关的神话，而被称为"龙户"。[4]这种说法最少可以追溯到元代。[5]还有的说疍民的妇女儿童是水獭[6]，这种传说则可能起源于宋代。唐代文献中并没有与此相关的故事。显然，这说明疍民是龙和鲛人亲族的说法，在唐代还没有广泛流传，尽管先前已有其他的说法。

最后谈到的是地位较低的鲛鱼。显然，这是一种简单的、尚未进化好的蛟龙，地位远没有蛟龙那样尊贵，正如蛟龙的地位不及"妖妇"。鲛鱼是普通渔民的捕捞对象，鲛鱼皮可制成有用的物品。一则宋初的记载这样描述这种平凡的动物：

---

[1] "绡"为生丝。我认为"鲛"即"蛟"的替换词。
[2] 《杜阳杂编》，见《唐代丛书》，卷2，页32b。
[3] 薛爱华，《撒马尔罕的金桃》，页203。参照鲍威里，《宋代海上贸易之地理注解》，页121—122。
[4] 陈序经，《疍民的研究》，页13—15。康德谟，《伏波》，页2。
[5] 薛爱华，《一部十四世纪的广州方志》，页77。
[6] 陈序经，《疍民的研究》，页14—15。

鲛鱼状如团扇，口在腹中，而方尾间有刺，伤人甚毒。皮装刀靶。[1]

唐代文献中有一例更为简单的描述，可资比较："鲛出南海，形似鳖，无脚有尾。"[2]简言之，鲛鱼呈圆形或椭圆形，尾巴十分引人注目。毫无疑问，这应该是一种魟鱼。（也不排除其他板鳃类动物的可能性，比如鲨鱼。）在唐代，从浙江直到越南北部东京的沿海地区，再北到西江，以至于郁江，都能捕到这种魟鱼，其鱼皮被运往长安[3]，制成优质的研磨料，以及粗糙易握的剑柄。[4]

哺乳动物

热带森林中哺乳动物的数量，不像其他动物那样多，当然更是无法与鸟类和昆虫类相匹敌。如果我们想到哺乳动物，我们会想起的是那些潜伏的猎食者，比如老虎，却忘了西伯利亚也有老虎；或者我们会想起猿猴，但猕猴甚至在日本的雪地里也留下了

---

[1] 《太平寰宇记》，卷165，页5b。
[2] 《本草纲目》卷44页31a引苏恭语。
[3] 《元和郡县图志》，卷34，页1010、1013；卷38，页1083。薛爱华、沃拉克，《唐代土贡研究》，页57—58、225，图6。
[4] 薛爱华，《撒马尔罕的金桃》，页109。《云仙杂记》，卷4，页29，见《唐代丛书》，或《四部丛刊》卷4，页5a，该书提到以鲛皮制成鼓面，或可信。直到现代，中国仍从马来西亚进口鲛鱼皮，参照柏克希尔，《马来半岛经济作物辞典》，页1020。

脚印。北方和南方之间的严格区别更加笼统，除了松鼠之外，大部分落叶林中的哺乳动物生活在地面上，而在热带森林里，它们大多生活在树上。[1]但是也有些重要的特例。如果我们将视线缩小到中国，我们会看到北方有熊、狼、山猫、野兔、狍子，以及诸多特殊的动物种类，例如蹶鼠等。有些哺乳动物则为北方和南方兼有，只是种类有所不同，比如羊羚族的斑羚和鬣羚。就南越而言，有些动物学家将那里的动物混合种群划分为三类：华南种群，即从长江流域到南越高地，以花斑眼镜蛇、菊头蝠、竹鼠、仰鼻叶猴、食蟹獴和斑羚为标志；亚热带种群，它们集中在南越低地，尤其是沿海地区和安南地区，包括管鼻蝠、灰鼯鼠、树鼩、麂、狨猴鼠；马来种群，大体上在印度支那低地，并延伸入南越，包括穿山甲、长臂猿、麝猫、猫鼬、大象、水鹿、犀牛，和其他许多真正的热带哺乳动物。[2]

用历史的眼光来观察这一混合种群中的南方因素，可以分出一个"东方"种群，其涵盖范围相当广阔，包括猕猴、椰子猫、猪、松鼠、水牛和鹿，它们在史前时代遍布于整个东南亚，甚至远及那时还连在一起的新几内亚群岛；紧随其后的是另一批移居者——叶猴、猫、鼬、熊、瘤牛、大象和犀牛，但它们为巴厘岛东面的新水域所阻隔。[3]这些迁移的哺乳动物群纷纷进入南越，而在远古时代某个较温暖的时期，有些甚至继续前往更加遥远的北方。这个"东方"动物种群区域，从印度向东

---

[1] 贝茨，《动物世界》，页183。
[2] 泰特（G. H. Tate），《东亚哺乳动物》，纽约：1947年，页24—27。
[3] 斯宾塞，《亚洲东南：文化地理学》，页92。

延伸,代表了动物驯化史上一次巨大的成功,仿佛整个东印度群岛的人都痴迷于寻找新的动物,看哪些物种能够驯化,以满足他们的需要,变成他们的玩物。因此就有了有用的猪和瘤牛,勤劳的水牛和大象,以及许多被驯化的鸭、鹅、鸡、雉鸡和孔雀。还有许多动物曾经是、现在也是可爱的宠物,受驯化之后,或是以其表演娱人,或是成为家养奴仆,这包括了各种猿猴,会耍把戏的眼镜蛇和亚洲黑熊,以及牙尖嘴利的猫鼬。[1]它们和其他动物进入人类的家庭,显然是完成动物驯化并控制生物圈这一过程中必不可少的一步。现在我们就来看一看人类的这几种朋友。

这些南方的哺乳动物,有许多是很害羞的,它们或是夜间活动,或是踞于树梢,总之都难以见到,因此,许多动物都逃过了唐代新到南越的汉人的注意,或者至少没有被他们记录下来。的确,唐代文献中特别谈到南越动物之总体特征时,往往说的是南越缺少什么,而不是关注南越有什么。他们说,南越没有狐狸和兔子。[2]更准确地说,有一位观察者注意到,岭南小兔子有毛,可是制作毛笔时,这种兔毛却毫无用处,没有了毛笔,北方文人就感觉失去了灵魂。[3]在他们看来,这是一个十分严肃的话题,因而引发了不少评论。毛笔必须用鹿毛制作,或是用南越的狸毛制作,而首选的原料是"青羊"——中国南

---

[1] 斯宾塞,《亚洲东南:文化地理学》,页93。
[2] 《岭表录异》,卷上,页4。
[3] 《北户录》,卷2,页3a—4b。南越的确少有兔子和狸鼠,但特有的海南兔不算在内。参看埃伦《中国及蒙古的哺乳动物》,《中亚自然史》卷11,册1,纽约:1938年,页571。

部的斑羚。[1]更令人失望的是,在南越很多州郡,文人不得不使用一种鸡毛制成的笔,以前甚至还有鸭毛和雉羽所造的。然而,他们却承认,这些奇怪的"毛笔"甚至能够写出最好的书法。[2]

但是,在认定唐人对南越野生哺乳动物见解狭隘之前,让我们先简单地看一下他们主要的家养动物(包括鸟类)。最古老而又普遍的种类,是狗、猪和各种家禽。气候温暖的地区所特有的,则有水牛、瘤牛、大象和原始的丛林鸟类。更不必说半驯化的孔雀,它们被养来作为诱饵,还有十分常见的猫鼬。

最重要的是家畜。遗憾的是,目前关于牛的分类还没有一致的看法,哪怕仅仅是针对牛属。一位当代的专家将其分为四大类,姑且不考虑多种多样的混合类型:一种是现已灭绝的原牛的后代,它正是拉斯科岩画上旧石器时代的长角黑色公牛;另一种是体形较小的、短角的塞尔忒牛的后代,来自新石器时代;还有一种是黑色的,是北方塞尔忒牛的后代;最后一种是南方的瘤牛。[3]唐代人的区分则更加简单明了,"南人以水牛为牛,北人以黄牛、乌牛为牛。"[4]也就是说,水牛为南方所特有,而黄牛

---

[1] 《岭表录异》,卷上,页4。《北户录》,卷2,页3a—4b。已故的苏柯仁(Authur De Carle Sowerby)曾在一封信(1954年6月14日)中,向我提及中国北部的斑羚名为"青羊",并写到"这一名称也可用于指中国南方的品种"。对这种动物的描述,参照泰特,《东亚哺乳动物》,页325。青羊一般生活在高山地带,其喉部长有明显的白色或黄色喉斑。

[2] 《岭表录异》,卷上,页4。《北户录》,卷2,页3a—4b。

[3] 佐伊纳,《动物驯养史》,页236。

[4] 《本草纲目》卷50页19a引陈藏器语。关于南方牛的饲养与用途,可参照柏克希尔,《马来半岛经济作物辞典》,页495—498。

和乌牛则是北方特有的。这是一个合理的概括，但是南方也有黄牛，甚至可能是它的原产地，这些黄牛且有某些瘤牛的血统；在海南岛黄牛就像马一样，被套上鞍座和缰绳。[1]总之，这种传统的分类法与现代的"科学"论述几乎没有什么一致的地方。

在中国南部和印度支那，人们驯养水牛，值得注意的是三种野生水牛种类在更新世的中国都有发现。[2]假如远东地区真是它的故乡，它必定很早就适应了和人类在一起的生活，因为公元前3000年，阿卡德人的印章上就有了它的形象。[3]水牛在体形上差别很大，大的如印度的大型野兽，小的如中国稻田中的小型水牛。[4]在南越，人们似乎并不怎么吃这种有用家畜的肉，但据记载，唐代容管南部的居民喜食水牛肉，或炰或炙。吃过水牛肉之后，他们又用盐、酪、姜、桂等佐料，混合着一些牛肠胃中已经消化的草，调和为齑，一起吃掉。[5]

面部狭长、肩峰隆起的瘤牛可能原产于印度，在印度和美索不达米亚的最早期文明中就已经赫赫有名。[6]它在中国的历史则含糊不清，但是在中古时代以前，它肯定已经为南方人所熟悉，也许可以早到公元前。一则唐代的资料将它归为雷州独有的品种，并记载它能"日行三百里"，总而言之，这种牛非

---

[1] 薛爱华，《撒马尔罕的金桃》，页73。
[2] 佐伊纳，《动物驯养史》，页73。
[3] 同上书，页248。
[4] 同上书，页249。他将西里伯岛小野牛列为单独的一类"低地倭水牛"（Bubalus depressicornis）。也可参照柏克希尔，《马来半岛经济作物辞典》，页379—382。非洲水牛是完全不同的一个种类，学名为"Syncerus caffer"。
[5] 《岭表录异》，卷上，页5。
[6] 佐伊纳，《动物驯养史》，页237—240。

常能吃苦。[1]瘤牛在唐代的名字叫做"犩"。"犩"字罕见地被收录于宋初的一部韵书,并解释作"野牛"。[2]由此可以看出,"犩"应是所有肩峰隆起的牛的统称,而"野"犩最有可能是臀部和腿为白色的白臀野牛[3],其肩处也有凸起,分布在从印度尼西亚到东京和缅甸的广大地区。[4]在爪哇和巴厘岛,它已经被驯化,在印度支那也在某种程度上被驯化了。在唐代,它一定也漫步于南越的森林里。而它的亲缘动物,敦实、粗角、蓝色眼睛的白肢野牛,却很难驯服,尽管印度东北部和缅甸那些半驯化的、似母牛的大额牛似乎是来源于这种白肢野牛。[5]三十多年前,毕士博曾经提出,有一种在中国古代文献中赫赫有名、被称做"兕"的动物,并非犀牛,而是一种白肢野牛,正如大象和犀牛一样,它在早期比现在更广泛地分布在北方地区。[6]在这种神秘的动物从其北方栖息地消失后,中国人似乎就将其与犀牛混同起来,这显然是因为其牛角特别突出,而兕角在上古时代用作酒器,十分重要。我同意毕士博的观点,但是我认为,上古时代的"兕"和中古时期的"犩",有一些并不是白肢野牛,

---

[1] 《舆地纪胜》卷118页4b引《元和郡县图志》。书中将其称为《尔雅》中提到的"犪牛"。
[2] 《广韵》,卷1,冬韵。
[3] 或称爪哇牛。
[4] 柏克希尔,《马来半岛经济作物辞典》,页354。泰特,《东亚哺乳动物》,页319—320。斯宾塞,《亚洲东南:文化地理学》,页93。佐伊纳,《动物驯养史》,页253。
[5] 柏克希尔,《马来半岛经济作物辞典》,页354。泰特,《东亚哺乳动物》,页318—319。斯宾塞,《亚洲东南:文化地理学》,页93。佐伊纳,《动物驯养史》,页245、253。
[6] 毕士博,《中国古代的犀牛与野牛》,《中国学志》,卷18,页322—330。

而是白臀野牛。[1]

在唐代的南越，生活着驯化了的水牛、黄牛，或许还有瘤牛、白肢野牛和白臀野牛，但后面这三种都不是儒家经典中备受推崇的角兽。

我在这里要添加一个文化注解。在南越地区，屠杀动物是由女性屠夫完成的：

> 南海解牛多女人，谓之"屠婆"、"屠娘"。皆缚牛于大木，执刀以数罪：某时牵若耕，不得前；某时乘若渡水，不时行，今何免死耶？以策举颈，挥刀斩之。[2]

大象从哺乳动物时代存活到了人类时代，带着几分尴尬。大象在中国有着漫长的历史，但它们的故事大都已被遗忘，因为在其曾经的居住地，已经见不到这个庞然大物的身影。它们与帮助过汉尼拔的北非大象以及古叙利亚大象一样，走过相同的道路。[3]可能在公元前两千年的黄河流域，大象仍然十分常见，并为商代人所驯化。如果事实如此的话，随着这种庞然大物的活动范围不断南移，这种驯化技术也逐渐失传了。在历史上，我们读到的都是有关野生大象的记载，几乎无一例外，除了那些从林邑

---

[1] 还有种高棉牛（林牛）在中国也不为人知。它直到二十世纪三十年代才被发现，我不确定它是家牛属还是准野牛属。见泰特，《东亚哺乳动物》，页321—322。佐伊纳，《动物驯养史》，页245、253。
[2] 《太平广记》卷483页2b引《南海异事》。成书时间不明，《宋史》将其列入唐代地志，见卷204，页4994a。
[3] 佐伊纳，《动物驯养史》，页276。

第十一章　动物

进贡而来的大象,从汉代到清代,它们都温顺地行进在帝王仪仗队列里。[1]在公元五世纪,成群的野象践踏着河南和湖北的农田,在六世纪的淮南,它们也不算是稀罕的动物。[2]到了唐代,它们依然穿行在南越的森林中,在南越东北部的潮州和循州,甚至数量颇多。[3]唐代文献记载了一种生活在循州和雷州的黑象,长有小巧的粉色长牙。[4]它描绘的很可能是真正的中国大象,其凶猛的祖先早已被商王的臣民所驯服。不管怎样,唐代南越人捕捉大象,并用毒箭杀死它们,他们炙烤象鼻,制成热带宴席上的珍馐。[5]而象牙,或者说部分象牙,被运到北方工匠手里,制成筷子、簪子、梳子、琴拨、制尺、手板,或被染成各种颜色,镶嵌于精美的工艺品中。[6]南越大象那天然的粉色象牙十分受人喜爱,足以与海外进口的象牙相媲美。定期进贡宫廷的大部分象牙,都来自安南的骧州[7],但我不知道这种象牙的颜色如何。

不是所有的大象都由于人类捕食或获利而被杀害。也许汉人已经忘了驯化大象的方法,但南越的蛮族并没有遗忘。他们的少

---

[1] 春秋时期（公元前506年）,楚昭王命人在大象尾部系上火把冲向吴军,吓退了吴军。南北朝时期（公元554年）,梁朝用缚着利刃的大象对抗西魏。南汉也曾依靠大象,两次抵御了敌国的进攻（公元948、971年）。
[2] 薛爱华,《中国上古与中古时期的战象》,《东方》,卷10（1957年）,页289。
[3] 《岭表录异》,卷中,页6。
[4] 《北户录》,卷2,页8a。
[5] 《岭表录异》,卷中,页6。《北户录》,卷2,页8a—8b。《太平广记》卷441页4a引《广异记》。
译注：此处引《太平广记》卷441实出自《岭表录异》。
[6] 薛爱华,《撒马尔罕的金桃》,页240。
[7] 《北户录》,卷2,页8a—8b。《元和郡县图志》,卷38,页1086。薛爱华、沃拉克,《唐代土贡研究》,页224。

453

年调教幼象如何服从命令[1]；身着五彩服饰的妇女则骑在成年大象背上[2]；他们甚至训练大象在宴会上表演，正如一位拜访蛮族王子的汉族使臣所见，在精心布置的接待仪式上，跳舞的大象由演员引导着，立于高大的楼阁前面，"以金羁络首，锦襜垂身，随膝腾踏，动头摇尾。"[3]汉人也逐步了解了有关大象的传说。他们听说，有种大蛇能（无疑是被夸大了的蟒蛇）吞食整只大象，将其肉和骨头化成水。他们还听说，在航海途中带上象皮，可免受蛟龙的伤害。[4]大象懂得如何感激保护过它们的人。有一段中古时期的故事，说有位猎人射杀了一只巨大无比的黑色怪兽，从而拯救了一头象的生命，因此象群用大量的象牙来报答这位猎手。[5]象也是睿智的，能够分辨真假。据说古代有位扶南国王喂养老虎和鳄鱼，让它们观察诉讼者，并吃掉无理之人。[6]这个古老的印度支那传说在唐代有个后继者，在中国的这段故事里，安南山中有一只大象，它容许诚实的人安然无恙地通过，却用象鼻将"负心者"卷起掷到半空，再用象牙将其刺碎。[7]

大象在唐诗中很少出现，我注意到，李峤曾写过一首短诗，题为《象》，他差不多是一位热带名物的专家。他在诗中只是概

---

[1] 项斯，《蛮家》，《全唐诗》，卷554。
[2] 薛爱华，《撒马尔罕的金桃》页80引杜荀鹤诗："舶载海奴镮硾耳，象驼蛮女彩缠身。"
[3] 《岭表录异》，卷上，页6。
[4] 《太平广记》卷459页2b引《闻奇录》。
译注：此处有关象皮之说不见于原文献，应指大象肌骨所化之水。
[5] 《太平广记》卷441页4a—5a引《广异记》。
[6] 《太平御览》卷892页3a引《述异记》。
[7] 《太平广记》卷441页6b—7a引《朝野佥载》。

述了这种庞然大物的历史传统,也没忘记提到古代楚国尾巴上燃烧着火炬的大象。[1]除此以外,我只看到一些为林邑国进贡大象之事而创作的宫廷赋,但所有作品都无一例外地将它描写为一种南越习见的怪物,并总是与对爬行动物的某种恐惧相对应。如:

> 山腹雨晴添象迹,潭心日暖长蛟涎。[2]

或者如:

> 烧惊山象出,雷触海鳌沉。[3]

又或如:

> 小店蛇羹黑,空山象粪枯。[4]

这些诗句都来自逐渐内敛、政治上日益衰弱的九世纪和十世纪。在这个时候,一种想象中的荒野里的庞然大物,远比作为臣服象征的温顺的厚皮动物更为有趣,而在七世纪和八世纪的唐帝国时代,大象正是后一类动物中较为常见的代表。

另一种上新世(似乎是这样)的厚皮动物是中国的犀牛,今

---

[1] 李峤,《象》,《全唐诗》,卷60。
[2] 柳宗元,《岭南江行》,《全唐诗》,卷352。
[3] 张蠙,《送人归南中》,《全唐诗》,卷702。
[4] 贯休,《送人之岭外》,《全唐诗》,卷832。

天在中国已经看不到了。在远古时期,这种动物广泛分布在中国各地,到唐代时就仅局限于南越部分地区,尤其是容管的偏远之地(党州和郁林州),以及湖南西部和南部的森林之中,但在安南仍然较为常见。[1]这种动物在额头和鼻子上各长有一个角,因此刘恂称它们为"兕犀","兕"字可能是指它的角与典型的野牛角类似。他还提到了一种单角犀("胡帽犀"),即西方人所谓"帽犀牛",这么称呼,显然是因为这种犀牛的角看起来就像一种胡人的帽子,而不像大唐帝国人民戴的帽子。[2]

目前,有三种犀牛生活在东亚和印度支那。亚洲的双角犀牛或称苏门答腊犀牛是体形最小、最多毛的一种,这种犀牛有两只角,但后面那只角很小,雌性犀牛的角几乎看不见。它们的活动范围曾经遍及孟加拉直到婆罗洲和苏门答腊,但现在其数量已经非常稀少,这主要缘于中国对犀角的巨大需求,如用于雕刻和药用。中古时期的兕犀无疑属于这一品种。此外另有两种独角犀牛,一种是大独角犀,或称印度犀,在亚洲犀牛中体形最大,长着一只又大又厚的犀角。它们曾经广泛分布于印度北部和印度支那,但现在也已濒临灭绝。还有一种是小独角犀,或称爪哇犀,体形较小,角也较短,曾经分布于印度支那和爪哇,但现在只有

---

[1]《元和郡县图志》,卷38,页1083、1085—1088。《太平寰宇记》,卷165,页6b。《舆地纪胜》,卷121,页4b。薛爱华、沃拉克,《唐代土贡研究》,页57—58。薛爱华,《撒马尔罕的金桃》,页58。宋代史料中列出了党州和郁林州,可能这是它们在岭南最后的栖身之地。

[2]《岭表录异》,卷中,页15。此段文字有些令人费解。因为书中还提到了另一种两角犀牛,但远东地区只有一种。可能是将中国犀牛与苏门答腊地区的视作两种。《太平寰宇记》卷165页6b描述了这种动物的习性:"食荆棘,冬月掘地藏而出。"

一小部分存活在爪哇的最西部。[1]这两者中的一种,应当即是刘恂笔下的"胡帽犀"。

唐代的南越人用弓箭[2]捕捉犀牛,并将犀牛皮和犀牛角上缴给当地的汉人官吏,由他们负责将这些物品运往北方。尽管某些地方依然沿袭传统,用犀牛皮制作盔甲[3],但真正的需求在于上好的犀牛角。犀角的用途与象牙相似,它被雕刻成构思精巧的杯子、妆奁、手镯、镇纸、刀柄、筷子、笏板、腰带、如意,以及女性佩戴的头饰。[4]犀角的名贵程度,取决于其天然形成的肌理,有鸟类或动物图案的纹路,便可以大大提升犀角的身价。[5]技艺超群的广州匠人,尤其擅长将各种犀角熔化,制为浑然天成的工艺品。他们用化学试剂和铁钳,将一片片有斑点的犀角与白色的衔接起来,正如他们将玳瑁甲与红海龟的龟甲黏合起来一样。[6]甚至连阿拉伯人都听闻过他们的盛名,九世纪的地理学家伊本·库达特拔曾经写到迦摩缕波国的犀牛。此地邻近中国,也是一个盛产黄金的国度:

> 此地有犀牛。这种动物额头上长着一只角,长一腕尺,宽度为两掌尺。剖开犀角,会发现有白汁流出。在它漆黑的内里,有图案依稀可见,像人,像某种四足动物,像鱼,像

---

[1] 泰特,《东亚哺乳动物》,页352—354。塔尔伯特,《亚洲中东部及南部濒危动物报告》,伦敦:1960年,页13、31、48。
[2] 《本草纲目》卷51页26b引李珣语。
[3] 薛爱华,《撒马尔罕的金桃》,页260。
[4] 《北户录》,卷1,页1a—2a。薛爱华,《撒马尔罕的金桃》,页241—242。
[5] 《岭表录异》,卷中,页15。
[6] 《北户录》,卷1,页1b。

孔雀或某种其他的鸟类。中国人用它来制作腰带，价格从300第纳尔到3000、4000第纳尔不等。[1]

此外，犀角还由于解毒功效而受人尊崇。它能迅速治愈毒箭造成的创伤。有人认为，犀牛有这种神奇的能量，是因为它常吃有毒的刺和荆棘。[2]的确，对了解它们的人来说，犀角还有许多神奇的特性。在唐人的著述中，与此有关的典故比比皆是，涉及诸多犀角奇闻，如有一种是"夜明犀"[3]，还有唐文宗的"辟暑犀"，当皇上觉得燠热难当时，此犀角能让大殿立刻变得凉爽起来。[4]此外还有一些怪怪奇奇的犀角传说，讲到一种能行于海中而不湿的"辟水犀"[5]，还讲到这种厚皮动物与一种热带毒鸟之间的神秘联系。

> 南中山川，有鸩之地，必有犀牛；有沙虱水弩之处，必有鹠鹕。[6]

这些联系可能并非是臆想。我们稍后将指出这种毒鸟（鸩）其实就是东南亚的蛇雕；其栖息地可能与犀牛相当一致。而鹠鹕则是一种水鸟，目前还无法确定它的种类。据说它有着长长的脖子，

---

[1] 费琅，《阿拉伯波斯突厥人东方文献辑注》，页29。
[2] 《北户录》，卷1，页1a。薛爱华，《撒马尔罕的金桃》，页241—242。
[3] 《杜阳杂编》（见《唐代丛书》），卷2，页49a。
[4] 《白孔六帖》，卷97，页10a。
[5] 《岭表录异》，卷中，页15。
[6] 《唐国史补》，卷中，页9b。

红色的眼睛,和深紫色的羽毛。这种描述与一种黑鸦的外形一致,这种黑鸦生活在南亚地区,包括华南在内,夜间捕食青蛙和(可能还有)其他有毒动物。[1]

在中国文学作品中,"犀"这个字并不重要。它通常用在转喻中,指代犀角,例如"象犀",意为"象牙和犀角"。但没有一首诗歌专门描写逐渐消失的犀牛本身,我只发现十世纪的诗僧贯休有一联诗句写到犀牛:

瘴杂交州雨,犀揩马援碑。[2]

即使这两句诗也依然缺乏足够的想象力。还有一些诗则是描述外来犀牛,尤其是进献宫廷的贡品。例如796年,白居易就曾因为蛮族进贡犀牛给天子,表示对英明君主的臣服,而有所感发:

驯犀生处南方热,秋无白露冬无雪。

由于苦寒,这只痛苦的犀牛在进京后的第二年就死于皇家园林。[3]而该故事寓意十分明显,这头巨兽与《庄子》中那只奇特的海鸟命运相同,离开适当的环境,任何生物都无法生存。

从古至今,在中国的猫科动物中,虎是最引人注目的,这不仅因为其体形大,生性凶猛,而且因为它无论在南方还是北方,

---

[1] 柯志仁等,《华南鸟类》,页309。但我们认为它可能与朱鹭有关系。
[2] 贯休,《送谏官南迁》,《全唐诗》,卷829。
[3] 白居易,《驯犀》,《全唐诗》,卷426。

都在民间信仰、仪式、风俗中占有重要地位。[1]自古以来,中国文献中充满各种与虎有关的故事,有虎吃人、虎变人、象征性的虎、辟虎的符咒、猎虎等,总之,中国的虎就像奶酪厂里的老鼠一般随处可见。前文已经谈到,在南方的大山中,它们是山妖的好友,也是隐逸高士的伙伴,隐士们住在由虎保护的山林中,因为老虎是山中之王,正如龙是湖海之主一样。[2]在某些特别的日子里,虎会在山路上幻化成人形,自称"虞吏"。聪明的行人遇到它时,只要能识破这一伪装,就能有神力保护自己。[3]不过,与虎为伴或虎化人形,并非中国所特有,亚洲各地都有这一类故事。[4]

然而,并非每一位隐士都能与这些山林的守护者和平相处。有人认为虎是邪恶的异教徒动物,故采取措施驱逐之。唐宋时代流传一段故事:五世纪初,有位天竺僧人曾住在韶州山中。当时山中多虎,有座山先前甚至被称为"虎市",但当这位高僧居于此处后,这些老虎就消失了。[5]除此以外,还有各种不同的关于老虎的传说,例子很多,略举数例为证:

> 虎交而月晕。仙人郑思远常骑虎。……虎夜视,一目放光,一目看物。猎人候而射之,光坠入地成白石,主小儿惊。[6]

---

[1] 华南虎。见埃伦,《中国及蒙古的哺乳动物》,《中亚博物志》,卷11(1938、1940年),页480—486。泰特,《东亚哺乳动物》,页193—194。
[2] 苏远鸣,《罗浮山宗教地理研究》,页111。他还在第8页举隋朝僧人慧越为例。
[3] 《抱朴子》,卷17,页7b。
[4] 哈斯廷斯,《宗教与伦理百科全书》,第8章,页210。
[5] 《舆地纪胜》,卷90,页7a。
[6] 《酉阳杂俎》,卷16,页132。

第十一章 动物

在唐诗中,虎相当常见,虽然它从来都不是友善的动物,诗人们也没有将它与南方固定地联系在一起。它可以为害四方:

南山北山树冥冥,猛虎白日绕林行。[1]

("白日"意为"在光天化日之下"。)在唐代,南越的老虎可能比北方更为普遍。李商隐写到它们对天子使者修筑的工程无动于衷,大摇大摆地行走于官道之上:

桂水春犹早,昭州日正西。
虎当官道斗,猿上驿楼啼。
绳烂金沙井,松干乳洞梯。
乡音殊可骇,仍有醉如泥。[2]

紧随虎后的是豹。在文学表现中,它主要是骁勇善战的象征[3];而根据医家所言,豹子肉还有壮阳强肾的功用,能使人"志性粗豪",还可驱走各种鬼魅。[4]常见的亚洲豹类并不是南方所特有的,虽然南方另外有一种豹,唐人也没有将其与南越其他类似豹的猫科动物区别开来,比如有着树叶状斑点的云豹(或称龟纹、荷叶豹)、忧郁的金猫,以及豹猫。就我所知,这些南越森林

---

[1] 张籍,《猛虎行》,《全唐诗》,卷382。
[2] 李商隐,《昭州》,《全唐诗》,卷76。
[3] 薛爱华,《撒马尔罕的金桃》,页87—88。
[4] 《本草纲目》卷51上页26a引孟诜、孙思邈说。

中无可比拟的漫游者都不曾被行经此地的文士行客留意过。[1]

害羞的、夜间活动的麝猫也没有得到太多的关注。其中黄褐色的大灵猫短腿、长尾巴，分布范围遍及非洲、印度以及长江以南的大部分华南地区。虽然它们主要在地面活动，并以水果为食，但在南越，它们却主要以蛇、蟹和昆虫为食。它的近亲小灵猫，在南越地区从古到今都很常见，今天在某些地方更为常见。[2]在唐代，它们被称作"熏狸"，而"狸"也可指与麝猫有几分相似的"貉"（犬科）。我在上文已经根据刘禹锡的诗提出，南越人将这种小动物训练成猎手尤其是捕鼠能手，常常钻入洞穴捕捉小猎物。贯休在一首诗中暗示它有高超的挖洞技巧（除此之外，它的文学经历就不甚清晰了）：

　　池藕香狸掘，山神白日行。[3]

无论在东方还是西方，麝猫最受人喜爱之处，都是其靠近生殖器的囊腺能够分泌出一种淡黄色的麝猫香。今天，这种麝猫香被用作制造香水的原料[4]，但在唐代它却作为药物而为人看重。人们将其晾干，和酒服用，可有效治疗恶气、蛊毒、飞尸、除邪、梦魇、噩梦。[5]

---

[1] 埃伦，《中国及蒙古的哺乳动物》，页 459—477。泰特，《东亚哺乳动物》，页 189—194。
[2] 埃伦，《中国及蒙古的哺乳动物》，页 424—429。泰特，《东亚哺乳动物》，页 174—176。
[3] 贯休，《闻无相道人顺世五首》，《全唐诗》，卷 830。
[4] 柏克希尔，《马来半岛经济作物辞典》，页 2249。
[5] 《酉阳杂俎》，卷 16，页 134。《本草纲目》卷 51 页 31a 引陈藏器语。

与麝猫十分相像的是深色、带有斑点的棕榈猫,或称椰子猫。它们居住在树上,爪子分外灵活,比起常见的麝猫来,其分布更严格限于热带地区。[1]果子狸(花面狸)与它们也颇为相似,同样是生活在树上的杂食性动物,喜好在夜间活动,但面部为黑白色,没有斑点。[2]在唐代,这些如幽灵般出没于棕榈树上的动物被统称为"风狸",它们并没有引起文人们丝毫的关注。但是药物学家陈藏器记述到,风狸生活在邕州以南,"候风而吹至他树"。他还注意到,它们"食果子",被驯服之后,可获取其罕见的乳状尿液以入药。[3]此外,其辉煌早已远逝的现代占族人则相信,死去儿童的灵魂会进入棕榈猫体内。[4]我没有找到其他可供比照的中古信仰,在药用之外,这些动物实在没有什么声名。

猫鼬的话题乏善可陈,虽然有两种猫鼬即红颊獴以及像獾一样吸食螃蟹的食蟹獴,在南越都很常见。[5]在安南南部,人们将猫鼬称作"蒙贵",并相信它们比家猫更擅于捕鼠。[6]唐代的段成式记载了猫鼬的另一个奇特名称——"乌员",他还提出一个与众不同的观点,即家猫也可称为"蒙贵"。[7]

---

[1] 玉尔、伯内尔,《英印语日常用语词典》,页707。埃伦,《中国及蒙古的哺乳动物》,页430—433。泰特,《东亚哺乳动物》,页176—178。
[2] 埃伦,《中国及蒙古的哺乳动物》,页430—433。泰特,《东亚哺乳动物》,页178—179。
[3] 《本草纲目》卷51页32a引陈藏器语。
[4] 布洛德里克,《小中国:安南》,页265。
[5] 埃伦,《中国及蒙古的哺乳动物》,页441—445。泰特,《东亚哺乳动物》,页184—185。西方猫鼬历史,可参考佐伊纳,《动物驯养史》,页404。
[6] 郭璞,《尔雅注》,卷10。
[7] 《酉阳杂俎》,续卷8,页242。

唐人对鲮鲤也鲜有关注。这种动物分布在中国南部的山区，没有牙齿，以白蚁为主食。[1]四世纪初的《吴都赋》中，它被视作一种南方怪兽，但也只是昙花一现而已。[2]唐代诗人们则将这种奇兽彻底地遗忘了。与众不同的是，有位唐代医药学家没有忘记提及它的名字：将鲮鲤烧制研磨成灰，对严重的伤势疗效极佳，还可抑制在山间滋生的瘴气和其他瘟疫。[3]

在古代，《汉书》曾说到，南越的鹿被称为"麈"、"麖"。[4]这些南方的反刍动物应该分别是水鹿和麂。

体形大、深棕色、长尾巴的水鹿，分布在从云南到印度尼西亚的东南亚山区。[5]它一定就是司马相如及其后作家笔下那高大的南方鹿——"麈"。可惜的是，这种高贵动物只有一个部位备受文学作品关注，那就是它的尾巴。挥舞优雅的麈尾，是名士清谈之时不可或缺的。[6]

中国还有几种小型鹿，不幸的是，它们在文学和方言中的名称都已经混淆不清。古老的"麖"字可能指这些鹿中的一种，或

---

[1] 埃伦，《中国及蒙古的哺乳动物》，页516—521。泰特，《东亚哺乳动物》，页113。穿山甲体形不算大，但非洲的巨鲮鲤可长达6英尺。
[2] 左思《吴都赋》云："内蒸云雨，所储陵鲤若兽"，见《文选》。
[3] 《本草纲目》卷43页22a引甄权语。
[4] 《汉书》，卷28下，页429d。
[5] 埃伦，《中国及蒙古的哺乳动物》，页1169。泰特，《东亚哺乳动物》，页339—340。
[6] 薛爱华，《鹿的文化史》，《汉学》，卷4（1956年），页268—269。在特指海南地区时，"麈"可能是指暹罗鹿（海南坡鹿）。泰特，《东亚哺乳动物》，页344，他对这种鹿进行了详细的描述。在中国南方，还有一种常见的中国梅花鹿。埃伦，《中国及蒙古的哺乳动物》，页1188—1190。泰特，《东亚哺乳动物》，页341。

第十一章 动物

兼指其他。根据文献中的描述,有犬齿的、无角的麝和獐似乎已经排除在外。在其余的种类里,毛冠鹿的分布最远只能到达南越北部;剩下的只有长角的麂,南越地区有两个种类。[1]人们大量寻求这种灵巧秀气的小动物,不是为了它们的尾巴,而是因为它们的皮。这种鹿皮可制作一种极为流行的靴子,通常被染成红色:[2]

   越客南来夸桂麛,良工用意巧缝成。[3]

  无论是多么可怕而被人类戒备,还是多么珍贵而被人类疯狂追捕,这些热带森林里的哺乳动物总的来说行踪隐秘,不易察觉。唯有灵长类动物是个例外,它们似人,却又不是人。此外,尽管在直布罗陀和日本也有猴子存在,但灵长类动物(包括人类的远祖)主要都在热带,且大多数都是雨林居民,更不用说所有的猿类都生活在非洲和亚洲的热带地区。[4]在中古时期的南越,这类动物最主要的代表是长臂、无尾、栖于树上的长臂猿。直到今天,仍有两种长臂猿出没于该地区的边缘——白眉长臂猿在广西和云南的西部边界怒吼,而黑冠长臂猿则在海南和安南的其他

---

[1] 赤麂和山羌(小麂)。埃伦,《中国及蒙古的哺乳动物》,页1143、1148、1154。泰特,《东亚哺乳动物》,页328—335。毛冠鹿鹿角很短。上犬齿都呈獠牙状,但没有麝和獐明显。
[2] 桂州土贡。薛爱华、沃拉克,《唐代土贡研究》,页233。薛爱华,《撒马尔罕的金桃》,页106。
[3] 李群玉,《薛侍御处乞靴》,《全唐诗》,卷569。
[4] 贝茨,《那里从无冬天:热带居民与自然之研究》,页193。

森林中来回跳跃。[1]在唐代,它们的活动范围一定更大,但现在却很难划出精确范围。聒噪而又嗜酒的猩猩,在中古传说中屡见不鲜,可能正是这两者之一,又或二者都是。[2]据说这种猩猩能作人言(显然,这是因为许多人模糊了猿与土著人的界限),它经常以森林智者的姿态出现。例如,在一段故事中,它曾替循州的一头白象陈情,请求猎人用毒箭射杀巨蟒。[3]然而,在唐诗中,猩猩却基本上是游魂般的悲鸣者,这种热带幽灵的不祥哀号,在险恶的瘴气弥漫的南方最正常不过了,李白也曾写到"猩猩啼烟兮鬼啸雨"。[4]甚至十世纪的诗歌革新者李珣,他所描写的热带景物并不都是陈式化的,却也保留了这一令人不安的意象,与其通常的清丽柔美风格迥然不同:

> 渔市散,
> 渡船稀,
> 越南云树望中微。
> 行客待潮天欲暮,
> 送春浦,
> 愁听猩猩啼瘴雨。[5]

---

[1] 有白眉长臂猿与黑冠长臂猿。埃伦,《中国及蒙古的哺乳动物》,页306—311。泰特,《东亚哺乳动物》,页138—141。
[2] 薛爱华,《撒马尔罕的金桃》,页209。
[3] 《太平广记》卷441页6a—6b引《传奇》。
[4] 李白,《远别离》,《李太白文集》,卷3,页1a。
[5] 李珣,《南乡子》,《全唐诗》,卷896。

第十一章 动物

狒狒与猩猩的传说很难区分开来。可能狒狒是长臂猿中的单独一类,或者更可能的,它们是同一种类人猿在不同方言里的两个名称。"狒狒"一词让我们联想起英语中的 wahwah,意为"长臂猿"。不管怎么样,这个词远没有汉语中的"猩猩"这么生动,它更像是来自陈旧的故纸堆,而不像是指一种活生生的动物:

> 狒狒,饮其血可以见鬼。力负千斤,笑辄上吻掩额,状如猕猴,作人言,如鸟声,能知生死。血可染绯,发可为髢。旧说反踵,猎者言无膝,睡常倚物。[1]

在其他古老传说中,狒狒长着人脸、红发。这一描述与猩猩符合,但却根本毫无可能。传说狒狒还会吃人[2],显然,这是将各种有关热带猿猴的道听途说,与令人讨厌的南蛮部族混合起来。在文学作品中,狒狒的地位与猩猩不可同日而语。

在体形较小的灵长类动物中,典型的南方猿猴是尾巴细长、身形纤瘦的叶猴,它们主要在树上活动,以树叶为食。它们曾被粗略地划归于猿属,但是现在通常被归入疣猴亚科,并细分为戴帽叶猴(乌叶猴属)、金丝猴(仰鼻猴属)、印度神猴(或哈努曼叶猴,长尾叶猴属)、黑脊叶猴(叶猴属),以及白臀叶猴(白臀叶猴属)。可能古代南越常见的"猿"是黑白色的叶猴,我们现在称为黑叶猴。北方人虽然熟悉高大的猕猴,但却大都不认识

---

[1]《酉阳杂俎》,卷16,页135。
[2]《本草纲目》卷51下页36b引陈藏器语。《尔雅·释兽》:"狒狒如人,被发迅走,食人。"

这种南方的黑叶猴。（在岭南还有一种岩栖的红脸猕猴。）[1]

唐代南越旅客所观察到的各种猿猴的颜色，并不容易辨别清楚。在869年，段公路发现，在靠近雷州半岛的山中，"绯猱"很是常见，它们都披着一层厚厚的"黄绯"色皮毛。[2]他还将这种美丽的猴子捉了一只，进行驯养。这种有着橙色皮毛的宠物应该是一种金丝猴，不过，它们是中国西部高山上的典型动物。[3]

李白本人曾经写到"白猿"，它有如"飞雪"一般，在秋浦附近腾跃。[4]他所说的是否就是李德裕赞美的那种驯顺多情的南方白猿，我无法知晓。这位大员还注意到这种白雪一样的猿猴，往往对畏惧它的寻常猕猴不屑一顾。[5]事实上，这种白猿很可能是银叶猴，现在还能在安南和老挝见到。[6]

那时的人还有机会见到猿妖。一位叫王绩的人，曾隐居于多岩石的荒山之中。夜晚，有一位须眉皆白、身材枯瘦的胡人（印度人或伊朗人）来拜访他，此人自称"山公"。隐士与这位陌生人交谈，陌生人的举止让王绩怀疑其为妖。他将铜镜对准陌生人，照出了他的本来面目，这个"胡者"化为猿而死去。[7]

猿，如同毛发蓬乱的魅影一般，在无数唐诗中掠过。自由的

---

[1] 埃伦，《中国及蒙古的哺乳动物》，页294。泰特，《东亚哺乳动物》，页123、126—131。

[2] 《北户录》，卷1，页7b—9a。

[3] 泰特，《东亚哺乳动物》，页129—130。

[4] 李白，《秋浦歌》，《全唐诗》，卷167。

[5] 李德裕，《白猿赋》，《全唐文》，卷696，页21a。他将"猿"与"猴"做了比较（不知我的说法是否准确）。晋代傅休奕也曾作过《猿猴赋》，而李德裕对他戏谑的态度做出了回应。

[6] 泰特，《东亚哺乳动物》，页126。

[7] 《白孔六帖》卷97页24b引《唐异闻录》。

时候，它们象征着南方的迁客流人所处的不正常的环境，包括四川、湖南，也包括南越；被囚于笼中的时候，它们那可悯的举止，更让漂泊异乡的汉人想到自身遭受贬谪的不公。尤其是它们的啼哭声，久久盘踞在这些中古作家的想象之中。在他们眼中，它们很少是简单的哭喊——最多的是嚎叫，也常常啸叫，有时也会咆哮、呼喊，或是悲叹。事实上，这是游魂的声音，是路旁尖叫的幽灵，正因为如此，在唐诗中，它们常常与飞鸟一起出现，于是，这对看似反常的组合同声哀鸣。柳宗元曾这样描写生活在湘南永州黄溪一带的猿猴：

> 溪路千里曲，哀猿何处鸣。
> 孤臣泪已尽，虚作断肠声。[1]

安南有一种猴子鼻孔朝天，叫做"猱然"，人们往往用毒箭射杀它们。它黑白相间的皮毛，可以制成温暖而柔滑的披肩和毛毯，它的肉风干之后，加上香料，吃了可以减轻疟疾发热的症状。[2]这显然是一种金丝猴，某些金丝猴的确是黑白相间的。[3]像其他猿猴一样，这种塌鼻猿猴也常限于悲伤之中：

> 见被获者，聚族而悲啼，虽杀之，终不去也。噫，此乃

---

[1] 柳宗元，《入黄溪闻猿》，《全唐诗》，卷352。
[2] 《本草纲目》卷51下页36a—36b引陈藏器语。
[3] 如越南金丝猴，或黔金丝猴。埃伦，《中国及蒙古的哺乳动物》，页304—305。

> 兽之状，人之心也。[1]

在诗中，猱然和其他猿猴一样，往往与南方的野禽相对，正如九世纪时一首关于岭南的诗中所云：

> 莺将吉了语，猿共猱然啼。[2]

英语中的"douc"（毛臀叶猴）这个词，显示出它是来自印度支那的词，表示另一种叶猴属动物，这种猿猴因毛色丰富而闻名，有灰色、黑色、白色，还有红色，它们在海南和安南也有发现。Douc 这个词进入古汉语中，变成了"独"。在唐代，陈藏器曾建议痔疮患者坐在这种猿猴浓密的毛皮上以减轻痛楚。[3]

在海洋哺乳动物中，唯一一种与南越有特殊联系的是长吻的中华海豚，它们在中国南部海岸和入海口翻腾，是亚马逊白海豚的远亲。[4] 这种长着黑眼睛、粉色鳍的潜水者，有个不太体面的名称"海豚"（意即"海里的猪"）[5]，故很少能吸引到唐

---

[1] 《唐国史补》，卷4，页66a，见《唐代丛书》。
[2] 殷尧藩，《醉赠刘十二》，《全唐诗》，卷492。
[3] 《本草纲目》卷51下页36a引陈藏器语。泰特，《东亚哺乳动物》，页128—129。
　　译注：此处《本草纲目》引陈藏器语原作："食之，调五痔病，久坐其皮亦良。"是针对"狖"而不是针对"独"而言。
[4] 埃伦，《中国及蒙古的哺乳动物》，页499—500。泰特，《东亚哺乳动物》，页200。
[5] 长江及洞庭湖地区的称为"江豚"。《本草纲目》卷44页31a引陈藏器语。埃伦，《中国及蒙古的哺乳动物》，页499—500。泰特，《东亚哺乳动物》，页200。

代作家的关注。只有一个药物家描写到一大群海豚一起跳跃、喷水的场面，并将其干肉作为药方，治疗"飞尸、蛊毒、瘴疟"。[1]

与哺乳动物通常的栖所相隔更远的地方，是那些长着皮毛和翅膀的动物，它们在南方的天空飞掠而过。在所有的哺乳动物中，蝙蝠，尤其是狐蝠或者果蝠，是进化得最好的热带物种，仅次于灵长类。[2]因此，以人类和猿类为一边，以鸟类为另一边，蝙蝠就处于这两者中间。唐代人将它们称作"仙鼠"，是很贴切的。[3]这表明，蝙蝠在哺乳动物中有一种独特本领，哺乳动物本当在地面活动，它们却能飞离地面，翱翔于天空。

与此相应，南方蝙蝠中最著名的是泷州的红蝙蝠，有着艳丽的翅膀。[4]这种红蝙蝠总是雌雄双双，形影不离，在红蕉花和蕉林沙沙作响的阔叶中来回穿梭。正因这种对配偶的忠诚，使得它们被捕捉并钉在姑娘的衣服上作为媚药。它们与龙眼树上的象鼻虫、黄色的鲨珠、在橄榄树上大声啼叫的神秘螃降，以及海底的诺龙（"诺"也许来自naga？）一样，都有强大的魅惑功效。[5]

---

[1]《本草纲目》卷44页31a引陈藏器语。
[2] 华莱士，《热带自然及有关论文》，页118—119。中国南方果蝠种类可参考泰特，《东亚哺乳动物》，页71—75。
[3]《中华古今注》，页35。《本草纲目》卷48页8b引苏恭说。
[4] 在安南同样有名。
[5]《北户录》，卷1，页15a—16b。《岭表录异》，卷中，页15。《酉阳杂俎》，卷8，页242。《南部新书》，卷7，页66。有些菊头蝠在某段时间会呈红色，但我不知道它们是否经常穿梭于芭蕉树中。广东和安南的果蝠吃香蕉或其他果实，但我不清楚它的颜色。可参见埃伦，《中国及蒙古的哺乳动物》，页153—155。泰特，《东亚哺乳动物》，页106。

无论它们是一种真正的南越蝙蝠，还是红色的飞鼠，[1]这种红色的夜行动物都与朱雀十分相像，而朱雀正是这片全新热带土地的精神象征。然而，比起鸟类来，这种"仙鼠"还是与人类更加接近——没那么像天使，也没那么超凡脱俗。

鸟　类

热带是鸟类的天堂。大约百分之八十五的鸟类只生活在热带地区，此外还有许多其他鸟类在热带过冬，再经过漫长的迁徙旅途回到气候较为凉爽、生存竞争较小之地繁衍生息。[2]从主观上说，有些鸟儿比其他鸟类更适合在热带生存。比如我们觉得，色彩艳丽的鹦鹉就属于热带，尽管在温带和卡罗来纳也都有鹦鹉。我们更为惊讶地得悉，鸽子也能在热带安家，尤其是闪闪发光的果鸠。当然，还有许多鸟类完全不见于温带地区，因而都被打上了难以磨灭的"异域"标记。例如咬鹃和须䴕，它们分布在新、旧大陆的热带。仅限美洲这一鸟类天堂与培养所而言，就有鹟䴕、翠鸿、巨嘴鸟、蜂鸟、喷䴕鸟和短尾鸿；而仅限于"东方"热带地区的，则有食蜂鸟、犀鸟、金丝雀、八色鸫和野鸡。当我们把目光最终停留在远东热带地区时，则会发现山雀、绿鸭、琵

---

[1] 大飞鼠属。埃伦，《中国及蒙古的哺乳动物》，页153—155。泰特，《东亚哺乳动物》，页106。薛爱华，《唐代的祥瑞》，页212。

[2] 贝茨，《那里从无冬天：热带居民与自然之研究》，页191。《动物世界》，页195。

第十一章 动物

嘴鸭[1]等等。

对于热带鸟类，我们的第一反应就是它们色彩明艳。沃尔特·罗利对圭亚那的描述，与我们的期待完全一致：

> 我们看到了各种颜色的鸟儿，粉色的，深红色的，橙色的，紫色的，绿色的，还有其他各种单色或混合颜色的。对我们来说，光是看着它们就已经觉得心满意足。[2]

这种期待是有某种道理的。热带鸟类的确色彩缤纷，它们的羽毛大多闪耀着艳丽的金属色泽。华莱士发现，有些鸟类的色彩甚至具有地域特征：在摩鹿加群岛和新几内亚，有两种相当特别的鹦鹉种类呈亮红色；澳大利西亚则既有黑色的鹦鹉，也有黑色的鸽子；而马达加斯加的鹦鹉和鸽子则为黑色或深红色。[3]然而并非全都如此。北方同样有鲜艳夺目的鸟类，如鸳鸯和木鸭；在温带的中国和蒙古，甚至还生活着金黄色或银白色的野鸡，有可爱的闪亮羽毛。[4]反过来，热带的某些地区空旷、日照强烈，要么是一片沙漠，要么是光秃秃的岩石地带，或是干旱的草地，这些地方的鸟儿反而是褐色、棕黄色，或赭色的。[5]尽管如此，阴郁的热带森林里依然满是羽色艳丽的鸟类，只是这种环境林木密集、

---

[1] 华莱士，《热带自然及有关论文》，页99，页319—320。
[2] 罗利（Sir Walter Ralcigh），《圭亚那之发现》，转引自埃文斯，《热带居民：殖民文集》，页132。
[3] 华莱士，《热带自然及有关论文》，页264。
[4] 华莱士，《热带自然及有关论文》，页163。
[5] 同上。

光线幽暗,很难将这些鸟儿看个清楚。

> 赤道地区的森林往往被描绘为一个明亮而多彩的地方,有着难以计数的花朵,充足的水果,参天的大树,攀援着丛生的藤葛。那里生活着许多毒蛇,它们美丽的眼睛如宝石一般,还有无数比鲜花还要艳丽的鸟类。那里虽然危险重重,但实在是个天堂。这些细节都很准确,但整幅图画却是错误的……在马德拉群岛森林中,巨嘴鸟和金刚鹦鹉的确很多,但并不常被人看到,即使我们见到,往往也只是个模糊的影子,像一道白光般,瞬间就飞往高处。[1]

只有耐心、专注地观察,才能发现热带雨林中这种像宝石般的鸟儿和花朵。

在唐代,一个敏感而又善于观察的北方人,绝不可能忽视南越季风雨林中这样的美景。[2]这是个色彩斑斓的鸟类世界,迥异于有着麻雀、乌鸦和老鹰的北方大地。借用赋的风格来描述,这个世界是:

> 卷尾鸟生光,
> 山椒鸟鲜红。
> 八色鸫多彩,

---

[1] 汤姆林森(H. M. Tomlison),《海洋与热带丛林》,第6章。
[2] 华莱士,《热带自然及有关论文》,页99、165。贝茨,《那里从无冬天:热带居民与自然之研究》,页191。

食蜂鸟穿行。

红胸啄花鸟,

叉尾太阳鸟,

铜蓝鹟,

绶带鸟。

鹟鹛与夜莺,

咬鹃和角雉。

更不必说还有卷尾鸟、缝叶莺、棕扇尾莺、叽叽喳喳的画眉、绣眼、禾雀、织布鸟,以及巨嘴鸟[1]——这个世界,让我们的想象变成了狂热的梦境。某些汉人必定领略过这一切,但他们并没有描述过,部分是因为他们尚未做好准备,来命名这些奇特而鲜艳的鸟类。巫卜和药学家是中国传统鸟文化的最佳代言人,某种程度上诗人也是,但他们都只关注古老的中国腹地即黄河流域所特有的鸟类的特征,而忽视了所有海边、海上的水鸟,也忽视了所有不易为人见到的森林鸟类,以及非古典的南方地区那些五颜六色的鸟儿,只有少数几个突出的例外而已。[2]总体来看,身处南越的迁客们更关心那里所缺乏的,而不是已经存在的。在炎热的岭南沿海地区潘州,有位憔悴不堪的北方人这样写道:"北鸟飞不到"。[3]哪怕被流放的诗人关注了他身边树上的诸种鸟儿,他的视野也仅停留在南方

---

[1] 沃恩(R. E. Vaughan)、琼斯(K. H. Jones),《中国东南部及香港、澳门的鸟类研究(尤其是其筑巢与季节性迁徙)》,《朱鹭》,卷1(1913年),散见各处。
[2] 薛爱华,《唐代的祥瑞》,页198。
[3] 李明远,《送韦觐谪潘州》,《唐诗纪事》,卷59。

的刻板形象和流于表面的象征，正如沈佺期在其驩州山居所见：

愿陪鹦鹉乐，希并鹧鸪留。[1]

在古典时代，鹦鹉和鹧鸪早已为中国人所知，并成为标准的南方意象的一部分，所有唐代作家对此都很熟悉，但他们却丝毫不曾提及太阳鸟或山椒鸟。要创作这类诗句，他们甚至用不着见过真正的安南鹦鹉或活生生的鹧鸪。这一时期的大多数中国作家，与欧洲中古时期的拉丁语学者没有什么两样，他们尽管经常写到鸟类，却从不观察自然，而只依赖与鸟类相关的传统比喻和寓言，读者对此能够立即辨认与领会。绘画也是如此，鹦鹉和孔雀之形象见于中古中国画作，但它们只是宠物或皇家贡品，而不是南越森林中的野生鸟类。深得唐玄宗赏识的花鸟画家姜皎，于公元722年被流放钦州。他有可能曾借画犀鸟和燕卷尾鸟，来打发令人厌倦的时光，但对此却没有任何相关记载。[2]

在南越鸟类中，最为绚丽而高贵的是孔雀，它是看得见摸得着的凤凰。尽管有些原产地不明的孔雀很早就出现在北方的园林中，但直到公元三世纪，才有明确的证据表明当时南越贵族的花园里已经圈养孔雀。[3] 这不是西方动物园中常见的印度孔雀，而是所谓"缅甸"或"爪哇"孔雀（绿孔雀），全身泛着紫铜色和

---

[1] 沈佺期，《从驩州廨宅移住山间水亭赠苏使君》，《全唐诗》，卷97。
[2] 《历代名画记》，卷9，页12a—12b。
[3] 薛爱华，《撒马尔罕的金桃》，页96—97。何可思，《宗教与民间故事中的孔雀》，《莱比锡民族学博物馆年鉴》，卷10（1951年），页70。他在该文中介绍了商代青铜器上的孔雀纹饰。

金绿色光泽。在今天,中国只有一个地方能看到这种迷人的鸟儿,即遥远的云南与缅甸的边境,在那里它们也同样很稀罕。[1]在唐代则截然不同,在罗州和雷州的森林中,这些孔雀随处可见,并被活捉运往京城。这种孔雀在安南也很多,安南都护将大量孔雀尾羽作为岁贡送往长安。[2]南越人还将孔雀幼鸟拴在树林中当作诱饵,以此来捕捉它们的同类。[3]他们在村中驯养孔雀,这样更易于收集闪闪发光的金翠羽毛,用以制作羽扇。[4]在一首用常见词牌填写的晚唐词中,孙光宪将如金线织就般的绿孔雀尾羽与翠鸟的宝蓝色羽毛相提并论;两种美丽鸟儿都是南越少女们竞相追逐的对象(这种非凡的飞禽,通常被称为"孔雀"):

孔雀尾拖金线长,怕人飞起入丁香。[5]
越女沙头争拾翠,相呼归去背斜阳。[6]

单眼图案的孔雀尾羽被制成扇子,并有个专有名称,叫做

---

[1] 拉都胥(La Touche),《华东鸟类手册》,卷2,伦敦:1934年,页223。郑德坤,《古代中国新论》,《古物》,卷38(1964年),页109。
[2] 《新唐书》,卷43下,页14a。《元和郡县图志》,卷38,页1083、1085、1090—1091。薛爱华、沃拉克,《唐代土贡研究》,页225。薛爱华,《撒马尔罕的金桃》,页97。
[3] 《北户录》,卷1,页2b。参照《南方异物志》。薛爱华,《撒马尔罕的金桃》,页97。
[4] 《岭表录异》,卷中,页15。
[5] 唐诗中常见的"丁香"并非真正的丁香,详细论述见薛爱华,《撒马尔罕的金桃》,页171。
[6] 孙光宪,《八拍蛮》(词牌名),《全唐诗》,卷897。另有皮日休孔雀诗一首,《病孔雀》,《全唐诗》,卷613。

morchals。[1]这种孔雀扇对于朝廷礼仪意义重大,就像"翟扇"在上古时代意义重大一样。孔雀尾羽亦可制成精美的帘子和拂扇,"粲然可观,真神禽也"。[2]孔雀还有其他用途,当地蛮族将其烹而食之(据说其滋味与鹅肉相似),说来很不光彩,而其血和头则被用来解大毒。[3]

孔雀的传说与神话似乎大部分源于南方,小部分来自印度。孔雀与蛇交配的传说在南越广为流传[4],这很可能是某种神鸟征服黑暗精灵的印度神话在中国的变形。[5]孔雀的其他常见特性,在东方和西方都广为人知,尤其是它们的虚荣心(唐人说,它们见到衣着鲜丽的年轻男女,会心生妒忌"追而啄之")[6],以及舞蹈天赋(西方文艺复兴后期的"孔雀舞",正是由此而来)。

孔雀是南越重要的鸟类象征。它频频出现在唐代文献里,被称为"越鸟",似乎就是神圣的朱雀。事实上,它与雉以及其他色泽艳丽的南方鸟类,都曾经占据这一象征地位,但它们都不是红色的。[7]起初"越鸟"可能是一种广义上的鸡形目动物,有着与原鸡、孔雀和许多雉科鸟类共同的特征。但不管怎样,到了唐

---

[1] 十八世纪英印语。见玉尔、伯内尔,《英印语日常用语词典》,页449。
[2] 《北户录》,卷1,页2b—3a。薛爱华,《撒马尔罕的金桃》,页111—112。
[3] 《太平广记》卷461页1a引《纪闻》。
[4] 同上。
[5] 何可思,《宗教与民间故事中的孔雀》,页67、72。
[6] 《太平广记》卷461页1a引《纪闻》。
[7] 一张汉初瓦当拓片上有南方神鸟的图案,带有三根单眼尾羽。吴纳苏,《中国与印度建筑》,纽约:1963年,页49。这更像是孔雀,而非大眼斑雉。雉的羽毛通常不够鲜艳,呈黄褐色,略微偏红。

代，它专指绿孔雀。在一首题为《孔雀》的诗中，李郢将其称作"越鸟"，并称其"一身金翠画不得"。[1]然而，对于被放逐的诗人来说，"越鸟"不是朱雀，南越的孔雀很难代表南方神圣的本质，以及他们心中太阳那神秘的力量。它代表的只是这片炎热而陌生土地的种种情感与物质的属性，并与家乡的、愉悦的事物形成对照。用李德裕的话来说：

不堪肠断思乡处，红槿花中越鸟啼。[2]

孔雀刺耳的啼鸣频频成为乡愁的隐喻——"越鸟惊乡梦"[3]，有时候，在"越鸟"这一当代主题以及"越女"、"越花"等意象之上，又添加了与周代古越国的神话或事件相关的复杂典故。

翠鸟并非仅限于热带地区，尽管热带翠鸟种类齐全，并且最多彩的品种似乎也都集中在热带地区。中国的翠鸟种类繁多，包括体形较小的蓝色、橙色的普通翠鸟，分布于中国各地，数量充足；黑白相间、叫声刺耳的斑鱼狗，是低地淡水鱼类的捕食者；以及斑翡翠在山中的近亲冠鱼狗等。还有一系列其他种类，其中最美丽、也最为人觊觎，因而受迫害也最多的是"白胸翡翠"，但这一通用名称并未表明它的头部和腹部呈栗色，背部则闪耀着彩虹般的钴蓝色与青绿色光泽。这种南方的食蟹鸟类，在唐代文学中称为"翡翠"，

---

[1] 李郢，《全唐诗》，卷590。
[2] 李德裕，《谪岭南道中》，《李卫公会昌一品集》，卷4，页204。
[3] 李中，《送人南游》，《全唐诗》，卷749。

与我通常使用的古英语名 halcyon（翡翠鸟）相当。[1]萨谢弗雷尔·西特韦尔曾经谈到这些大头的小精灵，说它们"在我们眼里一定是天才的幽灵"，而更合乎本书主题的描述则是，"没什么比得上它们那蓝色翅膀和肩部闪耀的火焰，它们象征着夏季火一般的天气。"[2]在中国，它们就像含有天青石或蓝宝石的岩石一般，是一种贵重饰品的来源。其汉语简称"翠"更是频繁出现在文学作品中，不仅出现于"孔翠"（孔雀与翠鸟）这样以金绿色与蓝色相对的复合词中，还作为一种颜色意象，以"翠黛"与美人的红裙相对，更不用说还有"翠柳"和"翠玉"等。更重要的是，它还出现在某些能够反映当时社会流行翡翠蓝色饰品之风习的词语中。如"翠钗"一词就常被用于描绘宫中佳丽的盛装，诸如此类的套语在浪漫诗歌中比比皆是。神灵所穿的服饰，翠羽光彩夺目，这种描述自有文字记载以来就已出现。周朝中期就有了"翠被豹舄"。[3]在半神话的《禹贡》中，可爱的蓝色翠羽理所当然地与象牙、朱砂、犀牛皮一起，被归入丰饶的南方物产之列。即使迟至唐代，"集翠裘"仍然是一位宠臣的华服。[4]在唐代，这种重要的资源主要来自广州以西的岭南沿海，尤其是安南地区。[5]翠羽贸易的兴盛在

---

[1] 沃恩、琼斯,《中国东南部及香港、澳门的鸟类研究（尤其是其筑巢与季节性迁徙）》，页181—184。拉都胥,《华东鸟类手册》，页72—81。郑作新,《中国鸟类分布目录》，北京：1955年，页209—216。另一种翡翠属食蟹鸟类是蓝翡翠，分布在印度至韩国沿海。

[2] 西特韦尔,《猎人与猎物》，伦敦：1947年，页203—205。

[3] 《左传·昭公十二年》。

[4] 《集异记》（见《唐代丛书》），卷17，页18a—18b。

[5] 《通典》，卷184，页978c。《元和郡县图志》，卷38，页1083—1092。薛爱华、沃拉克,《唐代土贡研究》，页225，图7。薛爱华,《撒马尔罕的金桃》，页110。

第十一章 动物

众多诗词中得以证实。九世纪早期,许浑就曾提到循州集市上的翠羽买卖,在诗中,他用南越方言词"虚(墟)"来代表集市。[1] 差不多与他同一时代的韩愈也写道,南越家家户户都种植黄柑,而他们用来贸易的典型商品则是翠羽。[2] 下引周繇的这两句诗表明,备受喜爱的翠羽也有些来自海外,很可能来自林邑:

山村象踏桄榔叶,海外人收翡翠毛。[3]

以这种性情凶猛的南方小鸟的羽毛制成的迷人斗篷和璀璨头饰,这类意象十分突出,几乎从不曾为唐代诗人遗忘过。只有一个例外,在钱起这首诗中,翠鸟只是以其本来面目出现:

有意莲叶间,瞥然下高树。
擘波得潜鱼,一点翠光去。[4]

自古以来,鹦鹉在东西方都备受欢迎,它们既是家养的宠物,也是"自作聪明"的典型象征。古希腊人和古罗马人显然只知道环颈鹦鹉,[5] 在中古英语中,这种环颈鹦鹉也很常见,被称为 popinjays 或 popingoes。聪慧能言的非洲灰鹦鹉,

---

[1] 许浑,《岁暮自广江至新兴往复中题峡山寺四首》,《全唐诗》,卷537。
[2] 韩愈,《送桂州严大夫》,《朱文公校昌黎先生集》,卷10,页13a—13b。
[3] 周繇,《送杨环校书归广南》,《全唐诗》,卷635。"桄榔"与"翠羽"也出现在张九龄的诗中,《送广州周判官》,《全唐诗》,卷48。
[4] 钱起,《衔鱼翠鸟》,《全唐诗》,卷239。
[5] 斯科特(Amoret Scott)等,《鹦鹉的历史》,《星期六》,卷21(1961年),页177。

在近代被视作水手们的伙伴,它直到十六世纪才出现。然而,这两种鹦鹉与金刚鹦鹉羽毛的浓墨重彩相比,就黯然失色了。[1]

在上古时期,中国北方的西部山丘就有鹦鹉。这一物种最终都因为捕猎而灭绝了,因此其种类已难以确定。它可能是绿色或紫色的德拜鹦鹉,今天仍可在四川地区见到,但是根据描述,来自陕西的最西部的鹦鹉有时是黄色的。[2]我无法判断这种金黄色鹦鹉是否属于已消失的"西部山丘"鹦鹉,又或是其中的稀有种类。不管怎样,自汉代起,或稍晚于汉代,它们在大家心目中的地位,开始部分地被一种更加鲜艳的热带鹦鹉所取代。这种热带鹦鹉来自印度支那和太平洋岛屿,包括某些罕见品种,如深红色的吸蜜小鹦鹉和纯白色的葵花鹦鹉。[3]同时,唐人新占领的南越这片土地,还出产羽色鲜艳如花的新品种,这些鹦鹉还进入北方人家的厅堂。在二十世纪,南越地区的鹦鹉可分为三类:环颈鹦鹉,整体呈亮绿色和蓝色,喉部为黑色,颈环为玫瑰色;绯胸鹦鹉,整体以不同层次的暗绿色为主,头部灰李色,胸部酒红色;以及花头鹦鹉,鸟体大部为绿色,翅膀有部分红棕色羽毛,脸部粉红色,颈背蓝紫色,并有黑色环颈。[4]短尾鹦鹉身体大多以绿

---

[1] 斯科特等,《鹦鹉的历史》,页178—179。难以理解,金刚鹦鹉(学名:Ara macao)是用中国沿海的"澳门"来命名。斯科特注意到在美国沃本,有一幅十七世纪中期的画描绘了一种葵花凤头鹦鹉,但直到1770年,人们才在澳大利亚正式发现了这种鹦鹉。

[2]《金史》,卷17,页5894d。

[3] 薛爱华,《撒马尔罕的金桃》,页99—102。

[4] 拉都胥,《华东鸟类手册》,页61—63。有关这种长尾鹦鹉的现代分布,可参考郑作新,《中国鸟类分布目录》,页173—174。

色为主，但鸟喙和臀部多为红色，甚至也见于广州地区。[1]唐代博物学家曾说道，在广州西部的沿海州郡，有大量颜色绚丽的鹦鹉生活在果树林里，但他却并未对其种类加以辨别。另一则记载更加明确，它描述了一种红嘴绿鹦鹉，它能够像人类一样说话唱歌，其体形小于传统的北方鹦鹉[2]，但目前还无法确定它们的种类。

正如在西方世界一样，东方热带地区这些秀丽的鹦鹉，受到中国人由衷的喜爱。这些鸟儿有着绚丽的色彩，惊人的智慧，甚至能学会人类的语言。这里有个典型的例子，九世纪时有一只喂养在僧寺中的鹦鹉，能每天在晨钟之后念诵《金刚经》。[3]但是这些聪慧的鸟儿也有令人生厌的一面。南越人通常害怕触摸鹦鹉，担心会感染一种现今被称作"鹦鹉热"的致命疾病，此病的最新名称为"饲鸟病"，因为这种疾病绝对不仅限于鹦鹉。[4]鹦鹉的这些属性，还有其他一些属性，譬如见到聪明的鹦鹉被关于笼中而产生怜悯之情，以及用典中涉及大量印度和佛教故事，在唐诗中都有体现，唐诗中甚至有时提到它们的绿羽红嘴。然而，所有这些诗中写到的南越鹦鹉，几乎从来没有出现在南越

---

[1] 郑作新，《中国鸟类分布目录》，页174—175。德拉古（Jean Delacour）、雅布埃尔（Pierre Jabouille），《法属印度支那的鸟类》（奥里亚克，1931年）页161提到它分布在老挝和安南地区。
译注：德拉古书薛爱华于本书参考文献中漏注，今补出之。
[2] 《北户录》，卷1，页5a—6b。薛爱华，《中古中国的鹦鹉》，页275。罗州和交州都进贡鹦鹉。《元和郡县图志》，卷38，页1083。薛爱华、沃拉克，《唐代土贡研究》，页57—58，页225。
[3] 《舆地纪胜》，卷95，页7b—8a。
[4] 《北户录》，卷1，页5a—6b。

当地的森林中。我只注意到有一首诗很含糊地涉及:"野禽人语映红蕉"。[1]这句诗写的是南越的长尾小鹦鹉或吸蜜鹦鹉,其羽毛辉映着红蕉花的鲜艳颜色,但诗中并没有明确提到"鹦鹉"一词。

在一般唐代诗人眼中,南方的鹧鸪最为出类拔萃。在南亚,这种喉部呈白色的雉科鸟类非常出名,其汉语名称"鹧鸪"一词源于印度名 chakor 或 chikur,与梵语 cakora 有关。在旧式英印语中,它被称为 chikore;北美也有这种鸟(或其近亲),叫做 chukar,它是作为猎禽而成功地引进到北美的。[2]我将中国鹧鸪称为 chukar。在唐代,鹧鸪大量见于长江流域,在南越地区更为常见。[3]今天,中国鹧鸪这种善于在草地上奔跑的浅黄色鸟儿,其分布区域从福建向东南延伸到广西,偶尔也有在北至浙江的地区发现鹧鸪的报道。[4]如果无情一些,那么,鹧鸪堪称是一道美食。用柳宗元的话说,白色的鹧鸪肉"甘且腴"[5],远胜于家鸡及野鸡。[6]而且,鲜美的鹧鸪肉,与适量的酒同服,能解菌毒及瘴疠之气,甚至对濒死之人也有起死回生之效,故而备受赞誉。[7]而在象征

---

[1] 陆龟蒙,《和吴中言怀寄南海二同年》,《甫里先生文集》,卷9,页28b。
[2] 玉尔、伯内尔,《英印语日常用语词典》,页148—149。伯希和,《马可波罗行纪诠释》,卷1,页231—232。伯希和不能肯定"鹧鸪"是否与"cakora"为同源词,这颇令人惊讶。
[3] 《岭表录异》,卷中,页15。
[4] 拉都胥,《华东鸟类手册》,页260—261。斯迈西斯(B. E. Smythies),《缅甸鸟类》,伦敦:1953年,插图22。郑作新,《中国鸟类分布目录》,页82。
译注:广西在福建西南方向,原书作"东南",当是笔误。
[5] 柳宗元,《放鹧鸪词》,《全唐诗》,卷353。
[6] 《岭表录异》,卷中,页15。
[7] 《北户录》,卷1,页4b。《本草纲目》卷48页7a引《唐本草》。

或神秘的层面上,鹧鸪则成了一种畏惧霜露的"太阳鸟"。[1]鹧鸪追逐温暖的太阳("阳"),总是朝着南方飞去,故有时被称作"越雉"。[2]就连它那忧愁的啼叫声,也在宣示着它的偏爱之心,它啼叫着:"但南不北"。[3]但是,在印度,鹧鸪却酷爱沐浴在月光里[4],它与月亮的这种联系,也能在其进入中古中国的过程中找到一丝痕迹。据段成式记载,鹧鸪的活动与朔望月有关——在正月里,它只飞出去一次,其余时间就待在巢中,在十二月则飞出去十二次,其他以此类推。[5]

但对于唐代诗人而言,鹧鸪更是人类情感的一种符号,而并非与宇宙相关的象征。一位现代作家写道:"一旦听过它那奇异而高亢的悲鸣,就再也无法忘掉,那是中国乡野最独特的声音之一。"[6]漂泊的游子听到它的声声哀叹,觉得它就是在为他们的背井离乡而诉说和哭泣:

> 湘江斑竹枝,锦翅鹧鸪飞。[7]

这两句诗似乎只是单纯描绘湖南的景色,但实际上却道出了离别

---

[1]《中华古今注》,页32。
[2]《禽经》,页7a。亦见于《酉阳杂俎》,卷16,页125—126;续卷8,页244。
[3]《北户录》,卷1,页4b。
[4] 伯希和,《马可波罗行纪诠释》,卷1,页231—232。
[5]《酉阳杂俎》,续卷8,页242。
[6] 沃恩、琼斯,《中国东南部及香港、澳门的鸟类研究(尤其是其筑巢与季节性迁徙)》,页353。
[7] 李益,《山鹧鸪词》,《全唐诗》,卷283。可参照李涉,《鹧鸪词二首》,《全唐诗》,卷477。

的乡愁。在这里，色彩斑斓的鹧鸪代表了一颗高贵然而痛苦的心灵。征服过安南的高骈，顺理成章地借鹧鸪这一意象，慨叹这场旷日持久的征南之行。他在送别有幸被召回京城的官员时，写下了这样的绝句：

    云水苍茫日欲收，野烟深处鹧鸪愁。
    知君万里朝天去，为说征南已五秋。[1]

  从四世纪开始，南越一种华丽的原鸡属动物就见诸记载。当地人将它那巨大而中空的黄色鸟喙制成酒杯，震撼了北方的汉人，这种超乎寻常大小的鸟类，是北方人无法想象的。[2] 它们的名字叫做"鹳鹕"，也称作"越王鸟"，这意味着它们是南方鸟类中头戴金冠的国王，如同越王赵佗一样。五世纪中叶，僧人竺法真游历罗浮山时，还曾描述过这种高贵的鸟类，自那以后，它们就从这片南方大地上消失了。他称，越王鸟的喙被制成酒器，"珍于文螺"，也就是说，比用花纹斑斓的海螺制成的酒杯还要好。他还观察了它们的饮食习惯：

    不践地，不饮江湖，不喽百草，不饵虫鱼，惟噉木叶。
    粪似熏陆香，山人遇之，既以为香，又治杂疮。[3]

---

[1] 高骈，《安南送曹别敕归朝》，《全唐诗》，卷598。
[2] 《太平御览》卷928 页2a 引《交州记》。
[3] 《太平御览》卷928 页1b 引《登罗山疏》。苏远鸣《罗浮山宗教地理研究》页132 指出，篇名应为《续罗山疏》，即对前次罗浮山纪游的补充。

第十一章　动物

这位高僧的叙述贵在生动，却失之精确。他描绘的是一种杂食鸟类：它喜食果木，也不拒绝小型爬虫、哺乳动物，甚至是大型昆虫。[1]

这种越王鸟应是一种声音嘈杂、黑白相间的犀鸟，和冠斑犀鸟、白头犀鸟一样，此类犀鸟都有中空的、蜂窝状的鸟嘴和盔突，但却与来自更南方的盔犀鸟完全不同。在明清时期，工匠们将盔犀鸟坚硬的象牙色头胄雕刻成精巧的工艺品。[2]它们全都属于同一个庞大的类别，与翠鸟科、翠鸿科、戴胜科有着亲缘关系，这些都是印度支那和印度尼西亚的热带地区所特有的。有几位唐代博物学家注意到了这种犀鸟，但是他们的描述也都十分平常，没能超出早于他们五百年的先辈。[3]他们像那些前辈一样，都特别关注美丽的盔突如何能变成盛酒的容器。不过有一位补充了一些内容："曲颈长足，头有黄冠如杯，用贮水，互相饮食众鸟雏。"[4]另一位先是赞美这种黑色和黄色的鸟喙"状如人画"，接着认为这种犀鸟来自越南北部或更南部。[5]显然，它们在岭南很是少见，或是五世纪时才开始从那里消失，除非法真记录的只是

---

[1] 德拉古、雅布埃尔，《法属印度支那的鸟类》，页328。
[2] 德拉古、雅布埃尔，《法属印度支那的鸟类》，页327—328。柏克希尔，《马来半岛经济作物辞典》，页1194—1196。坎曼（Schuyler Cammann），《漫话犀鸟头胄》，《大学博物馆学报》，卷15，第4期，费城：1950年，页19—22。参看《本草纲目》卷47，页1b。
[3] 《酉阳杂俎》，卷16，页129。
[4] 《岭表录异》，卷中，页13。
[5] 《太平御览》卷928页2a引《南方异物志》。按：所引书名原作"草木志"，显然应作《异物志》。
译注：原文云："喙长尺八九寸，黄白黑色，状如人画，光饰似漆，莹磨尤益鲜明，多持以饮酒。出交趾、九真。"

他的所闻,而非所见。

有一种船名为"艨艟",形似犀鸟,在唐代时,它也经常被叫做"蒙冲"。[1]这是一种狭长的战船,一种有撞角的快艇。"蒙冲"的字面解释为"覆盖,冲突"(也许是来自民间语的词源?),有一则唐代史料告诉我们,这种船整体覆以生牛皮,只留下划桨之孔和"弩窗"、"矛穴"以对抗敌军。它的特点在于速度,而不是战斗力。[2]公元208年,周瑜在赤壁用这种战船成功击退了曹军,这是蒙冲在史上的首次亮相,也是最辉煌的时刻,此船因此而著名。[3]在九世纪中国中部的湖泊地区,这种极具进攻性的小船仍然用来抵抗贼寇,并屡试不爽。[4]唐代人是否曾将它与犀鸟的名字联系起来,是很可疑的,除非他们只是出于语言学层面的思考。在中国,用鸟类名来命名船只的做法由来已久。虽然周瑜的战船有可能曾经被称为"艨艟(鹲鹲)",但其实这种森林犀鸟更有可能被称为"蒙冲",它们的大嘴正像是船体和凸出的船舱室一样。不管怎样,它们是幽暗的森林中巨大而可怕的巡洋舰,如同南方的鹅一样,"像鬼船般出没在广州地区的水域上"。[5]在这一点上,犀鸟显然是所有鸟类的代表。圣·琼·佩斯曾做过这

---

[1]《广韵》中称之为"艨艟"。但唐代多作"蒙冲",这一用法可追溯到汉代。"艨艟"被理解为由"艨"、"艟"二字构成的联绵词。

[2]《通典》,卷160,页848c—849a。
译注:原文云:"蒙冲,以生牛皮蒙船覆背,两厢开掣棹孔,左右前后有弩窗矛穴,敌不得近,矢石不能败。此不用大船,务于速疾,乘人之不及,非战之船也。"

[3]《三国志》,卷54,《吴志》,卷9,页1049d。

[4] 这么做的是崔郾,《新唐书》,卷163,页6b,《旧唐书》,卷155,页4a。

[5] 苏远鸣,《罗浮山宗教地理研究》,页61。

样的概述："解剖过鸟的学生或好奇的顽童，会永远记得鸟类与船只有多么相似……"并详尽地描述了诸多细节。[1]相比之下，萨谢弗雷尔·西特韦尔则将所有的犀鸟都看作戴面具的演员："无论在哪里见到它们，它们都像是居住在幻想的另一个世界里。它们扮演着智慧的角色，就像影戏中的木偶或傀儡一样，人类思想转嫁到了它们身上。"[2]然而，唐代诗人似乎并没有注意到这些长着船嘴的古怪小丑。

远东山地是美丽的雉科鸟类的家园，而中国本土更有许多艳丽夺目的雉类，尤其是四川和云南的高山地区。它们是西藏丘陵地带的标志性鸟类，正如杜鹃花是那片空气稀薄、积雪皑皑的地区的典型花卉一般。它们中也有一些是住在低地的古代中国人所熟悉的，并在他们的物质文化、民间传说和文学中占据了重要的位置。有人认为，中国神话中伟大的百鸟之王——"凤凰"，就是人们对百眼雉的理想美化，我不能确认这一观点正确与否，因为百眼雉来自印度支那，而不是产于中国。凤凰的艺术形象（如同越鸟的意象一样），很可能是多种雉科鸟类和孔雀的混合，在人们心中，这些鸟儿适合作为凤凰这种古老鸟类象征意象的参照。在古汉语中，有五种本土的雉科鸟类早已有了固定的名称，并一一对应着它们在原始文化中的重要角色。[3]它们的羽毛在其中占有重要地位，不仅具有魔力，而且具有仪式性和审美性：

---

［1］　圣·琼·佩斯（Saint-John Perse），《禽类》。
［2］　西特韦尔，《猎人与猎物》，页182。
［3］　同上书，页191。他曾提到一个名为Marquess Hachisuka的研究者认为，百眼雉是中国的凤凰。我不知道这种说法有什么依据。

雉：环颈雉，也表示广义的雉科鸟类；

翟：长尾雉；

翚：勺鸡；[1]

鷩：金鸡（红腹锦鸡）；

鹇：银鸡（白鹇）。

南越雉科鸟种类并不特别丰富，尽管这里有适应力极强的环颈雉，而且几乎到处都有。人们还能在南越看到那些北方高山的雉类，比如勺鸡，以及黄腹角。[2]真正与南越紧密相连的是银雉，尽管它也会出现于南越以外的地区。[3]这种鸟儿主体呈白色，头部灰蓝色，脸部、腿部为深红色，实际上是鹇属的一种。汉语中的"鹇"显然是指这种鸟类。这种骄傲的白鸟一直被称为"白鹇"。[4]虽然白鹇并不是南方特有的象征（首先颜色就不适合），但也会暂时作为南越的象征。例如在张籍的诗中，诗人充满信心地预言，奉天子之命来到广州任职的可敬的刺史，一定会受到南越最美丽的动植物的热诚欢迎：

---

[1] 《禽经》页3描述"翚"的色彩很丰富。这一描述应是指中国较为常见的山雉。

[2] 拉都胥，《华东鸟类手册》，页228—232、240—243、247—249。有关勺鸡的分布范围，可参照郑作新，《中国鸟类分布目录》，页101。

[3] 郑作新，《中国鸟类分布目录》，页97—99。银雉的分布范围从浙江南部延伸到云南以西。

[4] 拉都胥，《华东鸟类手册》，页243—244。薛爱华，《撒马尔罕的金桃》，页111。

第十一章 动物

> 白鹇飞绕迎官舫,红槿开当宴客亭。[1]

唐玄宗是一位狂热的鸟类爱好者,他听说了这些美丽的飞禽之后,下令从南越带一只白鹇到长安,与御花园众多的珍禽灵鸟一起喂养。751年秋,萧颖士在从长江流域返回京城时,路遇一只关在笼中进献皇家的白鹇鸟,并与之同行。它孤独的悲鸣深深打动了他,他创作了一篇赋赞美它。他准确地描绘了白鹇的样子,从"素质黑章"到"爪嘴纯丹",并毫不迟疑地将它看作一种高贵的动物,一种不愿接近人类,更不愿被圈养或驯服的自由精灵。他从白鹇的羽毛中看到了古代礼服上的图案,还将它红色的脸颊比作"妖姬之殊颜"。它像一位道教仙人,"游必海裔,栖必云间。"[2]但是,唐人对这种仙鸟仍然知之甚少,在诗中鲜有提及。我只见到两首与之相关的唐诗,其一为宋之问所作,讲述友人以珍贵的桐木琴和白鹇相赠,而他将这只鸟儿放飞,还其自由之身。[3]另一首诗是李白的作品。在诗及序中,他描述了友人的一对白鹇,它们性情驯顺,甚至能在他手中取食。李白对它们爱不释手,提出以白璧一双(颜色与白鹇相称)作为交换,并将这种鸟的羽毛比作白色的锦缎:

> 夜栖寒月静,朝步落花间。[4]

---

[1] 张籍,《送郑尚书赴广州》,《全唐诗》,卷385。
[2] 萧颖士,《白鹇赋》,《全唐文》,卷322,页8a—9b。
[3] 宋之问,《放白鹇篇》,《全唐诗》,卷51。
[4] 李白,《赠黄山胡公求白鹇》,《全唐诗》,卷171。

这首诗以李白最爱的白色、银色为基调,并通过玉、月、锦、白鹇以及南天竹圆锥序状的亮丽白花等意象呈现出来。[1]白鹇堪称真正的月光之鸟,与太阳国度的朱雀恰恰相反,它们构成了一组对等的反象征。

在中国中部和南部的低地田野中,其代表性鸟类虽不美丽,却非常友善,它通体黑色,但喙、足均为鲜黄色。这就是"鸜鹆"(八哥)。其性情活泼伶俐,适应能力很强,能居于笼中,与人类共同生活,这一点大大弥补了其形貌上的不足。[2]

八哥有一位天才的近亲,是所有鸟类中最擅于人言的,那就是中国鹩哥。[3]它通体黑色,泛有紫蓝色与铜绿色的金属光泽,喙为橙色,还有着黄色的肉裾。在唐代,它被叫做"结辽"或"(秦)吉了"。[4]刘恂曾对它有过精细的描述[5],其奇特的红色和白色变种也吸引了段公路的注意。[6]然而,它在李白、元稹、张籍、白居易等人诗中罕见的几次亮相,并不能证明它是南

---

[1] 关于南天竹,可参照薛爱华,《李德裕与杜鹃花》,页108。
[2] 苏恭,见《本草纲目》,卷49,页10a。沃恩、琼斯,《中国东南部及香港、澳门的鸟类研究(尤其是其筑巢与季节性迁徙)》,页174。拉都胥,《华东鸟类手册》,页291—292。薛爱华,《唐代的祥瑞》,页210。黑领椋鸟的习性与分布范围与八哥、鹩哥相似,但不能肯定是否在唐代的文学作品中出现过。我想它可能是被归入了另外两类之中。
[3] 有几种不同的学名:*sinensis*, *javanus*, *intermedius*。生活在海南的可能是单独的一类。这种鸟一定与聪明的鹩哥有关系。有人用 *Gracula* 取代 *Eulabes* 作为它的分类。
[4] 谭卫道(Fr Jean Pierre Armand David)、奥斯塔莱特(M. E. Oustalet),《中国鸟类》,巴黎:1878年,页365—366。拉都胥,《华东鸟类手册》,页280—281。
[5] 《岭表录异》,卷中,页13。《新唐书》卷222下页1a则认为它来自林邑。
[6] 《北户录》,卷1,页6b—7b。

方土地上快乐的旅行者。它的形象一直比较刻板，是一种像鹦鹉一样聪慧能言的小鸟。

南越有一种夜间飞行的鸟，有着高超的捕食昆虫、牛虻的技巧，被称为鸺鹠，有时候，人们也叫它"夜行游女"，认为它是一种掠食婴儿的怪鸟。[1]有人认为它就是被称为"姑获"的雌性鬼鸟，它能随意脱卸自己的羽毛，并窃走人的灵魂。还有人说，这些夜间的猎者是产妇死后所化，因此其胸前仍有女性的乳房。[2]与它们类似的是"鬼车"，但这也可能是个种类名称。[3]这种鸟与蝙蝠的习性相像，以昆虫为食，飞行起来如飞蛾般无声无息。由此推断，无论它叫什么样的名字，都肯定是一种南方的中国夜鹰。[4]但是，有时"鸺鹠"一名也可指中国南方的小猫头鹰（鸺鹠属），它们的夜间习性与夜鹰相同，主要以昆虫及小型鸟类为食，这与通常捕食啮齿类动物的猫头鹰有所不同。[5]它们幽灵般的特点在其他国家也广为人知，例如在现代的特立尼达，鸺鹠被叫做"鬼鸟"，即幽灵般的鸟。而将鸺鹠和夜鹰混淆也不足为奇。对出生于南方的人来说，猫头鹰并不是北方人眼中的那种不祥之鸟，叫声也不邪恶。南方人将它当作高效的捕鼠能手在集市上出售，它们受欢迎的程度

---

〔1〕《岭表录异》，卷中，页14。薛爱华，《唐代的祥瑞》，页155—157。

〔2〕《本草纲目》卷49页12b引陈藏器语。

〔3〕《岭表录异》，卷中，页14。《本草纲目》卷49页13a引陈藏器语。艾伯华，《古代中国的地域文化》第二卷，页155—157。

〔4〕普通夜鹰在中国沿海地区分布十分广泛，林夜鹰则只见于南越。拉都胥，《华东鸟类手册》，页97—100。

〔5〕拉都胥，《华东鸟类手册》，页126—129。薛爱华，《唐代的祥瑞》，页221，注255。

与喜鹊几乎没有两样。[1]

还有一种大型猛禽与南方素有渊源，它喜好食蛇，据说常出没于棕榈树上。古人认为它的肉含有剧毒，这无疑是缘于它的饮食。[2]其名为"鸩"，"鸩"字也就是"有毒，毒害"的意思。它因此恶名远扬，北方人更是对其深恶痛绝，当它偶尔闯入北方时，人们就将它烧死于集市上，以威吓其同类。[3]这种有着黑色羽冠的中国蛇雕，由于其饮食、习性，成了人们眼中的怪物。它盘旋在从海南到缅甸的群山之上，捕食各种爬行动物。它的喙呈灰蓝色，而并非如一位唐代的观察者所描述的呈红色。[4]

"蜂鸟和天堂鸟是自然界中最美丽的两种鸟类，唯一能与之媲美的只有咬鹃。"[5]世界各地共有二十种咬鹃，它们分布在热带美洲、南亚以及非洲地区。不用觅食果实或昆虫时，这些小鸟就静静地待在树枝上，发出温柔而忧伤的叫声。[6]"绿咬鹃和其他几种咬鹃都以绿色和深红色为主，这些颜色由大自然巧手染成，在雨水的洗刷下也毫不褪色。"[7]其中，羽色绚丽的红腹的绿咬鹃尤为出众。它翠绿的鸟羽被织成蒙特苏马的长袍，其在中古美洲的作用，与翠羽在中古中国的作用类似[8]，如同礼制仪

---

[1]《岭表录异》，卷中，页14。
[2]《本草纲目》卷31页14b引孙思邈语。《本草纲目》卷49页12b引苏恭语。
[3]《晋书》卷33页1177c讲述了三世纪的一个实例。《太平御览》卷927页8a—8b引《晋中兴书》，提供了四世纪的一个例子。
[4]《本草纲目》卷49页12b引苏恭语。
[5]西特韦尔，《猎人与猎物》，页174。
[6]奥斯丁等（Jr. Austin），《世界鸟类》，纽约：1961年，页72—173。
[7]西特韦尔，《行到时间尽头》，卷1，页143。
[8]西特韦尔，《猎人与猎物》，页174。

式中所用的墨西哥翡翠与中国软玉一般。中国也有自己的红头咬鹃。这种恬静的鸟儿背部呈橄榄色，胸部呈深红色，生活在福建和南越的森林之中。[1]我每每想知道，中古时期的文人是否已了解这种美丽的动物，因为见过它们的人肯定不会忘怀，但我却找不到任何文字记载，只有一则史料提及一幅现已亡佚的画作时稍有涉及。这是唐玄宗所拥有的一幅古画，描绘的是一只祥瑞之鸟，此鸟"丹首、红臆、朱冠、绿翼"被称为"时乐鸟"。有朝臣试图让玄宗相信，南海进献的五色鹦鹉即是画中这只"时乐鸟"的原型。[2]但在我看来，这位朝臣错了：画中描绘的更像是红头咬鹃。[3]我相信，在八世纪前，人们必定已对祥瑞的"时乐鸟"做过详细的研究和描述，但有关其种类及其来历，后人逐渐淡忘了。它可谓是真正的"朱雀"，尽管其种类仍然难以识别。

在南越其他野生鸟类中，只有一部分受到唐代文人关注，而且是偶尔为之，譬如白鹭，其羽毛为军队仪仗所需[4]；还有令人生厌的、不祥的秃鹳，它们常在南方湖畔觅食。[5]有些鸟儿被

---

[1] 拉都胥，《华东鸟类手册》，页87—88。郑作新，《中国鸟类分布目录》，页208—209。1898年，在福建首次发现这一种类。其他亚种分布在其南部各地区，包括安南。现在在中国被称为"咬鹃"。
[2] 《太平御览》卷924页4a—4b引《旧唐书》。《西阳杂俎》卷16页128仅记载了这一事件，但却没有具体描述其颜色。可参照薛爱华，《中古中国的鹦鹉》，《献给高本汉的论文集》，哥本哈根：1959年，页278。在该书中，我同意这一观点，但现在，我的观点有所改变。
[3] 可参照斯迈西斯，《缅甸鸟类》，插图18。
[4] 薛爱华，《撒马尔罕的金桃》，页111。当时有大量的白鹭，以及灰白色的岩鹭，带有亮红和白色的牛背鹭，绿鹭等等。参照拉都胥，《华东鸟类手册》，页445—451。
[5] 薛爱华，《唐代的祥瑞》，页219。

提到，但目前尚无法确认其类别。例如"带箭鸟"，与野鹊相像，绿色，细长的尾巴除末端外光秃秃的，酷似箭羽。这很可能是羽毛闪闪发光的盘尾灰树鹊，或铜色树鹊。[1]又如美丽的小型水鸭"韩朋鸟"，据说从未在北方出现过。[2]这可能是棉鸭或棉凫，棕色杂毛中泛着白色和墨绿色光泽，遍布于印度到福建之间。[3]一种有害的黑鸟，大小与鸡相当，被称为"蚊母"，据说这种鸟在池塘边捉鱼时，每叫一声，嘴里就会飞出蚊子。[4]这或许是某种秧鸡，但汉人对这些典型的热带鸟类知之甚少。还有一种小型的绶带鸟，有着小小的栗色身体，头部灰黑色，尾羽较长，羽冠突出，是一种夏候鸟，广泛分布于从马来西亚到南越之间，甚至到更北的地方。[5]它很难不引起南方旅居者的关注。但并不出人意料的是，有关它的最早记载，在十一世纪的医药学论著里才出现[6]；直至元代，它才见于诗作之中；到十六世纪，李时珍已对这种鸟儿十分了解[7]；在近代早期，它开始出现在绘画和刺绣中[8]；然而，唐人对它还一无所知。

---

[1] 《岭表录异》，卷中，页13。德拉古、雅布埃尔，《法属印度支那的鸟类》，页289—290。斯迈西斯，《缅甸鸟类》，插图1。
[2] 《岭表录异》，卷中，页14。
[3] 拉都胥，《华东鸟类手册》，页476—478。柯志仁等，《华南鸟类》，页376。
[4] 《北户录》，卷2，页1a—1b。《岭表录异》，卷中，页13—14。《本草纲目》卷47页3b引陈藏器语。
[5] 拉都胥，《华东鸟类手册》，页177—179。柯志仁等，《华南鸟类》，页193—194。
[6] 《本草纲目》卷49页10b引《嘉祐本草》。这种鸟名为"练鹊"。参照伊博恩，《本草纲目药物考证》（第三版），第298种。
[7] 《本草纲目》，卷49，页10b。
[8] 苏柯仁（Authur De Carle Sowerby），《中国艺术中的自然》，纽约：1940年，页22。

太阳鸟，一种以花蜜和昆虫为食的小型鸟类，堪称"旧大陆的美洲蜂鸟"。它们生活在亚洲和非洲的热带地区，萨谢弗雷尔·西特韦尔对它们的描述最为精彩："太阳鸟，主要分布在印度、中国、东印度，在南美也有一种，都与蜂鸟相似。和蜂鸟一样，它们都有着无比鲜艳的羽毛，闪烁着金色的光泽，以及长长的镰嘴，甚至连飞行时极具特色的猛冲和盘旋，也几乎一模一样。孔雀石太阳鸟是铜绿色的，仿佛刚从西伯利亚铜矿的中心被'开采'出来；而锡兰的太阳鸟则有着丁香般的淡紫色喉部，明黄色的腹部，紫褐色的翅膀，和一顶翠绿色的帽子。"其中，"赤胸花蜜鸟来自缅甸和中国，有紫红色的羽冠，金色的条纹或光泽，鲜红色的胸部和背部，腹部呈黄色，而尾羽则为宝蓝色。"[1]

最后这种花蜜鸟，是在中国南部和西部的杜鹃花映衬之下的珍宝，是那里所生活的六种花蜜鸟中的一种。[2]六种中的任何一种，都有资格成为人们渴盼的真正仙鸟——南越的朱雀，但所有的花蜜鸟都不为人注意。体形纤小的啄花鸟们也是一样，它们从南越森林的高处猛冲下来捕捉昆虫。其中最突出的是红胸啄花鸟，这种鸟闪耀着蓝绿色光泽，脸部黑色，胸前有猩红色的斑块。[3]唐代那些满怀热情的博物学家们，同样不曾见过它们的踪影。在这片炎热的土地上，还生活着五彩斑斓的各种野鸽，对于

---

[1] 西特韦尔，《猎人与猎物》，页211—212。
[2] 谭卫道、奥斯塔莱特，《中国鸟类》，页80；图册，图2。沃恩、琼斯，《中国东南部及香港、澳门的鸟类研究（尤其是其筑巢与季节性迁徙）》，页71。拉都胥，《华东鸟类手册》，页461—463。德拉古、雅布埃尔，《法属印度支那的鸟类》，页132—161，图56—58。
[3] 沃恩、琼斯，《中国东南部及香港、澳门的鸟类研究（尤其是其筑巢与季节性迁徙）》，页72—74。拉都胥，《华东鸟类手册》，页467—568。

只见识过温带城市公园的鸟儿的人来说,这简直难以想象。在海南,诸如此类鲜丽的鸟类尤为集中,如山鸠、绿鸠和南鸠,等等。[1]对唐人而言,咬鹃、太阳鸟、啄花鸟和果鸠……这些生活在热带森林里的精灵,就仿佛那些隐身的秋海棠和红树林一般,不管数量怎么多,却依然是神秘的。它们被后世人作为这片未知世界的象征,而竹篱笆将"开化"的汉人入侵者拦在这个世界之外,使他们无从领略它们独一无二的美。

---

[1] 郑作新,《中国鸟类分布目录》,页 161—164。

第十二章 朱雀

不要怕,这岛上充满了各种声音,
使人听了愉快,不会伤害人。
有时成千的叮叮咚咚的乐器
在我耳边鸣响,
有时在我酣睡醒来的时候,
听见了那种歌声,又使我沉沉睡去。
那时在梦中便好像云端里开了门,
无数珍宝要向我倾倒下来。
当我醒来之后,我简直哭了起来,
希望重新做一遍这样的梦。

——莎士比亚,《暴风雨》[1]

---

[1] 译注:此处引用朱生豪译文,《莎士比亚全集》,译林出版社:2005年,卷7,页331。

南方的气味

可以想见，本书前面章节描写了中古南越引人注目的景色和生物——从天空到海洋，岩石到河流，野兽与鸟类，逐一描述，遵循了上帝造物及从诺亚方舟登岸时的顺序，但到目前为止，尚无一个统一的视界。现在，我打算暂时跨过各个单一的范畴，探究在南方这千变万化的气、味、音、色中，无论它们与什么事物相关，到底是哪种最能触动人的感官，并通过这种种感觉，激发了在南越的唐人的想象力，或扰乱着他们的心境。

我将从南方的气味开始。芳香的树木、树胶和花卉与南越温暖森林的联系，源远流长，这使得古书记载有可能说南越山上"多香林"[1]。唐代诗人杜牧在其诗中用"越香"[2]一词，所指的就是这样一种混合意象。李峤有一组诗描述汉人军队平定邕州

---

[1]《南越志》，卷6，页2a。
[2] 杜牧，《中丞业深韬略，志在功名，再奉长句一篇，兼有谘劝》，《全唐诗》，卷524。

蛮夷之后凯旋归来,在诗中,南方的芬芳与北方的清肃形成了对比。这些汉人士兵身着传统的北方平原的服饰,在热带地区形成了一幅奇特的画面:

> 弓鸣苍隼落,剑动白猿悲。
> 芳树吟羌管,幽篁入楚词。[1]

当唐代诗人描述南方潮湿空气中那独有的芬芳时,很少指的是檀木、樟木或丁香的香气。他们提到最多的是各种各样的橘花香中的一种,如:

> 卢橘花香拂钓矶,佳人犹舞越罗衣。[2]

就连宋之问也承认,在南方这馥郁的香气中感到了些许压抑的愉悦:

> 越岭千重合,蛮溪十里斜。
> 竹迷樵子径,萍匝钓人家。
> 林暗交枫叶,园香覆橘花。
> 谁怜在荒外,孤赏足云霞。[3]

---

[1] 李峤,《军师凯旋自邕州顺流舟中》,《全唐诗》,卷61。
[2] 许浑,《别表兄军倅》,《全唐诗》,卷535。
[3] 宋之问,《过蛮洞》,《全唐诗》,卷52。

这首诗可能会让人这样认为：南越宜人的香气，与飘来香甜气息的花园和印度化寺庙如此接近，会使人情不自禁将其与佛祖的香国相比（"芬芳的天堂，你是那么遥远"）[1]。但事实并非如此；这里不是极乐世界，而是可怕的荒野，它的罪恶只能由闷热空气中闻到的橘花香稍稍地抵消一部分而已。

南方的滋味

至于南越的滋味，众说纷纭。一位很可能是吃小麦和小米长大的唐代官员认为，南越细腻洁白的"米饼"堪称珍贵的美食。[2]事实上，唐代南越的小馄饨至今犹存，只是如今稍有变化而已：段公路曾记载了广州地区的许多特色食物，比如"曼头饼"和"浑沌饼"。这些名字今天依然存在，"曼头"被现代日本的一种和果子沿用，叫做"manju"，而广东那有馅的面食则叫做"云吞"。[3]"煎米"的味道，对北方人来说并不陌生，但"鲎"、"蚝"和"虾蟆"则又另当别论了。[4]

> 我很讶异，青蛙和蜗牛竟然在某些国家、被某些人看作有益健康的食物，它们其实只是一些冰冷、粗劣、黏滑的、像排

---

[1] 波德莱尔，《恶之花》。
[2] 《北户录》，卷2，页11b—13a。
[3] 《北户录》，卷2，页15b。
[4] 韩愈，《初南食贻元十八协律》，《韩昌黎全集》，卷6，页8a—9a。

泄物的汁液而已。[1]

这是十七世纪欧洲人的看法,许多唐代中国人也有这种看法。在南越,唯一受到汉人移民关注的两栖动物是食用青蛙,而这是因为他们十分厌恶吃青蛙这一习俗。[2] 伟大的韩愈本人也意识到青蛙在南越饮食中的地位,因此他煞费苦心地在不止一个地方指出,青蛙虽有其他名称(蛤蟆、蛙、蛤),但并不能改变其丑陋的事实。例如,他在819年写给柳宗元的一首诗中,就此事写道:

> 虾蟆虽水居,水特变形貌。
> 强号为蛙蛤,于实无所校。[3]

这首长篇的自我剖析诗,充满了历史典故,这位著名的批评家承认自己的保守:

> 余初不下喉,近亦能稍稍。
> 常惧染蛮夷……

但是,他也坦言,他的年轻朋友柳宗元比他适应性更强,更能入

---

[1] 托比亚斯·温纳(Tobias Venner),《通过直肠》,1620年。
[2] 《云仙杂记》卷6页44提到桂州尤其好食青蛙。
[3] 韩愈,《答柳柳州食虾蟆》,《韩昌黎全集》,卷6,页9a—10a。可参照韩愈同一年所作《初南食贻元十八协律》,《韩昌黎全集》,卷6,页8a—9a。在后一首诗中,韩愈提出:"蛤即是蛤蟆,同实而异名。"

第十二章 朱雀

乡随俗,能以孔子作榜样,起码在吃青蛙这件事上。对于南方烹制青蛙的方法,我们略有了解,这对青蛙来说是相当痛苦的。有一则资料暗示南越宴会上十分流行食用青蛙,接着又说:

> 先于釜中置水,次下小芋烹之,候汤沸如鱼眼,即下其蛙,乃一一捧芋而熟,如此呼为"抱芋羹"。

另一种类似的做法,则是用竹笋代替芋芳,客人们会看到煮熟的青蛙一个个"瞪目张口",每只都抱着一根竹笋,最为可笑。[1]可能我根本不用再谈像"蜜唧"这样有名的"美食",这只是个雅称,指的是刚出生的幼鼠,通身赤红,还在蠕动着,就被喂饱了蜜,摆到了宴席上。当它们可怜地吱吱叫着爬行时,人们就用筷子将其夹起来生吃。[2]单纯的北方人又怎能理解用水牛反刍过的草所制作的齑菜(当然,要加上适量的香料和盐)[3],或者一种蚁卵制成的美味酱汁呢?[4]无疑,他们的感觉类似于他们的后人今天面对像田鳖这种"美味"时的感受。这是暹罗的一种大型水生昆虫,人们将它蒸熟后挖着吃,像吃龙虾一样:"据说它的肉有一种浓烈的香味,令人想起戈尔根朱勒干酪。人们还将它晾干磨成粉,以增加咖喱的风味,或与虾、酸橙汁、大蒜和胡椒混在一起,制成一种备受欢迎的酱料,叫做'namphla'。"[5]

---

[1]《太平广记》卷483页5b引《南楚新闻》。
[2]《朝野佥载》,卷2,页5a。
[3]《北户录》,卷2,页14b。《岭表录异》,卷上,页5。《番禺杂记》,页1b。
[4]《北户录》,卷2,页14a。
[5] 贝茨,《那里从无冬天:热带居民与自然之研究》,页188。

甚至连南越的饮品也是古里古怪的。茶是一种南方饮品,现今在北方也很流行,但过去多产于南越以北的江西和福建。而如咖啡(来自阿比西尼亚)和巧克力(来自美洲)之类的著名热带饮品,在那里还都不为人知。[1]但南越也酿出了一些奇特的酒,与我之前提到的棕榈酒大不相同:

> 新州多美酒,南方不用曲糵,杵米为粉,以众草叶胡蔓草汁溲[2],大如卵,置蓬蒿中荫蔽,经月而成,用此合糯为酒。故剧饮之后,既醒,犹头热涔涔。有毒草故也。[3]

还有一种酒更为有趣,它是以海南崖州的石榴花酿造而成,"其味香美,仍醉人"。[4]事实上,这一评述和下面将要引述的那句陈陶的诗,都说明到了十世纪,有些南越土酿已经赢得了汉人的喜爱。当然,陈陶是一位出生于岭南的汉人,他应该对这种酒香有所偏好:

> 越酒岂不甘?[5]

这与三个世纪前身处骧州、满怀乡愁的沈佺期形成了对照:

---

[1] 贝茨,《那里从无冬天:热带居民与自然之研究》,页171—173。
[2] 即黄素馨,含有毒的生物碱。
[3] 《太平广记》卷233页3b—4a引《投荒杂录》,书中还记载了其他一些有趣的南方酒类。
[4] 《太平御览》卷172页13b引《郡国志》。
[5] 陈陶,《将归钟陵留赠南海李尚书》,《全唐诗》,卷745。

何年赦书来，重饮洛阳酒。[1]

已经在南方生活了一段时间的汉人，他们对南方食物的接受或容忍表现得更为明显。诗人许棠在寄给一位友人（在现今的贵州省）的诗中写道："公筵饶越味"。[2]韩愈也费了不少力气，让自己习惯这些奇特的饮食，尽管如此，他也承认，有些食物使得他面红耳赤，大汗淋漓。[3]元稹则没有这么宽容。在为一位南行友人饯别时，他按照常规，给朋友几句临别赠言，特别对南越食物提了一些好的建议。"当心蛊毒"，他说道，野蘑菇很多，但你只能吃那些被虫蛀过的，因为它们才是无毒的。同样地，要选择那些被鸟类啄食过的水果。最糟糕的是海鲜，"海物多肥腥，啖之好呕泄。"它们都只能加盐之后再食用。[4]总而言之，北方人还没有准备好接受南越的食物，这些混合了果实、香料和讨厌的海产品的食物肥腻又倒人胃口。

南方的声音

"一个人在热带森林里最主要的感觉，就是那些陌生而神秘的声音。许多声音会永远神秘下去，除非他在那里待了很久，并

---

[1] 沈佺期，《初达驩州》，《全唐诗》，卷95。
[2] 许棠，《寄黔南李校书》，《全唐诗》，卷603。
[3] 韩愈，《初南食贻元十八协律》，《韩昌黎全集》，卷6，页8a—9a。
[4] 元稹，《送崔侍御之岭南二十韵并序》，《全唐诗》，卷406。

且不懈地去寻找其来源。"[1]美国鸟类画家路易斯·阿加西·富尔蒂这么写道。尽管他熟知这些雨林中的生物,但还是忍不住觉得,它们那神秘的声音中隐藏着幽灵般的特性。[2]

在热带,不是所有的声音都来自精灵和生物。风和水的运动,同样会让热带的丛林和海滩发出声响,而中国人总是对这样的音乐非常敏感。流水的潺湲或是咆哮,以及水的形态转换中所隐含的奥秘,在宋玉和司马相如古老的赋作中体现得最为明显。[3]唐代南越的旅人或迁客,由于熟悉这些古典的先例,早已准备好了听取这汨汨的流水和沙沙的风声。另一方面,这些声音又并非南方所独有,他们也会从中听到某些熟悉的声音,哪怕有些声音是陌生而刺激的,也不会格格不入而令人生厌。同样,对汉人来说,风吹树叶的声音虽然亲切,但却令人忧愁。风吹拂棕榈与芭蕉叶发出的声响,与北方的风吹松柳极为不同,但这些声音他们也早已熟知。因为温带的园林中也有这些美丽的树木,只是在北方它们不会结果而已。水珠从雨林树梢不断滴落的声音,是潮湿的热带所独有的,但唐代在海南和安南的诗人们似乎遗漏了这一点。

在中国中部和南部,都能听到鹧鸪的鸣叫与猿猴的哀啼,这些动物的声音远比无生命的水声与风声更能吸引乡客的注意。在唐代人眼中,比起典型的活动范围局限在南越的动物,鹧鸪和猿猴反

---

[1] 富尔蒂(Louis Agassiz Fuertes),《热带鸟类的声音印象》,《鸟志》,卷16(1914年),页342。

[2] 同上书,页1—2。

[3] 可参照小尾郊一,《中国文学中所表现的自然与自然观——以中世文学为中心》。

而是更加生动的南方意象。他们首先听到的是猿鸟，是这些来自荒山密林中的小精灵，正如孟郊《连州吟》中的两句诗所写的：

> 哀猿哭花死，子规裂客心。[1]

对于南方猿猴的悲啼，我们已有评说，这里主要来关注鸟鸣。人们经常说，正如热带森林花卉大都分布稀疏而色彩平淡一样，这些潮湿深林中的鸟儿即使色泽艳丽，却都是平凡的歌者。尽管许多猎鸟声音尖厉，嘈杂恼人，却也有些其貌不扬、生性胆怯的鸟儿，如同温带色泽暗淡的画眉和鹩鹟一样，有着动听的高亢歌喉。[2]可惜啊！唐代人没有听过这些鸟类的"锣鼓齐鸣"，只能用模糊而笼统的词语来描述这些扑朔迷离难以归类的新鸟的啼唤。八世纪中期，王建写下了"天南多鸟声"[3]，而几十年以后，张籍既找不到某种沙哑的叫声，也找不到美妙的音律足以代表南越的特点，唯一合适的依然只有"音"或"声"：

> 柳叶瘴云湿，桂丛蛮鸟声。[4]

------

[1] 孟郊，《连州吟》，《全唐诗》，卷377。
[2] 富尔蒂，《热带鸟类的声音印象》，页168。富尔蒂在该页曾这样描写一类鸟的叫声："也许再没什么热带的鸟鸣能像鹩鹟这么浪漫而神秘，如此富有特色，令一个博物学家难以忘怀。"见《热带鸟类的声音印象》，《鸟志》，卷15（1913年），页343。但鹩鹟科鸟类主要分布在美洲大陆。
[3] 王建，《南中》，《全唐诗》，卷299。我曾在《撒马尔罕的金桃》一书中，改写了魏理对这首诗的翻译，见页244。
[4] 张籍，《送蛮客》，《全唐诗》，卷384。
译注：薛爱华原文中误译为 coconut leaves，应是将"柳"误认作"椰"。前文"柳叶女王"亦误译为"椰叶女王"。

在北方人听来，蛮獠语音奇怪含混，而又令人费解，与鸟叫没什么两样。韩愈发现连州官府多有缺员，只有十来家当地人居住在江边的"荒茅篁竹"之间料理吏役，这些人"皆鸟言夷面"，韩愈与他们无法进行语言交流，只能在地上写字来会意。[1]蛮人的鸟语同样充斥着南越的集市[2]，甚至在行伍之中。[3]柳宗元虽然也用习见的说法"鴂舌"来形容蛮人的语言，但他很快就适应了：

> 楚、越间声音特异，鴂舌啅噪，今听之恬然不怪，已与为类矣。家生小童，皆自然晓晓，昼夜满耳；闻北人言，则啼呼走匿。[4]

无疑，这种快速而含糊、令人头痛不已的语言，大多数应该是泰语的一支，但其中一部分可能是从汉语中演化出来的一种当地方言。唐代有些人，例如张籍，发现南越的歌曲没有音调，这位作家向来以狷直著称，他甚至责备伟大的韩愈耽迷于闲散的游戏。[5]在他看来，不成曲调就意味着"不正"。其他一些唐代人，例如宋之问，则满心希望他在南越的所见所闻，能够证明素有声名的南越古曲是有存在理由的，但异化感使他最终没能认同那些古代杰作的遗响：

---

[1] 韩愈，《送区册序》，《韩昌黎全集》，卷21，页1a。
[2] 张籍，《送郑尚书出镇南海》，《全唐诗》，卷384。
[3] 许棠，《寄睦州陆郎中》，《全唐诗》，卷603。
[4] 《新唐书·柳宗元传》，卷168，页6a。
[5] 张籍，《送严大夫之桂州》，《全唐诗》，卷384。《新唐书》卷176页6b—7b《张籍传》。

> 榜童夷唱合，樵女越吟归。
> 良候斯为美，边愁自有违。[1]

还有其他的蛮音。汉人入侵者从蛮夷的竹楼中听到了铜鼓与芦笙的阵阵喧腾，并在森林中久久地回荡。对汉人来说，这些乐器即使并不常见，却也多少有些熟悉。追溯历史，曾经有一段时间，汉人文明与蛮人文化也并未那么迥然不同，汉人文明中也曾使用过类似的乐器。

厚重的铜鼓庇佑着南越当地的贵族家庭，铜鼓铸成时，人们会举办盛宴饮酒庆贺；而擂响铜鼓的声音，则标志着部落间血腥争斗的开始。[2]这些铜鼓音质响亮，被赞为"不下鸣鼍"。[3]因此，汉人将其视作征服蛮夷的战利品而倍加珍视。有个著名的例子，九世纪初，汉人将一面从蛮族首领墓中掘出的铜鼓，放置在南海神庙中，至今犹存。[4]铜鼓是尊贵和权力的象征，饰以精美的花草虫鱼，其中最具代表性的是青蛙图案。在南越少数民族心目中，铜鼓是水和雨的精灵——青蛙神的象征，隆隆的鼓声正是浑厚而响亮的蛙鸣。有时，铜鼓甚至会以活青蛙的形式出现。唐代有一则故事，说有人追捕一只鸣叫的青蛙，它跳到一个洞里。挖掘下去，才发现是蛮族酋长的墓穴，墓中有一面铜鼓，"其色翠

---

[1] 宋之问，《早入清远峡》，《全唐诗》，卷53。可参照薛爱华，《撒马尔罕的金桃》，页80。
[2] 《通典》，卷184，页984b。
[3] 《岭表录异》，卷上，页4。
[4] 薛爱华，《唐代文化札记》，页220。

绿","其上隐起，多铸蛙黾之状"。[1]在更广泛的意义上，铜鼓是能量和丰饶的象征。作为海中龙族的后代，蛮人统领着整个水域，而铜鼓则被赋以蛮人的灵魂，并为他们带来财富与权力。[2]

现代考古学家发现，铜鼓遍布从马来半岛到云南之间的东南亚地区。[3]最古老的铜鼓，是汉人南侵途中最早遭遇的那个民族的杰作，其代表就是所谓的东山文化。大约早在汉代或汉代以前，南越人就开始制作铜鼓，随后流传到印度支那的各个地区。[4]有人提出这样一个似乎有理的说法，即南越人首先从北方邻居那里学会了制作陶鼓的方法，当青铜冶炼法从汉人那里传入南越后，僚人及其亲族开始铸造类似的铜鼓。[5]因此，汉朝军队在其征服的村落中发现了这些铜鼓，而且像铜船和铜柱一样，铜鼓也逐渐与马援的威名联系起来。[6]

（如今，我们所想到的与印度支那紧密相关的是铜锣，尤其是

---

[1]《岭表录异》，卷上，页4。
[2] 康德谟，《伏波》，页23—27。有关巫术宗教中铜鼓的使用，可参照徐松石，《粤江流域人民史》，页235—246。格雷（Basil Gray），《中国，东山》，《东方艺术》，卷2（1949年），页8，他将铜鼓与死亡崇拜联系起来，认为随主人埋葬的铜船代表一种死亡的意象。
[3] 高本汉（B. Kalgren），《早期东山文化年代考》，《远东古物博物馆馆刊》，卷14（1942年），页25。格雷，《中国，东山》，页8—9。有些铜鼓上有类似鹿的动物图案，以及舞动的鸟首人身图案，可参照高本汉，《早期东山文化年代考》，页15—17。他以涡纹图案为例，认为这与中国中部的淮河文化关联密切。端纳曾向我提及，他认为铜鼓只限于孟高棉语族的范畴内，如老挝的克木人、拉蔑人。这可能意味着古代孟高棉语族的分布比今天更加广泛。
[4] 戈鹭波，《论铜鼓的起源及分布》，页137—138、149。高本汉，《早期东山文化年代考》，页4—5、7—8。高本汉认为应早于这一时期三百年至四百年，即周代后期。可参照布洛德里克，《小中国：安南》，页76—78。
[5] 艾伯华，《古代中国的地域文化》第二卷，页395。
[6] 康德谟，《伏波》，《汉学》，卷3，页22—36。

成套的锣钲，而不是铜鼓。唐代文献中并没有关于南越铜锣的记述。就南方而言，最早的相关记载出现于公元984年，在贵州南部或广东北部地区，有人劝谏宋朝皇帝撤除这些地区的铸铜之禁，以便当地人铸造铜鼓和沙锣，满足宗教祭祀的需要。[1]锣可能是北方的乐器，于晚唐时期被吸纳入南越的青铜文化之中。[2])

对南越的汉人来说，夜晚丛林中响起的芦笙，听来正如从遥远的热带丛林仙境中传来的声声号角。这种感觉并不全然陌生，因为在高雅的北方管弦乐队中，也吹奏一种类似芦笙的乐器，故芦笙是可以接受的，它的音色悦耳动听，只是有些怪异。芦笙的构造大体是以葫芦作为发音的笙斗，上插一排长短不一的竹管。竹管上较低的位置有开孔，并装有可随意振动的簧片。葫芦上则有吹口。现在中国人用笙来演奏五声调式的曲目，可发出平行四度或五度的双音。某种更接近于中国古代笙的乐器在日本保存了下来，其和音更为复杂，主要由同时发声的五声音阶音符构成。[3]在东南亚较为原始的民族中，笙还有许多奇特的变种，如黑苗使用的芦笙，其带有铜簧片的竹管可长达十四英尺。[4]到了六世纪，波斯人了解了这种乐器，并将其称为 mustaq sini。十八世纪时，约翰·王尔德在圣彼得堡发现了一只笙，并以此为样本，将自由簧片运用于欧洲的管风琴上，这一做法直接促使了口琴、手风

---

[1] 《宋史》，卷493，页5724a—5724b。
[2] 萨克斯，《乐器史》，页240。他认为可追溯到公元六世纪，并推测这是由萨满教手鼓演化而来。十一世纪的吴哥浮雕中就有锣钲图案，见页241—242。
[3] 萨克斯，《乐器史》，页182—183。
[4] 同上书，页183。

琴、脚踏风琴等一系列乐器在十九世纪的出现。[1]

汉人们发现，南越土著吹奏芦笙时明显是很快乐的[2]，同时也震惊地了解到，这些看似原始的乐器竟配有十三个簧片（可吹奏十二个半音程和八度音阶），音色明亮而优美，且完全符合中国的传统音律。[3]然而，有人却认为南越的这种芦笙音色粗劣，不及汉人；他还观察到在北方大都市里，木漆笙斗代替了葫芦笙斗，但在长江流域，葫芦这一古老的材料在一定程度上仍在使用。[4]唐人还了解到其他更特别的种类，比如缅甸的大匏笙，唐人是在九世纪时见到的，长八英尺多。[5]

和铜鼓一样，笙也是一种神圣的乐器，但它的神性更加客观、久远和庄严。这是因为它在中国文化中由来已久，尤其是与一位至今仍被尊崇的神女——文化英雄女娲之间的渊源。女娲并非蛮族的女神，自远古时代起，中国东北部的居民就对她顶礼膜拜，但追根究底，她却很有可能来自南方。到了唐代，对她的祭祀几乎消失，大体上只有文人才能借助古书对其略知一二。她是一位蛇形女神，有驾驭风的能力；同时，她还创造了运用气息演奏的吹管乐器，如笙簧等。在古代，她的形象表明她是一位仁慈

---

[1] 萨克斯，《乐器史》，页184。
[2] 《十道志》，卷中，页23b。亦见《太平寰宇记》卷167页3b引录。
[3] 《岭表录异》，卷上，页5。可制作笙斗的葫芦被称为"匏"，如瓠瓜，这种植物可能在公元一世纪前后由非洲传入远东地区。见鲍威里，《宋代海上贸易之地理注解》，页52—53。
[4] 《通典》，卷144，页753c。
[5] 《新唐书》，卷222下，页9a。
译注：《新唐书》原文云："（骠国）有大匏笙二，皆十六管，左右各八，形如凤翼，大管长四尺八寸五分，余管参差相次，制如笙管，形亦类凤翼，竹为簧，穿匏达本。"薛爱华谓笙长八英尺，恐有误。

第十二章 朱雀

的"拉弥亚",人首而蛇身。[1]至少在汉代,"俗图画女娲之象为妇人之形"。[2]令人好奇的是,她的名字"娲"(也作"娃",或"希"),显然与"蛙"、"洼"、"蜗"是同源词。如果该词的词源指示准确的话,这位女神在古代就曾是下雨水洼中的神灵,也是生活在其周围的潮湿、黏滑的动物的精灵。这意味着她曾一度与尼泊尔的青蛙神相似,这也是一位蛇形的水神,能够为人们带来降雨;同时,她也类似于印度支那"巴拿人"的青蛙祖先。[3]那么,她和蛮族铜鼓上的青蛙神又有着怎样的联系呢?

女娲("女蛙"?)还拥有广大无边的神力。这不只是因为她撑起原始天空以及补天的神话,还因为她被人们视作造物主,是"化万物者"。[4]她更是人类的创造者[5],正如李白诗中所说:

> 女娲戏黄土,抟作愚下人。[6]

在唐代,这位远古的蛇形女神有时依然会现身于世。公元754年,

---

[1] 《太平御览》卷78页4b引《帝王世纪》。《中华古今注》,页31。马伯乐,《书经中的神话传说》,《亚洲学刊》,卷214(1924年),页53、74—75、84。芮逸夫,《苗族的洪水故事与伏羲女娲的传说》,认为女娲起源于南方。译注:拉弥亚(Lamia),希腊神话中的人首蛇身女怪,上半身是美丽的女人,下半身为蛇身。

[2] 王充,《论衡》,卷15《顺鼓》。

[3] 哈斯廷斯,《宗教与伦理百科全书》,卷1,页516。

[4] 《说文解字》,篇12。可参考薛爱华,《唐代文学中关于创造自然的观念》,卷15。

[5] 芮逸夫,《苗族的洪水故事与伏羲女娲的传说》,页180。

[6] 李白,《上云乐》,《李太白文集》,卷3,页9a。

一场暴雨过后，著名的女娲陵墓被埋到了黄河水下。在未来的君主唐肃宗所驻营地，则出现了一位高大而怪异的妇人。她的双臂长有鳞甲，并带有一对鲤鱼。后来，这位皇子意识到了她不凡的身份，因为她同时也在女娲陵墓现身。〔1〕公元758年6月29日，这座陵墓突然再次从水中出现，其上并有两株柳树。朝廷命令图画以闻，记录这一奇特的情景。〔2〕

当唐代的汉人听到桂树林中传来笙簧之声时，会理所当然地想起女娲。然而，在这管乐声声中，究竟是什么神灵在与蛮獠对话，仍然是个未解之谜。

南方的色彩

在中古中国，鲜艳的色彩神奇而富有魔力。每一种基本颜色都有极为广泛的寓意，五色（黄、黑、红、蓝、白）在自然界中同时展现，预示着美好与吉祥。正因为如此，人们才对来自印度支那的五彩鹦鹉、对绚丽落日中隐藏的能量，怀有非同寻常的尊崇。南方的图腾狗盘瓠向世人展示了它神圣的特质——它的皮毛五彩斑斓，因而它的后裔即各种蛮族部落全都"织绩木皮，染以草实，好五色衣服"。〔3〕但这个美丽的传说并没有告诉我们南越

---

〔1〕《酉阳杂俎》，卷1，页3。
〔2〕《旧唐书》，卷37，页4a。
〔3〕《搜神记》，卷14，页91。

的真正色彩，汉人也从未想到这些色彩被赋予了神奇的特质。

  人类对颜色的选择，往往出于实用或神秘的目的，或是出于一个更重要的原因，即他们对灵动、鲜艳色彩的想象。这些选择并非随心所欲，而是取决于文化传统，尤其是语言和文学传统。[1]人们或喜乐，或哀怨，其情感与从缤纷的彩虹颜色中做出的选择是一致的。于是就有了中国古代诗歌中常见的"五色"，以及此后色彩的多种变异，这种变异同样由文化主导。譬如取代了绛色的朱红，浸染了炼金术的传说，以及中国画的色彩；而绯红和绛紫，则代表了魔力、异光，以及道教真人。[2]在古代，这些色彩名称的使用都带有强烈的象征意义（如秋天即为白色，代表悲伤和死亡），直到五世纪左右，人们（至少是文人）才转而关注尤其是强化自然界的各种色彩，将周遭的世界视作一幅色彩艳丽、如仙境般的画卷，一座可以流连忘返的花园，而不是苦行隐士那黯淡且乏味的隐居之地。[3]他们开始从尘封的辞典和珍贵的文选中寻找恰当的词句，来描绘种种神奇的色彩，表达其中的寓意与情感。

  如果我们要问什么是南方的色彩，最不会首先想到的或许是白色。对扶南人、安南人而言，白色代表了一个无形的圣洁世界：圣洁的舞女是白色的，白裙飘飘、肌肤胜雪，神圣的大象、

---

[1] 斯卡德（Sigmund Skard），《文学中的色彩运用》，《美国哲学学会会议论文集》，卷90（1946年），页174。
[2] 参照薛爱华，《贯休游仙诗中的矿物意象》，页88。
[3] 小尾郊一，《中国文学中所表现的自然与自然观——以中世文学为中心》，页301、327。

宝伞和莲花也都是白色的。[1]在汉人眼中，白色同样是仙界的象征。月亮、月亮哺育而成的玉，有灵性的白化动物，最重要的，还有天外仙岛，它们的色彩都是天使一样的白色。[2]圣洁的白色无所不在，没有地域性，也没有任何区别。即使我们忽略其象征性的用法，来看一看文学作品中所反映的现象世界，那么，白色也是鹤、鹭、鹅、鸥等为人熟悉的北方鸟类的颜色。

黄色则常被用来形容明亮的金莺、甜美的柑橘，以及这片温暖土地上的情人。但除了间接而次要的联系之外，唐代人从未将黄色视为南方的色彩。在西方也是如此，黄色总是代表太阳，以及东印度群岛上的黄金：

> 碧蓝的海水中浮现出一座岛屿，
> 它就是古老的"黄金岛"，
> 在那里，金黄色的太阳闪耀着火焰般的光芒。[3]

这样的金黄色意象，很少见于中国的惯用语言中。但黄色依然有其高贵性，正如张阶《黄赋》开头所说的：

---

[1] 马勒雷，《1860年以来法语文学中的印度支那异国情调》，页224。
[2] 详见薛爱华，《贯休游仙诗中的矿物意象》，页89—90。
[3] 阿维亚涅（Avienus），《世界见闻》（约公元370年），转引自鲍威里《黄金半岛：公元1500年以前马来半岛的历史地理研究》，吉隆坡：1961年，页133。鲍书有英译云：（中略），这是对二世纪的狄奥尼修斯·皮里基特斯（Dionysius Periegetes）的一首叙事诗的译释，该诗讲述传说中的黄金岛屿——东方国度克里斯（Chryse）的故事。
译注：此诗原为拉丁文，故附英译。此诗中译文已见正文。

第十二章 朱雀

> 悲哉秋之为气,
> 岁将暮止,
> 菊花可折。[1]

但最重要的是,黄色属于干旱的北方大地,那是汉人真正的家园。黄色是伟大而乖戾的黄河的颜色,是覆盖田野的黄土的颜色,是从黄土上静静走过的黄色骆驼的颜色。它是黄褐色、棕褐色、暗褐色;它是那里的岩石、草原和尘土掩蔽的太阳的颜色;它是灰黄、沙黄、枯草黄和土黄;对这一片汉族发源地来说,它是古老的、保守的、可以依赖的颜色。可以说,它与南越几乎格格不入。

南越森林的深绿色,浓密的树荫、雾气和距离滤去了阳光的金黄,沉淀下来的青绿色和靛蓝色,可以说是真正南方的色彩。尽管热带花卉色彩明艳,热带森林仍是阴郁一片。[2]"绿荫"一词在中古诗歌中非常常见,尤其适合形容南越的幽暗森林。但"绿荫"一词暗含了丝微的黄色,而诗人们对浓密雨林掩蔽下的世界的特征极其敏感,他们不得不寻找颜色更暗的绿色意象,那浸染着深蓝色与天青色的绿色,正如在乘船经过韶州的途中,胡曾写下了他对南越的印象:

---

[1] 张阶,《黄赋》,《全唐文》,卷405,页2a—2b。
   译注:所引诸句不在此赋开头。其开头云:"堪舆之内,群象茫茫,均四时之辨物,列五色以居方,名可大者,其惟中黄。"
[2] 贝茨,《那里从无冬天:热带居民与自然之研究》,页179—180。

> 薜荔雨余山自黛，蒹葭烟尽岛如蓝。[1]

更妙的是，这片炎热而湿润的土地也会同时呈现出绿色与红色。在唐诗中，这种色彩的对比，多数出现于对闪光岩石的描述，这些岩石在某些光线中呈青绿色，在其他一些光线中呈橘红色。在循吏李渤看来，南方宛如一片红色的仙境，或红宝石般的天堂，但他用更清凉、更暗淡的颜色调和了这种红色的景致。湖南的荒原是炎帝的疆土，在其南面，则是原始赤帝的国土，是进入南越途中那苍翠的山峦：

> 青峰碧嶂，云霞所栖，
> 丹崖紫壑，神仙之宅。[2]

另外，我们也看到杜审言这样描绘广州地区的"乱石山"：

> 朝暾觉丹紫，夜魄炯青翠。[3]

这种红绿对比的使用极其古雅，后来也被诗人们用来形容向广州延伸的石灰岩山。不仅"青山"与"丹崖"的对比由来已久，"黛眉"与"朱颜"的对比也同样历史悠久。画家之技艺也被称作长于"丹青"，用的就是这两个名词的字面意义。这种古老的

---

[1] 胡曾，《自岭下泛鹢到清远峡作》，《全唐诗》，卷647。
[2] 李渤，《司空侯安都庙记》，《全唐文》，卷712，页12b—14b。
[3] 杜审言，《南海乱石山作》，《全唐诗》，卷62。

第十二章 朱雀

红绿对比,也被自如地运用于南越的植物意象中,并加以改造和文饰,使之成为颇具辨识度的比喻。例如白居易在一首诗中,用"绿桂"指代一位英俊的年轻男子,而"红蕉"则是他可爱的情人。[1]

我们意想中的南越的颜色,是鸟类和花卉的红色,以南越茂密常绿植物的青翠色为映衬。当然,朱雀永远是热带森林的统治者。即使在现实中,看到红色鸟儿或栗色花朵掩映着季风雨林的深绿色,这本是罕见的、孤立的事件,但唐代士人心中对这种情景已有所准备,这种情景激发了他们的想象力,就像瞬间的火花或精灵掠过巨大而黑暗的宇宙。自古以来,红色就是真正的南方色彩:

> 天子太社,以五色土为坛,皇子封为王者,受天子之社土,以所封之方色,……南方受赤。[2]

在早于唐代五百多年前,汉代的祭祀仪式就是如此。红色是一种天的颜色,此外更是天子即"南面王者"的颜色。通往皇宫的礼仪之门总是南门。就唐初的"旧"宫而言,此门为"朱雀门",而通往稍后建成的大明宫的,则是"丹凤门"。被允许进入宫城的贵客,经由这些神圣的城门,继而向北穿过一系列大殿,最前面的是一座宏大的听政殿,天子面南而坐,象征皇权的庄严

---

[1] 白居易,《东亭闲望》,《全唐诗》,卷441。
[2] 《独断》,卷中,页23。

和威仪,而他的王公大臣则面向北面,表示臣服。[1]

此外,红色有充足的理由成为南方的色彩。它不仅在全世界都象征着火,象征熊熊燃烧、滋养万物的太阳,象征着炽热的、维系生命的血液,象征生命本身[2],而且,它还超越了黄色,成为代表黄金与黄金国度——带来财富的印度群岛和金地的理想颜色。即使对我们来说,印度支那这片土地也是一块火红的红宝石。在中国传说中,这些都是朱雀统治下的炎热岛屿。在那里,红色的火山自黑暗的地下迸发出来,就像来自破裂的宇宙动脉,人类的足迹因此而更加接近生命的源头。[3]但有时,这种红色的能量竟出现在黑暗的北方天空,成为意义重大的前兆。这无疑更加激动人心,毕竟中国人只能通过典籍记载了解爪哇的火山。据史书记载,公元708年7月24日有极光出现:"赤气际天,光烛地,三日乃止。赤气,血祥也。"[4]

当然,并不是所有文学作品中的红色都属于南方。皮日休诗作中就充满了这种暖色的光谱。他有一首绝句写到带着珊瑚泪的红烛[5],另一首写到染了猩猩血的野蔷薇[6],还有一联以"绛树"、"紫鹿"与"丹沙"、"红鱼"相对。[7]这些例子所涉及的南方,都是隐约、遥远而又模糊的。

---

[1] 薛爱华,《长安城的最后时期》,《远东学报》,卷10(1963年),页140。
[2] 它象征着保护生命、对抗黑暗的力量。"从多尼哥到日本,所有地方都用红色来抵制巫术,既可以单独使用,也可用作增强护身符的法力。"哈斯廷斯,《宗教与伦理百科全书》,第五章,页613。
[3] 西特韦尔将火山视作生命的激情喷发,见《行到时间尽头》,页323。
[4] 《新唐书》,卷34,页10a。
[5] 皮日休,《春夕酒醒》,《全唐诗》,卷615。
[6] 皮日休,《重题蔷薇》,《全唐诗》,卷615。
[7] 皮日休,《南阳润卿将归雷平因而有赠》,《全唐诗》,卷614。

第十二章 朱雀

在某些文学作品中,红色的意象却直接明了,与南方紧密相连。韩偓描写一位可爱的蛮族女子,身穿妩媚动人的红衣,令人眼前一亮:"窄衣短袖蛮锦红"。[1]这套诱人的服饰用印度支那出产的一种棉布裁剪而成,因其朝霞般的玫瑰色而得名"朝霞",林邑王的夫人们常穿着这种布料,并佩戴珍珠和金链。[2]这神圣的红色,人们在南越天空和土地上都能轻易地看到。在前文中,我们已关注了头顶的红色薄雾和脚下的红土。除此之外,还有红色的岩石,比如广州附近的红色山脊,曾有扶南人认为它蕴藏黄金而试图购买,但中国刺史拒绝出售这样一座神山,因为它是南方的守护神。[3]然而最能代表南越本质的,还是当地的红色花卉和果实,正如欧阳炯在词中写道:

> 路入南中,
> 桄榔叶暗蓼花红。
> 两岸人家微雨后,
> 收红豆。
> 树底纤纤抬素手。[4]

钟情于南方景物的吴武陵,则描写了桂州的一处美景。那里岩洞

---

[1] 韩偓,《后魏时相州人作李波小妹歌,疑其未备因补之》,《全唐诗》,卷683。
[2] 《元和郡县图志》,卷38,页1091。薛爱华、沃拉克,《唐代土贡研究》,页236。薛爱华,《撒马尔罕的金桃》,页206—207。
[3] 薛爱华,《一部十四世纪的广州方志》,页79。
[4] 欧阳炯,《南乡子》,《全唐诗》,卷896。

遍布，流水淙淙，黎人在河流两岸建造屋宅，"其花四时红紫，望之森然，犹珊瑚琼玖。"他甚至质疑起多岩洞的昆仑山与崆峒山，尽管以开满珠宝一样的山花而闻名天下，是否能够胜过这风景如画的南越之地。[1]

红色的杜鹃花为唐代人提供了完美的南方的植物象征，对于今天的我们来说，同样如此。令人惊讶的是，杜鹃花属植物并非热带独有，它们在高山地区长得最为旺盛，就像我们知道的（用西特韦尔的话来说），"西藏的喇嘛庙，掩映在杜鹃花和白雪之中"。[2]在中国，最美丽的杜鹃花是在云南，那时称为南诏国。但有六七个不同的品种生长于南越的山麓之上。[3]在这些杜鹃花中，最著名的有黄色的羊踯躅，主要分布在中国东部开阔的山地；以及红色映山杜鹃，它们在长江流域也广为人知。在九世纪以前，这两个品种既不为园丁所知，也不为诗人所了解。白居易可谓是第一位伟大的杜鹃迷，他使得被称为"山石榴"或"杜鹃花"的红色杜鹃广为人知。在文学中，中国这种玫瑰红的杜鹃逐渐成为火焰、鲜血和迷人女子的象征。[4]但也并不是每个作家都能领略到南越杜鹃的魅力。在韩愈眼中，它们只是一整片看去还有点意思，但根本无法与其北方家乡的花木媲美。[5]孟琯却不敢苟同于这种酸溜溜的保守论调，他对杜鹃的情感，显然类同于我们对芙蓉、九重葛和凤凰木这些富有异域风情的热带植物的喜爱：

[1] 吴武陵，《阳朔县厅壁题名》，《全唐文》，卷718，页15a—15b。
[2] 西特韦尔，《行到时间尽头》。
[3] 详见撒奥尔，《岭南大学校园植物名录》，页60。
[4] 薛爱华，《李德裕与杜鹃花》，页113。
[5] 韩愈，《杏花》，《朱文公校昌黎先生集》，卷3，页9a—9b。

> 南中花多红赤，亦彼之方色也。唯踯躅为胜。岭北时有，不如南之繁多也。山谷间悉生。二月发时，照耀如火，月余不歇。[1]

但孟琯只是个特例，唐代很少有人能发现这片红色花海的美丽。南越这片红色的乐土和鸟儿所代表的红色灵魂，退隐于南方的地平线之外，渐行渐远。

对南越的汉人而言，这种种关于南方的感受并非从未有过——他们感受到了预料中的一切，却忽视了某些象征，如果这些象征是他们从未预料到的。如果有人还能体验到某种真正的新奇感，这些新奇感也会因为它们完全或部分地有别于人们预先的想象而遭到排斥。总体上说，除了香甜的水果和爽口的饮品外，南方有一种令人不悦的味道。它的芳香使人陶醉，但既不高贵，也不典雅。它的声音或急促而含混，或扰人而可怕。尽管与北方的故乡相比，南方的红色更加浓烈，且与家乡的分布差别巨大，但它还是与汉人的期待有所不同。这是属于南越的颜色，但不是真正的异域色彩。

朱　雀

中古时期以朱雀为象征的国土的历史，已如上述。作为一种动物，也作为一种象征，朱雀本身同样值得评说。

---

[1] 《太平广记》卷409页7a引《岭南异物志》。

朱雀是来自远古的意象，唐朝人用它命名神圣的长安城门。无论对个人还是国家而言，它的出现都是一种上天赐福的吉兆。在中国历代正史中，随处可见有关朱雀、赤燕、赤乌等神鸟的严肃记载。通常，这些征兆的出现，都伴随着官方对其祥瑞的解释。[1]无论以何种外形出现，朱雀都是上天的信使，将朱墨书写的信息传递给人类的精英，即有着非凡功业与力量的圣人和统治者。[2]它的出现本身就是一种信息的传达方式。它是真正的火鸟，体内蕴藏着太阳神圣的能量。有一部古代道教经典写道："朱雀为火精"[3]。在人们心目中，它是太阳鸟，通常化身为"赤乌"：

> 赫赫赤乌，惟日之精；
> 朱羽丹质，希代而生。[4]

公元776年，一只这样的神鸟曾降临人间，印证了唐代宗的英明统治。

正如刘禹锡所说，这种天使般的红色动物也是热带火热之地的精灵。仰望着赤帝居住的衡山，诗人想象此山"上拂朱鸟翮"。[5]在代表五个方位的鸟类中，朱雀最为不凡。北方的玄鸟，西方的白鹭，东方的苍鹰，以及中间的黄鸟都是后来人为添加的，全都

---

[1]　薛爱华，《唐代的祥瑞》，页201。
[2]　同上书，页199。
[3]　《参同契》，卷上，页9。
[4]　薛综，《赤乌颂》，《太平御览》，卷920。
[5]　刘禹锡，《望衡山》，《全唐诗》，卷355。

第十二章　朱雀

缺少古老的南方神鸟那样的鲜明个性。[1]

在唐代，红色的热带鸟类被视作真正的神物，南方的首领与王公贵族会将它们进献给宫廷。有时，红色的飞禽也会出人意料地出现在京都的城门上，在人们眼中，它们便是上天派来的使者。我们可能会问，什么样的鸟儿被赋予如此神圣的意义？它来自南方还是北方？这些栖息在长安宫殿屋梁上的红色鸟儿很可能是北方鸟类，也许就是一只来自内蒙古森林的红麻料或交喙鸟。[2]这些北方鸟类体形全都不大，也不够显眼，但当时的传说也并未在这些方面有什么要求。在南方当地所见或进献到北方宫廷的鸟类中，热带森林的野生原鸡、孔雀甚至石鸡，通常都被或多或少地视作神鸟，火背鹇可能也在其中。然而，这些大型的野生飞禽都与朱雀的颜色不相吻合，倒是某些南越的小型鸟类与朱雀一样，有着美丽的深红色羽毛，比如叉尾太阳鸟、红胸啄花鸟、赤红山椒鸟，这些迷人的觅食者都生活在热带林间或园林的开花植物与灌木丛之中。[3]

然而，尽管中古时期有不少南越鸟类受人瞩目，但却没有哪一种曾得到过汉人神圣的封号。咬鹃和小太阳鸟都默默无闻；鹦鹉仅仅是一种珍奇之鸟；雉鸡及其同类，只是为宫廷制造盔甲与羽饰提供了实用的羽毛。偶尔有些鸟儿扮演了神圣的角色，也都

---

[1] 薛爱华，《唐代的祥瑞》，页198。
　译注：《禽经》曰："色合五方。仓鹰之属以象东方木行，朱鸟之属以象南方火行，黄鸟之属应土行，以象季夏，白鹭之属以象西方金行，玄鸟之属以象北方水行。"
[2] 薛爱华，《唐代的祥瑞》，页200。
[3] 薛爱华，《唐代的祥瑞》，页198。

为时不久。象征祥瑞的古典的朱雀成了一种纯粹而神秘的符号，不会固定地属于任何一种在五岭与南海之间翱翔的鸟类。

在今天的人们看来，红红绿绿的鹦鹉或咬鹃是理想的朱雀化身，因为它们呈现了南方森林的绿色背景，同时也带来了热带花卉的异国情调。人们甚至可能会想象，它飞向中国之外，或在中国之外重生，化身为摩鹿加群岛樱桃红的吸蜜鹦鹉，或是危地马拉迷人的绿咬鹃。朱红霸鹟也许就是这样一个美丽的典型，它飞翔在加州的科罗拉多沙漠、亚利桑那，以及墨西哥和南美洲干旱的土地之上：

> 它像一道火焰，冲进了潮水般的金色阳光里，飞到了离地面一百英尺的地方。随后，它鲜红的羽冠舒展着，如轻骑兵向后飘扬的头巾一般，扑扇着震颤的翅膀，轻轻地飘落下来。[1]

实际上，我们能在美国艺术家莫里斯·格拉夫斯的一幅画作中看到朱雀的混合形象，他的绘画题材多为中国的动植物和手工艺品。《鸟精灵》描绘了一只蓝眼、三足的鸟儿，不辨种类，很像三足的赤乌，笼罩在一片红色的结晶胶浆或云气之中。[2]正是这种多样性的表现，使得朱雀在今天成为一种神奇而广义的象征。

我们尽管对朱雀缺乏特定而具体的形象认知，但仍然可以追问一下：这一古老的象征在唐代扮演的是什么角色？它代表了一种新的思想，还是旧有的观念？特别是，它是否体现了人们的一

---

[1] 富尔蒂，《热带鸟类的声音印象》，页98。
[2] 该画作收藏于惠特尼美国艺术博物馆。

种愿望——在南越有可能开始新的体验,获得不一样的生活方式?或者,朱雀只是一种挣脱束缚的意象,它闪光的翅膀象征着从危险境地逃离的力量?又或是唐代人在它那艳丽的色泽中,看到了比凡人身体更加完美的形象,一种自我和灵魂的象征,能自由地飞翔于未曾探索过的空中花园?

追问这些问题,不只是追问当唐代人想起朱雀这一形象时,他们的脑中会浮现出哪些事物。唐代人可能很少这么做。这么追问,更是为了把握唐人对南越感受的总体特征。这也是为了探寻在来自温带的汉人的想象和渴望中,中古时期的这片朱雀之土究竟是什么样子的,以及在他们的文学中,朱雀之土究竟占据着怎样的地位。虽然没有证据表明,这些外来者试图在其炎热的庭院中种植家乡的花草,或者在竹子搭建的书斋中,对着笼中的百灵或白颊鸟微笑。也许他们大部分人都不曾有过这样温暖的回忆,而只能在诗中,为远离故乡按部就班的生活而痛心。必然只有一部分人,开始意识到南越鸟类和花卉的独特价值,而大部分人则更关心他们所失去的,而不是关心有可能发现的事物。

北方的诗歌朴素而粗犷;它颤抖着,伴着刺骨的霜冻、大漠的寒风、朦胧的月色以及草原上的积雪。这个真正属于汉人的世界,严厉、冷静而又正统。但也存在另一种古老的审美传统,欣赏温和、温暖、五彩缤纷的长江流域[1],但这只为汉人了解更南的南方做了部分的铺垫。对被流放南越的汉人来说,他所面对的几乎是全然不同的世界。他会睁大眼睛,盯着各种不可思议的

---

[1] 小尾郊一,《中国文学中所表现的自然与自然观——以中世文学为中心》,页585—586。

事物，譬如在高高的树冠下飞翔的犀鸟，这些巨鸟有着黄色的盔突，或是从船上飞掠而过的飞鱼。他已经远离了他曾经生活的那片天地，远离了周边的黄土地和桦树、住帐篷的牧民和驼队，远离了周围格局对称的城市和阡陌齐整的农田。高山和海洋将他与家人、朋友、平凡的生计阻隔开来，最重要的是，还使他远离了那些早被可敬的传统所神化、被无数宝贵的文献所强化的人物与意象。中古时期南越文献的常见主题，是恐惧、刺激、财富、腐败、中毒、神秘、魔力和幻象等，并通过瘴气、蛮人、异域珍宝和鬼怪出没的森林等刻板形象表现出来。鲜明的印象，艳丽的色彩，已经成为某些游客行记的标志，但大部分人在思考这片新土地时，还只能使用陈词滥调。

面对南越的洞穴和蛮人，许多北方来的官员都怀有一种殖民者心态。他们务实而且现实，甚至在作严谨的博物学笔记时，也时时意识到自己的优越感。对少数痴迷于南越如画山景的官员来说，总有一些事物能引起他们的兴趣；对那些冒险的园林家和猎奇者来说，则有另一些事物能吸引他们。

像张九龄那样土生土长的本地人，他们热爱自己的家乡，是理所当然的事，不过，他们人数不多，影响力也不大。

可能只有一种人会真正欣赏南越的异域特质，他们有敏感的心灵，渴望一种全然不同的完美，而这是辉煌的唐代典范所没有给予的，但与此同时，他们也会心怀内疚。在中古时代早期，这样的人寥寥可数，但在我们当代人中，这种人却有不少，他们品尝了雨林边缘怪异的水果之后：

> 有时停靠在亚洲的某个港口，

第十二章 朱雀

> 像是回到了伊甸园,忘了归路;
> 品尝异域的水果,体验陌生的感情,
> 因巨大的莲花而狂喜。[1]

直到唐代灭亡,南越都不曾出现过卢梭、洛蒂和康拉德这样的人。那里的官员、士兵和贬谪的政客更像是特诺奇提特兰的西班牙人,而不像是在东京的法国人。[2]

唐代人自始至终都不曾对南方有过如此的看法——阳光之下的天堂,生活着一群神秘而迷人的仙女,她们的耳畔戴着艳丽的木槿花。那儿和塔希题岛或夏威夷一样,能让人忘却平日的烦恼或恐惧。在先唐文学中,诗歌里所描写的古老的南方意象,往往有习见的南越背景,充斥着有毒的植物、蜿蜒的虫蛇、人形的猿猴与猴精、赤色的天空、黑色的森林,以及巫术、神秘和困惑。到了唐代,诗人们试图改弦更张,描写荷塘旁边、木兰舟中,慵懒而面色绯红的越女,以及雾中的神女,但毕竟只有一部分获得成功。直到九世纪末十世纪初,随着唐帝国的瓦解,一种新的综合体才成为可能,它介于楚辞所开创的乐观浪漫主义和柳宗元、张九龄等人的自然审美之间。当北方人发现与世隔绝的南越也可能有其过人之处时,这种改变就此产生了,而事实上,他们的父执辈和同辈早已领略过这些优点。于是突然间,南方不再是炼狱或魔窟,而成了神圣的避难所。这个省份从此有了一种全新的、

---

[1] 德罗恩(Alfred Droin),《驻足》,见马勒雷,《1860年以来法语文学中的印度支那异国情调》,页47。
[2] 关于文学中的殖民主义与异国情调,可参照马勒雷,《1860年以来法语文学中的印度支那异国情调》,页47。

不同寻常的浪漫氛围,展现在李珣和欧阳炯那令人久久难忘的诗句之中。直到此时,旧有的意象才得以扭转,并被注入新的生命——朱雀化身为红袖飞扬的南越女子。

然而,这种本土的异国情调仅仅是过渡性的,它连接的两端是古老的殖民帝国与最终多姿多彩的文学舞台。全新的地域、居民、语词所带来的全新体验,能够及时地转化成具有普遍有效性的全新形象。[1]这片热带的伊甸园虽然只是暂时性地、部分地化作现实,但它依然源源不断地提供着崭新的比喻和精神画面,流向北方,丰富了中国人的语言和思想。这些满身尘土并且内心保守的陆地居民,他们一直不停地转变,直到能够接受任何形式的世界,能够接受每一种稀罕的经验。

朱雀,作为一种虚构的意象,虽然一直被加于新南方(无论这南方指的是哪里)身上,但却从未完整地存在过。这只东方的火鸟,是柳宗元心中理想的景象,它静静地筑巢于张九龄的心中,精确而亮丽地呈现于李珣新浪漫的词作中,它只能广泛而抽象地存活于唐代以后的语言和文学作品里。

---

[1] 马勒雷,《1860 年以来法语文学中的印度支那异国情调》,页 353。

附录一　本书出现的州名

一　南越州名表

广管

潮州	循州	潘州
振州	康州	辩州
勤州	冈州	韶州
琼州	高州	泷州
春州	广州	儋州
恩州	雷州	端州
封州	连州	万安
新州	罗州	崖州

桂管

昭州	宜州	柳州
芝州	融州	蒙州
富州	刚州[1]	思唐

---

[1] 译注：此处似有误，桂管似无刚州，邕管则有思刚州。

贺州	古州	梧州
象州	桂州	严州
环州	龚州	

容管

绣州	平琴	窦州
义州	白州	岩州
容州	顺州	禺州
牢州	党州	郁林
廉州	藤州	

邕管

澄州	浔州	宾州
钦州	贵州	田州
横州	峦州	邕州

安南

爱州	峰州	陆州
长州	福禄	演州
交州	骥州	

二 南越以外的其他州名

常州	杭州	宁州
郴州	衡州	汴州
吉州	湘州	播州
虔州	信州	苏州

附录一 本书出现的州名

智州	徐州	宋州
荆州	洪州	泗州
楚州	润州	潭州
衢州	昆州	永州
泉州	朗州	渝州
福州	阆州	越州
涪州	睦州	

附录二　参考文献

一　原始文献（按书名罗马字拼音顺序排列）

裴铏，《传奇》

刘欣期，《交州记》

孙思邈，《千金方》

师旷，《禽经》

《晋中兴书》

杜甫，《九家集注杜诗》

《春秋纬》

崔令钦，《教坊记》

陆羽，《茶经》

《重修政和证类本草》

马缟，《中华古今注》

《墉城集仙录》

《周书》

薛用弱，《集异记》

陶穀，《清异录》

《郡国志》

韩愈，《朱文公校昌黎先生集》

《晋书》

《金史》

徐铉,《稽神录》

柳珵,《常侍言旨》

《旧唐书》

牛肃,《纪闻》

《九域志》

张鷟,《朝野佥载》

掌禹锡,《嘉祐本草》

陆龟蒙,《甫里先生文集》

竺芝,《扶南记》

李商隐,《樊南文集笺注》

《方舆志》

赵崇祚,《花间集》

韩愈,《韩昌黎全集》

《后汉书》

刘安,《淮南子》

《续南越志》

《汉书》

郭璞,《玄中记》

郑常,《洽闻记》

李珣,《海药本草》

慧琳,《一切经音义》

郭义恭,《广志》

《广州记》

范成大,《桂海虞衡志》

戴孚,《广异记》

莫休符,《桂林风土记》

刘䜣,《国史纂异》（一作《国史异纂》）

陆法言,《广韵》（陈彭年重修）

王充,《论衡》

柳宗元,《增广注释音辨唐柳先生集》

杜光庭,《录异记》

《林邑记》

刘禹锡,《刘梦得文集》

孟琯,《岭南异物志》

刘恂,《岭表录异》

张彦远,《历代名画记》

李白,《李太白文集》（平冈武夫，1958）

李德裕,《李卫公会昌一品集》

郑处诲,《明皇杂录》

陶弘景,《名医别录》

毛晋,《毛诗草木鸟兽虫鱼疏广要》

陆玑,《毛诗草木鸟兽虫鱼疏》

黄休复,《茅亭客话》

尉迟枢,《南楚新闻》

房千里,《南方异物志》

《南海异事》

邓德明,《南康记》

钱易,《南部新书》

沈怀远,《南越志》

段公路,《北户录》

孙光宪,《北梦琐言》

葛洪,《抱朴子》

李时珍,《本草纲目》

《白泽图》

郑熊,《番禺杂记》

《始安记》

《史记》

郦道元,《水经注》

《山海经》

《十洲记》

王韶之,《始兴记》

任昉,《述异记》

《神异经》

《三国志》

通慧大师赞宁等,《宋高僧传》

赞宁,《笋谱》

《隋书》

干宝,《搜神记》

苏鹗,《苏氏演义》

梁载言,《十道志》

彭大翼,《山堂肆考》

《宋史》

郑樵,《通志》

朱景玄,《唐朝名画录》

司马光,《资治通鉴》

房千里,《投荒杂录》

《唐异闻录》
李肇,《唐国史补》
竺法真,《登罗山疏》
《唐六典》
《太平寰宇记》
苏恭,《唐本草注》
《新唐书》(《四部备要》本)
《唐诗纪事》
杜佑,《通典》(上海：1935年)
《参同契》
刘肃,《大唐新语》
玄奘,《大唐西域记》(《四部丛刊》本)
蔡邕,《独断》
杜宝,《大业拾遗录》
苏鹗,《杜阳杂编》
于逖,《闻奇录》
《魏书》(开明书店版)
王焘,《外台秘要》
《新五代史》(开明书店版)
王维,《王右丞集注》
李商隐,《玉谿生诗详注》
《邕州图经》
李吉甫,《元和郡县图志》
冯贽,《云仙杂记》
王象之,《舆地纪胜》
《舆地广记》

二　丛书、类书与总集

《初学记》

《全唐诗》

《全上古三代秦汉三国六朝文》

《津逮秘书》

《全唐文》

《学津讨源》

《湖北先生遗书》

《汉唐地理钞》

《汉魏丛书》

《惜阴轩丛书》

《广东通志》（1934年版）

《岭南遗书》

《岭南丛书》

《龙威秘书》

《美术丛书》

《百川学海》

《白孔六帖》

《秘书廿一种》

《宝颜堂秘笈》

《说郛》（清顺治四年［1647］刻本）

《四部备要》

《大正大藏经》

《四部丛刊》

《太平广记》

《太平御览》

《丛书集成》

《唐代丛书》（清同治三年［1864］纬文堂刊本）

《五朝小说》

《玉函山房辑佚书》

三 二手文献（按作者名音序排列）

Allen, G. M. 埃伦

 1938 *The Mammals of China and Mongolia*（《中国及蒙古的哺乳动物》），Natural History of Central Asia, Vol. XI, Pt. 1; New York, 1938 and 1940.

Aoyama Sadao 青山定雄

 1963 *Tō-Sō jidai no kōtsu to chishi chizu no kenkyū*（《唐宋时代交通与地志地图研究》），Tokyo, 1963.

Aurousseau, L. 鄂卢梭

 1923 "La première conquête chinoise des pays Annamites"（《秦代初平南越考》），*Bulletin de l'Ecole Francaise d'Extrême-Orient*, Vol. 23, 137-266, 1923.

Austin, Jr., Oliver L. 奥斯丁

 1961 *Birds of the World: A Survey of the Twenty-seven Orders and One Hundred and Fifty-five Families*（《世界鸟类》），New York, 1961.

Aymonier, Etienne 艾莫涅

 1890 "Légendes historiques des Chams"（《占婆历史传说》），*Excursions et Reconnaissances*, Vol. 14（1890），145-206.

 1891 "Les Tchames et leurs religions"（《占婆及其宗教》），*Revue*

    de l'histoire des religions, Vol. 24 (1891), 187-237, 261-315.

Aymonier, Etienne, and Antoine Cabaton 艾莫涅、卡巴东
  1906 *Dictionanaire Cam-Français* (《占法词典》), Publications de l'Ecole Française d'Extrême-Orient, Vol. 7, Paris, 1906.

Balazs, Stefan 白乐日
  1931 "Beiträge zur Wirtschaftsgeschichte der T'ang-Zeit" (《唐代经济史论稿》), *Mitteilungen des Seminars für orientalische Sprachen*, Vol. 34 (1931), 1-92.
  1932 "Beiträge zur Wirtschaftsgeschichte der T'ang-Zeit" (《唐代经济史论稿》), *Mitteilungen des Seminars für orientalische Sprachen*, Vol. 35 (1932), 1-73.

Bates, Marston 贝茨
  1952 *Where Winter Never Comes: A Study of Man and Nature in the Tropics* (《那里从无冬天：热带居民与自然之研究》), New York, 1952.
  1963 *Animal Worlds* (《动物世界》), New York, 1963.

Baxter, Glen W. 白思达
  1953 "Metrical origins of the Tz'u" (《词的音律起源》), *Harvard Journal of Asiatic Studies*, Vol. 16 (1953), 108-145.

Beer, A., Ho Ping-yü, Lu Gwei-djen, J. Needham, E. G. Pulleyblank, and G. I. Thompson 阿瑟·比尔、何丙郁、鲁桂珍、李约瑟、蒲立本、汤普森
  1961 "An Eighth-Century Meridian Line: I-HSING's Chain of Gnomons and the Pre-history of the Metric System" (《八世纪的子午线：一行的圭表测量和公制体系之前史》), *Vistas*

in Astronomy, Vol. 4 (1961), 3-28.

Benedict, P. K. 白保罗

1941 "A Cham Colony on the Island of Hainan"(《海南岛上的一个占婆聚居地》), *Harvard Journal of Asiatic Studies*, Vol. 6 (1941), 129-134.

1942 "Thai, Kadai, and Indonesian: A New Alignment in Southeastern Asia"(《泰语、卡岱语和印度尼西亚语: 东南亚的一个新组合》), *American Anthropologist*, Vol. 44 (1942), 576-601.

1947 "Languages and Literatures of Indochina,"(《印度支那的语言与文学》), *Far Eastern Quarterly*, Vol. 6 (1947), 379-389.

Bishop, Carl Whiting 毕士博

1933 "Rhinoceros and Wild Ox in Ancient China"(《中国古代的犀牛与野牛》), *China Journal*, Vol. 18 (1933), 322-330.

1938 "Long-Houses and Dragon-Boats"(《长屋与龙舟》), *Antiquity*, Vol. 12 (1938), 411-424.

Bonifacy, A. L. M. 博尼法西

1903 "Etude sur les chants et la poésie populaire des Mans du Tonkin"(《东京蛮人歌谣及通俗诗歌研究》), Premire congrés international des Etudes d'Extrême-Orient, Hanoi (1903). *Compte rende analytique des séances* (Hanoi, 1903), 85-89.

1914 "Nouvelles Recherches sur les génies thériomorphes au Tonkin"(《东京怪兽神话新考》)(troisième série), *Bulletin de l'Ecole Française d'Extrême-Orient*, Vol. 18 (1918), 1-50.

1925 "Une mission chez les Man, d'Octobre 1901 à la fin de Janvier

1902"(《寻找蛮人之行:自 1901 年 10 月至 1902 年 1 月底》), *Etudes Asiatiques publiées à l'occasion du vingt-cinquième anniversaire de l'Ecole Française d'Extrême-Orient*, Vol. 1 (1925), 49-102.

Briggs, L. P. 布里格斯

1949 "The Appearance and Historical Usage of the Terms Tai, Thai, Siamese, and Lao"(《"泰"、"傣"、"暹罗"、"僚"等词语之出现及其历史用法》), *Journal of the American Oriental Society*, Vol. 69 (1949), 60-73.

Brodrick, A. H. 布洛德里克

1942 *Little China: The Annamese Lands*(《小中国:安南》), London, New York, Toronto, 1942.

Brown, Ivor 布朗

1953 *A Word in Edgeways*(《碎语》), London, 1953.

1961 *Words in Season*(《季节絮语》), London, 1961.

1963 *A Word in your Ear, and Just another Word*(《在你耳边说一句,又一句》), Dutton paperback, New York, 1963.

Bui Quang Tung 裴光松

1963 "Tables synoptiques de chronologie vietnamienne"(《安南大事年表》), *Bulletin de l'Ecole Française d'Extrême-Orient*, Vol. 51 (1963), 1-78.

Burkhill, I. H. 柏克希尔

1935 *A Dictionary of the Economic Products of the Malay Peninsula* (《马来半岛经济作物辞典》), London, 1935.

Caldwell, H. R., and J. C. Caldwell 柯志仁父子

1931 *South China Birds*(《华南鸟类》), Shanghai, [1931?].

Cammann, Schuyler 坎曼

    1950　　"The Story of Hornbill Ivory"(《漫话犀鸟头胄》), *University Museum Bulletin*, Vol. 15, No. 4, Philadelphia, December, 1950, 19-47.

Chan, Wing-tsit 陈荣捷

    1957　　"Neo-Confucianism and Chinese Scientific Thought"(《新儒学与中国科学思想》), *Philosophy East and West*, Vol. 6 (1957), 309-332.

    1963　　*The Platform Scripture*: translated with an introduction and notes (《坛经译注》), New York, 1963.

Chang Hung-chao 章鸿钊

    1921　　*Shih ya* (《石雅》), *Ti-chih chuan-pao*, Ser. B, No. 2; Peking, 1921.

Chang Kuo-kan 张国淦

    1962　　*Chung-kuo ku fang-chih k'ao* (《中国古方志考》), Shanghai, 1962.

Chang Kwang-chih 张光直

    1959　　"Chinese Prehistory in Pacific Perspective"(《太平洋视野下的中国史前史》), *Harvard Journal of Asiatic Studies*, Vol. 22 (1959), 100-149.

    1959a　　"A Working Hypothesis for the Early Cultural History of South China"(《华南史前民族文化史提纲》), *Bulletin of the Institute of Ethnology, Academia Sinica*, Vol. 7 (Spring, 1959), 75-103.

Ch'en Hsü-ching 陈序经

    1946　　*Tan-min ti yen-chiu* (《疍民的研究》), Shanghai, 1946.

Ch'en Jung　　陈嵘
    1957　　　*Chung-kuo shu-mu fen-lei-hsüeh*（《中国树木分类学》），Shanghai，1957.

Cheng Tso-hsin　　郑作新
    1955　　　*Chung-kuo niao-lei fen-pu mu-lu*（《中国鸟类分布目录》），Vol. 1：*Fei-ch'üeh-hsing mu*，Peking，1955.

Cheng Tê-kun　　郑德坤
    1955　　　"New Light on Ancient China"（《古代中国新论》），*Antiquity*，Vol. 38（1964），179-186.

Chia Tsu-chang, and Chia Tsu-shan　　贾祖璋、贾祖珊
    1946　　　*Chung-kuo chih-wu t'u-chien*（《中国植物图鉴》），2nd ed.，Shanghai，1946.

Clark, Leonard　　克拉克
    1938　　　"Among the Big Knot Lois of Hainan; Wild Tribesmen with Topknots Roam the Little-known Interior of This Big and Strategically Important Island in the China Sea"（《海南大髻黎：生活于中国海这个具有重要战略意义的大岛鲜为人知的腹地的头绾大髻的野蛮部落》），*National Geographic Magazine*，September，1938，391-418.

Coedès, G.　　戈岱司
    1948　　　*Les états hindouisés d'Indochine et d' Indonésie*（《印度支那和印度尼西亚的印度化国家》），Paris，1948.
    1962　　　*Les peuples de la peninsule indochinoise：Histoire—civilisations*（《印度支那半岛各民族——历史与文明》），Paris，1962.

Collingwood, Cuthbert　　科林伍德
    1868　　　*Rambles of a Naturalist on the Shore and Waters of the China*

Sea: being Observations in Natural History during a Voyage to China, Formosa, Borneo, Singapore, Etc., made in Her Majesty's Vessels in 1866 and 1867 (《一位博物学者的中国海域与海滨随笔：1866、1867 年英国舰队在中国、台湾、婆罗洲、新加坡等地航行中之博物学观察》), London, 1868.

Concordance　引得编纂处
- 1940　"A Concordance to the Poems of Tu Fu"(《杜诗引得》), Harvard-Yenching Institute Sinological Index Series, Vol. 11, Suppl. 14, Cambridge, 1940.

Coral-Rémusat, Gilberte de　柯罗尔-雷暮萨
- 1936　"Animaux fantastiques de l'Indochine, de l'Insulinde et de la Chine"(《印度支那、马来群岛以及中国的神奇动物》), Bulletin de l'Ecole Française d'Extrême-Orient, Vol. 36 (1936), 427-435.

Cressey, George B.　葛德石
- 1934　China's Geographic Foundations; A survey of the Land and its People (《中国的地理基础：土地及居民研究》), New York and London, 1934.

David, A., and E. Oustalet　谭卫道、奥斯塔莱特
- 1878　Les Oiseaux de la Chine (《中国鸟类》), Paris, 1878.

Delacour, Jean and Jabouille, Pierre　德拉古、雅布埃尔
- 1931　Les Oiseaux de l'Indochine Francaise (《法属印度支那的鸟类》), Aurillac, 1931

Demiéville, P.　戴密微（主编）
- 1929　Hôbôgirin (《法宝义林》), Tokyo, 1929.

Devéria, G.　德韦理亚

1886　　　*La frontière sino-annamite*（《中国安南边界》），Paris, 1886.

Durand, E. M.　杜兰

1907　　　"Notes sur les Chams"（《占婆考》），*Bulletin de l'Ecole Française d'Extrême-Orient*, Vol. 7（1907），313-355.

Duyvendak, J. J. L.　戴闻达

1939　　　"Review of H. Stubel, Die Li-Stämme der Insel Hainan," *T'oung Pao*（《评 H. 史图伯尔〈海南岛黎族〉》），Vol. 35（1939），404-407.

Eberhard, W.　艾伯华

1942　　　*Kultur und Siedlung der Randvolker Chinas*（《中国边疆民族的文化与移民》），Supplement to T'oung Pao, Vol. 36, 1942.

1942a　　*Lokalkulturen im alten China, Teil 2: Die Lokalkulturen des Südensund Ostens*（《古代中国的地域文化》），*Monumenta Serica* Monograph III; Peking, 1942.

Erkes, Eduard　何可思

1935　　　"Das Primat des Weibes im alten China"（《女人在古代中国的特权》），*Sinica*, Vol. 10（1935），166-176.

1939　　　"Zur Sage von Shun"（《论舜的传说》），*T'oung Pao*, Vol. 34（1939），295-333.

1951　　　"Der Pfau in Religion und Folklore"（《宗教与民间故事中的孔雀》），*Jahrbuch des Museums für Völkerkunde zu Leipzig*, Vol. 10（1926/1951），67-73.

Evans, Harold　埃文斯

1949　　　*Men in the Tropics; A Colonial Anthology*（《热带居民：殖民文集》），London, Edinburgh, Glasgow, 1949.

Fairchild, David　费尔切尔德

1944 　　　 *Garden Islands of the Great East: Collecting Seeds from the Philippines and Netherlands India in the Junk "Chêng Ho"* (《东方的花园岛屿：郑和船队在菲律宾、印度采集植物种子》), New York, 1944.

Feng, H. Y., and J. K. Shryock　冯汉骥、施瑞奥克

1935　　　"The Black Magic in China known as ku"(《中国巫蛊》), *Journal of the American Oriental Society*, Vol. 55 (1935), 1-30.

Fenzel, G.　芬茨尔

1929　　　"On the Natural Conditions Affecting the Introduction of Forestry as a Branch of Rural Economy in the Province of Kwangtung, Especially in North Kwang-tung"(《广东自然条件对引种农业经济作物的影响》), *Lingnan Science Journal*, Vol. 7 (1929), 37-102.

1930　　　"Problems of Reforestation in Kwangtung with Respect to the Climate"(《广东与气候相关的再造林问题》), *Lingnan Science Journal*, Vol. 9 (1930), 97-113.

Ferrand, Gabriel　费琅

1914　　　*Relations de voyages et textes geographiques arabes, persans et turks relatifs à l'Extrême-Orient du VIII au XVII siècles* (《阿拉伯波斯突厥人东方文献辑注》), Paris, 1913-1914.

1919　　　"Le K'ouen-louen et les anciennes navigations interocéaniques dans les mers du sud"(《昆仑及南海古代航行考》), *Journal Asiatique*, Vol. 11, No. 13 (1919), 239-333, 431-492; Vol. 11, No. 14 (1919), 5-68, 201-241.

Finot, L.　斐诺

1901 "La religion des Chams d'après les monuments"(《碑刻中所见占婆宗教》),*Bulletin de l'Ecole Française d'Extrême-Orient*, Vol. 1 (1901), 12-33.

Flanders, S. E., J. L. Gressitt, and T. W. Fisher 弗兰德斯、嘉理西、费舍尔

1958 "Casca chinensis, an internal parasite of California red scale,"(《中华四节蚜小蜂：一种红圆蚧的内寄生蜂》)*Hilgardia*, Vol. ?, No. 5, Berkeley, November, 1958, 65-91.

Forrest, R. A. D. 福雷斯特

1948 *The Chinese Language*(《中国语言》), London, 1948.

Frodsham, J. D. 傅乐山

1960 "The Origin of Chinese Nature Poetry"(《中国自然诗歌的起源》),*Asia Major*, n. s., Vol. 8 (1960), 68-104.

Fuertes, Louis Agassiz 富尔蒂

1913 "Impressions of the Voices of Tropical Birds"(《热带鸟类的声音印象》),*Bird-Lore*, Vol. 15 (1913), 341-344.

1914 "Impressions of the Voices of Tropical Birds"(《热带鸟类的声音印象》),*Bird-Lore*, Vol. 16 (1914), 1-4, 96-101, 161-169, 342-349, 421-428.

Fuson, Chester G. 冯世安

1928 "The Geography of Kwangtung"(《广东地理》),*Lingnan Science Journal*, Vol. 6 (1928), 241-256.

1929 "The Peoples of Kwangtung: Their Origin, Migrations, and Present Distribution"(《广东各民族之起源、迁移及其当前分布》),*Lingnan Science Journal*, Vol. 7 (1929), 5-22.

Giles, Herbert A. 翟理斯

1923   *Gems of Chinese Literature*, *Vol.* 1：*Prose* (《古文选珍》卷 1 《散文卷》), 2nd ed., Shanghai, 1923.

Glacken, Clarence J. 格拉肯

1962   *Three Great Traditions concerning Man and the Earth*：*Studies in the History of Geographic Ideas from Antiquity Through the Eighteenth Century* (《关于人与地球的三个伟大传统：从上古到十八世纪地理观念史研究》), Berkeley, 1962.

Goloubew, V. 戈鹭波

1932   "*Sur l'origine et la diffusions des tambours métalliques*" (《论铜鼓的起源及分布》), *Praehistorica Asiae Orientalis*, I, Premier Congres des Préhistoriens d'Extrême-Orient; Hanoi, 1932, 137-150.

Gourou, Pierre 古尔罗

1940   *L'utilisation du sol en Indochine francaise* (《印度支那的土地使用》), Paris, 1940.

Gary, Basil 格雷

1949   "China or Dong-son" (《中国，东山》), *Oriental Art*, Vol. 2 (1949), 99-104.

Grigson, Geoffrey, and C. H. Gibbs-Smith 格里格森、吉布斯

1957   *Things*：*A Volume of Objects devised by Man'a Genius which are the Measure of his Civilization* (《物：衡量文明的人类天才发明》), New York, 1957.

Han Wai Tun 韩淮准

1946   "Yeh yü" (《椰语》), *Nan-yang hsüeh-pao*, Vol. 3 (1946), 36-46.

Harich-Schneider, Eta 哈里希·施耐德

1955 "The Earliest Sources of Chinese Music and Their Survival in Japan" (《中国音乐起源及日本残存》), *Monumenta Nipponica*, Vol. 11 (1955), 85-103.

Hastings, James 哈斯廷斯

1962 *Encyclopaedia of Religion and Ethics* (《宗教与伦理百科全书》), New York, 1962.

Herald, E. S. 赫勒尔德

1962 *Living Fishes of the World* (《世界现存鱼类》), New York, 1962.

Hiraoka Takeo 平冈武夫

1958 *Rihaku no sakuhin* (《李白的作品》), Kyoto, 1958.

Ho Ko-en 何克恩(音)

1960 "Tan-tsu chih yen-chiu" (《蛋族之研究》), *Journal of Oriental Studies*, Vol. 5 (1960), 1-40.

Hoeppli, R. 贺普利

1954 "Malaria in Chinese Medicine" (《中国医学中的疟疾》), *Sinologica*, Vol. 4 (1954), 91-101.

Hou K'uan-chao 侯宽昭

1957 *Kuang-chou chih-wu chien-so-piao* (《广州植物检索表》), Shanghai, 1957.

Hsü Sung-shih 徐松石

1939 *Yüeh-chiang liu-yü jen-min shih* (《粤江流域人民史》), Shanghai, 1939.

Hsü Yün-ch'iao 许云樵

1947 "Nan-chao fei t'ai-tsu ku kuo k'ao" (《南诏非泰族故国

考》），*Nan-yang hsueh-pao*，Vol. 4，No. 2（1947），1-8.

K'ao-ku t'ung-hsün 《考古通讯》

  1956 "Kuang-tung Ch'ao-yang hsin-shih-ch'i shih-tai i-chih, tiao-ch'a chien-pao"（《广东潮阳新石器时代遗址调查简报》），*K'ao'ku t'ung-hsun*，Vol. 10（1956），4-11.

Hung, William 洪煨莲（洪业）

  1940 "The Inkslab in Chinese Literary Tradition"（《中国文学传统中的砚台》），*Yenching University Occasional Papers*，No. 3（May 7，1940）.

Janse, Olov R. T. 秦西

  1947 *Archaeological Research in Indo-China*，I（《印度支那考古研究（一）》），Harvard-Yenching Institute Monograph Series，Vol. VII；Cambridge，1947.

Kaltenmark, M. 康德谟

  1948 "Le dompteur des flots"（《伏波》），*Han-Hiue*，Vol. 3（1948），1-112.

Karlgren, B. 高本汉

  1942 "The date of the early Dong-so'n culture"（《早期东山文化年代考》），*Bulletin of the Museum of Far Eastern Antiquities*，Vol. 14（1942），1-28.

Lafont, P. B. 拉封

  1964 "Contribution a l'étude des structures sociales des Cham du Viêt-Nam"（《越南占族社会结构对研究的贡献》），*Bulletin de l'Ecole Française d'Extrême-Orient*，Vol. 52（1964），157-171.

Lapicoue, P. A. 拉皮奎

| 1911 | "Note sur le canal de hing-ngan (Kouang-si)"(《兴安［广西］运河考》), *Bulletin de l'Ecole Française d'Extrême-Orient*, Vol. 11 (1911), 425-428.

La Touche, J. D. D. 拉都胥

| 1930 | *A Handbook of the Birds of Eastern China* (*Chihli, Shantung, Kiangsu, Anhwei, Kiangsi, Chekiang, Fohkien, and Kwangtung Provinces*)(《华东鸟类手册［直隶、山东、江苏、安徽、江西、浙江、福建、广东省份］》), Vol. 1, London, 1925—1930.

| 1934 | *A Handbook of the Birds of Eastern China.*(《华东鸟类手册》), Vol. II, London, 1931—1934.

Lattimore, Owen 拉铁摩尔

| 1955 | "The Frontier in History"(《历史上的边疆》), *Relazioni, X. Congresso Internazionale di Science Storiche; Roma 4-11 Settembre*, 1955, Vol. I, Firenze, 1955, 105-138.

| 1962 | *Studies in Frontier History; Collected Papers, 1928—1958* (《边疆史研究论文集：1928—1958》), London, 1962.

Laufer, Berthold 劳费尔

| 1917 | "Totemic Traces among the Indo-Chinese"(《印度支那人的图腾遗迹》), *Journal of American Folklore*, Vol. 30 (1917), 415-426.

| 1919 | *Sino-Iranica: Chinese Contributions to the History of Civilization in Ancient Iran, with Special Reference to the History of Cultivated Plants and Products* (《中国伊朗编：中国对古代伊朗文明史之贡献》), Field Museum of Natural History, Publication 201, Anthropological Series, Vol. 15, No. 3;

Chicago, 1919.

Li Chi 李济

1928 *The Formation of the Chinese People*: *An Anthropological Inquiry* (《中国民族的形成：一次人类学的探索》), Cambridge, 1928.

Li Fang-kuei 李方桂

1948 "Mo-hua chi-lüeh" (《莫话记略》), *Kuo-li chung-yang yen-chiu-yuan, Li-shih yü-yen yen-chiu-so Chi-k'an*, Vol. 19 (1948), 1-80.

Li, H. L. 李惠林

1959 *The Garden Flowers of China* (《中国园林花卉》), New York, 1959.

Li Hui 李卉

1960 "Shuo tu-ku yü wu-shu" (《说毒蛊与巫术》), *Kuo-li chung-yang yen-chiu-yüan, Min-tsu-hsüeh yen-chiu-so chi-k'an*, Vol. 9 (1960), 271-282.

Lin Yueh-hua 林耀华

1941 "The Miao-Man peoples of Kweichow" (《贵州苗民》), *Harvard Journal of Asiatic Studies*, Vol. 5, Nos. 3-4 (January, 1941), 261-344.

Ling Shun-sheng 凌纯声

1938 "T'ang-tai Yün-nan ti W-Man yü Po-Man k'ao" (《唐代云南的乌蛮与白蛮考》), *Jen-lei-hsüeh chi-k'an*, Vol. 1 (1938), 57-82.

1960 "Kuo-shang li-hun yü kuo-shou chi-hsiao" (《国殇礼魂与馘首祭枭》), *Kuo-li chung-yang yen-chiu-yuan, Min-tsu-hsüeh yen-chiu-so chi-k'an*, Vol. 9（1960），411-449.

1960a   "Chung-kuo ku-tai chi-chung yü-shih ping-ch'i chi chi'i tsai T'ai-p'ing-yang-ch'ü ti lei-yüan"（《中国古代几种玉石兵器及其在太平洋区的来源》），*Kuo-li chung-yang yen-chiu-yuan, Min-tsu-hsüeh yen-chiu-so chi-k'an*. Vol. 10（1960），15-26.

Liu, Chungshee H. 刘重熙

1932   "The Dog-ancestor Story of the Aboriginal Tribes of Southern China"（《华南土著部落的狗祖先故事》），*Journal of the Royal Anthropological Institute of Great Britain and Ireland*, Vol. 62（1932），361-368.

1941   "On the Dog-Ancestor Myth in Asia"（《论亚洲狗祖先神话》），*Studia Serica*, Vol. 1（1941），277-314.

Liu Hsien 刘咸

1936   "Nai-hai li-jen wen-shen chih yen-chiu"（《南海黎人文身之研究》），*Kuo-li chung-yang yen-chiu-yüan, Min-tsu-hsüeh yen-chiu-so chi-k'an*, Vol. 1（1936），197-228.

Liu, James J. Y.   刘若愚

1962   *The Art of Chinese Poetry*（《中国诗歌艺术》），Chicago, 1962.

Lo Hsiang-lin 罗香林

1934   "T'ang-tai tan-tsu k'ao, shang p'ien"（《唐代疍族考［上篇］》），*Kuo-li Chung-shan ta-hsüeh wen-shih-hsueh yen-chiu-so yüeh-k'an*, Vol. 2, Nos. 3-4（1934），13-56.

1955   *Po Yüeh yüan-liu yü wen-hua*（《百越源流与文化》），Taipei, 1955.

1960   *T'ang-tai Kuang-chou Kuang-hsiao-szu yü Chung-Yin chiao-t'ung chih kuan-hsi*（《唐代广州光孝寺与中印交通之关

系》),Hongkong, 1960.

- 1962 "T'ang-tai Kuei-lin Hsi-yü jen Mo-yai t'i k'o k'ao"(《唐代桂林西域人摩崖题刻考》), *Proceedings*, International Association of Historians of Asia, Second Biennial Conference, Taipei, 1962, 73-79.

Lu Gwei-djen, and Joseph Needham 鲁桂珍、李约瑟

- 1951 "A Contribution to the History of Chinese Dietetics"(《中国营养学史上的一个贡献》), *Isis*, Vol. 42 (April, 1951), 13-20.

McClure, F. A. 莫古礼

- 1934 "The Lingnan University Sixth and Seventh Hainan Island Expeditions"(《岭南大学第六、第七次海南岛之考察》), *Lingnan Science Journal*, Vol. 13 (1934), 577-601.

McCune, Shannon 马科恩

- 1947 "The Diversity of Indochina's Physical Geography"(《印度支那自然地理的多样性》), *Far Eastern Quarterly*, Vol. 6 (1947), 335-344.

McNeil, Mary 麦妮尔

- 1964 "Lateritic Soils"(《砖红性土壤》), *Scientific American*, November, 1964, 97-102.

Madrolle, C. 马特罗列

- 1937 "Le Tonkin ancien; Lei-leou et les districts chinois de l'epoque des Han. La Population Yue-chang"(《古代东京：汉代赢䣎及中国领地、越裳人口》), *Bulletin de l'Ecole Française d'Exrême-Orient*, Vol. 37 (1937), 263-332.

Maglioni, Raphael 麦兆良

1952 "Archaeology in South China"(《中国南方考古研究》), *Journal of East Asiatic Studies*, Vol. 2, University of Manila, 1952, 1-20.

Malleret, Louis 马勒雷

1934 *L'Exotisme Indochinois dans la Littérature Française depuis 1860* (《1860年以来法语文学中的印度支那异国情调》), Paris, 1934.

Margouliès, Georges 马古烈

1926 *Le kou-wen chinois; recueil de textes avee introduction et notes* (《中国古文》), Paris, 1926.

Maspero, Georges 马司帛洛

1928 *Le Royaume de Champa* (《占婆史》), Paris and Brussels, 1928.

Maspero, Henri 马伯乐

1910 "Le Protectorat Général d'Annam sous les T'ang. Essai de Géographie Historique"(《唐朝安南都护府疆域考》), *Bulletin de l'Ecole Française d'Extrême-Drient*, Vol. 10（1910）, 539-584, 665-682.

1916 "Etudes d'histoire d'Annam"(《安南史研究》), *Bulletin de l'Ecole Française d'Extrême-Orient*, Vol. 16, No. 1（1916）, 1-55.

1918 "Etudes d'histoire d'Annam"(《安南史研究》), *Bulletin de l'Ecole Française d'Extrême-Orient*, Vol. 18, No. 3（1918）, 1-36.

1924 "Legendes mythologiques dams le Chou King"(《书经中的神话传说》), *Journal Asiatique*, Vol. 214,（1924）, 1-100.

1924a	"Review of L. Aurousseau, La première conquête des pays annamites（III Siècle avant notre ère）"（《评鄂卢梭〈秦代初平南越考〉》），*T'oung Pao*, Vol. 23（1924），373-393.
1950	"La société et la religion des Chinois anciens et celles des Tai modernes"（《中国古代及现代傣人社会与宗教》），*Le Religions Chinoises* (*Melanges Posthumes sur les religions et l'histoire de la Chine*, I; Paris, 1950），139-194.
1963	"The Mythology of Modern China"（《现代中国神话》），*Asiatic Mythology*; *A Detailed Description and Explanation of the Mythologies of All the Great Nations of Asia*, English ed., New York, 1963, 252-384.

Mather, Richard 马瑞志

1958	"The Landscape Buddhism of the Fifth-Century Poet Hsieh Ling-yün"（《五世纪诗人谢灵运的山水佛教》），*Journal of Asian Studies*, Vol. 18（1958），67-79.

Maybon, C. B. 梅朋

1919	"La domination chinoise en Annam（111 av. J. C. - 939 ap. J. C.）"（《中国统治安南[公元前111年至公元939年]》），*The New China Review*, Vol. 1（1919），237-248，340-355.

Miyakawa Hisayuki 宫川尚志

1960	"The Confucianization of South China"（《南中国的儒家化》），*The Confucian Persuasion*, Stanford, 1960.

Mo Chih 莫稚

1957	"Kwang-tung Pao-an-hsien hsin-shih-ch'i shih-tai i-chih tiao-ch'a chien-pao"（《广东宝安新石器时代遗址调查简报》），

K'ao-ku t'ung-hsün, Vol. 18, No. 6（1957），8-15.

Moore, W. Robert　罗伯特·摩尔

 1931　　"Along the Old Mandarin Road of Indo-China"（《印度支那古官道沿线》），*National Geographic Magazine*, August, 1931, 157-199.

Nakamura Kushirō　中村久四郎

 1917　　"Tō-jidai no Kanton"（《唐代的广州》），*Shigaku zashi*, Vol. 28（1917），242-258, 348-368, 487-495, 552-576.

Needham, Joseph, and Wang Ling　李约瑟、王铃

 1956　　*Science and Civilisation in China*（《中国科学技术史》），Vol. 2, Cambridge, 1956.

Needham, Joseph, Wang Ling and K. G. Robinson　李约瑟、王铃、罗宾逊

 1962　　*Science and Civilisation in China*（《中国科学技术史》），Vol. 4, Pt. 1, Cambridge, 1962.

Ng Yong-sang　吴永生（译音）

 1936　　"Lung Mu, the Dragon Mother: The Story of West River's Own Guardian Angel"（《龙母：中国西江流域的保护神》），*China Journal*, Vol. 25（1936），18-20.

Nguyen Van Huyen　阮文玄

 1934　　"Introduction a l'étude de l'habitation sur pilotis dans l'Asie du sud-est"（《东南亚吊脚楼民居研究导论》），*Austro-Asiatica; documents et travaux publiés sous la direction de Jean Przyluski*, Vol. IV, Paris, 1934.

Nichols, John T.　约翰·尼柯尔斯

 1943　　*The Fresh-Water Fishes of China*（《中国淡水鱼类》），Natural History of Central Asia, Vol. IX; New York, 1943.

Obi Kōichi　小尾郊一

 1962　*Chūgoku bungaku ni arawareta shizen to shizenkan—chūsei bungakuo chūshin to shite*（《中国文学中所表现的自然与自然观——以中世文学为中心》），Tokyo，1962.

Parmentier, Henri　亨利·巴蒙梯耶

 1901　"Caractères généraux de l'architecture chame"（《占婆建筑的一般特点》），*Bulletin de l'Ecole Française d'Extrême-Orient*，Vol. 1（1901），245-258.

Parsons, James J.　詹姆斯·帕森斯

 1962　*The Green Turtle and MAN*（《人类与绿海龟》），Gainesville, Florida, 1962.

Pelliot, Paul　伯希和

 1904　"Deux itinéraires de Chine en Inde a la fin du viii siècle"（《交广印度两道考》），*Bulletin de l'Ecole Française d'Extrême-Orient*，Vol. 4（1904），131-413.

 1959　*Notes on Marco Polo*，（《马可波罗行纪诠释》），Vol. I，Paris，1959.

 1963　*Notes on Marco Polo*（《马可波罗行纪诠释》），Vol. II，Paris，1963.

Pelzer, K. J.　佩尔策

 1945　*Pioneer Settlement in the Asiatic Tropics*; *Studies in Land Utilization and Agricultural Colonization in Southeastern Asia*（《热带亚洲的先驱定居者：东南亚土地利用与农业殖民研究》），New York，1945.

Peters, John P.　彼得斯

 1913　"The Cock"（《论公鸡》），*Journal of the American Oriental*

Society, Vol. 33 (1913), 363-396.

Pope, Clifford H. 波普

    1935   *The Reptiles of China*; *Turtles*, *Crocodilians*, *Snakes*, *Lizards* (《中国爬行动物》), Natural History of Central Asia, Vol. X; New York, 1935.

Przyluski, Jean 普祖鲁斯基

    1914   "L'or, son origine et ses pouvoirs magiques. Etude de folklore Annamite"(《起源与神力：安南民间传说研究》), *Bulletin de l'Ecole Française d'Extrême-Orient*, Vol. 14, No. 5 (1914), 1-17.

Read, B. E. 伊博恩

    1932   *Chinese Materia Medica*; *Avian Drugs* (《中国药物志：禽类药物》), Peiping, 1932.

    1934   "*Chinese Materia Medica*; VII. Dragons and Snakes"(《中国药物志［卷7］：龙与蛇》), *Peking Natural History Bulletin*, Vol. 8 (1934), 297-362.

    1936   *Chinese Medicinal Plants from the Pen Ts'ao Kang Mu A. D. 1596* (《本草纲目药物考证》), 3rd. Ed., Peking, 1936.

    1939   *Common Food Fishes of Shanghai* (《上海食用鱼类图志》), Shanghai, 1939.

Reinaud, J. T. 赖瑙德

    1845   *Relations des voyages faits par les Arabes et les Persans dans l'Inde et la Chine dans le ix s. de l'ère chrétienne* (《九世纪阿拉伯波斯人中印纪程》), Paris, 1845.

Renner, Jr., G. T. 雷纳

    1927   *Primitive Religion in the Tropical Forests*; *A Study in Social Ge-*

ography (《热带森林的原始宗教——社会地理学研究》), New York, Columbia University, doctoral dissertation, 1927.

Reynolds, P. K.　雷诺兹

1951　　*Earliest Evidence of Banana Culture* (《香蕉文化的早期证明》), Supplement to *Journal of the American Oriental Society*, No. 12, December, 1951.

Reynolds, P. K., and C. Y. Fang　雷诺兹、房兆楹

1940　　"The Banana in Chinese Literature" (《中国文学中的香蕉》), *Harvard Journal of Asiatic Studies*, Vol. 5 (1940), 165-181.

Rotours, R. Des　戴何都

1932　　*Le traité des examens; traduit de la nouvelle histoire des T'ang* (戴何都译《新唐书·选举志》), chap. xliv, xlv, Paris, 1932.

Rousselle, Erwin　鲁雅文

1941　　"Die Frau in Gesellschaft und Mythos der Chinesen" (《中国社会与神话中的女人》), *Sinica*, Vol. 16 (1941), 130-151.

Roy, G. W.　罗伊

1963　　"The Importance of Sui and T'ang Canal Systems with Regard to Transportation and Communication" (《隋唐运河系统对交通与交流之重要性》), *Phi Theta Papers*, Publication of the Honor Society in Oriental Languages of the University of California, Berkeley, Vol. 8 (1963), 35-49.

Ruey Yih-fu　芮逸夫

1938　　"Miao-tsu ti hung-shui ku-shih yü Fu-hsi Nü-kua ti ch'uan-

	shuo"（《苗族的洪水故事与伏羲女娲的传说》），*Jen-lei-hsüeh chi-k'an*, Vol. 1（1938），155-194.
1941	"Hsi-nan shao-shu min-tsu ch'ung-shou p'ien-p'ang ming-ming k'ao-lüeh"（《西南少数民族虫兽偏旁命名考略》），*Jen-lei-hsüeh chi-k'an*, Vol. 2（1941），113-190.
1948	"Lao wei ch'i-lao shih-cheng"（《僚［獠］为仡佬［犵獠］试证》），*Kuo-li chung-yang yen-chiu-yüan, Li-shih yü-yen yen-chiu-so chi-k'an*, Vol. 20, Pt. 1（1948），343-356.
1957	"Lao-jen k'ao"（《僚人考》），*Kuo-li chung-yang yen-chiu-yüan, Li-shih yü-yen yen-chiu-so chi-k'an*, Vol. 28（1957），727-771.
1962	"The Miao: their Origin and Southward Migration"（《苗人的起源及其南徙》），*Proceedings*, International Association of Historians of Asia, Second Biennial Conference, Taipei, 1962, 179-190.

Sachs, Curt　萨克斯

1940	*The History of Musical Instruments*（《乐器史》），New York, 1940.

Satō Junpei　佐藤润平

1959	*Kanyaku no genshokubutsu*（《汉药的原植物》），Tokyo, 1959.

Sauer, G. F.　撒奥尔

1947	*A list of Plants Growing in the Lingnan University Campus and Vicinity*（《岭南大学校园植物名录》），Canton, 1947.

Schafer, Edward H.　薛爱华

1948	"Notes on a Chinese Word for Jasmine"（《茉莉名称考》），*Journal of the American Oriental Society*, Vol. 68（1948）,

60-65.

1952　　"The Pearl Fisheries of Ho-p'u"(《合浦采珠业》),*Journal of the American Oriental Society*, Vol. 72 (1952), 155-168.

1953　　"Li Kang: A Rhapsody on the Banyan Tree"(《李纲〈榕木赋〉》),*Oriens*, Vol. 6 (1953), 344-353.

1954　　"The History of the Empire of Southern Han according to Chapter 65 of the *Wu Tai Shih* of Ou-yang Hsiu"(《南汉帝国史：根据欧阳修〈新五代史〉卷65》),*Silver Jubilee Volume of the Zinbun-kagaku Kenkyusyo*, Kyoto, 1954.

1954a　 *The Empire of Min* (《闽帝国》), Rutland and Tokyo, 1954.

1956　　"Cultural History of the Elaphure"(《鹿的文化史》),*Sinologica*, Vol. 4 (1956), 250-274.

1956a　 "The Early History of Lead Pigments and Cosmetics in China"(《中国早期的铅粉与化妆品》),*T'oung Pao*, Vol. 44 (1956), 413-438.

1957　　"A Fourteenth Century Gazetteer of Canton"(《一部十四世纪的广州方志》),*Oriente Poliano*, Rome, 1957, 67-93.

1957a　 "Rosewood, Dragon's Blood, and Lac"(《紫檀、龙血及虫胶》),*Journal of the American Oriental Society*, Vol. 77 (1957), 129-136.

1957b　 "War Elephants in Ancient and Medieval China"(《中国上古与中古时期的战象》),*Oriens*, Vol. 10 (1957), 289-291.

1959　　"Parrots in Medieval China"(《中古中国的鹦鹉》),*Studia Serica Bernhard Karlgren Dedicata*, Copenhagen, 1959, 271-282.

1961　　*Tu Wan's Stone Catalogue of Cloudy Forest; A Commentary and*

	Synopsis（《杜绾〈云林石谱〉评注》），Berkeley and Los Angeles，1961.
1962	"The Conservation of Nature under the T'ang Dynasty"（《唐代的自然保护》），*Journal of the Economic and Social History of the Orient*，Vol. 5（1962），279-308.
1962a	"Eating Turtles in Ancient China"（《中国古代食用龟》），*Journal of the American Oriental Society*，Vo. 82（1962），73-74.
1962b	"Notes on T'ang Culture"（《唐代文化札记》），*Monumenta Serica*，Vol. 21（1962），194-221.
1963	*The Golden Peaches of Samarkand: A Study of T'ang Exotics*（《撒马尔罕的金桃：唐代舶来品研究》），Berkeley and Los Angeles，1963.
1963a	"Mineral Imagery in the Paradise Poems of Kuan-hsiu"（《贯休游仙诗中的矿物意象》），*Asia Major*，Vol. 10（1963），73-102.
1963b	"The T'ang imperial icon"（《唐代帝王像》），*Sinologica*，Vol. 7（1963），156-160.
1963c	"The last Years of Ch'ang-an,"（《长安城的最后时期》），*Oriens Extremus*，Vol. 10（1963），133-179.
1963d	"The Auspices of T'ang"（《唐代的祥瑞》），*Journal of the American Oriental Society*，Vol. 83（1963），197-225.
1964	"Li Te-yü and the Azalea"（《李德裕与杜鹃花》），*Asiatische Studien*，Vol. 18/19（1965），105-114.
1964a	"The Idea of Created Nature in T'ang Literature"（《唐代文学中关于创造自然的观念》），*Philosophy East and West*，Vol. 15（1965），153-160.

Schafer, Edward H., and B. E. Wallacker 薛爱华、沃拉克

    1958 "Local Tribute Products of the T'ang Dynasty"(《唐代土贡研究》), *Journal of Oriental Studies*, Vol. 4 (1957—1958), 213-248.

Scott, Amoret and Christopher 斯科特、克里斯多弗

    1961 "The Social History of the Parrot"(《鹦鹉的历史》), *The Saturday Book*, Vol. 21, London, 1961, 177-192.

Sebeok, T. A. 史比奥克

    1943 "The Languages of Southeastern Asia"(《东南亚的语言》), *Far Eastern Quarterly*, Vol. 2 (1943), 349-356.

Serruys, P. L-M. 司礼义

    1962 "Five Word Studies on *Fangyen* (second part)"(《〈方言〉五词研究》), *Monumenta Serica*, Vol. 21 (1962), 222-319.

Shih Sheng-han 石声汉

    1958 *A Preliminary Survey of the Book Ch'o Min Yao Shu; An agricultural encyclopaedia of the 6th century* (《〈齐民要术〉概论》), Peking, 1958.

Shinoda Osamu 筱田统

    1963 "Tō-shi shokubutsu shaku"(《唐诗植物考》), *Chūgoku chūsei kagaku gijutsu no kenkyū*, Tokyo, 1963, 343-362.

Shirai Kōtarō 白井光太郎

    1934 *kokuyaku honsō kōmoku* (《国译本草纲目》), Tokyo, 1929—1934.

Sitwell, Sacheverell 西特韦尔

    1947 *The Hunters and the Hunted* (《猎人与猎物》), London, 1947.

1948　　　*Old Fashioned Flowers*（《历史上的名花》），2nd ed；London，1948.

1959　　　*Journey to the Ends of Time*（《行到时间尽头》），Vol. 1 "Lost in the Dark wood"，London，1959.

1962　　　*The Red Chapels of Banteai Srei*；*And Temples in Cambodia, India, Siam and Nepal*（《斑蒂丝蕾［女王宫］的红色小教堂；以及柬埔寨、印度、暹罗与尼泊尔的寺庙》），London，1962.

Skard，Sigmund　西格蒙德·斯卡德

1946　　　"The Use of Color in Literature：A Survey of Research"（《文学中的色彩运用》），*Proceedings of the American Philosophical Society*，Vol. 90（1946），163-249.

Smythies，B. E.　伯特伦·伊夫林·斯迈西斯

1953　　　*The Birds of Burma*（《缅甸鸟类》），2nd ed.，London，1953.

Soothill，W. E.，and L. Hodous　苏慧廉、何乐益

1937　　　*A Dictionary of Chinese Buddhist Terms*：*With Sanskrit and English Equivalents and a Sanskrit-Pali Index*（《中国佛教术语词典：附梵文与英文对译及梵文巴利文索引》），London，1937.

Sowerby，Arthur De Carle　苏柯仁

1940　　　*Nature in Chinese Art*（《中国艺术中的自然》），New York，1940.

Soymié，Michel　苏远鸣

1954　　　"Le Lo-feou chan；étude de géographie religieuse"（《罗浮山宗教地理研究》），*Bulletin de l'Ecole Française d'Extrême-Orient*，Vol. 48（1954），1-139.

Spencer, J. E. 斯宾塞

    1940 "Kueichow; an Internal Chinese Colony"(《贵州：中国的内部垦殖地》), *Pacific Affairs*, Vol. 13 (1940), 162-172.

    1954 *Asia East by South*; *A Cultural Geography* (《亚洲东南：文化地理学》), New York, London, 1954.

Stein, R. 石泰安

    1942 "Jardins en miniature d'Extrême-Orient"(《远东缩微花园》), *Bulletin de l'Ecole Française d'Extrême-Orient*, Vol. 42 (1942), 1-104.

    1947 *Le Lin-yi*; *sa localisation, sa contribution à la formation du Champa et ses liens avec la Chine* (《林邑：其方位、对占婆形成的贡献及其与中国的关系》), *Han-hiue*, Bulletin du Centre d'Etudes Sinologiques de Pekin, II; Pekin, 1947.

Stern, Philippe 斯特恩

    1942 *L'art du Champa* (*ancien Annam*) *et son évolution* (《古代安南占婆艺术及其演进》), Paris, 1942.

Stuart, G. A. 斯图亚特

    1911 *Chinese Materia Medica*; *Vegetable Kingdom* (《中国药物志：植物界》), Shanghai, 1911.

Stübel, Hans, and P. Meriggi 史图伯尔、梅里奇

    1937 *Die Li-Stämme der Insel Hainan*; *Ein Beitrag zur Volkskunde Südchinas* (《海南岛黎族：对华南民族学的贡献》), Berlin, 1937.

Tai I-hsüan 戴裔煊

    1948 "Lao-tsu yen-chiu"(《僚族研究》), *Kuo-li chung-yang yen-chiu-yüan, Min-tsu-hsüeh yen-chiu-so chi-k'an*, Vol. 6 (1948),

55-91.

Talbot, L. M.　塔尔伯特

 1960　　*A look at Threatened Species*：*A Report on some Animals of the middle East and Southern Asia which are Threatened with Extermination*（《亚洲中东部及南部濒危动物报告》），London，1960.

Tate, G. H. H.　乔治·汉密尔顿·泰特

 1947　　*Mammals of Eastern Asia*（《东亚哺乳动物》），New York，1947.

Tu Ya-ch'üan　杜亚泉

 1933　　*Tung-wu-hsüeh ta-tz'u-tien*（《动物学大辞典》），2nd ed.，Shanghai，1933.

T'u, Chang-wang, and Sze-sung Hwang　涂长望、黄士松

 1945　　"The Advance and Retreat of the Summer Monsoon in China"（《中国夏季风之进退》），*Bulletin of the American Meteorological Society*，Vol. 26（1945），9-22.

T'ung Chen-tsao　童振藻

 1937　　"Yüeh-nan T'ang-tai ku-ch'eng k'ao"（《越南唐代古城考》），*Yü kung*，Vol. 6，No. 11（1937），11-15.

Twitchett, Denis　杜希德

 1959　　"Lands under State Cultivation under the T'ang"（《唐朝的国家开垦地区》），*Journal of the Economic and Social History of the Orient*，Vol. 2（1959），162-203.

Vaughan, R. E., and K. H. Jones R. E. 沃恩、K. H. 琼斯

 1913　　"The Birds of Hong Kong, Macao, and the West River or Si Kiang in South-East China, with special reference to their Nidification and Seasonal Movements"(《中国东南部及香港、澳门的鸟类研究［尤其是其筑巢与季节性迁徙］》),*Ibis*, ser. 10, Vol. 1 (1913), 17-76, 163-201, 351-384.

Wada Hisanori 和田久德

    1960 "Tōdai ni okeru shihakushi no sōchi"(《唐代市舶使的设置》), *Wada Hakushi koki kinen tōyōshi ronsō*, Tokyo, 1960, 1051-1062.

Waley, Arthur 魏理

    1961 *Chinese Poems*(《中国诗选》), London, 1961.

    1963 *The Secret History of the Mongols and other pieces*(《蒙古秘史及其他》), London, 1963.

Wallace, A. R. 华莱士

    1869 *The Malay Archipelago: The Land of the Orangutan, and the Bird of Paradise: A Narrative of Travel, with Studies of Man and Nature*(《马来群岛自然科学考察记》), New York, 1869.

    1878 *Tropical Nature and Other Essays*(《热带自然及有关论文》), London, 1878.

Wang Gungwu 王赓武

    1958 "The Nanhai Trade: A Study of the Early History of Chinese Trade in the South China Sea"(《南海贸易：南中国海华人早期贸易史研究》), *Journal of the Malayan Branch of the Royal Asiatic Society*, Vol. 31, No. 2 (June, 1958), 1-135.

    1963 *The Structure of Power in North China during the Five Dynasties*(《五代时期北方中国的权力结构》), Kuala Lumpur, 1963.

Wen Ch'ung-I 文崇一

1961	"Chiu-ko chung ti shui-shen yü huan-nan ti lung-chou sai-shen"(《〈九歌〉中的水神与华南龙舟赛神》), *Kuo-li chung-yang yen-chiu-yüan*, *Min-tsu-hsüeh yen-chiu-so chi-k'an*, Vol. 11 (1961), 51-119.

Wheatley, Paul　鲍威里

1959	"Geographical Notes on some Commodities involved in Sung Maritime Trade"(《宋代海上贸易之地理注解》), *Journal of the Malaya Branch of the Royal Asiatic Society*, Vol. 32, No. 2 (June, 1959), 1-140.
1961	*The Golden Khersonese: Studies in the Historical Geography of the Malay Peninsula before A. D. 1500* (《黄金半岛：公元1500年以前马来半岛的历史地理研究》), Kuala Lumpur, 1961.
1963	"What the Greatness of a City is said to be"(《城市伟大在哪里》), *Pacific Viewpoint*, Vol. 4, No. 2 (September, 1963), 163-168.

Whitehead, A. N.　怀特海

1949	*Science and the Modern World* (《科学与近代世界》), Mentor Book, 2nd printing, New York, 1949.

Wiens, H. J.　维恩斯

1954	*China's March Toward the Tropics* (《中国向热带进发》), Hamden, 1954.

Wilhelm, Hellmut　卫德明

1957	"Das schöpferische Prinzip im Buch der Wandlungen"(《〈易经〉中的创世原则》), *Eranos-Jahrbuch* 1956, Vol. 25, Zürich, 1957, 455-475.

Wu Wen-chih 吴文治
    1962   *Liu Tsung-yüan p'ing-ch'uan*（《柳宗元评传》），Peking, 1962.

Wu, Nelson I. 吴纳荪
    1963   *Chinese and Indian Architecture*：*The City of Man, the Mountain of God, and the Realm of the Immortals*（《中国与印度建筑》），New York, 1963.

Yamada Keiji 山田庆儿
    1963   "Chūsei no shizenkan"（《中世的自然观》），Yabuuti, ed., *Chūgoku chūsei kagaku gijutsu no kenkyū*, Tokyo, 1963, 55-110.

Yeh Ching-yüan 叶静渊（主编）
    1958   Kan chü（Shang pien）：*Chung-kuo nung-hsüeh i-ch'an hsüan chi*, A, 14（《中国农学遗产选集：柑橘[上编]》），Shanghai, 1958.

Yule, Henry, and A. C. Burnell 玉尔、伯内尔
    1886   *Hobson-Jobson*：*being a Glossary of Anglo-Indian Colloquial Words and Phrases, and of Kindred Terms*；*Etymological, Historical, Geographical, and Discursive*（《英印语日常用语词典》），London, 1886.

Zach, Erwin Von 冯·查赫
    1952   *Han Yü's Poetische Werke*（《韩愈诗选》），Harvard-Yenching Institute Studies, VII; Cambridge, 1952.

Zeuner, Frederick E. 佐伊纳
    1963   *A History of Domesticated Animals*（《动物驯养史》），London, 1963.

译后记

译书是件辛苦活,翻译学术著作也不例外。2003 年译完宇文所安教授的《迷楼:诗学与欲望的迷宫》之后,我心里暗想:以后再也不干这类为人作嫁衣的事了。不曾料到,没过几年,我就重作冯妇,再操译笔了。而且,最自我讽刺的是,这次还不是被动受邀,而是主动请缨,是我向三联书店提议购买薛爱华著作的版权,并且自告奋勇,愿意承担其中《神女:唐代文学中的龙女与雨女》一书的翻译任务。

我第一次接触薛爱华的书,就喜欢上了,那是在 1995 年。2006 年,我在华盛顿大学(University of Washington)做访问研究,在美丽的西雅图住了一年。西雅图是薛爱华教授的故乡,机缘凑巧,天时、地利、人闲,于是读了一些薛爱华的论著,更觉得有译介的必要。次年回国后不久,就向三联书店编辑冯金红女士提出这个建议。薛爱华享誉美国汉学界几十年,其学术影响也早已跨越大西洋和太平洋,在欧洲和东亚学术界产生了巨大影响。仅以东亚而论,早在 1978 年,日本学者西胁常记就将《神女:唐代文学中的龙女与雨女》一书译为日文,在日本东海大学出版社出版(日译本题为:《神女:唐代文學における龍女と雨女》)。1995 年,吴玉贵先生将《撒马尔罕的金桃:唐代舶来品研究》译为中文，由中国社会科学出版社出版，中译本改题《唐代的外来文明》，2005 年，陕西师范大学出版社又将此书做成彩色插图珍藏本，可见它在读书界是颇受欢迎的。2007 年，日本学者吉田真弓又将《撒马尔罕的金桃：唐代舶来品研究》一书译为日文，在东京勉诚出版社出版（日译本题为：《サマルカンドの金の桃—唐代の異国文物の研究》）。其实，除了《神女》和《撒马尔罕的金桃》，薛爱华其他几种唐代研究专著，特别是《朱雀：唐代的南方意象》，也很有译介的价值。

中国传统以四种神兽匹配四方，所谓东方青龙、西方白虎、南方朱雀、北方玄武。朱雀是最为著名、也最为典型的南方意象，《朱雀：唐代的南方意象》这个书名起得好，很有象征意义。所谓"南方"，是指唐代的南越（岭南），包括今广东、广西以及越南北部。所谓"意象"，不仅涉及矿物、植物、动物等具体名物，也涉及民族、人种、语言、地理（包括自然地理和人文地理）、民俗信仰、气候色彩等方面。从成书时间来看，《朱雀》一书紧接在《撒马尔罕的金桃》（《唐代的外来文明》）之后，与《撒马尔罕的金桃》最为相近。《朱雀》中所选择的"南方意象"尤其是矿物、植物、动物等名物，早在《撒马尔罕的金桃》中就受到重点关注，二书思路一脉相承，异曲同工，无论是从名物研究角度，还是从物质文化研究角度，都给人以丰富的启迪。不同的是，《撒马尔罕的金桃》更多地讨论唐代与其西部边疆及其与西域的关系，而《朱雀》则是讨论唐代的南部边疆。由于中国古今疆域变化的复杂性，这两本书中所采用的视角，兼有从边疆看中国、从周边看中国的双重意义。《朱雀》一书采取了历史学、人类学、民族学、语言学等多学科研究方法，兼之其论述对象又是温暖明艳的南越之地,在阅读过程中,脑中总会不自觉地浮现出绚丽斑斓的色彩。

顾名思义,《神女:唐代文学中的龙女与雨女》一书的文学研究色彩较为浓厚。它主要讨论各种文学描写中的神女(从女娲、巫山神女、洛神到汉女和湘妃),以及神女的各种变形,视野开阔,研究取材则涉及诗歌、小说、传说、民俗信仰等各方面。虽然书名中有"唐代"之限定,实际上,本书论述只是以唐代为中心,而大笔开合,上下勾连,对唐代以前、从先秦到汉魏六朝的江河神女崇拜也着笔甚多。不用说,唐诗与唐传奇是作者重点关注的对象,其中诸多关于神女的描写与讨论,有不少是前此从未有人涉及的。"李贺笔下的神女"内容丰富,故作者另眼相待,为此设立专章,这也是全书最引人注目的一部分。多年前,刘石教授曾选译此一部分,刊载于《古典文学知识》,大概也是有见于此吧。中国文学传统与不同层次的民俗信仰之间错综复杂的关系,在薛爱华笔下逶迤展开,引人入胜。这既指示了一个研究方向,也开拓了一个研究领域。

本来,《朱雀:唐代的南方意象》已经另外邀约了译者,后来因为某种意外,翻译的任务又落到了我身上。时间太紧,我实在不能独力承担,只好请叶蕾蕾帮忙。叶蕾蕾是南京师范大学英语系的本科和硕士,毕业后任教于南京信息工程大学,现在正随我攻读国际汉学研究方向的博士学位。她的研究课题是《美国东方学会会刊》(Journal of the American Oriental Society,简称 JAOS),薛爱华就是她要重点关注的学者之一。我们的分工是:我翻译前六章,她翻译后六章,然后交换校订对方的译稿,最后由我统稿。此外,我还请她对《神女》译稿校订一过。近几年来,我每年都在南京大学文学院为博士生开设"欧美汉学原典选读"课程,曾经选用《神女》和《朱雀》作为教材。备课之时,自己先译出全文,在带领同学细读文本的过程中,往往又能发现问题,订正讹误。教学相长,信然。至于翻译过程的辛苦,诚不足为外人道。如今回首,只留下获得新知和享受阅读的美好记忆,可供长久回味。与这种享受相比,过程中的点滴辛苦真是微不足道的。这一点,相信叶蕾蕾也与我有同感。

1967年,《朱雀》一书初版时,德国学者、波鸿大学的Bodo Wiethoff在《东方》(*Oriens*, Vol. 21, 1968—1969)上撰文,称"薛爱华是我们这个时代最具原创性的汉学家之一",并称"此书会使每位汉学家和对中国感兴趣的读者爱不释手"。William Watson也在《伦敦大学亚非学院学刊》(*Bulletin of the School of Oriental and African Studies, University of London*, Vol. 32, No. 1, 1969)发表书评,称赞此书"文献丰富","对西方理解中国文学做出了里程碑式的贡献,甚至应该作为唐代研究者的必读书目。"1973年,《神女》出版之后,哈佛大学Michael Dalby即在《哈佛亚洲研究学报》(*Journal of Asian Studies*, Vol. 34, No. 3, 1975)发表书评,称:"多年来,薛爱华教授致力于重建遥远的唐代生活画面,这是个令人望而生畏的艰巨任务","他的作品兴味盎然,文笔雅洁,学术文章中罕有其比。""此书有声有色,对未来中古文化史的相关课题研究,是一个重大推进。"1991年,薛爱华去世,柯睿(Paul W. Kroll)在《美国东方学会会刊》(*JAOS*, Vol. 111, No. 3)撰文,对他做了高度的评价,称赞他涉猎广泛,在中国中古文学、宗教、物质文化、自然史、观念史、形象史以及文化史等研究领域,都有卓越建树,堪称是过往四十年美国中古中国研究的同义词。他以渊博的知识、丰富的文献和优美的文字所建构的包括日常生活、风物、语言、思想及其想象的唐代世界，将成为后人研究不可或阙的基础。这样的学术成果，相信也会受到中国读者的欢迎。

最后，再次感谢三联书店特别是冯金红女士接受我的建议，使我能够将个人的喜爱与更多读者分享。

程章灿

2014 年 1 月 16 日，时客居台北

修订说明

　　《朱雀：唐代的南方意象》和《神女：唐代文学中的龙女与雨女》，是美国当代著名汉学家薛爱华的名著，学术界早有定评。2014年10月，二书中译本由我与叶蕾蕾合作译出，由生活·读书·新知三联书店出版，颇受学术界和读书界的好评。八年来，二书多次重印，《朱雀：唐代的南方意象》还被评为三联书店2014年度十佳好书。薛爱华九泉有知，定会感到欣慰。

　　薛爱华学问渊博，二书所论，涉及的专业知识面甚广，我们在翻译中虽然黾勉从事，认真对待，琢磨每一句原文、每一种名物，但仍时有力不从心之处。趁这次重版，我们对二书译文进行了校订，涉及译文、引文校核、译注等方面。古人说，校书如扫落叶，旋扫旋生，在校订译文的过程中，我们也有类似的感慨。校订后的译文一定还有瑕疵，欢迎读者批评指正。

程章灿　叶蕾蕾

2022年9月21日于南京